ento feminista pensamento feminista per
o feminista pensamento feminista pensan
eminista pensamento feminista pensame
ista pensamento feminista pensamento f
a pensamento feminista pensamento fen
nsamento feminista pensamento feminist
ento feminista pensamento feminista per
o feminista pensamento feminista pensan
eminista pensamento feminista pensame
ista pensamento feminista pensamento f
a pensamento feminista pensamento fen
nsamento feminista pensamento feminist
ento feminista pensamento feminista per
o feminista pensamento feminista pensan
eminista pensamento feminista pensame
ista pensamento feminista pensamento f
a pensamento feminista pensamento fen
nsamento feminista pensamento feminist
nto feminista pensamento feminista per
o feminista pensamento feminista pensan
eminista pensamento feminista pensame
ista pensamento feminista pensamento f
a pensamento feminista pensamento fen
nsamento feminista feminist
nto feminista pens ista per
o feminista pensamento feminista pensan
eminista pensamento feminista pensame
ista pensamento feminista pensamento f
a pensamento feminista pensamento fen
nsamento feminista pensamento feminist
ento feminista pensamento feminista pen

pensamento feminista
conceitos fundamentais

Heloisa Buarque de Hollanda
organização

©Bazar do Tempo, 2019

Todos os direitos reservados e protegidos pela Lei nº 9.610, de 12.2.1998.
É proibida a reprodução total ou parcial sem a expressa anuência da editora.

Este livro foi revisado segundo o Acordo Ortográfico
da Língua Portuguesa de 1990, em vigor no Brasil desde 2009.

EDIÇÃO
Ana Cecilia Impellizieri Martins
Maria de Andrade

ORGANIZAÇÃO
Heloisa Buarque de Hollanda

TRADUÇÃO
Ana Cecília Acioli Lima
Anselmo da Costa Filho
Christine Rufino Dabat
Cleiton Zóia Münchow
Léa Süssekind Viveiros de Castro
Maria Betânia Ávila
Maria Paula Gurgel Ribeiro
Natália Luchini
Patricia Silveira de Farias
Pê Moreira
Susana Bornéo Funck
Sávio Cavalcante
Tomaz Tadeu
Vera Pereira
Viviane Teixeira Silveira

PRODUÇÃO EDITORIAL
Catarina Lins
Pê Moreira

PROJETO GRÁFICO E CAPA
Elisa von Randow

COPIDESQUE
Rosemary Zuanetti
Silvia Massimini Felix

REVISÃO
Luiz Coelho
Vanessa Gouveia

IMPRESSÃO
Gráfica BMF

AGRADECIMENTOS
Agência Riff
Editora Autêntica
N-1 Edições
Revista Estudos Feministas
Rubens Luiz Rufino de Lima
Thiago Lacaz

CIP-Brasil. Catalogação na Publicação
Sindicato Nacional dos Editores de Livros, RJ

Pensamento feminista: conceitos fundamentais /
Audre Lorde... [et al.]; organização Heloisa Buarque de Hollanda.
Rio de Janeiro: Bazar do Tempo, 2019. 440 p.
ISBN 978-85-69924-47-0
1. Feminismo. 2. Teoria feminista. 3. Identidade de gênero. 4. Mulheres
– Condições sociais. I. Lorde, Audre. II. Hollanda, Heloisa Buarque de.
CDD 305.42

Leandra Felix da Cruz, bibliotecária CRB-7/6135

6ª reimpressão

BAZAR DO TEMPO
Produções e Empreendimentos Culturais Ltda.

rua General Dionísio, 53, Humaitá
22271-050 Rio de Janeiro RJ
contato@bazardotempo.com.br
bazardotempo.com.br

Audre Lorde
Donna Haraway
Gayatri Spivak
Gloria Anzaldúa
Joan Scott
Judith Butler
Lélia Gonzalez
María Lugones
Monique Wittig
Nancy Fraser
Patricia Hill Collins
Paul B. Preciado
Sandra Harding
Silvia Federici
Sueli Carneiro
Teresa de Lauretis

Sumário

9 **Introdução**
Heloisa Buarque de Hollanda

GÊNERO COMO MÉTODO

25 **Feminismo, capitalismo e a astúcia da história**
Nancy Fraser

49 **Gênero: uma categoria útil para análise histórica**
Joan Scott

83 **Não se nasce mulher**
Monique Wittig

95 **A instabilidade das categorias analíticas na teoria feminista**
Sandra Harding

121 **A tecnologia de gênero**
Teresa de Lauretis

157 **Manifesto ciborgue: ciência, tecnologia e feminismo-socialista no final do século XX**
Donna Haraway

213 **Atos performáticos e a formação dos gêneros: um ensaio sobre fenomenologia e teoria feminista**
Judith Butler

PRIMEIRAS INTERPELAÇÕES

235 **Não existe hierarquia de opressão**
Audre Lorde

239 **Idade, raça, classe e gênero: mulheres redefinindo a diferença**
Audre Lorde

251 **Quem reivindica alteridade?**
Gayatri Spivak

271 **Pensamento feminista negro: o poder da autodefinição**
Patricia Hill Collins

313 **Enegrecer o feminismo: a situação da mulher negra
na América Latina a partir de uma perspectiva de gênero**
Sueli Carneiro

323 ***La conciencia de la mestiza* / Rumo a uma nova consciência**
Gloria Anzaldúa

341 **A categoria político-cultural da *Amefricanidade***
Lélia Gonzalez

NOVAS INTERPELAÇÕES

357 **Rumo a um feminismo decolonial**
María Lugones

379 **O feminismo e a política dos comuns**
Silvia Federici

397 **Teoria queer, 20 anos depois: identidade,
sexualidade e política**
Teresa de Lauretis

411 **O que é a contrassexualidade?**
Paul B. Preciado

421 **Multidões queer: notas para uma política dos "anormais"**
Paul B. Preciado

431 **Sobre a organizadora**

433 **Sobre as autoras**

Para Dora

Introdução

Heloisa Buarque de Hollanda

A IDEIA DE ORGANIZAR ESTA COLETÂNEA de artigos nasceu em 2018 durante um curso que propus na Universidade Federal do Rio de Janeiro (UFRJ), ironicamente intitulado "O cânone feminista". As perguntas que surgiam apontavam para uma pertinente investigação: a partir de que perguntas este pensamento foi se formando e se consolidando como campo de conhecimento? Como se construiu a própria noção de gênero e como ela foi sendo interpelada e mesmo desconstruída no desenvolvimento destes estudos? Qual o estado da arte do debate teórico em torno das questões feministas?

Foi difícil, ao longo das aulas e do programa, reunir e disponibilizar textos para leituras que acompanhassem essa discussão. Por outro lado, percebi que, cada vez mais, as teorias feministas interessavam a pesquisadoras, artistas e ativistas. Foi para responder a essa demanda, especialmente a de jovens feministas, que resolvi reunir em livro um conjunto de textos que talvez respondesse a essas indagações contemporâneas. Faltava ainda o desenho do perfil desse conjunto. Como percebi que os conceitos de gênero, sua flexibilidade, interpelações e redefinições se mostravam centrais nos novos trabalhos acadêmicos bem como nas lutas das jovens ativistas, organizei esta escolha em torno das teorias de gênero, seus conflitos, sua revisão contínua nesses últimos anos, suas diversas possibilidades e perspectivas enquanto categoria de análise. A missão deste trabalho foi, portanto, a de facilitar o estudo das tendências teóricas e o avanço dos trabalhos acadêmicos e políticos em torno da questão de gênero.

Neste volume tomei como critério de seleção não propriamente o período inicial dos estudos sobre a mulher, nem aquele onde se processaram as articulações da passagem da ideia de identidade – central no pensamento da década de 1960 – para a questão de gênero, de caráter mais relacional e cultural, que se consolida na década de 1980. É o que veio a se chamar de terceira onda feminista, aquela que, segundo Jean Franco, empunha como bandeira "o direito de interpretar". Data dessa época a formação e a entrada dos *women's studies* ou *gender studies* nas universidades e centros de pesquisa, como campo legítimo de saber. A partir desse princípio é possível entender porque não estão incluídas nesta edição pensadoras feministas emblemáticas como Virginia Woolf, Simone de Beauvoir, Betty Friedan ou mesmo Angela Davis.

Considerando essa trajetória de construção da noção de gênero, a primeira parte deste volume abre com o texto "Feminismo, capitalismo e a astúcia da história" da filósofa Nancy Fraser, referência desses estudos. Esse artigo oferece uma revisão crítica do período que abrange a segunda onda feminista até as últimas tendências do movimento. Recentemente esse artigo foi editado no livro *Fortunes of Feminism: From State-Managed Capitalism to Neoliberal* – que teve um impacto significativo entre as pesquisadoras e ativistas tanto aqui quanto no exterior. Nancy Fraser faz uma crítica aguda da passagem do feminismo explosivo e radical dos anos 1960-1970, sua ligação com a nova esquerda e a luta que promoveu pela *redistribuição* de direitos, para o feminismo da terceira onda e sua luta pela *representação*. Nancy demonstra detalhadamente como o feminismo que começa expondo o forte androcentrismo do capitalismo e propondo a transformação da sociedade capitalista em suas raízes mais profundas, progressivamente se desdobra em lutas pelo *reconhecimento* identitário, pela *representação* e pela *participação*. A justiça de gênero encaminhava-se, em sintonia com a economia neoliberal, para o "reconhecimento da diferença", eixo da gramática feminista na virada do século XX para o XXI. Escolhi esse trabalho, bastante polêmico e panorâmico, para abrir esta coletânea, na medida em que ele pode ser usado com guia de discussão para as leituras que se seguem.

No sentido de oferecer uma visão inicial ampla da noção de gênero, selecionei o texto da historiadora Joan Scott, "Gênero: uma categoria útil para análise histórica", um clássico nesse debate, em que a autora nos oferece uma importante reflexão sobre a relação direta e explícita entre gênero e poder, constitutivo de relações sociais baseado nas diferenças entre os sexos, como uma forma primeira de significar as relações de poder. Joan Scott, escritora e historiadora, atribui ao feminismo a missão de definir a condição de opressão feminina em termos materialistas, demonstrando que a categoria mulher é uma categoria de classe, o que significa que "mulher" assim como "homem" são fundamentalmente categorias políticas e econômicas.

Da mesma forma, Monique Wittig foi uma das primeiras teóricas feministas que colocou a questão da heterossexualidade como um regime político, baseado na opressão das mulheres pelos homens e que produz a doutrina da diferença entre sexos para justificar esta opressão.

Monique Wittig, que no título de seu artigo faz uma irônica referência à frase ícone das teorias feministas "não se nasce mulher, torna-se mulher", de Simone de Beauvoir, se aproveita da sugestão para abrir uma intensa discussão. É no sentido político que ela cunha a expressão "contrato heterossexual" quando discute o binarismo que rege os estudos das diferenças sexuais. Monique é também responsável pelo manifesto *The Woman-Identified Woman*[1] das "radicalesbians", onde avança na questão da heterossexualidade politicamente compulsória, mostrando como essa questão faz parte da administração dos corpos e da gestão calculada da vida no âmbito da biopolítica.

A questão fundamental sobre o sujeito das ciências e das epistemologias com as quais trabalhamos é tema abordado por Sandra Harding em seu texto "A instabilidade das categorias analíticas na teoria feminista", que oferece caminhos e perguntas importantes no momento em que as teorias feministas promoviam releituras críticas das narrativas mestras e procuravam subverter as teorias marxistas e freudianas. Sandra denuncia a associação patriarcal entre saber e poder, propondo a valorização das experiências das mulheres como instrumento de análise, experiências que não se encontram inteiramente expressas nem nas próprias teorias feministas. A análise de Sandra Harding e sua defesa da instabilidade das categorias de gênero tiveram desenvolvimentos em várias disciplinas e contextos. Hoje já é possível verificar vários conceitos contraepistemológicos articulados como, por exemplo, as noções de *saber localizado* de Donna Haraway,[2] de *infiltração pragmática* de Jeremy Fantl[3] ou a de *injustiça epistêmica* de Miranda Fricker.[4]

Retomando a trajetória de complexificação da noção de gênero, Teresa de Lauretis, teórica de cinema, introduzindo o termo tecnologias sexuais neste campo de estudos, chama a atenção para o risco de considerarmos gênero apenas uma derivação direta da diferença sexual e sinaliza os modos pelos quais pode ser incluído na diferença sexual como uma tecnologia de efeitos de linguagem, ou como puro imaginário – não relacionado ao real.

De Donna Haraway, professora e bióloga, selecionei "Manifesto ciborgue: ciência, tecnologia e feminismo-socialista no final do século xx", um texto-manifesto que marca um ponto de inflexão para a repolitização dos artefatos (o feminino, o animal, a natureza) que haviam sido pensados precisamente na própria fronteira do tecnológico. Particularmente lido, relido, reinterpretado e expandido, o artigo de Donna Haraway, escrito em 1984, critica o foco feminista nas políticas da identidade e evoca a metáfora do ciborgue para estimular as feministas a irem além das limitações das noções de gênero, feminismo e política. Um ciborgue é um organismo cibernético, um híbrido de máquina e organismo, uma criatura de um mundo pós-gênero: ele não tem qualquer compromisso com a bissexualidade, com a simbiose pré-edípica, com o trabalho não alienado. O ciborgue está determinadamente comprometido com a parcialidade, a ironia e a perversidade.

Enfim, chegamos a um ponto decisivo dos estudos de gênero, com o texto de Judith Butler. Filósofa e professora de literatura comparada, seu artigo "Atos performáticos e a formação dos gêneros: um ensaio sobre fenomenologia e teoria feminista" é, na realidade, uma avaliação de seu próprio trabalho e de seus conceitos, especialmente o de performatividade de gênero, centro de seu livro mais conhecido *Gender Trouble*,[5] traduzido no Brasil como *Problemas de gênero*.

Judith Butler, ao longo de seu pensamento sobre gênero, interroga todo e qualquer essencialismo identitário através de uma análise filosófica sobre a tensa relação entre sexo, gênero e desejo. A autora expõe a ideia de performatividade de gênero, ou seja, a ideia de que o gênero não é algo que nós *somos*, mas sim algo que constantemente *fazemos*, colocando o gênero diretamente em relação a determinadas *temporalidades sociais*. Para Judith Butler, o gênero não tem estatuto ontológico fora dos atos que o constituem. Um dos aspectos importantes desta noção é que quando perbecemos que o gênero é construído na linguagem e pela linguagem, e como se mantém nessa mesma construção a heteronormatividade, abre-se todo um universo novo, no qual proliferam as mais variadas configurações culturais de sexo e gênero, "confundindo o próprio binarismo do sexo, e expondo sua artificialidade fundamental". Butler tornou-se a grande referência dos desdobramentos dos estudos de gênero e suas sucessivas desconstruções nos estudos queer.

Concomitantemente, esse livro reúne textos importantes no debate sobre a interseccionalidade, assunto hoje central nas pautas feministas. É sensato registrar que essa questão não é nova. Desde o início das teorias feministas, a questão das demandas específicas das mulheres negras se deu pelo questionamento da universalidade da noção de mulher ainda que sem a força que ganhou na atualidade. Já em 1851, Sojouner Truth, na Women's Rights Convention em Akron, Ohio, Estados Unidos, interpela de forma eloquente o feminismo branco, tornando-se um ícone dos estudos raciais. Disse Sojouner, no fim de seu discurso, durante essa convenção pelos direitos das mulheres, há dois séculos: "Eu pari treze filhos e vi a maioria deles ser vendida para a escravidão, e quando eu clamei com a minha dor de mãe, ninguém a não ser Jesus me ouviu! E não sou uma mulher?" A indagação, hoje histórica, revela a insatisfação das mulheres negras no ambiente branco e universal do feminismo europeu e norte-americano.

No terreno dos estudos de gênero propriamente dito, a grande interpelação à produção feminista mais ampla foi a publicação em 1981, do livro *This Bridge Called My Back: Writings by Radical Women of Color*, organizado por Cherríe Moraga e Gloria Anzaldúa. A edição reunia as chamadas "mulheres de cor", no caso, negras, latinas, chicanas, judias, asiáticas, terceiro-mundistas, para contar suas experiências e, consequentemente, suas diferenças, em formato editorial próprio onde cabiam poemas, pesquisas, ensaios, testemunhos, nas mais livres formas narrativas. O livro não passou desapercebido. De forma definitiva trouxe para a pauta feminista a clareza de que esse ideário não era e não podia ser universal como se pretendia.

Audre Lorde, escritora caribenha-americana, feminista, lésbica e ativista dos direitos civis, foi uma das primeiras a discutir a questão. Em 1984, lança o livro *Sister Outsider* colocando em pauta a ilusão feminista de uma sororidade universal. Audre, no seu incômodo depoimento "Não existe hierarquia de opressão", apresentado nesta coletânea, abrindo sua segunda parte, reitera que nenhuma das condições de opressão que experimenta, como mulher, negra e lésbica, é excludente das outras, e que a luta por direitos de grupos específicos é absolutamente equivocada. Já no seu artigo "Idade, raça, classe e gênero: mulheres redefinindo a diferença", também incluído nesta edição, volta a defender a não existência de uma homogeneidade na experiência de todas as mulheres como sugerem as palavras irmandade e sororidade e convoca as mulheres a reconhecer seu próprio lado opressor, citando a *Pedagogia do oprimido* de Paulo Freire: "o verdadeiro foco da mudança revolucionária nunca está simplesmente nas situações opressivas das quais buscamos fugir, mas, sim, naquele pedaço do opressor que está plantado no fundo de cada um de nós."[6]

Em 1983, surge a pergunta que nunca mais foi calada: "Pode o subalterno falar?", no artigo "Quem reivindica a alteridade" de Gayatri Spivak, teórica indiana e uma das vozes mais influentes dos estudos pós-coloniais nos Estados Unidos. Desde sua publicação, esse artigo tornou-se referência em várias áreas de estudo, como história, geografia e estudos de gênero. Gayatri, professora de Literatura Comparada na Universidade de Columbia, de certa maneira, confronta a grande referência teórica dos estudos de gênero naquele momento, a filosofia desconstrutivista, invocando o conceito gramsciano de "subalterno", aquele sujeito inespecífico que compõe os grupos marginais da sociedade sem condições de acesso à cidadania. Em toda sua obra é central o esforço na busca de meios de acesso à subjetividade subalterna. Sua argumentação ofereceu para o feminismo daquela hora uma chave valiosa na questão da autorização discursiva, formulação importante para o avanço das discussões sobre o lugar de fala.

Abro aqui um parênteses necessário para um breve comentário sobre a recente e polêmica categoria lugar de fala, cuja origem costuma ser atribuída a dois artigos específicos: em primeiro lugar, ao artigo "Pode o subalterno falar?", que estamos comentando; e, em segundo, a "O problema de falar pelos outros"[7] da filósofa panamenha Linda Alcoff, que defende a existência de diferentes "efeitos de verdade", dependendo de quem enuncia um discurso. Essa questão hoje é central nas políticas dos feminismos que se sentem excluídos da universalidade dos feminismos brancos heteronormativos. Por lugar de fala, entende-se o conceito segundo o qual se defende que a pessoa que sofre preconceito fale por si, como protagonista da própria luta e movimento, pleiteando o fim da mediação e, consequentemente, da representação. Chamei apenas brevemente a atenção sobre essas categorias formuladas na década de 1980 para mostrar como esses estudos iniciais se desdobraram com grande força política nas práticas e no pensamento das novas ondas feministas hoje.

Outro conceito que rege os estudos feministas "da diferença" é a aclamada noção de interseccionalidade. Curiosamente, a primeira vez que o termo foi usado, com o sentido que o feminismo empregou, se deu na área jurídica. Kimberlé Crenshaw, advogada, professora da Universidade da California de Los Angeles (UCLA) e fundadora do Centro de Estudos em Interseccionalidade e Políticas Sociais da Universidade de Columbia introduz, no direito, a teoria interseccional, ou seja, o estudo de como a sobreposição ou a intersecção de identidades sociais, particularmente das identidades minoritárias, são diretamente relacionadas aos sistemas e estruturas da dominação e da discriminação. Inicialmente as teorias interseccionais são desenvolvidas, portanto, para uso em tribunais e julgamentos que não fariam justiça se privilegiassem apenas uma das discriminações sofridas pelas partes em litígio.

Na área dos estudos raciais, Patricia Hill Collins desenvolve esta ideia e levanta a bandeira do que chama autodefinição. Patricia, socióloga e uma das pioneiras em estudos raciais na academia norte-americana, aprofunda, no texto "Pensamento feminista negro: o poder da autodefinição", a teoria da interseccionalidade, observando as diversas formas como as opressões de raça, classe, gênero, sexualidade e nação que se interrelacionam, construindo sistemas específicos de poder articulados, forjando valores e imagens cristalizadas a partir da leitura de Angela Davis, Alice Walker e Audre Lorde e da escuta da força que emerge das obras das escritoras negras e cantoras de blues. Nesse estudo, a autora percebe a potência política da autodefinição da mulher negra e seu alcance enquanto demanda de justiça social.

No Brasil, temos o trabalho não menos importante de Sueli Carneiro, filósofa, escritora, ativista e fundadora do Geledés, Instituto da Mulher Negra, que atua, desde 1988, nas áreas acadêmica e de políticas públicas dos direitos humanos, educação, cultura e saúde. Além de sua notória importância como personalidade política, Sueli é também referência nos estudos feministas negros no Brasil. Em seu trabalho "Enegrecer o feminismo: a situação da mulher negra na América Latina a partir de uma perspectiva de gênero", Sueli promove um releitura de Patricia Hill Collins, particularmente quando argumenta que o pensamento feminista negro seria um conjunto de interpretações teóricas sobre experiências e ideias compartilhadas sobre questões específicas da realidade das mulheres negras, como a natureza interconectada de raça, gênero e classe e o impacto dos estereótipos ou "imagens de autoridade" sobre esta realidade. Sueli examina, através da experiência histórica das mulheres negras e indígenas e do fator da miscigenação como estruturante das construções da identidade nacional brasileira, o mito da democracia racial latino-americana, que no Brasil chegou em seu ponto mais extremo. Outra questão importante de seu trabalho é a análise da violência sexual colonial, segundo ela, "cimento" de nossas hierarquias de gênero e raça e das ideologias complementares desse sistema de opressão racial e sexista. Para Sueli, nas teorias feministas latino-americanas, o gênero é, sem dúvida, uma variável teórica importante, porém inseparável de outros eixos de opressão como as determinantes coloniais de nossas sociedades.

Partindo do mesmo contexto, apresentando uma leitura radical e de forte repercussão nos novos feminismos brasileiros, Lélia Gonzalez, filósofa, professora, escritora e ativista, confronta paradigmas da produção textual acadêmica, através da inclusão do legado linguístico de culturas escravizadas na escrita de seus estudos. No seu texto "A categoria político-cultural da *Amefricanidade*", mistura o português com elementos linguísticos africanos e denuncia a discriminação racial existente na própria definição da língua materna brasileira. Diz Lélia: "aquilo que chamo de 'pretoguês' nada mais é do que marca de africanização do português falado no Brasil. [...] O caráter tonal e rítmico das línguas africanas trazidas para o Novo Mundo aponta para um aspecto pouco explorado da influência negra na formação histórico-cultural do continente".

Além do pretoguês, Lélia cunha a categoria *Amefricanidade* que propõe a abordagem interligada "do racismo, do colonialismo, do imperialismo e de seus efeitos". A *Amefricanidade*, segundo a autora, experimenta pensar 'de dentro' as culturas indígenas e africanas em contraposição às interpretações históricas eurocêntricas, centradas na visão de mundo do pensamento moderno europeu. O pensamento de Lélia, sempre atual, já traz a marca das teorias decoloniais, do que se chama hoje de "feminismo do Sul" e da noção de "colonialidade de gênero", de María Lugones.

Assim vão se complexificando progressivamente as narrativas teóricas sobre gênero, que tem seu ápice no trabalho radical de Gloria Anzaldúa: "*La conciencia de la mestiza* / Rumo a uma nova consciência". Defendo a ideia de radicalidade no trabalho de Gloria, especialmente porque sua narrativa teórica confronta os paradigmas da produção de conhecimento, baseando-se não apenas em seu depoimento pessoal, mas também no próprio uso simultâneo de várias línguas, oscilando entre o inglês, o espanhol e suas variações regionais, como a língua asteca *nahuatl*. Ela explica logo no início de seu artigo:

> Porque eu, uma *mestiza*, continuamente saio de uma cultura para outra, porque eu estou em todas as culturas ao mesmo tempo, alma entre dos mundos, tres, cuatro, me zumba la cabeza con lo contradictorio. Estoy norteada por todas las voces que me hablan *simultáneamente*.

A nova identidade, *mestiza*, é representada, portanto, em uma linguagem híbrida, exibindo um discurso polifônico, proferido por múltiplas vozes, como em uma luta de fronteiras. A contribuição de Anzaldúa é da ordem do estímulo às imensas possibilidades políticas e conceituais da experimentação e da interpelação aos modelos de saber ocidentais.

No texto de *la mestiza* cabem contradicões e ambiguidades, alterando a forma como percebemos a realidade, como nos vemos enquanto indivíduos, como nos comportamos. Anzaldúa, teórica, mestiça, lésbica, chicana, influenciou uma nova geração de seguidoras nas artes, na literatura e nos feminismos decoloniais.

Nas primeiras décadas do século XXI, período coberto pela última parte desta coletânea, o campo dos estudos de gênero traz novidades. O feminismo vive um momento particularmente intenso, que pode ser identificado ao processo de transformação e à crise do feminismo da segunda onda, dos estudos de lógica binária e dos estudos gay e lésbicos. Trata-se do momento da consolidação do feminismo decolonial, da teoria queer, do pós-feminismo, dos estudos transgêneros, chegando ao pós-humanismo.

O feminismo decolonial, ou seja, a nova perspectiva feminista que valoriza os determinantes da lógica colonial como um importante fator da opressão das mulheres, tem como ponto de virada o trabalho da argentina María Lugones, filósofa, ativista e professora na Universidade de Binghamton em Nova York. O foco de seu trabalho são as formas de resistência desenvolvidas contra as várias estratégias da opressão colonial. María Lugones desenvolve o conceito de "colonização de gênero" em oposição às análises da opressão de gênero racializadas e capitalistas do feminismo ocidental. Em seu artigo "Rumo a um feminismo decolonial", Lugones analisa o papel da colonização na formação das noções de sexo e gênero em grupos indígenas. No texto, argumenta que, uma vez que esses grupos já tinham suas próprias práticas e concepções sobre sexo e gênero organizadas em função da produção e da socialização no período pré-colonial, as investigações das formas de resistência que desenvolveram durante os processos de colonização se tornam fundamentais como instrumento para as possibilidades teóricas de sua desconstrução. Os estudos feministas decoloniais ou feminismos do Sul tornam-se cada vez mais importantes na América Latina, na medida em que tocam em pontos cruciais referentes às especificidades dos sistemas de opressão das mulheres em países pós-coloniais.

Outra tendência que começa a ser valorizada nos estudos mais recentes é a proposta de Silvia Federici de releitura em direção a uma novo feminismo-marxista que aponte caminhos concretos de liberação das mulheres. Silvia, escritora, professora de filosofia, política e ativista, promove uma profunda discussão com o marxismo e traz à tona o silêncio de Marx sobre a importância do trabalho reprodutivo (*a reprodução de seres humanos*), função necessária e básica de uma economia capitalista, baseada no trabalho assalariado, denunciando o corpo das mulheres como a última fronteira do capitalismo. Desde os anos 1970, Federici defende um ativismo voltado para o reconhecimento e a remuneração do trabalho doméstico e do trabalho sexual e destaca, especialmente, a luta pelos comuns. É nessa linha que apresenta uma visão interessante e original para as lutas feministas ao interpretar a ascensão do capitalismo como um movimento reacionário que elimina o comunalismo e mantém o contrato social básico tradicional. Assim, propõe olhar para a política dos comuns a partir de uma perspectiva feminista, onde "feminista" diz respeito a um ponto de vista moldado pela luta contra a discriminação sexual e por um melhor entendimento do trabalho reprodutivo sobre o qual a estrutura da sociedade é construída. Em 1998, publica seu livro mais conhecido, *Calibã e a bruxa*[8], resultado de trinta anos de pesquisa histórica onde analisa a relação entre a caça às bruxas e o surgimento sangrento do sistema capitalista durante os séculos XVI e XVII.

Um ponto que se tornou fulcral nos caminhos do feminismo neste século é a visibilidade que ganharam as políticas pós-identitárias e as vivências das mulheres trans, das travestis e das pessoas não-binárias e toda uma multiplicidade de fatores que se conjugam na conformação das identidades.

O carro chefe dos estudos pós-identitários é a teoria queer, expressão criada por Teresa de Lauretis, em 1990, como tema de um seminário que organizou na Universidade da Califórnia, em Santa Cruz, precisamente sobre o campo dos estudos gays e lésbicos que estavam se transformando em uma área de estudo homogênea e com pouca rentabilidade teórica. A teoria queer recupera estudos não apenas de Teresa de Lauretis, mas também a metáfora híbrida do ciborgue de Donna Haraway e o livro canônico da teoria queer, *Problemas de gênero*, de Judith Butler, que, mesmo criticada por ter subestimado os processos de transformação dos corpos transexuais e transgenéricos, continuou sendo um pensamento seminal pela inegável complexidade produtiva da noção de *performance* que introduziu.

O que passa a interessar prioritariamente agora é a radicalização do conceito de gênero sublinhando seu lado fluido, socialmente construído, performado e sistêmico. Parafraseando Teresa de Lauretis: queer é um sistema sexo-semiótico, de interpretação dos dados biológicos como produtores de diferenças, que não são *per si*, mas produtos da interpretação arbitrária dos "marcadores biológicos". Assim como a categoria gênero procurou desconstruir a categoria identidade, a categoria queer caminha na direção da desconstrução da noção de sexo biológico.

Teresa de Lauretis em seu artigo "Teoria queer, 20 anos depois: identidade, sexualidade e política" assume a palavra queer como contestação social e advoga que é importante confrontar criticamente, os "equívocos nebulosos dos gêneros, assim como das preocupações médicas com certa funcionalidade reprodutiva". Recorrendo à psicanálise, Teresa estabelece um diálogo com Freud e sua concepção da sexualidade como sendo "a dimensão mais perversa da vida humana, indo da perversão para a neurose e para a sublimação". Com a psicanálise, a teoria queer se viu livre para explorar as muitas possibilidades e facetas do comportamento sexual, com a perspectiva não de um comportamento desviante, mas enquanto gênero-inclusivo, democrático e multicultural.

A grande voz que se levanta na radicalização desses estudos é a de Paul B. Preciado, que promoveu uma extensa releitura crítica da literatura da segunda onda e dos filósofos pós-estruturalistas, construindo uma obra instigante e absurdamente contemporânea. Seus estudos pós-graduados foram orientados por Jacques Derrida, o mais político dos filósofos pós-

-estruturalistas, o que certamente lhe possibilitou uma especial expertise desconstrutivista. O primeiro artigo aqui incluído, "O que é a contrassexualidade", desenvolve a ideia central de seu livro *Manifesto contrassexual*,[9] a ideia de um corpo não binário. Em discussão com Michel Foucault, considera a sexualidade como tecnologia, na qual os elementos do sistema sexo/gênero são máquinas, produtos, aparelhos, próteses, programas ou conexões. Enfim, considera o sexo como tecnologia biopolítica de dominação heterossocial. Além da ideia de contrassexualidade, a noção de *multidão queer*, discutida no artigo "Multidões queer: notas para uma política dos 'anormais'" é um dos eixos da obra de Preciado. Ele parte da ideia de Teresa de Lauretis de "desidentificação" enquanto desontologização das identidades, para definir o que seria o sujeito das estratégias políticas das multidões queer em direção à conquista de voz por essas minorias. A política das multidões queer se compromete com a criação de condições para "um exercício total de enunciação, a história de uma inversão da força performativa dos discursos e de uma reapropriação das tecnologias sexopolíticas de produção dos corpos dos 'anormais'" em oposição às epistemologias sexopolíticas heteronormativas, que dominam ainda a produção da ciência.

Preciado revoluciona em vários campos. Faz política quando produz "contraconceitos", faz política quando procura formas de transformar estes conceitos-ação, faz teoria quando relata politicamente sua própria experiência de redesignação sexual.

Este livro e esta introdução, como apontado no início, foram pensados como um repertório ou um apoio para os estudos de gênero e para o ativismo feminista. Seu desenho, suas escolhas, são totalmente pessoais e revelam uma trajetória de pensamento e de estudos identificada apenas com minha experiência intelectual. Simplificando, este livro é um compartilhar de leituras e de descobertas. Mas é também um alerta, subentendido na sequência de seus capítulos, para que o feminismo do século XXI coloque na agenda a urgência do questionamento às tão perigosas quanto dissimuladas tecnologias de produção das sexualidades e a responsabilidade de recusar qualquer hierarquia ou prioridade na luta contra a opressão de todas as mulheres, em suas mais diversas características de gênero, raça, etnia ou religião.

✳

NOTAS

1 Radicalesbians, 1971. Manifesto lançado no Second Congress to Unite Women no dia 1º de maio de 1970. Esse manifesto é considerado o documento fundador no feminismo lésbico.

2 Donna Haraway, "Situated Knowledges: The Science Question in Feminism and the Privilege of Partial Perspective", *Feminist Studies*, vol. 14, nº 3, 1998, p. 575-599.

3 Jeremy Fantl, *Knowledge in an Uncertain World*, Nova York: Oxford University Press, 2009.

4 Miranda Fricker, *Epistemic Injustice: Power and the Ethics of Knowing*, Nova York: Oxford University Press, 2007.

5 Gender Trouble: the Subversion of Identity, Nova York: Routledge, 1990.

6 Paulo Freire, *Pedagogia do oprimido*. Rio de Janeiro: Paz e Terra, 1987.

7 Linda Alcoff, "The problem of speaking for others", *Cultural Critique*, nº 20, 1991-1992, p. 5-32.

8 Publicado sob o título *Caliban and the Witch: Women, the Body, and Primitive Accumulation*, Nova York: Autonomidia, 2004. E no Brasil, *Calibã e a bruxa* foi publicado pela editora Elefante em 2017.

9 Paul B. Preciado, *Manifesto contrassexual: práticas subversivas de identidade sexual*, São Paulo: N-1 Edições, 2004.

gênero como método

O destino do feminismo na era neoliberal apresenta um paradoxo. Por um lado, o movimento contracultural relativamente pequeno do momento anterior se expandiu exponencialmente, disseminando com sucesso suas ideias pelo mundo. Por outro lado, as ideias feministas se submeteram a uma mudança sutil de validade no novo contexto econômico.

Nancy Fraser

Feminismo, capitalismo e a astúcia da história

Nancy Fraser

QUERO OLHAR PARA A SEGUNDA ONDA DO FEMINISMO. Não para uma corrente específica, uma tendência da produção teórica ou para recortes geográficos ou sociológicos; quero, ao contrário, tentar analisar a segunda onda do feminismo no seu conjunto, como fenômeno social que marcou uma época. Pensando nos últimos quase quarenta anos de ativismo feminista, quero arriscar uma avaliação geral da trajetória e da importância histórica do movimento. Espero que esse olhar para o passado nos ajude a olhar para o futuro. Reconstruindo o caminho percorrido, espero lançar luz sobre os desafios que enfrentamos hoje – nessa época de intensa crise econômica, incerteza social e realinhamento político.[1]

Vou, portanto, falar sobre os contornos e o significado geral da segunda onda do feminismo. Narrativa histórica e análise socioteórica em partes iguais, meu relato se apoia em três momentos – e cada um deles nos permite situar a segunda onda do feminismo em momentos específicos da história do capitalismo. O primeiro se refere aos primórdios do movimento, no que chamo de "capitalismo organizado pelo Estado". Nesse artigo, eu me proponho a mapear o surgimento da segunda onda do feminismo a partir da *nova esquerda* anti-imperialista, como um questionamento radical ao androcentrismo que permeia as sociedades capitalistas lideradas pelo Estado no pós-guerra. Conceituando essa fase, identifico a promessa emancipatória fundamental do movimento com seu sentimento expandido de injustiça e sua crítica estrutural da sociedade. O segundo momento se refere à evolução do feminismo em um contexto social drasticamente modificado pelo neoliberalismo ascendente. A esse respeito, quero não só traçar os sucessos extraordinários do movimento, mas também a perturbadora convergência de alguns de seus ideais com as exigências de uma nova forma emergente do capitalismo pós-fordista, "desorganizada", transnacional. Na conceituação dessa fase, eu me pergunto se a segunda onda do feminismo forneceu inconscientemente um ingrediente fundamental do que Luc Boltanski e Ève Chiapello chamam de "o novo espírito do capitalismo". O terceiro momento faz referência a uma possível reorientação do feminismo na atual crise capitalista e o realinhamento político estadunidense, que poderia marcar uma guinada na direção de uma nova forma de organização social. Nesse ponto, examino as possibilidades abertas pela recuperação da promessa emancipatória do feminismo em um mundo que foi golpeado pelas crises do capital financeiro e da hegemonia dos Estados Unidos, e que agora espera o desdobramento do governo Barack Obama.

De modo geral, situo a trajetória da segunda onda feminista em relação à recente história do capitalismo. Assim, espero contribuir com a recuperação da teorização feminista-socialista que me inspirou décadas atrás e que ainda parece oferecer nossa melhor esperança para evidenciar as possibilidades de justiça de gênero na atualidade. Meu objetivo, contudo, não é reciclar teorias de sistemas duais obsoletos, e sim integrar o melhor das novas teorias feministas com o melhor das novas teorias críticas do capitalismo.

Para esclarecer a lógica por trás dessa abordagem, deixe-me explicar meu descontentamento com o que talvez seja a visão mais comum sobre a segunda onda do feminismo. Dizem, frequentemente, que o sucesso relativo do movimento na transformação da cultura contrasta nitidamente com seu relativo fracasso na transformação das instituições. Essa avaliação tem duplo sentido: por um lado, os ideais feministas de igualdade de gênero, tão controversos nas décadas anteriores, agora são populares e fazem parte do imaginário social; por outro lado, eles ainda têm que ser colocados em prática. Assim, as críticas feministas sobre, por exemplo, assédio sexual, tráfico de mulheres e desigualdade salarial, que pareciam revolucionárias pouco tempo atrás, são princípios amplamente apoiados hoje; contudo, essa mudança drástica de comportamento no nível das atitudes não eliminou, de forma alguma, tais práticas. Frequentemente argumenta-se: a segunda onda do feminismo provocou uma notável revolução cultural, mas a vasta mudança nas *mentalités* não se transformou (ainda) em mudança estrutural e institucional.

É de se considerar esse ponto de vista que acertadamente registra a ampla aceitação atual das ideias feministas. Mas a tese da "falha institucional com sucesso cultural" não ilumina o suficiente a significação histórica e as possibilidades futuras da segunda onda do feminismo. Postular que as instituições ficaram defasadas em relação à cultura, como se uma pudesse mudar sem a outra, faz parecer que precisamos apenas fazer a primeira alcançar a última, a fim de colocar as esperanças feministas em prática. Uma possibilidade mais complexa e perturbadora é escondida: a difusão de atitudes culturais nascidas da segunda onda foi parte integrante de outra transformação social, inesperada e não proposta pelas ativistas feministas – uma transformação na organização social do capitalismo do pós-guerra. Essa possibilidade pode ser formulada melhor: as mudanças culturais impulsionadas pela segunda onda, que eram em si saudáveis, serviram para legitimar uma transformação estrutural da sociedade capitalista que avança diretamente contra as visões feministas de uma sociedade justa.

Neste ensaio, meu objetivo é explorar essa possibilidade perturbadora. Minha hipótese pode ser colocada da seguinte maneira: o verdadeiramente novo na segunda onda foi o entrelaçamento, na crítica ao capitalismo androcêntrico organizado pelo Estado, de três dimensões analiticamente distintas de injustiça de gênero: a econômica, a cultural e a política. Sujeitando o capitalismo organizado pelo Estado a um exame multifacetado e abrangente, no qual essas três perspectivas se misturam livremente, as feministas geraram uma crítica simultaneamente ramificada e sistemática. Porém, nas décadas seguintes, as três dimensões de injustiça se separaram – uma das outras e todas da crítica ao capitalismo. Com a fragmentação da crítica feminista, vieram a incorporação seletiva e a recuperação parcial de algumas de suas tendências. Separadas umas das outras, assim como da crítica social que as tinha integrado, as expectativas da segunda onda foram recrutadas a serviço de um projeto que estava profundamente em conflito com a nossa ampla visão holística de uma sociedade justa. Em um bom exemplo da astúcia da história, desejos utópicos encontraram segunda vida como correntes de sentimento que legitimaram a transição para uma nova forma de capitalismo: pós-fordista, transnacional, neoliberal.

Nas próximas páginas, elaboro essa hipótese em três etapas que correspondem aos três momentos do esquema mencionado anteriormente. Em uma primeira etapa, reconstruirei a crítica da segunda onda feminista ao capitalismo androcêntrico organizado pelo Estado em relação à integração com as três perspectivas sobre justiça – redistribuição, reconhecimento e representação. Na segunda etapa, esboçarei a desintegração dessa constelação e o recrutamento seletivo de algumas de suas tendências para legitimar o capitalismo neoliberal. Por último, a terceira etapa, onde pensarei nas possibilidades de recuperação da promessa emancipatória do feminismo no momento atual de crise econômica e abertura política.

FEMINISMO E O CAPITALISMO ORGANIZADO PELO ESTADO

Começo situando o surgimento da segunda onda do feminismo no contexto do capitalismo organizado pelo Estado. Por "capitalismo organizado pelo Estado", entendo a formação social hegemônica na era do pós-guerra, uma formação em que os estados exercem um papel ativo na condução de suas economias nacionais.[2] Estamos mais familiarizados com a forma assumida por esse capitalismo no que ficou conhecido como "Estado de bem-estar social", presente nos países do Primeiro Mundo, quando ferramentas keynesianas eram usadas para suavizar os ciclos de crescimento e queda endêmicos à economia capitalista. Baseando-se nas experiências da Crise de 1929 e dos planejamentos comuns a tempos de guerra, esses Estados implementaram várias formas de dirigismo, incluindo investimento infraestrutural, política industrial, tributação redistributiva, provisão social, regulamento empresarial, nacionalização de algumas indústrias chave e descomoditização de bens públicos. Embora os Estados mais ricos e poderosos da Organização para a Coperação e o Desenvolvimento Econômico (OCDE) fossem capazes de "organizar" o capitalismo com mais êxito nas décadas posteriores a 1945, uma variante do capitalismo organizado pelo Estado podia também ser encontrada no chamado Terceiro Mundo. Em ex-colônias empobrecidas, os "Estados desenvolvimentistas" recém independentes buscaram usar suas capacidades mais limitadas para iniciar o crescimento econômico nacional por meio de políticas de substituição de importação, investimento infraestrutural, nacionalização de indústrias-chave e gastos públicos em educação.[3]

Em geral, então, uso esta expressão para falar dos "Estados de bem-estar social" da OCDE e das ex-colônias que viraram Estados desenvolvimentistas no pós-guerra. E foi, no fim das contas, nesses países que a segunda onda do feminismo apareceu primeiro, nos primeiros anos da década de 1970. Para explicar o que exatamente provocou essa explosão, destaco quatro características definidoras da cultura política do capitalismo organizado pelo Estado:

ECONOMICISMO. Por definição, o capitalismo organizado pelo Estado envolvia o uso do poder público para regular (e em alguns casos, substituir) os mercados econômicos. Essa foi em grande parte uma questão de gestão de crise no interesse do capital, mas, todavia, os Estados ganharam legitimidade política com sua declarada intenção em promover inclusão, igualdade social e solidariedade entre classes. No entanto, estes ideais foram interpretados de modo economicista e centrado na divisão de classes. Na cultura política do capitalismo organizado pelo Estado, as questões sociais foram estruturadas principalmente em termos distributivos, como assuntos relativos à distribuição equitativa de bens divisíveis, especialmente renda e empregos, enquanto as divisões sociais foram vistas principalmente por um prisma de classe. Assim, a injustiça social perfeita era a distribuição econômica injusta, e sua expressão paradigmática era a desigualdade de classes. O efeito deste imaginário centrado na divisão de classes e economicista era marginalizar, se não completamente ocultar, outras dimensões, locais e eixos de injustiça.

ANDROCENTRISMO. Nesse cenário, a cultura política do capitalismo organizado pelo Estado via o cidadão de tipo ideal como um trabalhador homem pertencente à maioria étnica – chefe da casa e homem de família. Foi amplamente suposto, também, que seu salário deveria ser o principal, se não o exclusivo, sustento econômico de sua família, enquanto quaisquer ganhos financeiros de sua esposa deveriam ser meramente suplementares. Profundamente marcada pelo gênero, o construto "salário familiar" serviu tanto como um ideal social, conotando modernidade e mobilidade ascendente, quanto como base para as políticas públicas de emprego, bem-estar social e desenvolvimento. Esse ideal iludiu a maioria das famílias, pois o salário de um homem raramente era por si só suficiente para sustentar os filhos e uma esposa sem emprego. E, ainda, a indústria fordista à qual o ideal se ligava logo seria tolhida por um florescente setor de serviços de baixos salários. Mas, nas décadas de 1950 e 1960, o salário familiar serviu para definir normas de gênero e para disciplinar aqueles que as infringiam, reforçando a autoridade dos homens em assuntos domésticos e canalizando aspirações ao consumo doméstico privatizado. Igualmente importante, por valorizar o trabalho assalariado, a cultura política do capitalismo organizado pelo Estado apagou a importância social do trabalho não assalariado de cuidado da família e do trabalho reprodutivo. Institucionalizando compreensões androcêntricas de família e trabalho, ele naturalizou injustiças de gênero e as removeu de contestações políticas.

ESTATISMO. O capitalismo organizado pelo Estado também foi estatista, difundido com um ethos tecnocrático e gerencial. Usando peritos profissionais para planejar políticas e de organizações burocráticas para implementá-las, os Estados de bem-estar social e desenvolvimentistas trataram aqueles a quem serviam mais como clientes, consumidores e contribuintes do que como cidadãos ativos. O resultado foi uma cultura despolitizada, que tratava questões de justiça como assuntos técnicos, que deviam ser solucionados com cálculos de peritos ou por meio de negociações corporativas. Longe de empoderados para interpretar suas necessidades democraticamente, por deliberação política e contestação, os cidadãos comuns foram posicionados (na melhor das hipóteses) como recipientes passivos de satisfações definidas e distribuídas de cima para baixo.

WESTFALIANISMO. Por fim, o capitalismo organizado pelo Estado foi, por definição, uma formação nacional que pretendia mobilizar as capacidades de Estados-nações no apoio ao desenvolvimento econômico nacional em nome – e nem sempre no interesse – da cidadania nacional. Possibilitada pela estrutura regulatória de Bretton Woods, essa formação se baseava em uma divisão de espaço político em unidades territorialmente limitadas. Como resultado, a cultura política do capitalismo organizado pelo Estado institucionalizou a visão "westfaliana" de que o compromisso compulsório com a justiça só se aplica entre concidadãos. Subtendendo a maior parte da luta social na era do pós-guerra, essa visão canalizava reivindicações de justiça nas arenas políticas internas de Estados territoriais. O efeito, apesar do simulacro de apoio aos direitos humanos internacionais e a solidariedade anti-imperialista, foi a truncagem do alcance da justiça, marginalizando, senão ofuscando ou escondendo completamente as injustiças transfronteiriças.[4]

Em geral, a cultura política do capitalismo organizado pelo Estado era economicista, androcêntrica, estatista e westfaliana – aspectos que foram alvos de ataque no final das décadas de 1960 e 1970. Naqueles anos de radicalismo explosivo, as feministas da segunda onda se juntaram às suas companheiras da nova esquerda e anti-imperialistas desafiando o economicismo, o estatismo e (em menor grau) o westfalianismo do capitalismo organizado pelo Estado, ao mesmo tempo que contestavam o androcentrismo do último – e com isso, o sexismo de seus camaradas e aliados. Consideremos esses pontos um a um.

SEGUNDA ONDA DO FEMINISMO CONTRA O ECONOMICISMO. Rejeitando a identificação exclusiva de injustiça com a má distribuição de renda entre classes, as feministas da segunda onda se uniram a outros movimentos emancipatórios para romper o imaginário restritivo e economicista do capitalismo organizado pelo Estado. Politizando o "pessoal", elas expandiram o significado de justiça, reinterpretando como injustiças as desigualdades sociais que tinham sido negligenciadas, toleradas ou racionalizadas desde tempos imemoriais. Rejeitando tanto o foco exclusivo do marxismo na economia política quanto o foco do liberalismo na lei, elas desvendaram injustiças localizadas em outros lugares – na família e em tradições culturais, na sociedade civil e na vida cotidiana. As feministas da segunda onda ainda ampliaram o número de eixos que poderiam abrigar injustiças. Rejeitando a primazia das classes, as feministas-socialistas, as feministas negras e as feministas anti-imperialistas se opuseram aos esforços de feministas radicais para colocar o gênero em uma mesma posição de privilégio categórico. Focando não apenas no gênero, mas também na classe, na raça, na sexualidade e na nacionalidade, elas foram precursoras de uma alternativa "interseccional" que é amplamente aceita hoje. As feministas da segunda onda ampliaram o campo de ação da justiça para incluir assuntos anteriormente privados, como sexualidade, serviço doméstico, reprodução e violência contra mulheres. Dessa maneira, elas ampliaram efetivamente o conceito de injustiça para abranger não apenas as desigualdades econômicas, mas também hierarquias de status e assimetrias do poder político. Com o benefício da visão retrospectiva, podemos dizer que elas substituíram a ideia monista e economicista de justiça por uma compreensão tridimensional mais ampla, que envolve economia, cultura e política.

O resultado não foi uma mera lista de questões isoladas. Ao contrário, o que relacionava a pletora de injustiças recém-descobertas era a noção de que a subordinação das mulheres era sistêmica, fundamentada nas estruturas profundas da sociedade. As feministas da segunda onda discutiam, é claro, como melhor caracterizar a totalidade social em que se encontravam – como "patriarcado", como uma amálgama de "sistemas duais", um capitalista e um patriarcal; como um sistema imperialista mundial ou, a opção que prefiro, como uma forma historicamente específica: a sociedade capitalista organizada pelo Estado de forma androcêntrica, estruturada por três ordens inter-relacionadas de subordinação: (má) distribuição, (falta de) reconhecimento e (falta de) representação. Apesar das diferenças, a maior parte das feministas da segunda onda – com a notável exceção das feministas liberais – concordava que superar a subordinação das mulheres requeria transformar radicalmente as estruturas profundas da totalidade social. Esse compromisso comum para a transformação sistêmica coloca as origens do movimento em um amplo fermento emancipatório.

SEGUNDA ONDA DO FEMINISMO CONTRA O ANDROCENTRISMO. Ainda que a segunda onda do feminismo participasse da atmosfera geral do radicalismo dos anos 1960, ela se mantinha em uma relação tensa com os outros movimentos emancipatórios. Seu objetivo principal, afinal de contas, era a injustiça de gênero do capitalismo organizado pelo Estado, o que estava longe de ser uma prioridade para os anti-imperialistas não feministas e os novos esquerdistas. Além de intensificar a crítica ao androcentrismo do capitalismo organizado pelo Estado, as feministas da segunda onda tinham também que confrontar o sexismo dentro da esquerda. Para as feministas liberais e radicais, isto não era um problema; elas podiam simplesmente se tornar separatistas e abandonar a esquerda. Para as feministas-socialistas, as feministas anti-imperialistas e as feministas de cor, ao contrário, a dificuldade era confrontar o sexismo dentro da esquerda e permanecer parte dela.

Durante certo tempo, as feministas-socialistas foram bem-sucedidas em manter esse difícil equilíbrio. Elas localizaram a essência do androcentrismo na divisão sexista do trabalho que sistematicamente desvalorizava atividades, remuneradas e não remuneradas que eram executadas por ou associadas a mulheres. Aplicando essa análise ao capitalismo organizado pelo Estado, elas revelaram as conexões profundamente estruturais entre a responsabilidade das mulheres com a maior parte dos cuidados não remunerados, a subordinação no matrimônio e na vida pessoal, a segmentação de gênero dos mercados de trabalho, a dominação do sistema político pelos homens, e o androcentrismo na provisão do bem-estar social, na política industrial e nos esquemas de desenvolvimento. Elas expuseram o salário familiar como o ponto em que convergiam a má distribuição de gênero, a falta de reconhecimento e a falta de representação. O resultado foi uma crítica que integrava economia, cultura e política em uma análise sistemática da subordinação das mulheres no capitalismo organizado pelo Estado. Longe de ter como objetivo simplesmente promover a incorporação completa das mulheres como assalariadas na sociedade capitalista, as feministas da segunda onda buscavam transformar as estruturas profundas do sistema e os valores que o estimulam – em parte descentralizando o trabalho assalariado e valorizando as atividades não assalariadas, especialmente os trabalhos que envolvem cuidado, socialmente necessários e executados por mulheres.

SEGUNDA ONDA DO FEMINISMO CONTRA O ESTATISMO. As objeções das feministas ao capitalismo organizado pelo Estado se referiam tanto ao seu processo quanto ao seu conteúdo. Como os seus aliados da nova esquerda, elas rejeitaram o ethos burocrático-gerencial desse capitalismo. À crítica da organização fordista amplamente difundida nos anos 1960, elas acrescentaram uma análise de gênero, entendendo que a cultura de instituições de larga escala e hierarquizadas expressava a masculinidade modernizada do estrato profissional-gerencial do capitalismo organizado pelo Estado. Desenvolvendo um contra-ethos horizontal de conexão fraternal, as feministas da segunda onda criaram uma prática organizacional completamente nova com os grupos de conscientização. Buscando um caminho para cobrir a profunda divisão estatista entre teoria e prática, elas se intitularam como movimento contracultural democratizante – anti-hierárquico, participativo e popular. Em uma época em que o acrônimo "ONG" ainda não existia, acadêmicas feministas, advogadas e assistentes sociais se identificaram mais com as bases do que com o ethos profissional reinante de especialistas despolitizadas.

Diferentemente de algumas das suas companheiras de contracultura, entretanto, a maioria das feministas não rejeitou as instituições estatais *simpliciter*. Buscando, pelo contrário, infundir nessas instituições valores feministas, elas vislumbraram um Estado democrático e participativo que empoderasse seus cidadãos. Reimaginando efetivamente a relação entre Estado e sociedade, elas buscaram transformar aqueles que eram vistos como passivos pela política desenvolvimentista e de bem-estar social em sujeitos ativos, que tivessem força para participar de processos democráticos de interpretação de necessidades. O objetivo, portanto, era menos desmontar as instituições estatais do que transformá-las em agências que promoveriam, e de fato expressariam, justiça de gênero.

SEGUNDA ONDA DO FEMINISMO CONTRA E A FAVOR DO WESTFALIANISMO.
Mais ambivalente, talvez, tenha sido a relação do feminismo com a dimensão westfaliana do capitalismo organizado pelo Estado. Dadas suas origens na agitação global da época anti-Guerra do Vietnã, o movimento estava claramente disposto a ser sensível a injustiças transfronteiriças. Esse era o caso especialmente das feministas nos países em desenvolvimento, cuja crítica de gênero se misturava com uma crítica ao imperialismo. Mas nesses países, como em outros, a maioria das feministas viu os seus respectivos Estados como os principais destinatários de suas exigências. Assim, as feministas da segunda onda tendiam a reescrever a estrutura westfaliana na prática, mesmo quando elas a criticavam na teoria. Aquela estrutura, que dividiu o mundo em unidades políticas territoriais, permanecia como a opção padrão em uma época em que os Estados ainda pareciam possuir as capacidades necessárias para a direção social e na qual a tecnologia que permite a formação de redes transnacionais em tempo real ainda não estava disponível. No contexto do capitalismo organizado pelo Estado, então, o slogan "a irmandade é global" (ele mesmo já contestado como imperialista) funcionou mais como um gesto abstrato do que como um projeto político pós-westfaliano que poderia ser colocado em prática.

De modo geral, a segunda onda do feminismo permaneceu westfaliana de forma ambivalente, até mesmo quando rejeitava o economicismo, o androcentrismo e o estatismo do capitalismo organizado pelo Estado.

Em todas essas questões, entretanto, ela apresenta consideráveis nuances. Ao rejeitar o economicismo, as feministas desse período nunca duvidaram da centralidade da justiça distributiva e da crítica da economia política no projeto da emancipação das mulheres. Longe de querer minimizar a dimensão econômica da injustiça de gênero, elas buscaram, ao contrário, aprofundá-la, evidenciando sua relação com as duas dimensões adicionais da cultura e da política. Da mesma forma, ao rejeitar o androcentrismo do salário familiar, as feministas da segunda onda não buscavam simplesmente substituí-lo por um modelo econômico familiar com dois assalariados. Para elas, superar a injustiça de gênero significava acabar com a desvalorização sistemática da provisão de cuidados e a divisão sexista do trabalho, tanto remunerado quanto não remunerado. Finalmente, ao rejeitar o estatismo dessa forma do capitalismo, as feministas da segunda onda nunca duvidaram da necessidade de fortes instituições políticas capazes de organizar a vida econômica a serviço da justiça. Longe de querer libertar os mercados do controle do Estado, elas buscavam, ao contrário, democratizar o poder estatal, maximizar a participação do cidadão, fortalecer a prestação de contas e aumentar os fluxos comunicacionais entre o Estado e a sociedade.

Em suma, a segunda onda do feminismo trazia um projeto político transformador, baseado no entendimento expandido de injustiça e na crítica sistêmica da sociedade capitalista. As correntes mais avançadas do movimento viram as suas lutas como multidimensionais, voltadas simultaneamente contra a exploração econômica, a hierarquia de status e a sujeição política. Para elas, o feminismo surgiu como parte de um projeto emancipatório mais amplo, onde as lutas contra injustiças de gênero estão necessariamente ligadas às lutas contra o racismo, o imperialismo, a homofobia e a dominação de classes – e todas elas exigem uma transformação das estruturas profundas da sociedade capitalista.

FEMINISMO E O "NOVO ESPÍRITO DO CAPITALISMO"

Como se constatou mais tarde, tal projeto estava fadado ao fracasso desde o início, vítima de forças históricas estruturais que não foram bem entendidas naquele momento. Olhando em retrospectiva, vemos que o surgimento da segunda onda do feminismo coincidiu com uma mudança histórica no caráter do capitalismo, da variante "organizada pelo Estado", que acabou de ser analisada, para o neoliberalismo. Invertendo a fórmula anterior, que buscava "usar a política para domesticar o mercado", os proponentes desse novo capitalismo queriam usar o mercado para domesticar a política. Desmontando elementos chave da estrutura de Bretton Woods, eles eliminaram os controles de capital que tinham permitido a direção keynesiana em economias nacionais. No lugar do dirigismo, promoveram a privatização e a desregulamentação; em lugar de provisão pública e cidadania social, "trickle-down" e "responsabilização pessoal"; em lugar dos Estados de bem-estar social e desenvolvimentistas, um Estado competitivo enxuto e mesquinho. Testada na América Latina, essa abordagem serviu para guiar boa parte da transição para o capitalismo nas regiões leste e central da Europa. Embora publicamente patrocinado por Thatcher e Reagan, foi aplicado gradual e desigualmente no Primeiro Mundo. No Terceiro, por outro lado, a neoliberalização foi imposta usando as dívidas externas como ameaça, como um programa forçado de "ajuste estrutural" que subverteu todos os princípios centrais do "desenvolvimentismo" e compeliu os Estados pós-coloniais a despojar-se de seus ativos, abrir os seus mercados e cortar gastos sociais.

Curiosamente, a segunda onda do feminismo prosperou nessas novas condições. O que tinha começado como um movimento contracultural radical estava agora a caminho de se tornar um fenômeno social de massa. Atraindo pessoas de todas as classes, etnias, nacionalidades e ideologias políticas, as ideias feministas penetraram em todos os cantos escondidos da vida social e transformaram as ideias que todos tinham de si mesmos. Buscava-se não só ampliar imensamente o número de ativistas, mas também transformar as visões do senso comum sobre família, trabalho e dignidade.

Foi mera coincidência a segunda onda do feminismo e o neoliberalismo prosperarem em conjunto? Ou havia uma afinidade eletiva perversa e subterrânea entre eles? Essa segunda possibilidade pode ser uma heresia, mas seria perigoso não investigá-la. Certamente, o surgimento do neoliberalismo mudou dramaticamente o terreno no qual a segunda onda do feminismo operava. A ideia, acredito eu, era "ressignificar" os ideais feministas.[5] As aspirações que tinham impulso emancipatório claro no contexto do capitalismo organizado pelo Estado assumiram um significado muito mais ambíguo na era neoliberal. Com os Estados de bem-estar social e desenvolvimentistas sob ataque dos defensores do livre-mercado, as críticas feministas do economicismo, androcentrismo, estatismo e westfalianismo assumiram uma nova valência. Deixe-me esclarecer essa dinâmica de ressignificação olhando novamente para os quatro focos da crítica feminista.

ANTIECONOMICISMO FEMINISTA RESSIGNIFICADO. A ascensão do neoliberalismo coincidiu com uma grande alteração da cultura política das sociedades capitalistas. Nesse período, as reivindicações por justiça foram cada vez mais expressadas como reivindicações pelo reconhecimento da identidade e da diferença.[6] Com essa mudança "da redistribuição para o reconhecimento", vieram pressões poderosas para transformar a segunda onda do feminismo em uma variante das políticas identitárias. Uma variante progressista, de fato, mas que acabava gastando muito tempo na crítica da cultura, enquanto subestimava a crítica da economia política. Na prática, a tendência era subordinar as lutas socioeconômicas a lutas por reconhecimento; enquanto na academia, a teoria cultural feminista começava a se sobrepor à teoria social. O que tinha começado como proposta corretiva necessária para o economicismo recaiu com o tempo em um culturalismo igualmente unilateral. Assim, em vez de chegar a um paradigma mais amplo, mais rico, que poderia abranger tanto a redistribuição quanto o reconhecimento, as feministas da segunda onda trocaram um paradigma incompleto por outro.

Além disso, o momento não poderia ter sido pior. A volta para o reconhecimento nitidamente se encaixou no neoliberalismo em ascensão que não queria nada mais do que reprimir qualquer memória de igualitarismo social. As feministas tornaram absoluta a crítica da cultura justamente no momento que as circunstâncias requeriam atenção redobrada à crítica da economia política. Conforme a crítica se fragmentava, a tendência cultural se tornava separada não apenas da tendência econômica, mas também da crítica do capitalismo que a integrara anteriormente. Separada da crítica do capitalismo e mobilizada para articulações alternativas, essas tendências poderiam ser explicadas no que Hester Eisenstein chamou de "uma conexão perigosa" com o neoliberalismo.[7]

ANTIANDROCENTRISMO FEMINISTA RESSIGNIFICADO. Era só uma questão de tempo, portanto, até o neoliberalismo ressignificar a crítica feminista ao androcentrismo. Para explicar como, proponho a adaptação de um argumento feito por Luc Boltanski e Ève Chiapello. Em seu importante livro, *The New Spirit of Capitalism*, eles argumentam que o capitalismo se refaz periodicamente em momentos de ruptura histórica, em parte recuperando as críticas antes dirigidas contra ele.[8] Em tais momentos, elementos da crítica anticapitalista são ressignificados para legitimar uma forma nova e emergente do capitalismo, que assim se torna dotada da mais alta significação moral necessária para motivar novas gerações a arcar com o trabalho inerentemente sem sentido de acumulação infinita. Para Boltanski e Chiapello, o novo "espírito" que serviu para legitimar o capitalismo neoliberal flexível de nosso tempo foi adaptado da crítica "artística" da nova esquerda ao capitalismo organizado pelo Estado, que denunciou o conformismo cinzento da cultura corporativa. Foi no auge do Maio de 1968, afirmam, que os teóricos de gestão neoliberais propuseram um novo capitalismo "conexionista", "de projeto", em que as hierarquias organizacionais rígidas dariam lugar a equipes horizontais e redes flexíveis, liberando, assim, a criatividade individual. O resultado foi uma nova narrativa do capitalismo com efeitos no mundo real – uma narrativa que envolveu os impulsos tecnológicos do Vale do Silício e que hoje encontra sua mais pura expressão no ethos da Google.

O argumento de Boltanski e Chiapello é original e profundo. Contudo, à medida que não enxerga questões de gênero, ele deixa de compreender o caráter completo do espírito do capitalismo neoliberal. De fato, tal espírito inclui uma narrativa masculinista do indivíduo livre, desimpedido, automodelado, que eles descrevem apropriadamente. Mas o capitalismo neoliberal tem tanto a ver com o Walmart, as maquiladoras e o microcrédito quanto com o Vale do Silício e a Google. E seus trabalhadores indispensáveis são desproporcionalmente mulheres, não apenas jovens mulheres solteiras, mas também mulheres casadas e mulheres com filhos; não só mulheres racializadas, mas virtualmente mulheres de todas as nacionalidades e etnias. Com a entrada em grande escala das mulheres nos mercados de trabalho ao redor do globo, foi necessário cortar na raiz o ideal do salário familiar do capitalismo organizado pelo Estado. No capitalismo neoliberal "desorganizado", esse ideal foi substituído por um modelo familiar sustentado por dois assalariados. Não importa que a realidade que subjaz ao novo ideal sejam a queda dos níveis salariais, a diminuição da segurança no emprego, o declínio dos padrões de vida, o aumento abrupto no número de horas trabalhadas em troca de salários por família, a exacerbação da dupla jornada de trabalho – agora frequentemente uma jornada tripla ou quádrupla – e o aumento de lares chefiados por mulheres. O capitalismo desorganizado vende gato por lebre ao elaborar uma nova narrativa do avanço feminino e de justiça de gênero.

Por mais desconfortável que seja, acredito que a segunda onda do feminismo forneceu involuntariamente um ingrediente-chave do novo espírito do neoliberalismo. Nossa crítica do salário familiar hoje em dia fornece boa parte da narrativa que reveste o capitalismo flexível de um significado mais elevado e de um argumento moral. Dotando suas lutas diárias de significado ético, a narrativa feminista atrai mulheres nos dois extremos do espectro social: em um extremo, os quadros femininos das classes médias profissionais, determinadas a quebrar o teto de vidro; no outro, as trabalhadoras temporárias, de trabalho parcial, prestadoras de serviço de baixa remuneração, domésticas, prostitutas, migrantes, trabalhadores de Zonas de Processamento de Exportação (EPZ) e aquelas que utilizam microcrédito, buscando não apenas renda e segurança material, mas também dignidade, autoaperfeiçoamento e liberação em relação à autoridade tradicional. Dos dois lados, o sonho de emancipação das mulheres está subordinado à máquina do acúmulo capitalista. Assim, a crítica da segunda onda do feminismo ao salário familiar desfrutou de um pós-vida perverso. O que foi peça central da análise radical do androcentrismo capitalista serve hoje para intensificar a valorização do trabalho assalariado do capitalismo.

ANTIESTATISMO FEMINISTA RESSIGNIFICADO. O neoliberalismo também ressignificou o antiestatismo do período anterior, tornando-o útil aos esquemas destinados a reduzir a ação estatal *tout court*. Nesse novo momento, parecia haver uma distância pequena entre a crítica ao paternalismo do Estado de bem-estar social da segunda onda do feminismo e a crítica de Thatcher ao Estado protecionista. Essa foi a experiência nos Estados Unidos, onde as feministas assistiram impotentes Bill Clinton transformar as críticas sutis que elas faziam a um sistema de assistência sexista, estigmatizante e precário em um plano para "acabar com o bem-estar social como o conhecemos" que aboliu o direito federal a um subsídio para a renda. Nas pós-colônias, ao mesmo tempo, a crítica ao androcentrismo do Estado desenvolvimentista se transformou em um entusiasmo com as ONGS, que emergiram em todos os lugares para preencher os vazios deixados pelos Estados cada vez menores. Certamente, as melhores dessas organizações forneceram a populações destituídas de serviços públicos a ajuda material que necessitavam urgentemente. Contudo, acontecia frequentemente despolitização de grupos locais e distorção de suas agendas nas direções apontadas pelos financiadores que vinham do Primeiro Mundo. Pela própria natureza de quem preenche lacunas, a ação das ongs fez pouco para desafiar a maré em retrocesso da provisão pública ou para construir apoio político para a ação estatal reativa.[9]

A explosão do microcrédito ilustra o dilema. Contrapropondo os valores feministas de empoderamento e participação à burocracia indutora de passividade do estatismo hierárquico, os arquitetos desses projetos fizeram uma síntese inovadora de modelos de autoajuda individual e formação de redes comunitárias, supervisão por parte das ongs e mecanismos de mercado – tudo isso com o objetivo de combater a pobreza e a subordinação das mulheres. Os resultados até aqui incluem um registro impressionante de pagamentos de empréstimo e evidências anedóticas de vidas transformadas. Porém, o que tem sido ocultado no alvoroço feminista que cerca esses projetos é uma coincidência perturbadora: o microcrédito se desenvolveu exatamente quando os Estados abandonaram os esforços macroestruturais para combater a pobreza, esforços que os empréstimos em pequena escala não têm como substituir.[10] Nesse caso, a crítica feminista do paternalismo burocrático também foi recuperada pelo neoliberalismo. A perspectiva que visava originalmente transformar o poder estatal em um veículo de empoderamento dos cidadãos e da justiça social é hoje usada para legitimar a mercantilização e a redução de despesas do Estado.

FEMINISTAS CONTRA E A FAVOR DO WESTFALIANISMO RESSIGNIFICADO. Por fim, o neoliberalismo melhorou e piorou a relação ambivalente da segunda onda do feminismo com a estrutura westfaliana. Nesse novo contexto da "globalização", já não mais se diz que o Estado territorial delimitado é o único receptáculo legítimo das obrigações de justiça e das lutas a seu favor. As feministas se uniram aos ambientalistas, aos ativistas de direitos humanos e aos críticos da Organização Mundial de Comércio (omc) para desafiar essa visão. Mobilizando as intuições pós--westfalianas que eram impraticáveis no capitalismo organizado pelo Estado, elas visam atingir as injustiças transfronteiriças que foram marginalizadas ou negligenciadas no momento anterior. Utilizando novas tecnologias de comunicação para estabelecer redes transnacionais, as feministas são precursoras em estratégias inovadoras, tais como o "efeito bumerangue", que mobiliza a opinião pública global dirigindo a atenção para abusos locais e envergonha os Estados que fecham os olhos para eles.[11] O resultado foi uma nova forma promissora de ativismo feminista: transnacional, de múltipla escala, pós-westfaliana.

No entanto, a virada transnacional também trouxe dificuldades. Frequentemente impedidas no plano estatal, muitas feministas direcionaram suas energias para a arena "internacional", especialmente para uma sucessão de conferências com as Nações Unidas, em Nairóbi, Viena, Pequim e outros lugares. Fazendo-se presentes na "sociedade civil global", em que pudessem empreender novos regimes de governança global, elas se envolveram em alguns dos problemas que já mencionei – por exemplo, campanhas pelos direitos humanos das mulheres que focalizaram esmagadoramente as questões da violência e da reprodução, em vez daquelas relacionadas à pobreza. Ratificando a divisão própria da Guerra Fria entre direitos civis e políticos, por um lado, e direitos sociais e econômicos, por outro, esses esforços também privilegiaram o reconhecimento e esqueceram a redistribuição. Além disso, essas campanhas intensificaram a "onguização" da política feminista, aumentando o espaço entre as profissionais e os grupos locais, enquanto davam voz desproporcional às elites que falam a língua inglesa. Dinâmicas análogas têm operado na participação feminista com o aparato político da União Europeia – especialmente dada a ausência de movimentos de mulheres genuinamente transnacionais em toda a Europa. Assim, a crítica feminista do westfalianismo se mostrou ambivalente na era do neoliberalismo. O que começou como uma tentativa saudável de ampliar o escopo de justiça além do Estado-nação acabou se encaixando em certos aspectos com as necessidades administrativas de uma nova forma de capitalismo.

De modo geral, então, o destino do feminismo na era neoliberal apresenta um paradoxo. Por um lado, o movimento contracultural relativamente pequeno do momento anterior se expandiu exponencialmente, disseminando com sucesso suas ideias pelo mundo. Por outro lado, as ideias feministas se submeteram a uma mudança sutil de validade no novo contexto econômico. Evidentemente emancipatórias no período do capitalismo organizado pelo Estado, as críticas ao economicismo, ao androcentrismo, ao estatismo e ao westfalianismo aparecem agora cheias de ambiguidades, suscetíveis a serem transformadas em legitimação de uma nova forma de capitalismo. Afinal de contas, é mais interessante a esse capitalismo confrontar reivindicações por reconhecimento em vez de reivindicações por redistribuição, na medida em que constrói um novo regime de acumulação sobre a pedra angular do trabalho assalariado das mulheres e busca separar os mercados de uma regulamentação social, a fim de operar ainda mais livremente em escala global.

UM FUTURO EM ABERTO?

Hoje, entretanto, esse capitalismo está em uma encruzilhada crítica. Certamente, a crise financeira global e a resposta decididamente pós-neoliberal por parte dos Estados principais – todos keynesianos agora – marcam o começo do fim do neoliberalismo como regime econômico. A eleição de Barack Obama pode sinalizar o repúdio decisivo, na boca do lobo, ao neoliberalismo como um projeto político. Podemos estar vendo as primeiras agitações de uma nova onda de mobilização destinada a articular uma alternativa. Talvez, consequentemente, nós estejamos à beira de outra "grande transformação", tão volumosa e profunda quanto a que descrevi há pouco.

Nesse caso, então, a forma da sociedade sucessora será objeto de intensa contestação no período que se aproxima. E o feminismo vai se destacar com importância em tal contestação, em dois níveis diferentes. No primeiro, como o movimento social que delineei aqui, buscará garantir que o regime sucessor institucionalize um compromisso em relação à justiça de gênero. Mas também, no segundo, como uma construção discursiva geral que as feministas não possuem como antes e que já não controlam mais – um significante vazio do bem (semelhante, talvez, à "democracia") que pode e será invocada para legitimar uma variedade de diferentes cenários, nem todos promotores de justiça de gênero. Fruto do feminismo como movimento social, esse sentido discursivo do "feminismo" se tornou traiçoeiro. À medida que o discurso se torna independente do movimento, ele é progressivamente confrontado com uma cópia estranha e sombria de si mesmo, uma cópia que não se pode simplesmente abraçar, nem negar completamente.[12]

Nesse artigo, tracei a dança desconcertante desses dois feminismos na mudança do capitalismo organizado pelo Estado para o neoliberalismo. O que concluímos com isso? Nem a segunda onda do feminismo fracassou *simpliciter*, nem devemos culpá-la pelo triunfo do neoliberalismo. Certamente, não se trata dos ideais feministas serem inerentemente problemáticos; nem se trata deles estarem sempre condenados a ser ressignificados para propósitos capitalistas. Concluo, ao contrário, que nós, para quem o feminismo é acima de tudo um movimento pela justiça de gênero, precisamos ampliar nossa consciência histórica, na medida em que operamos em um terreno que também está povoado pela nossa cópia estranha.

Para esse fim, permitam-me voltar à pergunta: o que explica, se é que se pode explicar, nosso "vínculo perigoso" com o neoliberalismo? Somos vítimas de uma coincidência infeliz? Aconteceu de estarmos no lugar errado no momento errado e assim cairmos como presas do mais sedutor dos oportunistas – um capitalismo tão indiscriminado que instrumentaliza qualquer perspectiva, até mesmo uma inerentemente estranha a ele? Ou, como sugeri anteriormente, existe alguma afinidade eletiva e subterrânea entre feminismo e neoliberalismo? Se tal afinidade existe, ela se encontra na crítica à autoridade tradicional.[13] Essa autoridade é um alvo antigo do ativismo feminista que buscou, pelo menos desde Mary Wollstonecraft, emancipar as mulheres da sujeição pessoalizada aos homens, sejam eles pais, irmãos, padres, anciãos ou maridos. Mas a autoridade tradicional também aparece em alguns períodos como um obstáculo à expansão capitalista, parte do conteúdo social circundante em que os mercados historicamente foram incorporados e que serviu para delimitar a racionalidade econômica em uma esfera limitada.[14] No momento atual, as duas críticas à autoridade tradicional, a feminista e a neoliberal, parecem convergir.

O feminismo e neoliberalismo divergem, por outro lado, quando tratam as formas pós-tradicionais de subordinação de gênero – coações na vida das mulheres que não adotam a forma de sujeição pessoalizada, mas surgem de processos estruturais ou sistêmicos nos quais as ações de muitas pessoas são mediadas de forma abstrata ou impessoal. Um caso paradigmático é o que Susan Okin caracterizou como "um ciclo de vulnerabilidade claramente assimétrica e socialmente provocada pelo casamento", em que a responsabilidade tradicional das mulheres com a criação e a educação dos filhos ajuda a moldar os mercados de trabalho que as desfavorecem, resultando em um poder desigual no mercado econômico, o que, por sua vez, reforça e exacerba o poder desigual na família.[15] Esses processos de subordinação mediados pelo mercado são a própria essência do capitalismo neoliberal. Hoje, consequentemente, eles devem se tornar o foco principal da crítica feminista, à medida que buscamos nos diferenciar do neoliberalismo e evitar a ressignificação feita por ele. O objetivo, certamente, não é abandonar a luta contra a autoridade masculina tradicional, que se mantém necessária na crítica feminista. É, ao contrário, impedir a passagem fácil de tal crítica para seu duplo neoliberal – sobretudo reconectando as lutas contra a sujeição personalizada à crítica ao sistema capitalista que, mesmo promovendo certa liberação, apenas substitui um modo de dominação por outro.

Na esperança de avançar nessa agenda, concluo revisitando pela última vez os quatro focos da crítica feminista.

ANTIECONOMICISMO PÓS-NEOLIBERAL. O possível abandono do neoliberalismo oferece a oportunidade de reativar a promessa emancipatória da segunda onda do feminismo. Adotando uma análise plenamente tridimensional da injustiça, poderíamos agora integrar de um modo mais equilibrado as dimensões de redistribuição, reconhecimento e representação que se fragmentaram. Fundamentando esses aspectos indispensáveis da crítica feminista em um sentido robusto e atualizado da totalidade social, devemos reconectar a crítica feminista à crítica ao capitalismo – e assim reposicionar o feminismo à esquerda.

ANTIANDROCENTRISMO PÓS-NEOLIBERAL. Da mesma forma, a possível mudança para uma sociedade pós-neoliberal oferece a chance de romper a ligação espúria entre nossa crítica do salário familiar e o capitalismo flexível. Reivindicando nossa crítica ao androcentrismo, as feministas podem lutar por uma forma de vida que descentralize o trabalho assalariado e valorize atividades desmercadorizadas, como os trabalhos de cuidado. Agora executadas amplamente por mulheres, tais atividades devem se tornar componentes valiosos de uma vida boa para todos.

ANTIESTATISMO PÓS-NEOLIBERAL. A crise do neoliberalismo também oferece a chance de romper a ligação entre nossa crítica ao estatismo e à mercantilização. Reivindicando o manto da democracia participativa, as feministas podem agora lutar por uma nova organização do poder político, que subordine o gerencialismo burocrático ao aumento do poder dos cidadãos. Porém, o objetivo não é dissipar, mas fortalecer o poder público. Assim, a democracia participativa que buscamos hoje é uma que use a política para domesticar o mercado e guiar a sociedade nos interesses da justiça.

ANTIWESTFALIANISMO PÓS-NEOLIBERAL. Finalmente, a crise do neoliberalismo oferece a chance de solucionar, de um modo produtivo, nossa ambivalência há muito existente com a estrutura westfaliana. Dado o alcance transnacional do capital, as capacidades públicas necessárias hoje não podem ser alojadas exclusivamente no Estado territorial. Aqui, consequentemente, a tarefa é romper a identificação exclusiva da democracia com comunidades políticas delimitadas. Juntando outras forças progressistas, as feministas podem lutar por uma nova ordem política pós-westfaliana – uma ordem escalar múltipla que seja democrática em todos os níveis. Combinando subsidiariedade com participação, a nova constelação de poderes democráticos deve ser capaz de retificar as injustiças em todas as dimensões, ao longo de todos os eixos e em todas as escalas, incluindo injustiças transfronteiriças.

Estou sugerindo, então, que esse é o momento em que as feministas devem pensar grande. Tendo observado como o violento ataque neoliberal instrumentalizou nossas melhores ideias, temos uma abertura agora para reivindicá-las. Aproveitando esse momento, podemos dar um passo importante na transformação iminente em direção à justiça – e não apenas no que diz respeito a gênero.

TEXTO ORIGINALMENTE PUBLICADO SOB O TÍTULO "FEMINISM, CAPITALISM AND THE CUNNING OF HISTORY", *NEW LEFT REVIEW*, Nº 56, LONDRES: NLR, 2009, P. 97-117, TRADUÇÃO DE ANSELMO DA COSTA FILHO E SÁVIO CAVALCANTE, *REVISTA MEDIAÇÕES*, VOL. 14, Nº 2, LONDRINA, 2009, P. 11-33. VERSÃO REVISADA POR PÊ MOREIRA.

NOTAS

1 Este ensaio teve início como uma apresentação no Colóquio de Cartona sobre "Gênero e Cidadania: novos e velhos dilemas, entre a igualdade e a diferença", realizado em novembro de 2008. Pelos comentários, agradeço aos participantes do colóquio, especialmente a Bianca Beccalli, Jane Mansbridge, Ruth Milkman e Eli Zaretsky; também aos participantes de um seminário na École des Hautes Études en Sciences Sociales (EHESS) no Groupe de Sociologie Politique et Morale, especialmente a Luc Boltanski, Estelle Ferrarese, Sandra Laugier, Patricia Paperman e Laurent Thévenot.

2 Para uma discussão nesses termos, ver Friedrich Pollock, "State Capitalism: its possibilities and limitations", in Andrew Arato e Eike Gebhardt (ed.), *The essential Frankfurt school reader*, Londres/Nova York: Countinuum, 1982, p. 71-94.

3 A vida econômica no bloco comunista foi notoriamente organizada pelo Estado, e há aqueles que ainda insistiriam em chamá-la de capitalismo organizado pelo Estado. Embora possa haver alguma verdade nessa visão, seguirei o caminho mais convencional de excluir a região do meu estudo, nesse primeiro momento, em parte porque a segunda onda do feminismo só aparece como força política nos países ex-comunistas depois de 1989.

4 Para uma análise mais ampla do "imaginário político westfaliano", ver Nancy Fraser, "Reframing justice in a globalizing world", in *New Left Review*, nº 36, Londres: NLR, 2005, p. 69-88.

5 Tomo emprestado o termo "ressignificação" de Judith Butler, "Contingent Foundations", in Seyla Benhabib, Judith Butler, Durcilla Cornell e Nancy Fraser, *Feminist Contestations: A philosophical exchange*, Londres: Routledge, 1994. ["Fundamentos contingentes: o feminismo e a questão do 'pós-modernismo'", *Cadernos Pagu*, nº 11, Campinas, 1998].

6 Para essa mudança na gramática das reivindicações políticas, ver Nancy Fraser, "From Redistribution to recognition? Dilemmas of justice in a 'post-socialist' age", *New Left Review*, Londres, nº I/212, jul/ago 1995. ["Da redistribuição ao reconhecimento? Dilemas na justiça na era pós-socialista", in Jessé Souza (org.), *Democracia hoje: novos desafios para a teoria democrática contemporânea*, Brasília: Editora da UnB, 2001].

7 Hester Eisenstein, "A Dangerous Liaison? Feminism and Corporate Globalization", *Science and Society*, vol. 69, nº 3, 2005.

8 Luc Boltanski e Ève Chiapello, *The New Spirit of Capitalism*, Londres/Nova York, 2005. Para uma interpretação da psicanálise como o espírito da "segunda revolução industrial", que termina por colocar o feminismo como o espírito da "terceira", ver Eli Zaretsky, "Psychoanalysis and the Spirit of Capitalism", *Constellations*, vol. 15, nº 3, 2008.

9 Sonia Alvarez, "Advocating Feminism: The Latin American Feminist NGO 'Boom'", *International Feminist Journal of Politics*, vol. 1, nº 2, 1999; Carol Barton, "Global Women's Movements at a Crossroads", *Socialism and Democracy*, vol. 18, nº 1, 2004.

10 Uma Narayan, "Informal sector work, microcredit and Third World women's 'empowerment': a critical perspective", artigo apresentado no XXII Congresso Mundial de Filosofia da Lei e Filosofia Social, Granada, mai 2005; Hester Eisenstein, "A dangerous liaison? Feminism and corporate globalization", *Science and Society*, Nova York, vol. 69, nº 3, 2005.

11 Margaret Keck e Kathryn Sikkink, *Activists Beyond Borders: Advocacy Networks in International Politics*, Ithaca, Nova York, 1998.

12 Essa fórmula de "feminismo e suas cópias" pode ser entendida em relação à eleição presidencial estadunidense de 2008, em que as cópias estranhas incluíam tanto Hillary Clinton como Sarah Palin.

13 Devo esse ponto a Eli Zaretsky (comunicação pessoal). Cf. Hester Eisenstein, "A dangerous liaison? Feminism and corporate globalization", *Science and Society*, Nova York, vol. 69, nº 3, 2005.

14 Em alguns períodos, mas nem sempre. Em muitos contextos, o capitalismo está mais inclinado a se adaptar do que a desafiar a autoridade tradicional. Sobre a criação dos mercados, ver Karl Polanyi, *The great transformation: the political and economic origins of our time*, Boston: Beacon, 2001. [*A grande transformação: as origens da nossa época*, Rio de Janeiro: Campus, 1980.]

15 Susan Okin, *Justice, Gender and the Family*, Nova York: Basic Books, 1989, p. 138.

O gênero é um elemento constitutivo de relações sociais baseado nas diferenças percebidas entre os sexos; uma forma primeira de significar as relações de poder.
As mudanças na organização das relações sociais correspondem sempre à mudança nas representações de poder, mas a direção da mudança não segue necessariamente um sentido único.

Joan Scott

Gênero: uma categoria útil para análise histórica

Joan Scott

OS QUE SE PROPÕEM A CODIFICAR os sentidos das palavras lutam por uma causa perdida, porque as palavras, como as ideias e as coisas que elas significam, têm uma história. Nem os professores da Oxford e nem a Academia Francesa foram inteiramente capazes de controlar a maré, de captar e fixar os sentidos livres do "jogo da invenção e da imaginação humana". Mary Wortley Montagu acrescentava ironia à sua denúncia do "belo sexo" ("meu único consolo em pertencer a este gênero é ter certeza de que nunca vou me casar com uma delas") fazendo uso, deliberadamente errado, da referência gramatical.[1] Ao longo dos séculos, as pessoas utilizaram de forma figurada os termos gramaticais para evocar traços de caráter ou traços sexuais. Por exemplo, a utilização proposta pelo Dicionário da Língua Francesa de 1876 era: "Não se sabe qual é o seu gênero. Se é macho ou fêmea. Fala-se de um homem muito retraído, cujos sentimentos são desconhecidos."[2] E Gladstone fazia esta distinção em 1878: "Atena não tinha nada do sexo, a não ser gênero, nada de mulher a não ser forma."[3] Há pouco tempo – recente demais para que se possa encontrar seu caminho nos dicionários ou na enciclopédia das ciências sociais – as feministas começaram a utilizar a palavra "gênero" mais seriamente, no sentido mais literal, como uma maneira de referir-se à organização social da relação entre os sexos. A relação com a gramática é, ao mesmo tempo, explícita e cheia de possibilidades inexploradas. Explícita, porque o uso gramatical implica regras formais que decorrem da designação de masculino ou feminino; cheia de possibilidades inexploradas, porque em vários idiomas indo-europeus existe uma terceira categoria – o "sexo indefinido ou neutro". Na gramática, gênero é compreendido como um meio de classificar fenômenos, um sistema de distinções socialmente acordado mais do que uma descrição objetiva de traços inerentes. Além disso, as classificações sugerem uma relação entre categorias que permite distinções ou agrupamentos separados.

No seu uso mais recente, "gênero" parece ter aparecido primeiro entre as feministas americanas que queriam insistir no caráter fundamentalmente social das distinções baseadas no sexo. A palavra indicava rejeição ao determinismo biológico implícito no uso de termos como "sexo" ou "diferença sexual". "Gênero" sublinhava também o aspecto relacional das definições normativas da feminilidade. As que estavam mais preocupadas com o fato de que a produção dos estudos femininos centrava-se nas mulheres de forma muito estreita e isolada utilizaram o termo "gênero" para introduzir uma noção relacional em nosso vocabulário analítico. Segundo essa opinião, as mulheres e os homens eram definidos em termos recíprocos e nenhuma compreensão poderia existir por meio de um estudo inteiramente separado. Assim, Nathalie Davis dizia em 1975:

> Eu acho que deveríamos nos interessar pela história tanto dos homens quanto das mulheres, e que não deveríamos trabalhar unicamente sobre o sexo oprimido, do mesmo jeito que um historiador das classes não pode fixar seu olhar unicamente sobre os camponeses. Nosso objetivo é entender a importância dos sexos dos grupos de gênero no passado histórico. Nosso objetivo é descobrir a amplitude dos papéis sexuais e do simbolismo sexual nas várias sociedades e épocas, achar qual o seu sentido e como funcionavam para manter a ordem social e para mudá-la.[4]

Ademais, e talvez o mais importante, "gênero" era um termo proposto por aquelas que defendiam que a pesquisa sobre mulheres transformaria fundamentalmente os paradigmas no seio de cada disciplina. As pesquisadoras feministas assinalaram muito cedo que o estudo das mulheres acrescentaria não só novos temas, como também iria impor uma reavaliação crítica das premissas e critérios do trabalho científico existente. Escreviam três historiadoras feministas:

> Aprendemos que inscrever as mulheres na história implica necessariamente a redefinição e o alargamento das noções tradicionais do que é historicamente importante, para incluir tanto a experiência pessoal e subjetiva quanto as atividades públicas e políticas. Não é exagerado dizer que, por mais hesitantes que sejam os princípios reais de hoje, tal metodologia implica não só uma nova história das mulheres, mas uma nova história.[5]

O modo como essa nova história iria simultaneamente incluir e apresentar a experiência das mulheres dependeria da maneira como o gênero fosse desenvolvido como categoria de análise. Aqui as analogias com a classe e a raça eram explícitas; com efeito, os(as) pesquisadores(as) de estudos sobre a mulher que tinham uma visão política mais global recorriam regularmente a três categorias para escrever uma nova história.[6] O interesse pelas categorias de classe, de raça e de gênero assinalava primeiro o compromisso do(a) pesquisador(a) com a história que incluía a fala dos(as) oprimidos(as) e com uma análise do sentido e da natureza de sua opressão: assinalava também que esses(as) pesquisadores(as) levavam cientificamente em consideração o fato de que as desigualdades de poder estão organizadas segundo, no mínimo, esses três eixos.

A ladainha "classe, raça e gênero" sugere uma paridade entre os três termos que, na realidade, não existe. Enquanto a categoria de "classe" está baseada na teoria complexa de Marx (e seus desenvolvimentos posteriores) da determinação econômica e da mudança histórica, as de "raça" e de "gênero" não veiculam tais associações. Não há unanimidade entre os(as) que utilizam os conceitos de classe. Alguns(mas) pesquisadores(as) utilizam a noção de Weber, outros(as) utilizam a classe como fórmula heurística temporária. Além disso, quando mencionamos a "classe", trabalhamos "com" ou "contra" uma série de definições que, no caso do marxismo, implica a ideia de causalidade econômica e a visão do caminho pelo qual a história avançou dialeticamente. Não existe esse tipo de clareza ou coerência nem para a categoria de "raça" nem para a de "gênero". No caso de "gênero", o seu uso comporta um elenco tanto de posições teóricas quanto de simples referências às relações entre os sexos.

Entretanto, as(os) historiadoras(es) feministas que, como a maioria dos(as) historiadores(as), são formadas(os) para ficar mais à vontade com descrição do que com teoria, tentaram cada vez mais buscar formulações teóricas utilizáveis. Elas(es) fizeram isso pelo menos por duas razões. Primeiro porque a proliferação de estudos de caso na história das mulheres parece exigir uma perspectiva sintética que possa explicar as continuidades e descontinuidades e dar conta das desigualdades persistentes, mas também das experiências sociais radicalmente diferentes. Em seguida, porque a defasagem entre a alta qualidade dos trabalhos recentes da história das mulheres e seu estatuto, que permanece marginal em relação ao conjunto da disciplina (que pode ser medida pelos manuais, programas universitários e monografias), mostram os limites das abordagens descritivas que não questionam os conceitos dominantes no seio da disciplina ou pelo menos não os questionam de forma a abalar o seu poder e talvez transformá-los. Não foi suficiente para os(as) historiadores(as) das mulheres provar ou que as mulheres tiveram uma história ou que as mulheres participaram das mudanças políticas principais da civilização ocidental. No que diz respeito à história das mulheres, a reação da maioria dos(as) historiadores(as) não feministas foi o reconhecimento da história das mulheres para depois descartá-la ou colocá-la em um domínio separado ("as mulheres têm uma história separada da dos homens, portanto deixemos as feministas fazerem a história das mulheres, que não nos concerne necessariamente" ou "a história das mulheres trata do sexo e da família e deveria ser feita separadamente da história política e econômica"). No que diz respeito à participação das mulheres na história, a reação foi um interesse mínimo no melhor dos casos ("minha compreensão da Revolução Francesa não mudou quando eu descobri que as mulheres participaram dela"). O desafio lançado por essas reações é, em última análise, um desafio teórico. Ele exige a análise não só da relação entre experiências masculinas e femininas no passado, mas também a ligação entre a história do passado e as práticas históricas atuais. Como o gênero funciona nas relações sociais humanas? Como o gênero dá sentido à organização e à percepção do conhecimento histórico? As respostas dependem do gênero como categoria de análise.

1

Na sua maioria, as tentativas dos(as) historiadores(as) de teorizar sobre gênero não fugiram dos quadros tradicionais das ciências sociais: eles(as) utilizam as formulações antigas que propõem explicações causais universais. Essas teorias tiveram, no melhor dos casos, um caráter limitado, porque elas tendem a incluir generalizações redutoras ou simples demais que minam não só o sentido da complexidade da causalidade social tal qual proposta pela história como disciplina, mas também o engajamento feminista na elaboração de análises que levam à mudança. Um exame crítico dessas teorias mostrará os seus limites e permitirá propor uma abordagem alternativa.[7]

As abordagens utilizadas pela maioria dos(as) historiadores(as) se dividem em duas categorias distintas. A primeira é essencialmente descritiva, isto é, ela se refere à existência de fenômenos ou realidades sem interpretar, explicar ou lhes atribuir uma causalidade. O segundo uso é de ordem causal, ele elabora teorias sobre a natureza dos fenômenos e das realidades, buscando entender como e por que tomam a forma que eles têm.

No seu uso recente mais simples, "gênero" é sinônimo de "mulheres". Livros e artigos de todo tipo que tinham como tema a história das mulheres substituíram em seus títulos o termo "mulheres" pelo termo "gênero". Em alguns casos, este uso, ainda que se referindo vagamente a certos conceitos analíticos, trata realmente da aceitabilidade política desse campo de pesquisa. Nessas circunstâncias, o uso do termo "gênero" visa indicar a erudição e a seriedade de um trabalho, porque ele tem conotação mais objetiva e neutra do que "mulheres". O gênero parece integrar-se na terminologia científica das ciências sociais e, por consequência, dissociar-se da política – pretensamente escandalosa – do feminismo. Neste uso, o termo "gênero" não implica necessariamente uma tomada de posição sobre a desigualdade ou o poder, nem mesmo designa a parte lesada (e até agora invisível). Enquanto a expressão "história das mulheres" revela a sua posição política ao afirmar (contrariamente às práticas habituais) que as mulheres são sujeitos históricos legítimos, o "gênero" inclui as mulheres sem as nomear, e parece assim não se constituir em uma ameaça crítica. O uso do "gênero" é um aspecto que a gente poderia chamar de procura de uma legitimidade acadêmica pelos estudos feministas nos anos 1980.

Mas isso é só um aspecto. "Gênero", como substituto de "mulheres", é igualmente utilizado para sugerir que a informação a respeito das mulheres é necessariamente informação sobre os homens; que um implica o estudo do outro. Esse uso insiste na ideia de que o mundo das mulheres faz parte do mundo dos homens, que ele é criado dentro e por esse mundo. Esse uso rejeita a validade interpretativa da ideia das esferas separadas e defende que estudar as mulheres de forma separada perpetua o mito de que uma esfera, a experiência de um sexo, tem muito pouco ou nada a ver com o outro sexo. Ademais, o gênero é igualmente utilizado para designar as relações sociais entre os sexos. O seu uso rejeita explicitamente as justificativas biológicas, como aquelas que encontram um denominador comum para várias formas de subordinação no fato de que as mulheres têm filhos e que os homens têm uma força muscular superior. O gênero se torna, aliás, uma maneira de indicar as "construções sociais" – a criação inteiramente social das ideias sobre os papéis próprios aos homens e às mulheres. É uma maneira de se referir às origens exclusivamente sociais das identidades subjetivas dos homens e das mulheres. O gênero é, segundo essa definição, uma categoria social imposta sobre um corpo sexuado.[8] Com a proliferação dos estudos do sexo e da sexualidade, gênero se tornou uma palavra particularmente útil, porque oferece um meio de distinguir a prática sexual dos papéis atribuídos às mulheres e aos homens. Apesar do fato de os(as) pesquisadores(as) reconhecerem as relações entre o sexo e (o que os sociólogos da família chamaram) "os papéis sexuais", eles(as) não colocam entre os dois uma relação simples ou direta. O uso do "gênero" coloca ênfase sobre o sistema de relações que pode incluir o sexo, mas que não é diretamente determinado pelo sexo nem determina diretamente a sexualidade.

Os usos descritivos do gênero foram utilizados pelos(as) historiadores(as), na maioria dos casos, para mapear um novo terreno. Na medida em que os(as) historiadores(as) sociais se voltavam para novos temas de estudo, o gênero dizia respeito apenas a temas como as mulheres, as crianças, as famílias e as ideologias do gênero. Em outras palavras, esse uso do gênero só se refere aos domínios – tanto estruturais quanto ideológicos – que implicam relações entre os sexos. Porque, aparentemente, a guerra, a diplomacia e a alta política não têm explicitamente a ver com essas relações. O gênero parece não se aplicar a esses objetivos e, portanto, continua irrelevante para a reflexão dos(as) historiadores(as) que trabalham com o político e o poder. Isso tem como resultado a adesão a uma certa visão funcionalista baseada, em última análise, na biologia e na perpetuação da ideia de esferas separadas na escritura da história (a sexualidade ou a política, a família ou a nação, as mulheres ou os homens). Mesmo se nesse uso o termo "gênero" afirma que as relações entre os sexos são sociais, ele não diz nada sobre as razões pelas quais essas relações são construídas como são; ele não diz como elas funcionam ou mudam. No seu uso descritivo, "gênero" é, portanto, um conceito associado ao estudo das coisas relativas às mulheres. O "gênero" é um novo tema, um novo campo de pesquisas históricas, mas ele não tem a força de análise suficiente para interrogar (e mudar) os paradigmas históricos existentes.

Alguns(mas) historiadores(as) estavam, naturalmente, conscientes desse problema; daí os esforços para empregar teorias que possam explicar o conceito de gênero e explicar a mudança histórica. De fato, o desafio é a reconciliação da teoria, que era concebida em termos gerais ou universais, com a história que estava tratando do estudo de contextos específicos e da mudança fundamental. O resultado foi muito eclético: empréstimos parciais que enviesam a forma de análise de uma teoria particular, ou pior, que empregam os seus preceitos sem ter consciência das suas implicações; ou então, tentativas para esclarecer a mudança, porque elas se embasam nas teorias universais e só conseguem mostrar temas imutáveis; ou ainda, estudos maravilhosos e cheios de imaginação nos quais a teoria é, entretanto, tão escondida que esses estudos não podem ser utilizados como modelos para outras pesquisas. Como, frequentemente, as teorias que inspiraram os(as) historiadores(as) não foram claramente articuladas em todas as suas implicações, parece digno de interesse empregar algum tempo nesse exame. É unicamente com tal exercício que se pode avaliar a utilidade dessas teorias e talvez articular uma abordagem teórica mais poderosa.

Os(as) historiadores(as) feministas utilizaram uma série de abordagens na análise do gênero, mas estas podem ser resumidas em três posições teóricas.[9] A primeira, um esforço inteiramente feminista que tenta explicar as origens do patriarcado. A segunda se situa no seio da tradição marxista e procura um compromisso com as críticas feministas. A terceira, fundamentalmente dividida entre o pós-estruturalismo francês e as teorias anglo-americanas das relações de objeto, inspira-se nas várias escolas de psicanálise para explicar a produção e a reprodução da identidade de gênero do sujeito.

As teóricas do patriarcado concentraram sua atenção na subordinação das mulheres e encontraram a explicação na "necessidade" do macho dominar as mulheres. Na adaptação engenhosa de Hegel, Mary O'Brien, define a dominação masculina como um efeito do desejo dos homens de transceder a sua privação dos meios de reprodução da espécie. O princípio da continuidade de geração restitui a primazia da paternidade e obscurece o labor real e a realidade social do trabalho das mulheres no parto. A fonte da libertação das mulheres se encontra "numa compreensão adequada do processo de reprodução", numa avaliação das contradições entre a natureza do trabalho reprodutivo das mulheres e a mistificação ideológica (masculina) deste.[10] Para Shulamith Firestone, a reprodução era também aquela "amarga armadilha" para as mulheres. Entretanto, na sua análise mais materialista, a libertação das mulheres viria das transformações na tecnologia de reprodução, que poderia, no futuro próximo, eliminar a necessidade do corpo das mulheres como agente da reprodução da espécie.[11]

Se a reprodução era a chave do patriarcado para algumas teóricas, para outras a resposta encontrava-se na sexualidade em si. As formulações audaciosas de Catharine MacKinnon são criações próprias, mas ao mesmo tempo características de certa abordagem: "A sexualidade é para o feminismo o que o trabalho é para o marxismo: o que nos pertence mais e, no entanto, nos é mais alienado." A reificação sexual é o processo primário da sujeição das mulheres. Ele alia o ato à palavra, a construção à expressão, a percepção à coerção e o mito à realidade. "O homem come a mulher: sujeito, verbo, objeto."[12] Continuando a sua analogia com Marx, MacKinnon propôs como método de análise feminista, no lugar do materialismo dialético, os grupos de consciência. Expressando a experiência comum de reificação, dizia ela, as mulheres são levadas a compreender a sua identidade comum e são levadas para a ação política. Na análise de MacKinnon, apesar do fato de as relações sexuais serem definidas como sociais, não há nada – fora a inerente desigualdade de relação sexual em si – que possa explicar por que o sistema de poder funciona assim. A fonte das relações desiguais entre os sexos é, afinal de contas, as relações desiguais entre os sexos. Apesar de afirmar que a desigualdade – que tem as suas origens na sexualidade – está integrada em "todo o sistema de relações sociais", ela não explica como esse sistema funciona.[13]

As teóricas do patriarcado questionaram a desigualdade entre homens e mulheres de várias maneiras importantes, mas para alguns(mas) historiadores(as) as suas teorias apresentam problemas. Primeiro, enquanto propõem uma análise interna ao sistema de gênero, afirmam igualmente a primazia desse sistema em relação à organização social no seu conjunto. Mas as teorias do patriarcado não explicam o que a desigualdade de gênero tem a ver com as outras desigualdades. Segundo, afirmam que a dominação vem na forma da apropriação masculina do labor reprodutivo da mulher ou que ela vem pela reificação sexual das mulheres pelos homens, a análise baseia-se na diferença física. Toda diferença física tem um caráter universal e imutável, mesmo quando as teóricas do patriarcado levam em consideração a existência de mudanças nas formas e nos sistemas de desigualdade no gênero.[14] Uma teoria que se baseia na variável única da diferença física é problemática para os(as) historiadores(as): ela pressupõe um sentido coerente ou inerente ao corpo humano – fora qualquer construção sociocultural – e, portanto, a não historicidade do gênero em si. De certo ponto de vista, a história se torna um epifenômeno que oferece variações intermináveis sobre o tema imutável de uma desigualdade de gênero fixa.

As feministas marxistas têm uma abordagem mais histórica, já que são guiadas por uma teoria da história. Mas quaisquer que sejam as variações e as adaptações, o fato de que elas se impõem a exigência de encontrar uma explicação "material" para o gênero limitou ou pelo menos atrasou o desenvolvimento de novas direções de análise. No caso em que se propõe uma solução baseada no duplo sistema (composto de dois domínios: o patriarcado e o capitalismo, que são separados mas em interação), como no caso em que a análise desenvolvida se refere mais estritamente aos debates marxistas ortodoxos sobre os modos de produção, a explicação das origens e das transformações de sistemas de gêneros se encontra fora da divisão sexual do trabalho. Afinal de contas, famílias, lares e sexualidade são produtos da mudança dos modos de produção. É assim que Engels concluía as suas explorações em *A origem da família*,[15] é sobre isso que se baseia a análise da economista Heidi Hartmann. Ela insiste na necessidade de considerar o patriarcado e o capitalismo como dois sistemas separados, mas em interação. Porém, na medida em que desenvolve a sua argumentação, a causalidade econômica torna-se prioritária e o patriarcado está sempre se desenvolvendo e mudando como uma função das relações de produção.[16]

Os primeiros debates entre as feministas marxistas giravam em torno dos mesmos problemas: a rejeição do essencialismo daqueles que defendem que "as exigências da reprodução biológica" determinam a divisão sexual do trabalho pelo capitalismo; o caráter fútil da integração dos "modos de reprodução" nos debates sobre os modos de produção (a ideia de que a reprodução permanece uma categoria oposta e não tem um estatuto equivalente ao de modo de produção); o reconhecimento de que os sistemas econômicos não determinam de forma direta as relações de gênero e que de fato a subordinação das mulheres é anterior ao capitalismo e continua sob o socialismo; a busca, apesar de tudo, de uma explicação materialista que exclua as diferenças físicas e naturais.[17] Uma tentativa importante para sair desse círculo vem de Joan Kelly no seu ensaio "A dupla visão da teoria feminista", em que ela defende que os sistemas econômicos e os sistemas de gênero agiam reciprocamente uns sobre os outros para produzir experiências sociais e históricas; que nenhum dos dois sistemas era casual, mas que ambos "operavam simultaneamente para reproduzir as estruturas socioeconômicas e as estruturas de dominação masculina de uma ordem social particular".[18] A ideia de Kelly de que os sistemas de "gênero" teriam uma existência independente se constitui numa abertura conceitual decisiva, mas sua vontade de permanecer no quadro marxista levou-a a dar ênfase à causalidade econômica, inclusive no que diz respeito à determinação dos sistemas de gênero. "A relação entre os sexos ocorre em função das estruturas socioeconômicas e através destas; mas também em função de estruturas de gênero." Kelly introduziu a ideia de uma "realidade social baseada no sexo", mas tinha tendência a enfatizar o caráter social mais do que o sexual dessa realidade e, muitas vezes, o uso que ela fazia do "social" era concebido em termos de relações econômicas de produção.

A análise da sexualidade que foi mais longe entre as feministas marxistas americanas se encontra no *Powers of Desire* (*Poderes do desejo*), um volume de ensaios publicados em 1983.[19] Influenciadas pela importância crescente que era dada pelos militantes políticos e os pesquisadores da sexualidade, pela insistência do filósofo francês Michel Foucault no fato de que a sexualidade é produzida em contextos históricos, pela convicção de que a "revolução sexual" contemporânea exige uma análise séria, as autoras centraram suas interrogações na "política da sexualidade". Dessa maneira, colocaram a questão da causalidade e propuseram uma série de soluções. De fato, o mais tocante nesse volume é a falta de unanimidade analítica e consequente clima de tensão na análise. Se as autoras individuais têm tendência a sublinhar a causalidade dos contextos sociais (que designam frequentemente o econômico), também sugerem a necessidade de estudar "a estruturação psíquica da identidade de gênero". Se falam, às vezes, que a "ideologia de gênero reflete" as estruturas econômicas e sociais, também reconhecem de forma crucial a necessidade de se compreender a "ligação" complexa "entre a sociedade e uma estrutura psíquica persistente".[20] De um lado, as responsáveis pela antologia adotam o argumento de Jessica Benjamin, segundo o qual, a política deveria integrar em sua análise a atenção "sobre componentes eróticos e fantasmáticos na vida humana", mas, de outro lado, nenhum ensaio além do de Benjamin aborda plenamente ou seriamente as questões teóricas que ela defende.[21] Em vez disso há, sobretudo, um pressuposto tácito que percorre o volume, segundo o qual o entendimento sobre o marxismo poderia ser ampliado para incluir as discussões sobre a ideologia, a cultura e a psicologia, e que esse alargamento será efetuado através de pesquisas sobre dados concretos, como aquelas que são feitas na maioria dos artigos. A vantagem de tal abordagem é que ela evita divergências agudas, e a sua desvantagem é que ela deixa intacta uma teoria já inteiramente articulada que leva mais uma vez a pensar as relações de sexo baseadas nas relações de produção.

Uma comparação entre as tentativas das feministas marxistas americanas – exploratórias e relativamente abrangentes – e as de suas homólogas inglesas, mais estreitamente ligadas à política de uma tradição marxista forte e viável, revela que as inglesas têm tido mais dificuldades em desafiar os limites de explicações estritamente deterministas. Essa dificuldade se expressa de forma espetacular nos recentes debates que foram publicados na *New Left Review* entre Michèle Barrett e seus(suas) críticos(as), que a acusavam de abandonar a análise materialista da divisão sexual do trabalho no capitalismo,[22] mas também pelo fato de que os pesquisadores, que tinham iniciado uma tentativa feminista de reconciliação entre a psicanálise e o marxismo e insistido na possibilidade de certa fusão entre os dois, escolhem hoje uma ou outra dessas posições teóricas.[23] A dificuldade para as feministas inglesas e americanas que trabalham nos quadros do marxismo é aparente nas obras que mencionei aqui. O problema com o qual elas se defrontam é o inverso daqueles que a teoria do patriarcado defende. No interior do marxismo, o conceito de gênero foi por muito tempo tratado como subproduto de estruturas econômicas mutantes: o gênero não tem tido o seu próprio estatuto de análise.

Um exame da teoria psicanalítica exige uma distinção entre as escolas, já que há a tendência de se classificar as diferenças de abordagem segundo as origens nacionais dos seus fundadores ou da maioria daqueles(las) que as aplicam. A Escola Anglo-Americana trabalha com os termos de teorias de relações de objeto "Object Relations Theory". Nos Estados Unidos, o nome de Nancy Chodorow é o mais associado a essa abordagem. Além disso, o trabalho de Carol Gilligan tem tido impacto muito grande sobre a produção científica americana, inclusive na área da história. O trabalho de Gilligan inspira-se no trabalho de Chodorow, mesmo que ele enfoque menos a construção do sujeito do que o desenvolvimento moral e o comportamento. Ao contrário da anglo-americana, a escola francesa baseia-se nas leituras estruturalistas e pós-estruturalistas de Freud, no contexto das teorias da linguagem (para as feministas a figura central é Jacques Lacan).

As escolas, a anglo-americana e a francesa, interessam-se pelos processos através dos quais foi criada a identidade do sujeito; ambas centram o seu interesse nas primeiras etapas do desenvolvimento da criança com o objetivo de encontrar indicações sobre a formação da identidade de gênero. As teóricas das relações de objeto colocam ênfase na influência da experiência concreta (a criança vê, ouve, tem relações com as pessoas que cuidam dela e, particularmente, é claro, com os seus pais), ao passo que os pós-estruturalistas sublinham o papel central da linguagem na comunicação, interpretação e representação de gênero (para os pós-estruturalistas, linguagem não designa unicamente as palavras, mas os sistemas de significação, as ordens simbólicas que antecedem o domínio da palavra propriamente dita, da leitura e da escrita). Outra diferença entre essas duas escolas de pensamento diz respeito ao inconsciente que, para Chodorow, é, em última instância, suscetível de compreensão consciente enquanto que para Lacan não o é. Para as lacanianas, o inconsciente é um fator decisivo na construção do sujeito. Ademais, é o lugar de emergência da divisão sexual e, por essa razão, um lugar de instabilidade constante para o sujeito sexuado.

Nos anos recentes, as historiadoras feministas têm sido atraídas por essa teoria, ou porque ela permite fundamentar conclusões particulares para observações gerais ou porque ela parece oferecer uma formulação teórica importante no que diz respeito ao gênero. Cada vez mais, os(as) historiadores(as) que trabalham com o conceito de "cultura feminina" citam as obras de Chodorow e Gilligan como prova e explicação de suas interpretações; os(as) que têm "problemas" com a teoria feminista seguem Lacan. Afinal de contas, nenhuma dessas teorias me parece inteiramente utilizável pelos(as) historiadores(as); um olhar mais atento sobre cada uma delas poderia ajudar a explicar o porquê.

Minhas reticências à teoria das relações de objeto provêm do seu literalismo, do fato de que ela faz depender a produção da identidade de gênero e a gênese da mudança, de estruturas de interrelação relativamente pequenas. Tanto a divisão do trabalho na família quanto as tarefas atribuídas a cada um dos pais têm um papel crucial na teoria de Chodorow. O produto do sistema dominante ocidental é uma divisão nítida entre masculino e feminino: "O sentido feminino do Eu é fundamentalmente ligado ao mundo, o sentido masculino do Eu é fundamentalmente separado do mundo."[24] Segundo Chodorow, se os pais fossem mais envolvidos nos deveres parentais e mais presentes nas situações domésticas os resultados do drama edipiano seriam provavelmente diferentes.[25]

Essa interpretação limita o conceito de gênero à esfera da família e à experiência doméstica, e para o(a) historiador(a) ela não deixa meios de ligar esse conceito (nem o indivíduo) com outros sistemas sociais, econômicos, políticos ou de poder. Sem dúvida, está implícito que as disposições sociais que exigem que os pais trabalhem e as mães cuidem da maioria das tarefas de criação dos filhos estruturam a organização da família. Mas a origem dessas disposições sociais não está clara, nem o porquê de elas serem articuladas em termos da divisão sexual do trabalho. Não se encontra também nenhuma interrogação sobre o problema da desigualdade em oposição àquele da simetria. Como podemos explicar no seio dessa teoria a associação persistente da masculinidade com o poder e o fato de que os valores mais altos estão mais investidos na virilidade do que na feminilidade? Como podemos explicar o fato de que as crianças aprendem essas associações e avaliações mesmo quando vivem fora de lares nucleares ou dentro de lares onde o marido e a mulher dividem as tarefas parentais? Não podemos fazer isso sem dar certa atenção aos sistemas de significados, isto é, às maneiras como as sociedades representam o gênero e o utilizam para articular regras de relações sociais ou para construir o sentido da experiência. Sem o sentido, não há experiência; e sem processo de significação, não há sentido.

A linguagem é o centro da teoria lacaniana; é a chave de acesso da criança à ordem simbólica. Por meio da linguagem é construída a identidade de gênero. Segundo Lacan, o falo é o significante central da diferença sexual, mas o sentido do falo tem que ser lido de forma metafórica. O drama edipiano leva a criança a conhecer os termos da interação cultural, já que a ameaça de castração representa o poder, as regras da lei (do pai). A relação da criança com a lei depende da diferença sexual, da sua identificação imaginária (ou fantasmática) com a masculinidade ou feminilidade. Em outros termos, a imposição das regras da interação social é inerente e especificamente de gênero, já que a relação feminina com o falo é obrigatoriamente diferente da relação masculina. Mas a identificação de gênero, mesmo quando parece coerente e fixa, é de fato extremamente instável. Da mesma forma que os sistemas de significações, as identidades subjetivas são processos de diferenciação e de distinção que exigem a supressão das ambiguidades e dos elementos opostos, a fim de assegurar (de criar a ilusão de) coerência e compreensão comuns. O princípio de masculinidade baseia-se na repressão necessária dos aspectos femininos – do potencial bissexual do sujeito – e introduz o conflito na oposição entre o masculino e o feminino. Desejos reprimidos são presentes no inconsciente e constituem uma ameaça permanente para a estabilidade da identificação de gênero, negando sua unidade e subvertendo sua necessidade de segurança. Ademais, as ideias conscientes do masculino e do feminino não são fixas, já que elas variam segundo os usos do contexto. Portanto, existe sempre um conflito entre a necessidade que o sujeito tem de uma aparência de totalidade e a imprecisão da terminologia, a relatividade do seu significado e sua dependência em relação à repressão.[26] Esse tipo de interpretação torna problemáticas as categorias "homem" e "mulher", sugerindo que o masculino e o feminino não são características inerentes e sim construções subjetivas (ou fictícias). Essa interpretação implica também que o sujeito se encontra num processo constante de construção e oferece um meio sistemático de interpretar o desejo consciente e inconsciente, referindo-se à linguagem como um lugar adequado para a análise. Enquanto tal, eu acho instrutiva.

No entanto, me incomoda a fixação exclusiva sobre as questões relativas ao sujeito individual e a tendência a reificar como a dimensão principal do gênero, o antagonismo subjetivamente produzido entre homens e mulheres. Ademais, mesmo ficando em aberto a maneira como o "sujeito" é construído, a teoria tende a universalizar as categorias e a relação entre o masculino e o feminino. A consequência para os(as) historiadores(as) é uma leitura redutora dos dados do passado. Mesmo se essa teoria leva em consideração as relações sociais, relacionando a castração com a proibição e a lei, ela não permite a introdução de uma noção de especificidade e de variabilidade históricas. O falo é o único significante; o processo de construção do sujeito de gênero é, em última instância, previsível, já que é sempre o mesmo. Se nós pensarmos a construção da subjetividade em contextos históricos e sociais, como sugere a teórica de cinema Teresa de Lauretis, não há meio de precisar esses contextos nos termos propostos por Lacan. De fato, mesmo na tentativa de Lauretis, a realidade social ("as relações materiais, econômicas e interpessoais que são de fato sociais e, numa perspectiva mais ampla, históricas") parece situar-se à revelia do sujeito.[27] Falta uma maneira de conceber a "realidade social" em termos de gênero.

O problema do antagonismo sexual nessa teoria tem dois aspectos: primeiro, ele projeta certa dimensão eterna, mesmo quando ela tem historicidade como em Sally Alexander. Sua leitura de Lacan a conduziu à conclusão de que o "antagonismo entre os sexos é um aspecto inevitável da aquisição da identidade sexual (...) Se o antagonismo é sempre latente, é possível que a história não possa oferecer uma solução, mas unicamente a reformulação e reorganização permanente da simbolização da diferença e da divisão sexual do trabalho."[28]

Talvez seja o meu otimismo incurável que me deixa cética diante dessa formulação, ou então o fato de que eu ainda não consegui me desfazer da "episteme" que Foucault chamava de Idade Clássica. Seja o que for, a formulação de Alexander contribui para a fixação da opinião binária masculino-feminino como a única relação possível e como aspecto permanente da condição humana. Ela perpetua, mais do que coloca em questão, o que Denise Riley chama de "insuportável aparência de eternidade da polaridade sexual". Riley escreve: "O caráter historicamente construído da oposição (entre o masculino e o feminino) produz como um dos seus efeitos, justamente, a aparência de uma oposição invariável e monótona entre homens e mulheres."[29]

É exatamente essa oposição, com todo tédio e toda monotonia, que Carol Gilligan (para voltar aos anglo-saxônicos) coloca em evidência em seu trabalho. Gilligan explica os diferentes modos de desenvolvimento moral dos meninos e das meninas quanto às diferenças nas "experiências" (de realidade vivida). Não é surpreendente que os(as) historiadores(as) das mulheres tenham retomado suas ideias e as tenham utilizado para explicar as "vozes diferentes" que o seu trabalho lhes havia permitido ouvir. Os problemas com esses empréstimos são diversos e logicamente conectados.[30] O primeiro problema que esse empréstimo coloca é um deslizamento que acontece frequentemente na atribuição da causalidade: a argumentação começa com a afirmação do tipo "a experiência das mulheres levam-nas a fazer escolhas morais que dependem dos contextos e das relações", para chegar à "mulheres pensam e escolhem esse caminho porque elas são mulheres". Encontramos implicadas nessa abordagem a noção a-histórica, se não essencialista, de mulheres. Gilligan e outros extrapolam sua própria descrição para todas as mulheres, baseados numa pequena amostra de alunos americanos do fim do século XX. Essa extrapolação é evidente, particularmente mas não exclusivamente, nas discussões da "cultura feminina" levadas por certos(as) historiadores(as) que, coletando dados desde as santas da Idade Média até as militantes sindicalistas modernas, utilizam-nos como provas da hipótese de Gilligan que admite que a preferência feminina pelo relacional é universal.[31] Esse uso das ideias de Gilligan se coloca em oposição flagrante às concepções mais complexas e históricas da "cultura feminina", que podemos encontrar no Simpósio de Estudos Feministas de 1980.[32] Com efeito, uma comparação dessa série de artigos com as teorias de Gilligan mostra o quanto a sua noção é a-histórica, definindo a categoria mulher/homem como uma oposição binária que se autorreproduz, estabelecida sempre da mesma forma. Insistindo de forma simplificada nos dados históricos e nos resultados mais heterogêneos sobre o sexo e o raciocínio moral para sublinhar a diferença sexual, as feministas reforçam o tipo de pensamento que elas querem combater. Apesar de as feministas insistirem na reavaliação da categoria do "feminino" (Gilligan sugere que as escolhas morais das mulheres poderiam ser mais humanas do que as dos homens), elas não tratam da oposição binária em si mesma.

Precisamos rejeitar o caráter fixo e permanente da oposição binária, precisamos de uma historicização e de uma desconstrução autêntica dos termos da diferença sexual. Temos que ficar mais atentas às distinções entre nosso vocabulário de análise e o material que queremos analisar. Temos que encontrar os meios (mesmo imperfeitos) de submeter, sem parar, as nossas categorias à crítica, nossas análises à autocrítica. Se utilizarmos a definição da desconstrução de Jacques Derrida, esta crítica significa analisar no seu contexto a maneira como opera qualquer oposição binária, revertendo e deslocando a sua construção hierárquica, em lugar de aceitá-la como real, como óbvia ou como estando na natureza das coisas.[33] Em certo sentido as feministas, sem dúvida, só fizeram isso durante anos. A história do pensamento feminista é uma história da recusa da construção hierárquica da relação entre masculino e feminino; nos seus contextos específicos é uma tentativa de reverter ou deslocar seus funcionamentos. Os(as) historiadores(as) feministas estão atualmente em condições de teorizar as suas práticas e de desenvolver o gênero como uma categoria de análise.

2

As preocupações teóricas relativas ao gênero como categoria de análise só apareceram no final do século xx. Elas estão ausentes na maior parte das teorias sociais formuladas desde o século xviii até o começo do século xx. De fato, algumas dessas teorias construíram sua lógica sob analogias com a oposição masculino/feminino; outras reconheceram uma "questão feminina"; outras ainda preocuparam-se com a formação da identidade sexual subjetiva, mas o gênero como meio de falar de sistemas de relações sociais ou entre os sexos não tinha aparecido. Essa falta poderia explicar, em parte, a dificuldade que as feministas contemporâneas tiveram de integrar o termo gênero em conjuntos teóricos preexistentes e de convencer os adeptos de uma ou de outra escola teórica que o gênero faz parte do seu vocabulário. O termo gênero faz parte das tentativas levadas pelas feministas contemporâneas para reivindicar um certo campo de definição, para insistir sobre o caráter inadequado das teorias existentes em explicar desigualdades persistentes entre mulheres e homens. A meu ver, é significativo que o uso da palavra gênero tenha emergido em um momento de grande efervescência epistemológica entre pesquisadores em ciências sociais, efervecência que, em certos casos, toma a forma de uma evolução dos paradigmas científicos em direção a paradigmas literários (da ênfase colocada sobre a causa em direção à ênfase colocada sobre o sentido, misturando os gêneros da pesquisa segundo a formulação do antropólogo Clifford Geertz).[34] Em outros casos, essa evolução toma a forma de debate teórico entre aqueles que afirmam a transparência dos fatos e aqueles que insistem na ideia de que qualquer realidade é interpretada ou construída;

entre aqueles que defendem e aqueles que colocam em questão a ideia de que o "homem" é o senhor racional do seu próprio destino.

No espaço aberto por esse debate, do lado da crítica da ciência desenvolvida pelas ciências humanas e da crítica do empiricismo e do humanismo que desenvolvem os pós-estruturalistas, as feministas não só começaram a encontrar uma via teórica própria, como também encontraram aliados cientistas e políticos. É nesse espaço que nós devemos articular o gênero a uma categoria de análise.

O que poderiam fazer os(as) historiadores(as) que afinal de contas viram a sua disciplina rejeitada por certos teóricos recentes como uma relíquia do pensamento humanista? Eu não acho que temos de deixar os arquivos ou abandonar o estudo do passado, mas acho, em contrapartida, que temos de mudar alguns dos nossos hábitos de trabalho e algumas das questões que consideramos. Temos que examinar atentamente os nossos métodos de análise, clarificar nossas hipóteses operativas e explicar como pensamos que a mudança se dá. Em lugar de procurar as origens únicas, temos que conceber processos tão ligados entre si que não poderiam ser separados. É evidente que escolhemos problemas concretos para estudar e esses problemas constituem começos ou tomadas sobre processos complexos, mas são processos que precisamos ter sempre presentes na mente. É preciso nos perguntarmos mais frequentemente como as coisas aconteceram para descobrir por que elas aconteceram. Segundo a formulação de Michelle Rosaldo, temos que procurar não uma causalidade geral e universal, mas uma explicação significativa: "Me parece agora que o lugar das mulheres na vida social humana não é diretamente o produto do que ela faz, mas do sentido que as suas atividades adquirem através da interação social concreta."[35] Para fazer surgir o sentido, temos que tratar do sujeito individual tanto quanto da organização social e articular a natureza das suas interrelações, pois ambos têm importância crucial para compreender como funciona o gênero e como ocorre a mudança. Enfim, precisamos substituir a noção de que o poder social é unificado, coerente e centralizado por alguma coisa que esteja próxima do conceito foucaultiano de poder, entendido como constelações dispersas de relações desiguais constituídas pelo discurso nos "campos de forças".[36] No seio desses processos e estruturas, há espaço para um conceito de realização humana como um esforço (pelo menos parcialmente racional) de construir uma identidade, uma vida, um conjunto de relações, uma sociedade dentro de certos limites e com a linguagem – conceitual – que ao mesmo tempo coloque os limites e contenha a possibilidade de negação, de resistência e de reinterpretação, o jogo de invenção metafórica e de imaginação.

Minha definição de gênero tem duas partes e várias subpartes. Elas são ligadas entre si, mas deveriam ser analiticamente distintas. O núcleo essencial da definição baseia-se na conexão integral entre duas proposições: o gênero é um elemento constitutivo de relações sociais baseado nas diferenças percebidas entre os sexos; e o gênero é uma forma primeira de significar as relações de poder. As mudanças na organização das relações sociais correspondem sempre à mudança nas representações de poder, mas a direção da mudança não segue necessariamente um sentido único. Como elemento constitutivo das relações sociais fundadas sobre diferenças percebidas entre os sexos, o gênero implica quatro aspectos relacionados entre si.

Primeiro: os símbolos culturalmente disponíveis que evocam representações múltiplas (frequentemente contraditórias), Eva e Maria, como símbolos da mulher, por exemplo, na tradição cristã do Ocidente, mas também mitos da luz e da escuridão, da purificação e da poluição, da inocência e da corrupção. Para os(as) historiadores(as), as questões interessantes são: quais as representações simbólicas evocadas, quais suas modalidades, em que contextos?

Segundo aspecto: os conceitos normativos que colocam em evidência interpretações do sentido dos símbolos que tentam limitar e conter as suas possibilidades metafóricas. Esses conceitos são expressos nas doutrinas religiosas, educativas, científicas, políticas ou jurídicas e tipicamente tomam a forma de uma oposição binária que afirma, de forma categórica e sem equívoco, o sentido do masculino e do feminino. De fato, essas afirmações normativas dependem da rejeição ou da repressão de outras possibilidades alternativas e, às vezes, têm confrontações abertas ao seu respeito (quando e em que circunstâncias, é isso que deveria preocupar os(as) historiadores(as)). A posição que emerge como dominante é, apesar de tudo, declarada a única possível. A história posterior é escrita como se essas posições normativas fossem o produto de um consenso social e não de um conflito. Um exemplo desse tipo de história é fornecido pelo tratamento da ideologia vitoriana da mulher no lar, como se ela fosse criada num bloco só, como se ela só tivesse sido colocada em questão posteriormente, enquanto ela foi tema permanente de divergências de opinião.

Um outro exemplo vem dos grupos religiosos fundamentalistas de hoje, que querem necessariamente ligar as suas práticas à restauração do papel "tradicional" das mulheres, supostamente mais autêntico, enquanto na realidade há poucos antecedentes históricos que testemunhariam a realização inconteste de tal papel. O objetivo da nova pesquisa histórica é explodir a noção de fixidade, descobrir a natureza do debate ou da repressão que leva a aparência de uma permanência eterna na representação binária dos gêneros. Esse tipo de análise tem que incluir uma noção do político, tanto quanto uma referência às instituições e organizações sociais. Esse é o *terceiro aspecto* das relações de gênero.

Alguns(mas) pesquisadores(as), notadamente antropólogos(as), reduziram o uso da categoria de gênero ao sistema de parentesco (fixando o seu olhar sobre o universo doméstico e a família como fundamento da organização social). Precisamos de uma visão mais ampla que inclua não só o parentesco, mas também (em particular, para as sociedades modernas complexas) o mercado de trabalho (um mercado de trabalho sexualmente segregado faz parte do processo de construção do gênero), a educação (as instituições de educação somente masculinas, não mistas ou mistas fazem parte do mesmo processo), o sistema político (o sufrágio masculino universal também faz parte do processo de construção do gênero). Não tem muito sentido limitar essas instituições à sua utilidade funcional para os sistemas de parentesco ou sustentar que as relações contemporâneas entre homens e mulheres são produtos de sistemas anteriores de parentesco baseados nas trocas de mulheres.[37] O gênero é construído através do parentesco, mas não exclusivamente; ele é construído igualmente na economia, na organização política e, pelo menos na nossa sociedade, opera atualmente de forma amplamente independente do parentesco.

O *quarto aspecto* do gênero é a identidade subjetiva. Concordo com a ideia da antropóloga Gayle Rubin de que a psicanálise fornece uma teoria importante para a reprodução de gênero, uma descrição da "transformação da sexualidade biológica dos indivíduos na medida da sua aculturação".[38] Mas a pretensão universal da psicanálise me deixa cética. Mesmo que a teoria lacaniana possa ser útil para a reflexão sobre a construção de identidade de gênero, os(as) historiadores(as) precisam trabalhar de forma mais histórica. Se a identidade de gênero é unicamente e universalmente baseada no medo da castração, a pertinência da interrogação histórica é negada. Ademais, os homens e as mulheres reais não preenchem sempre os termos das prescrições da nossa sociedade ou das nossas categorias de análise. Os(as) historiadores(as) devem examinar as maneiras como as identidades de gênero são realmente construídas e relacionar seus achados com uma série de atividades, organizações sociais e representações culturais historicamente situadas. Não é surpreendente que as melhores tentativas nessa área tenham sido até hoje as biografias: a interpretação de Lou Andreas Salomé por Biddy Martin, o retrato de Catharine Beecher por Kathryn Sklar, a vida de Jessie Daniel Ames por Jacqueline Hall e a reflexão de Mary Hill sobre Charlotte Perkins Gilman. Mas os tratamentos coletivos são igualmente possíveis como mostram Mrinalini Sinha e Lou Ratté em seus trabalhos respectivos sobre a construção de uma identidade de gênero entre os administradores coloniais britânicos nas Índias e para os indianos educados na cultura britânica que se tornaram dirigentes nacionalistas anti-imperialistas.[39]

A primeira parte de minha definição de gênero é, portanto, composta desses quatro aspectos e nenhum deles pode operar sem os outros. No entanto, eles não operam simultaneamente como se um fosse o simples reflexo do outro. Com efeito, é uma questão para a pesquisa histórica saber quais são as relações entre eles. O esboço que propus do processo de construção das relações de gênero poderia ser utilizado para examinar a classe, a raça, a etnia ou, por assim dizer, qualquer processo social. Meu objetivo era o de clarificar e especificar como é preciso pensar o efeito de gênero nas relações sociais e institucionais, porque essa reflexão não é geralmente feita de forma precisa e sistemática. Mas a teorização do gênero é apresentada na minha segunda proposta: o gênero é uma forma primeira de significar as relações de poder. Seria melhor dizer que o gênero é um campo primeiro no seio do qual ou por meio do qual o poder é articulado. O gênero não é o único campo, mas parece ter constituído um meio persistente e recorrente de tornar eficaz a significação do poder, no Ocidente, nas tradições judaico-cristãs e islâmicas. Como tal, essa parte da definição poderia parecer como pertencendo à seção normativa da minha argumentação. Mas não é bem assim, porque os conceitos de poder, mesmo que reforcem o gênero, nem sempre dizem respeito literalmente ao gênero em si mesmo. O sociólogo francês Pierre Bourdieu escreveu sobre as maneiras como a "divisão do mundo", fundada em referências às "diferenças biológicas particularmente àquelas que tem relação com a divisão sexual do trabalho, da procriação e da reprodução", opera como "a mais fundamentada das ilusões coletivas". Estabelecido como um conjunto objetivo de referências, o conceito de gênero estrutura a percepção e a organização concreta e simbólica de toda a vida social.[40] Na medida em que essas referências estabelecem distribuições de poder (um controle ou um acesso diferencial aos recursos materiais e simbólicos), o gênero torna-se implicado na concepção da construção do poder em si. O antropólogo francês Maurice Godelier formulou a ideia desta forma:

> Não é a sexualidade que produz fantasmas na sociedade, mas sobretudo a sociedade que fantasma, na sexualidade, o corpo. As diferenças entre os corpos, que são ligadas ao sexo, são constantemente solicitadas para testemunhar as relações e os fenômenos sociais que não têm nada a ver com a sexualidade. Não só testemunhar, mas testemunhar a favor, isto é, legitimar.[41]

A função de legitimação do gênero funciona de várias maneiras. Bourdieu, por exemplo, mostrou como em certas culturas a exploração agrícola era organizada segundo conceitos de tempo e de estação que se baseavam em definições específicas da oposição masculino/feminino. Gayatri Spivak fez uma análise rica das utilizações do gênero e do colonialismo em certos textos de escritoras britânicas e americanas,[42] e Natalie Davis mostrou como os conceitos de masculino e feminino eram ligados a percepções e críticas das regras da ordem social no primeiro período da França Moderna.[43] A historiadora Caroline Bynum esclareceu de forma nova a espiritualidade medieval pela ênfase que ela deu às relações entre o conceito do masculino e do feminino e o comportamento religioso. Seu trabalho nos permite compreender melhor as formas como os conceitos informavam a política das instituições monásticas e dos fiéis individuais.[44] Os(as) historiadores(as) da arte abrem novas perspectivas quando decifram as implicações sociais nas representações dos homens e das mulheres.[45] Essas interpretações estão baseadas na ideia de que as linguagens conceituais empregam a diferenciação para estabelecer o sentido e que a diferença sexual é a forma principal de significar a diferenciação.[46] O gênero é, portanto, um meio de decodificar o sentido e de compreender as relações complexas entre diversas formas de interação humana. Quando os(as) historiadores(as) procuram encontrar as maneiras como o conceito de gênero legitima e constrói as relações sociais, eles/

elas começam a compreender a natureza recíproca do gênero e da sociedade e as formas particulares, situadas em contextos específicos, como a política constrói o gênero e o gênero constrói a política.

A política só constitui um dos domínios em que o gênero pode ser utilizado para análise histórica. Eu escolhi por duas razões os exemplos seguintes ligados à política e ao poder no seu sentido mais tradicional, isto é, no que diz respeito ao governo e ao Estado-nação. Primeiro, porque se trata de um território praticamente inexplorado, já que o gênero foi percebido como uma categoria antitética aos negócios sérios da verdadeira política. Em seguida, porque a história política – que ainda é o modo dominante da interrogação histórica – foi o bastião de resistência à inclusão de materiais ou de questões sobre as mulheres e o gênero.

O gênero foi utilizado literalmente ou analogicamente pela teoria política para justificar ou criticar o reinado de monarcas ou para expressar relações entre governantes e governados. Pode-se esperar que tenha existido debate entre os contemporâneos sobre os reinos de Elizabeth I da Inglaterra ou Catherine de Médicis na França em relação à capacidade das mulheres na direção política; mas, numa época em que parentesco e realeza eram intrinsecamente ligados, as discussões sobre os reis machos colocavam igualmente em jogo representações da masculinidade e da feminilidade.[47] As analogias com a relação marital constituem uma estrutura para os argumentos de Jean Bodin, Robert Filmer e John Locke. O ataque de Edmund Burke contra a revolução francesa se desenvolve em torno de um contraste entre as harpias feias e matadoras dos "sans culotes" ("as fúrias do inferno sob a forma desnaturada da mais vil das mulheres") e a "feminilidade doce" de Marie Antoinette que escapa à multidão para "procurar refúgio aos pés de um rei e de um marido" e cuja beleza tinha antigamente inspirado o orgulho nacional (referindo-se ao papel apropriado ao feminino na ordem política, Burke escreveu: "Para que se possa amar a nossa pátria, a nossa pátria tem que ser amável.").[48] Mas a analogia não diz respeito sempre ao casamento, nem mesmo à heterossexualidade. Na teoria política da Idade Média islâmica, o símbolo do poder político faz mais frequentemente alusão às relações sexuais entre um homem e um menino, sugerindo não só a existência de formas de sexualidade aceitáveis comparáveis aquelas que Foucault descreve (em seu último livro a respeito da Grécia Clássica), mas também a irrelevância das mulheres com qualquer noção de política ou de vida pública.[49]

Para que esta última reflexão não seja interpretada como a ideia de que a teoria política reflete simplesmente a organização social, parece importante ressaltar que a mudança nas relações de gênero pode acontecer pelas considerações sobre as necessidades do Estado. Um exemplo importante é fornecido pela argumentação de Louis de Bonaud, em 1816, sobre as razões pelas quais a legislação da Revolução Francesa sobre o divórcio deveria ser revogada:

Da mesma forma que a democracia política "permite ao povo, parte fraca da sociedade política, rebelar-se contra o poder estabelecido", da mesma forma o divórcio, "verdadeira democracia doméstica", permite à esposa, "parte mais fraca, se rebelar contra a autoridade do marido" (...) "a fim de manter o Estado fora do alcance do povo, é necessário manter a família fora do alcance das esposas e das crianças."[50]

Bonaud começa com uma analogia para estabelecer, em seguida, uma correspondência direta entre o divórcio e a democracia. Retomando argumentos bem mais antigos a respeito da boa ordem familiar com o fundamento da boa ordem do Estado (a legislação que estabeleceu essa posição), redefiniu os limites da relação marital. Da mesma forma, em nossa época, os ideólogos políticos conservadores gostariam de fazer passar uma série de leis sobre a organização e o comportamento da família, que modificariam as práticas atuais. A ligação entre os regimes autoritários e o controle das mulheres tem sido bem observada mas não foi estudada a fundo. Em um momento crítico para a hegemonia jacobina durante a Revolução Francesa, na hora em que Stalin tomou o controle da autoridade, na época da operacionalização da política nazista na Alemanha ou do triunfo aiatolá Khomeini no Irã, em todas essas circunstâncias, os dirigentes se afirmavam e legitimavam a dominação, a força, a autoridade central e o poder soberano identificando-os ao masculino (os inimigos, os *outsiders*, os subversivos e a fraqueza eram identificados ao feminino). E traduziram literalmente esse código em leis que colocavam as mulheres no seu lugar, "proibindo sua participação na vida política, tornando o aborto ilegal, proibindo o trabalho assalariado das mães, impondo códigos de vestuário às mulheres".[51] Essas ações e a sua programação têm pouco sentido em si mesmas. Na maioria dos casos, o Estado não tinha nada de imediato ou nada material a ganhar com o controle das mulheres.

Essas ações só podem adquirir sentido se elas são integradas a uma análise da construção e da consolidação do poder. Uma afirmação de controle ou de força tomou a forma de uma política sobre as mulheres. Nesses exemplos, a diferença sexual tem sido concebida em termos de dominação e de controle das mulheres. Eles podem nos dar ideias sobre os diversos tipos de relações de poder que se constroem na história moderna, mas essa relação particular não constitui um tema político universal. Segundo modos diferentes, por exemplo, o regime democrático do século xx tem igualmente construído as suas ideologias políticas com base em conceitos de gênero que se traduziram em políticas concretas; o Estado Providência, por exemplo, demonstrou seu paternalismo protetor através de leis dirigidas às mulheres e às crianças.[52] Ao longo da história, alguns movimentos socialistas ou anarquistas recusaram completamente as metáforas de dominação, apresentando de forma imaginativa as suas críticas aos regimes e organizações sociais particulares em termos de transformação de identidade de gênero. Os socialistas utópicos na França e na Inglaterra, nos anos 1830 e 1840, conceberam sonhos de um futuro harmonioso em termos de naturezas complementares de indivíduos, ilustrados pela união do homem e da mulher, "o indivíduo social".[53] Os anarquistas europeus eram conhecidos desde muito tempo pela recusa das convenções, como o casamento burguês, mas também pelas suas visões de mundo no qual as diferenças sexuais não implicariam hierarquia.

Trata-se de exemplos de ligações explícitas entre gênero e poder, mas elas são apenas uma parte da minha definição de gênero como um modo primeiro de significar as relações de poder. Frequentemente, a ênfase colocada sobre o gênero não é explícita, mas constitui, no entanto, uma dimensão decisiva da organização, da igualdade e desigualdade. As estruturas hierárquicas baseiam-se em compreensões generalizadas da relação pretensamente natural entre o masculino e o feminino. A articulação do conceito de classe no século xix baseava-se no gênero. Quando, por exemplo, na França os reformadores burgueses descreviam os operários em termos codificados como femininos (subordinados, fracos, sexualmente explorados como as prostitutas), os dirigentes operários e socialistas respondiam insistindo na posição masculina da classe operária (produtores fortes, protetores das mulheres e das crianças). Os termos desse discurso não diziam respeito explicitamente ao gênero, mas eram reforçados na medida em que se referenciavam a ele. A codificação de gênero de certos termos estabelecia e "naturalizava" seus significados. Nesse processo, as definições normativas de gênero historicamente situadas (e tomadas como dados) se reproduziram e se integraram na cultura da classe operária francesa.[54]

Os temas da guerra, da diplomacia e da alta política aparecem frequentemente quando os(as) historiadores(as) da história política tradicional colocam em questão a utilidade do gênero para o seu trabalho. Mas lá também temos que olhar além dos atores e do valor literal das suas palavras. As relações de poder entre as nações e o estatuto dos súditos coloniais se tornaram compreensíveis (e, portanto, legítimos) em termos das relações entre masculino e feminino. A legitimação da guerra – sacrificar vidas de jovens para proteger o Estado – tomou formas diversificadas, desde o apelo explícito à virilidade (a necessidade de defender as mulheres e as crianças, que de outra forma seriam vulneráveis) até à crença no dever de que teriam os filhos que servir aos seus dirigentes ou ao rei (seu pai), e até associações entre masculinidade e potência nacional.[55] A alta política, ela mesma, é um conceito de gênero, porque estabelece a importância decisiva de seu poder público, as razões de ser e a realidade da existência da sua autoridade superior, precisamente graças à exclusão das mulheres do seu funcionamento. O gênero é uma das referências recorrentes pelas quais o poder político foi concebido, legitimado e criticado. Ele se refere à oposição masculino/feminino e fundamenta ao mesmo tempo seu sentido. Para reivindicar o poder político, a referência tem que parecer segura e fixa fora de qualquer construção humana, fazendo parte da ordem natural ou divina. Dessa forma, a oposição binária e o processo social das relações de gênero tornam-se, os dois, parte do sentido do poder, ele mesmo. Colocar em questão ou mudar um aspecto ameaça o sistema por inteiro.

Se as significações de gênero e de poder se constroem reciprocamente, como é que as coisas mudam? De modo geral, a mudança pode ter várias origens. Convulsões políticas de massa que joguem as antigas ordens no caos e façam surgir novos regimes, podem revisar os termos (e, portanto, a organização) do gênero na sua procura por novas formas de legitimação. Mas eles podem não fazê-lo; noções antigas de gênero serviram igualmente para validar novos regimes.[56] Crises demográficas causadas pela fome, peste ou guerras colocaram, às vezes, em questão as visões normativas do casamento heterossexual (em alguns meios de certos países no decorrer dos anos 1920); mas também, provocaram políticas natalistas que insistiram na importância exclusiva das funções maternas e reprodutivas das mulheres.[57] A transformação das estruturas de emprego pode modificar as estratégias de casamento, pode oferecer novas possibilidades para a construção da subjetividade, mas também ser vivida como novo espaço de atividade para filhas e esposas obedientes.[58] A emergência de novos tipos de símbolos culturais pode tornar possível a reinterpretação ou mesmo a reescritura da história edipiana, mas ela pode servir para atualizar esse drama terrível em termos ainda mais eloquentes. São os processos políticos que vão determinar o resultado de quem vencerá – político no sentido de que vários atores e várias significações se enfrentam para conseguir o controle. A natureza desse processo, dos atores e das ações só pode ser determinada especificamente se for situada no espaço e no tempo. Só podemos escrever a história desse processo, se reconhecermos que "homem" e "mulher" são ao mesmo tempo categorias vazias e transbordantes; vazias porque elas não têm nenhum significado definitivo e transcendente; transbordantes porque, mesmo quando parecem fixadas, elas contêm ainda em si definições alternativas negadas ou reprimidas.

De alguma forma, a história política foi encenada no terreno do gênero, um terreno que parece fixado mas cujo sentido é contestado e flutuante. Se tratamos da oposição entre masculino e feminino como mais problemática do que conhecida, como alguma coisa que é definida e constantemente construída num contexto concreto, temos então que perguntar não só o que está em jogo nas proclamações ou nos debates que invocam o gênero para justificar ou explicar suas posições, mas também como percepções implícitas de gênero são invocadas ou reativadas. Qual é a relação entre as leis sobre as mulheres e o poder do Estado? Por que (e desde quando) as mulheres são invisíveis como sujeitos históricos, quando sabemos que elas participaram dos grandes e pequenos eventos da história humana? O gênero legitimou a emergência de carreiras profissionais?[59] Para citar o título de um artigo da feminista francesa Luce Irigaray, "O sujeito da ciência é sexuado?"[60] Qual é a relação entre a política do Estado e a descoberta do crime de homossexualidade?[61] Como as instituições sociais têm incorporado o gênero nos seus pressupostos e na sua organização? Já ouve conceitos de gênero realmente igualitários sobre os quais foram projetados ou mesmo baseados sistemas políticos?

A exploração dessas perguntas fará emergir uma história que oferecerá novas perspectivas a velhas questões (por exemplo, o poder político é imposto, qual é o impacto da guerra sobre a sociedade), redefinirá as antigas questões em termos novos (introduzindo, por exemplo, considerações sobre a família e a sexualidade no estudo da economia e da guerra), tornará as mulheres visíveis como participantes ativas e estabelecerá uma distância analítica entre a linguagem aparentemente fixada do passado e nossa própria terminologia. Além do mais, essa nova história abrirá possibilidades para a reflexão sobre as estratégias políticas feministas atuais e o futuro (utópico), porque ela sugere que o gênero tem que ser redefinido e reestruturado em conjunção com a visão de igualdade política e social que inclui não só o sexo, mas também a classe e a raça.

TEXTO ORIGINALMENTE PUBLICADO SOB O TÍTULO "GENDER: A USEFUL CATEGORY OF HISTORICAL ANALYSIS", *THE AMERICAN HISTORICAL REVIEW*, VOL. 91, N° 5, NOVA YORK: AMERICAN HISTORICAL ASSOCIATION, 1986, P. 1053-1075. EDIÇÃO REVISTA PELA AUTORA: *GENDER AND THE POLITICS OF HISTORY*. NOVA YORK: COLUMBIA UNIVERSITY PRESS, 1989, P. 28-52. TRADUÇÃO DE CHRISTINE RUFINO DABAT E MARIA BETÂNIA ÁVILA, PUBLICADA PELA PRIMEIRA VEZ EM SEPARATA PELO SOS CORPO/INSTITUTO FEMINISTA PARA A DEMOCRACIA, RECIFE: SOS CORPO, 1991. EDIÇÃO REVISTA, *CADERNOS DE HISTÓRIA*, VOL. 11, N° 11, RECIFE: UFPE, 2016, P. 9-39.

NOTAS

1 *Oxford English Dictionary*, vol. 4, Oxford: Oxford University Press, 1961.
2 Émile Littré, *Dictionnaire de langue française*, Paris: Hachette, 1876.
3 Raymond Williams, *Keywords: a vocabulary of culture and society*, Nova York: Oxford University Press, 1983, p. 285.
4 Natalie Zeman Davis, "Women's History in Transition: The European Case", *Feminist Studies*, n° 3, 1975-1976, p. 90.
5 Ann D. Gordon, Mari Jo Buhle e Nancy Schrom Dye, "The Problem of Women's History", in Berenice A. Carroll (ed.) *Liberating Women's History*, Urbana: University of Illinois Press, 1976, p. 75.
6 O melhor exemplo e o mais sutil é fornecido pelo artigo de Joan Kelly: "The Doubled Vision of Feminist Theory", in *Women, History, and Theory*, Chicago: University of Chicago Press, 1984, p. 51-64 e, em particular, p. 61.
7 Para um exame crítico das obras recentes sobre a história das mulheres, ver Joan Scott, "Women's History: The Modern Period", *Past and Present*, n° 101, 1983, p. 141-157.
8 Para uma argumentação contra a utilização do gênero para sublinhar o aspecto social da diferença sexual, ver Moira Gatens, "A Critic of the Sex/Gender Distinction", in Judith Allen e Paul Patton (eds.), *Beyond Marxism*, Leichhardt, N.S.W: Intervention Publications, 1985, p. 143-160. Concordo com seu argumento de que a distinção sexo/gênero confere determinação autônoma ou transparente ao corpo, não levando em conta o fato de que o que sabemos do corpo é um conhecimento produzido socialmente.
9 Para uma abordagem um pouco diferente da análise feminista, ver Linda J. Nicholson. *Gender and History: the Limits of Social Theory in the Age of the Family*, Nova York: Columbia UP, 1986.
10 Mary O'Brien, *The Politics of Reproduction*, Londres: Routledge & Keagan Paul, 1981, p. 8-15, 46.

11   Shulamith Firestone, *The Dialectic of Sex*, Nova York: Banthom Books, 1970. A expressão "amarga armadilha" *(bitter trap)* pertence a Mary O'Brien, *The Politics of Reproduction*, op. cit., p. 8.

12   Catharine Mackinnon, "Feminist, Marxism, Method and the State: An Agenda for Theory", *Signs*, nº 7, 1982, p. 515, 541.

13   Ibid., p. 541, 543.

14   Para uma discussão interessante sobre a força e os limites do termo "patriarcado", ver o debate entre Sheila Rowbotham, Sally Alexander and Barbara Taylor, in Samuel Raphael (ed.), *People 's History and Socialist Theory*, Londres: Routledge and Kegan Paul, 1981, p. 363-373.

15   Friedrich Engels, *The Origins of the Family*, Nova York: International Publishers, 1972.

16   Heidi Hartmann, "Capitalism, Patriarchy and Job Segregation by Sex", *Signs*, nº 1, 1976, p. 168. Ver também "The Unhappy Marriage of Marxism and Feminism: Towards a More Progressive Union", *Capital and Class*, vol. 8, 1979, p. 1-33; "The Family as the Locus of Gender, Class and Political Struggle: the Example of Housework", *Signs*, nº 6, 1981, p. 366-394.

17   A respeito do debate sobre feminismo marxista: Zillah Eisenstein, *Capitalist Patriarchy and the Case for Socialist Feminism*, Nova York: Longman, 1981; Annette Kuhn, "Structures of Patriarchy and Capital in the Family", in Annette Kuhn e AnnMarie Wolpe (eds.), *Feminism and Materialism: Women and Modes of Production*, Londres: Routledge and Kegan Paul, 1978; Rosalind Coward, *Patriarcal Precedents*, Londres: Routledge and Kegan Paul, 1983; Hilda Scott, *Does Socialism Liberate Women? Experiences from Eastern Europe*, Boston: Beacon Press, 1974; Jane Humphries, "Working Class Family, Women's Liberation and Class Struggle: the Case of Nineteenth Century British History", *Review of Radical Political Economics*, 1971, I, p. 241-258. Ver também o debate de Humphries sobre o trabalho, in *Review of Radical Political Economies*, vol. 13, 1980, p. 76-94.

18   Joan Kelly, "Doubled Vision of Feminist Theory", op. cit., p. 61.

19   Ann Snitow, Christine Stansell and Sharon Thompson (eds.), *Powers of Desire: the Politics of Sexuality*, Nova York: Montlhy Review, 1983.

20   Ellen Ross e Rayna Rapp, "Sex and Society: a Research Note from Social History and Antropology", in *Powers of Desire*, op. cit., p. 53.

21   "Introduction", *Powers of Desire*, op. cit., p. 12; também Jessica Benjamin, "Master and Slave – The Fantasy of Erotic Domination", *Powers of Desire*, op. cit., p. 297.

22   Johanna Brenner e Maria Ramas, "Rethinking Women's Oppression", *New Left Review*, nº 144, mar/abr 1984, p. 33-71; Michèle Barrett, "Rethinking Women's Oppression: A Reply to Brenner and Ramas", *New Left Review*, nº 146, jul/ago 1984, p. 123-128; Angela Weir e Elizabeth Wilson, "The British Women Movement", *New Left Review*, nº 148, nov/dez 1984, p. 74-103; Michèle Barrett, "A Response to Weir and Wilson", *New Left Review*, nº 150, mar/abr 1985, p. 143-417; Jane Lewis, "The Debats on Sex and Class", *New Left Review*, nº 149, jan/fev 1985, p. 108-120; Ver também Hugh Armstrong e Pat Armstrong, "Beyond Sexless Class and Classless Sex", *Studies in Political Economy*, nº 10, 1983, p. 7-44; Hugh Armstrong e Pat Armstrong, "Comments: More on Marxist Feminism", *Studies in Political Economy*, nº 15, 1984, p. 179-184 e Jane Jenson, "Gender and Reproduction; or Babies and the State", artigo não publicado, jun 1985, p. 1-7.

23   Para formulações teóricas anteriores, ver *Papers on Patriarchy: Conference*, Londres: Womens Publishing Collective, 1976. Sou grata a Jane Kaplan que me indicou essa publicação e que aceitou compartilhar comigo seu exemplar e suas ideias. Para a posição psicanalítica, ver Sally Alexander, "Women, Class and Sexual Difference", *History Workshop*, nº 17, 1984, p. 125-135. No decorrer dos seminários da Universidade de Princeton, no início de 1986, Juliet Mitchell parecia voltar a dar prioridade à análise materialista do gênero. Para uma tentativa de ir além do impasse feminista marxista, ver Rosalind Coward, *Patriachal Precedents: Sexuality and Social Relations*, Londres: Routledge and Kegan Paul, 1983. Ver também a brilhante tentativa americana iniciada por Gayle Rubin, "The Traffic in Women: Notes on the Political Economy of Sex" in Rayna Rapp Reiter (ed.), *Toward an Anthropology of Women*, Nova York e Londres: Monthly Review Press, 1975, p. 167-168.

24   Nancy Chodorow, *The Reproduction of Mothering: Psichoanalysis and the Sociology of Gender*, California: Berkeley, 1978, p. 169.

25   Minha exposição sugere que esses problemas relativos ao gênero podem ser influenciados durante o período do complexo edipiano, mas não são unicamente o que está em jogo ou o

desfecho deste. A negociação desses problemas ocorre num contexto que implica relações de objeto e de construções do "eu" mais amplas. Esses processos mais amplos têm a mesma influência sobre a formação da estrutura psíquica e sobre a vida psíquica e os modos das relações nos homens e nas mulheres. São responsáveis pelos modos diferenciais de identificação e de problemas edipianos mais assimétricos descritos pelos psicanalistas. Esses desfechos, bem como os desfechos edipianos, provêm da organização assimétrica das tarefas parentais, na qual a mãe tem o papel de parente principal e o pai situa-se a uma distância significativa e investe na socialização, particularmente, em áreas ligadas aos papéis de gênero tipificados. (Chodorow, *The Reproduction of Mothering*, op. cit., p. 166.) É importante notar que entre Chodorow e as teóricas britânicas da teoria das relações de objeto, que seguem o trabalho de Winicott e Melanie Klein, há diferenças de interpretação e de abordagem. O trabalho de Chodorow seria melhor definido como uma teoria mais sociológica e mais socializada, mas ele constitui o ponto de vista dominante através do qual a teoria das relações de objeto foi abordada pelas feministas americanas. A respeito da história da teoria das relações de objeto nas suas relações com a política social, ver Denise Riley, *War in the Nursery: Theories of the Child and Mother*, Londres: Virago, 1983.

26 Juliet Mitchell e Jacqueline Rose (eds.), *Feminine Sexuality: Jacques Lacan and the École Freudienne*, Londres: W.W. Norton & Company, 1983; Sally Alexander, "Women, Class and Sexual Difference in the 1830s and 1840s: Some Reflections on the Writing of a Feminist History" in *History Workshop*, n° 17, 1984, p. 125-149.

27 Teresa de Lauretis, *Alice Doesn't: Feminist, Semiotics, Cinema*, Bloomington: Indiana University Press, 1984, p. 159.

28 Sally Alexander, "Women, Class and Sexual Difference", op. cit., p. 135.

29 Denise Riley, "Summary of Preamble to Interwar Feminist History/Work", artigo inédito apresentado no seminário do Pembroke Center, mai 1985, p. 11.

30 Carol Gilligan, *Different Voice: Psychological Theory and Women's Development*, Cambridge: Harvard University Press, 1982.

31 As críticas do livro de Gilligan estão em: Judy Auerbach et al.,"Commentary on Gilligan's 'In a Different Voice'", *Feminist Studies*, Primavera de 1985; e "Women and Morality", número especial de *Social Research*, n° 50, 1983. Meus comentários sobre a tendência dos(as) historiadores(as) em citar Gilligan vêm das minhas leituras de trabalhos inéditos e de propostas de subvenção que parece injusto citar aqui. Há cinco anos acompanho esse tipo de referência e elas me parecem cada vez mais numerosas.

32 *Feminist Studies*, 6, 1980, p. 26-64.

33 Falando de "desconstrução", queria apelar para a formulação de Derrida que, sem inventar o processo de análise que descreve, apresenta a vantagem de teorizar e, portanto, pode constituir um método útil. Para uma discussão sucinta e acessível de Derrida, ver Jonnathan Culler, *On Desconstruction: Theory and Criticism after Structuralism*, Ithaca, Nova York: Cornell UP, 1982, em particular p. 156-179. Ver também Jacques Derrida, *On Grammatology*, Baltimore: Johns Hopkins University Press, 1976; Jacques Derrida, *Spurs*, Chicago: University of Chicago Press, 1979; e uma transcrição do seminário de Pembroke Center, 1983, Subjetcs/objetics, Automne, 1984.

34 Clifford Geertz, "Blurred Genders", in *American Scholar*, n° 49, 1980, p. 165-179.

35 Michelle Zimbalist Rosaldo, "The Uses and Abuses of Anthropology: Reflections on Feminism and Cross-Cultural Understanding", *Signs, n° 5*, 1980, p. 400.

36 Michel Foucault, *The History of Sexuality*, vol. 1, *An Introduction*, Nova York: Pantheon, 1980; Michel Foucault, *Power/Knowledge: Selected Interviews and other Writings*, 1972-1977.

37 A respeito deste ponto, ver Gayle Rubin, "The Traffic in Women", p. 199, in Rayna R. Reiter (ed.), *Toward an Anthropology of Women, Nova York*: Monthly Review Press, 1975, p. 157-210.

38 Idem.

39 Lou Ratté, "Gender Ambivalence in the Indian Nationalist Movement", artigo inédito, Seminário Pembroke Center, Spring 1983; Mrinalini Sinha, "Manliness: A Victorian Ideal and British Imperial Elite in India", artigo inédito. Departamento de História da Universidade Estadual de Nova York: Stony Brook, 1984; Mrinalini Sinha, "The Age of Consent Act: The Ideal of Masculinity and Colonial Ideology in Late 19th Century Bengal", Proceedings. Eighth International Symposium on Asian Studies, 1986, p. 1199-1214.

40 Pierre Bourdieu, *Le sens pratique*, Paris: Editions de Minuit, 1980, p. 246-47, 333-461 e, particularmente, p. 366.

41 Maurice Godelier, "The Origins of Male Domination", *New Left Review*, n° 127, mai/jun 1981, p. 17. Artigo publicado na França sob o título: "Les rapports hommes/femmes: le problème de la domination masculina", in *La condition féminine*, obra coletiva sob a direção do Cerm, Paris: Editions Sociales, 1978.

42 Gayatri Chakravorty Spivak, "Three Women's Texts and a Critique of Imperialism", *Critical Inquiry*, n° 12, 1985, p. 243-246; ver também Kate Millett, *Sexual Politics*, Nova York: Avon, 1969. Luce Irigaray examina as formas como as referências femininas funcionam nos maiores textos da filosofia ocidental em *Speculum of the other Woman*, Ithaca, Nova York: Cornell UP, 1985.

43 Natalie Zemon Davis, "Women on Toop", in *Society and Culture in Early Modern France*, Califórnia: Stanford University Press, Calif, 1975, p. 124-151.

44 Ver Caroline Walker Bynum, *Jesus as Mother: Studies in the Spirituality of the High Middle Ages*, Berkeley: University of California Press, 1982; "Fast, Feast and Flesh: The Religious Significance of Food to Medieval Women", *Representations*, n° 11, 1985, p. 1-25; "Introduction", *Religion and Gender, Essays on the Complexity of Symbol*, Boston: Beacon Press, 1987.

45 Ver, por exemplo, T.J. Clark, *The Painting of Modern Life*, Nova York: Knopf, 1985.

46 A diferença entre os teóricos estruturalistas e pós-estruturalistas sobre essa questão reside no fato de a categoria da diferença ter um estatuto mais ou menos aberto entre eles. Na medida em que os pós-estruturalistas não fixam um sentido universal para as categorias ou para as suas inter-relações, a sua abordagem parece levar ao tipo de análise histórica que eu defendo.

47 Rachel Weil, "The Crown Has Fallen to the Distaff: Gender and Politics in the Age of Catharine de Medici", *Critical Matrix (Documents de Travail des Études Féminines de Princeton)* 6, 1985. Ver também Louis Montrose, "Shaping Fantasies: Figurations of Gender and Power in Elisabethan Culture", *Representations*, n° 2, 1983, p. 61-94; e Lynn Hunt, "Hercules and the radical Image in the French Revolution", *Representations*, n° 2, 1983, p. 95-117.

48 Edmund Burke, *Reflections on the French Revolution*, 1892, reed, Nova York, 1909, p. 208-209, 214. Ver também Jean Bodin, *Six Books of the Commonwealth*, 1606, reed, Nova York, 1967; Robert Filmer, *Patriarcha and Other Political Works*, apresentação de Peter Laslett, Oxford: Basil Blackwell, 1949; e John Locke, *Two Treatises of Government*, 1690, reed, Cambridge, 1970. Ver ainda Elizabeth Fox-Genovese, "Property and Patriarchy in Classical Bourgeois Political Theory", *Radical History Review*, n° 4, 1977, p. 36-59; e Mary Lyndon Stanley, "Marriage Contract and Social Contract in Seventheenth Century English Political Thought", *Western Political Quarterly*, n° 32, 1979, p. 79-91.

49 Sou grata a Bernard Lewis pela referência ao islamismo. Ver Michel Foucault, *História da sexualidade*, vol. 2, L'usage des plaisirs, Paris: Gallimard, 1984. Nesse tipo de situação há que se perguntar quais são os termos da identidade de gênero e se a teoria freudiana basta para descrever o processo da sua construção. Sobre as mulheres na Atena Clássica, ver Marilyn Arthur, "Liberated Woman: The Classical Era", in Renate Bridenthal, Claudia Koonz e Susan Stuard (eds.), *Becoming Visible. Women in European History*, Boston: Houghton Mifflin, 1987, p. 75-78.

50 Citado por Roderick Phillips, "Women and Family Breakdown in Eighteenth Century France: Rouen 1780-1800", *Social History*, n° 2, 1976, p. 217.

51 Sobre a Revolução Francesa, ver Darline Gay Levy, Harriet Applewhite e Mary Johnson (eds.), *Women in Revolutionary Paris 1789-1795*, Urbana, III.: Univ. of Illinois Press, 1979, p. 209-220; sobre a legislação soviética, ver os documentos in Rudolf Schlesinger, *Changing Attitudes in Soviet Russia: Documents and Readings, vol. I The Family in the USSR*, Londres: Routledge & Kegan Paul, 1949, p. 62-71, 251-254; sobre a política nazista, ver Tim Mason, "Women in Nazi Germany", *History Workshop*, n° 1, 1976, p. 74-113; e do mesmo autor "Women in Germany & Family Welfare and Work History Workshop", n° 2, 1976, p. 5-32.

52 Elizabeth Wilson, *Women and the Welfare State*, Londres: Tavistock, 1977; Jane Jenson, "Gender and England 1900-1939"; Jane Lewis, *The Politics of Motherhood: Child and Maternal Welfare in England 1900-1939*, Londres: Croom Helm, 1980; Mary Lynn McDougal, "Protecting Infants: The French Campaigns for Maternity Leaves, 1890-1913", *French Historical Studies*, n° 13, 1983, p. 79-105.

53 Sobre os socialistas utópicos ingleses, ver Barbara Taylor, *Eve and the New Jerusalem*, Nova York: Pantheon, 1983. Para a França, ver Joan Scott, "Men and Women in the Parisian Garment Trades: Discussions of Family and Work in the 1830's and 40's", in R. Floud, G. Crossick and P. Thane (eds.), *The Power of the Past: Essays in Honor of Eric Hobsbawm*, Cambridge: Cambridge University Press, 1984, p. 67-94.

54 Louis Devance, "Femme, famille, travail et morale sexuelle dans Ideologie de 1848", in *Mythes et representation de la femme au xix e siecle*, Paris, 1976; Jacques Rancière et Pierre Vaudray, "En allant à l'éxpo: l'ouvrier, sa femme et les machines", *Les Révoltes Logiques*, 1, 1975, p. 5-22.

55 Gayatri Chakravorty Spivak, "Draupadi by Mahasveta Devi", *Critical Inquiry*, n° 8, 1981, p. 381-401; Homi Bhabha, "Of Mimicry and Man: the Ambivalence of Colonial Discourse", *October*, n° 28, 1984, 28, p. 125-133; Karin Hausen, "The German Nation's Obligations to the Heroes' Widows of World War I", in Margaret R. Higonnet et al. *Behind the Lines: Gender and the Two World Wars*, New Haven: Yale UP, 1987, p. 126-140. Ver também Ken Inglis, "The Representation of Gender on Australian War Memorials", *Daedalus*, n° 116, 1987, p. 35-59. Ver ainda, "Australian War Memorials", comunicação inédita apresentada na Conferência de Ballagio, *Genre, Technologie et Education*, 1985.

56 Sobre a Revolução Francesa, ver Darline Gay Levy, Harriet Branson Applewhite, Mary Durham Johnson, *Women in Revolutionary Paris, 1789-1795*, Chicago: University of Illinois Press, 1979; sobre a Revolução Americana, ver Mary Beth Norton, *Liberty's a Daughters: The Revolutionary Experience of American Women*, Cornell University Press, 1996, p. 383-446. Sobre a Terceira República na França, ver Steven Hause, *Women's Suffrage and Social Politics in the French Third Republic*, Princeton: Princeton University Press, 1984. Um tratamento muito interessante de caso recente é o artigo de Maxime Molyneux, "Mobilization Without Emancipation? Womens Interest the state and Revolution in Nicarágua", *Feminist Studies*, primavera de 1985, p. 22-54.

57 Sobre o natalismo, ver Denise Riley, "Gender and Reproduction", in *War in the Nursery e Jenson*. Sobre os anos 1920, ver os ensaios in *Stratégies des femmes*, Paris: Editions Tierce, 1984.

58 Para diversas interpretações do impacto do trabalho moderno sobre as mulheres, ver Louise A. Tilly e Joan Scott, *Women, Work and Family*, Londres: Psychology Press, 1989.

59 Ver, por exemplo, Margaret Rossiter, *Women Scientists in America: Struggles and Strategies to 1914*, Baltimore: Johns Hopkins UP, 1982.

60 Luce Irigaray, "Is the Subject of Science Sexed?", *Cultural Critique*, n° 1, 1985, p. 73-88.

61 Byron and Greek Love, *Homophobia in Nineteenth-Century England*, Berkeley Calif: University of California Press, 1985. Essa questão é abordada por Jeffrey Weeks em *Sex, Politics and Society: the Regulation of Sexuality since 1800*, Londres: Leyman, 1981.

Nossa primeira tarefa, ao que parece, é desassociar completamente "mulheres" (a classe dentro da qual lutamos) de "mulher", o mito. Pois "mulher" não existe para nós, é apenas uma formação imaginária, enquanto "mulheres" são o produto de uma relação social.

Monique Wittig

Não se nasce mulher

Monique Wittig

UM ENFOQUE FEMINISTA MATERIALISTA da opressão feminina rompe com a ideia de que mulheres são um "grupo natural":[1] "um grupo racial de uma categoria especial, um grupo percebido *como natural*, um grupo de homens considerado como materialmente específico em seus corpos."[2] O que a análise realiza no nível das ideias, a prática concretiza no nível dos fatos: por sua própria existência, a sociedade lésbica destrói o fato (social) artificial que constitui as mulheres como um "grupo natural". Uma sociedade lésbica[3] revela pragmaticamente que a divisão criada pelos homens da qual as mulheres têm sido objeto é política e mostra que fomos reconstruídas ideologicamente como "grupo natural". No caso das mulheres, a ideologia vai longe, uma vez que tanto os nossos corpos quanto as nossas mentes são produtos dessa manipulação. Nós fomos forçadas em nossos corpos e em nossas mentes a corresponder, sob todos os aspectos, à *ideia* de natureza que foi determinada para nós. De tal forma distorcida, que nosso corpo deformado é o que chamam de "natural", o que deve existir como tal diante da opressão. De tal forma distorcida, que no fim a opressão parece ser uma consequência dessa "natureza" dentro de nós (uma natureza que é apenas uma *ideia*). O que uma análise materialista faz por meio do raciocínio, uma sociedade lésbica realiza na prática: não só não existe um grupo natural "mulheres" (nós, lésbicas, somos a prova viva disso), mas também como indivíduos nós questionamos "mulher", que para nós, assim como para Simone de Beauvoir, não passa de um mito. Ela disse:

> ninguém nasce mulher, mas se torna mulher. Nenhum destino biológico, psicológico ou econômico determina a figura que a fêmea humana apresenta na sociedade: é a civilização como um todo que produz essa criatura, intermediária entre macho e eunuco, descrita como feminina.[4]

Entretanto, a maioria das feministas e feministas-lésbicas na América e em outros lugares ainda acredita que a base da opressão das mulheres é tanto *biológica quanto histórica*. Algumas até afirmam encontrar suas fontes em Simone de Beauvoir.[5] A crença no matriarcado e numa "pré-história" em que as mulheres criam a civilização (em decorrência de uma predisposição biológica) enquanto os homens grosseiros e brutais caçam (devido a uma predisposição biológica) é equivalente à interpretação de viés biológico da história produzida até agora pela classe dos homens. É ainda o mesmo método de encontrar em mulheres e homens uma explicação biológica para sua divisão, fora de fatos sociais. Para mim, isso jamais poderia constituir um enfoque lésbico da opressão das mulheres, já que pressupõe que a base da sociedade ou o começo da sociedade está na heterossexualidade. O matriarcado não é menos heterossexual do que o patriarcado: só o gênero do opressor é que muda. Além disso, não apenas tal concepção está ainda aprisionada nas categorias de gênero (mulher e homem), mas se prende à ideia de que a capacidade de parir (biologia) é o que define uma mulher. Embora fatos práticos e modos de vida contradigam essa teoria na sociedade lésbica, existem lésbicas que afirmam que "mulheres e homens são espécies ou raças diferentes (as palavras são usadas de forma intercambiável): homens são biologicamente inferiores a mulheres; a violência masculina é uma inevitabilidade biológica..."[6] Ao fazer isso, ao admitir que existe uma divisão "natural" entre mulheres e homens, nós naturalizamos a história, nós assumimos que "homens" e "mulheres" sempre existiram e sempre existirão. Não só naturalizamos a história, mas também, consequentemente, naturalizamos os fenômenos sociais que expressam nossa opressão, tornando impossível a mudança. Por exemplo, em vez de ver o ato de parir como uma produção forçada, nós o vemos como um processo "natural", "biológico", esquecendo que em nossas sociedades os nascimentos são planejados (demograficamente), esquecendo que nós mesmas somos programadas para produzir filhos, embora esta seja a única atividade social, "fora a guerra",[7] que representa um enorme risco de morte. Assim, enquanto nós formos "incapazes de abandonar por vontade ou impulso um compromisso vitalício e secular de ver a gravidez como o ato criativo feminino,"[8] ganhar controle sobre a produção de filhos irá significar muito mais do que o mero controle dos meios materiais dessa produção: as mulheres terão que se abstrair da definição "mulher" que lhes é imposta.

Um enfoque feminista materialista mostra que o que tomamos por causa ou origem da opressão é de fato apenas a *marca*[9] imposta pelo opressor; o "mito de mulher",[10] mais seus efeitos e manifestações materiais na consciência e nos corpos capturados de mulheres. Assim, essa marca não vem antes da opressão: Colette Guillaumin mostrou que, antes da realidade socioeconômica da escravidão negra, o conceito de raça não existia, pelo menos não no seu sentido moderno, já que ele era empregado à linhagem de famílias. Entretanto, agora, raça, exatamente como gênero, é considerada como "dado imediato", "dado sensate", "atributos físicos", pertencendo a uma ordem natural. Mas o que nós acreditamos ser uma percepção física e direta é apenas uma construção sofisticada e mítica, uma "formação imaginária",[11] que reinterpreta atributos físicos (em si mesmos tão neutros quanto quaisquer outros, mas marcados pelo sistema social) por meio da rede de relacionamentos na qual eles são percebidos. (Eles são vistos como *negros*, portanto *são* negros; elas são vistas como *mulheres*, portanto *são* mulheres. Mas antes de serem *vistos* assim, eles primeiro tiveram que ser *feitos* assim.) As lésbicas deviam sempre lembrar e reconhecer o quanto era "artificial", forçado, totalmente opressivo e destrutivo para nós ser "mulher" antigamente, antes do movimento de liberação das mulheres. Era uma repressão política, e aquelas que resistiam eram acusadas de não serem mulheres "de verdade". Mas nós nos orgulhávamos disso, visto que na acusação já havia algo como uma sombra de vitória: a declaração do opressor de que "mulher" não é algo inequívoco, porque para ser mulher é preciso ser mulher "de verdade". Nós fomos acusadas ao mesmo tempo de querer ser homens. Hoje essa dupla acusação foi retomada com entusiasmo no contexto do movimento de liberação das mulheres por algumas feministas e também, infelizmente, por algumas lésbicas cujo objetivo político parece ser, de certa forma, tornarem-se mais e mais "femininas". Recusar-se a ser uma mulher, no entanto, não significa que a pessoa tem que se tornar um homem. Além disso, se usarmos como exemplo o perfeito "sapatão", o exemplo clássico que provoca mais horror, a quem Proust teria chamado de mulher/homem, de que modo a alienação dela será diferente da alienação de alguém que quer se tornar uma mulher? *Tweedledum* e *Tweedle-dee* (cara de um, focinho do outro). Pelo menos, o fato de uma mulher querer se tornar um homem prova que ela escapou da sua programação inicial. Mas mesmo que ela queira, com todas as forças, não pode se tornar um homem, pois tornar-se um homem exigiria da mulher não só a aparência externa de um homem, mas também sua consciência, isto é, a consciência de alguém que dispõe por direito de pelo menos dois "escravos" naturais ao longo da vida. Isso é impossível, e uma característica da opressão lésbica consiste precisamente em deixar as mulheres fora do nosso alcance, já que as mulheres pertencem aos homens. Desta forma, uma lésbica *tem* que ser outra coisa, uma não-mulher, um não-homem, um produto da sociedade, não um produto da natureza, pois não existe natureza na sociedade.

A recusa em se tornar (ou continuar) heterossexual sempre significou recusar a se tornar um homem ou uma mulher, conscientemente ou não. Para uma lésbica isso vai mais além do que a recusa do *papel* de "mulher". É a recusa ao poder econômico, ideológico e político do homem. Isto, nós lésbicas, bem como não lésbicas, sabíamos antes do início do movimento feminista e lésbico. Entretanto, como Andrea Dworkin enfatiza, recentemente muitas lésbicas "vêm tentando cada vez mais transformar a própria ideologia que nos escravizou em uma celebração dinâmica, religiosa, psicologicamente convincente do potencial biológico feminino".[12] Assim, algumas vias do movimento feminista e lésbico nos levam de volta ao mito da mulher que os homens criaram especialmente para nós, e com isso nós afundamos de novo em um grupo natural. Tendo nos erguido para lutar por uma sociedade sem gênero,[13] agora nos vemos presas na conhecida armadilha de que "mulher é maravilhoso". Simone de Beauvoir sublinhou, em especial, a falsa consciência que consiste em escolher entre as características do mito (de que as mulheres são diferentes dos homens) aquelas que parecem boas e usá-las como uma definição para mulheres. O que o conceito "mulher é maravilhoso" realiza é usar para definir mulheres as melhores características (melhores de acordo com quem?) que a opressão nos concedeu, e não questiona de forma radical as categorias "homem" e "mulher", que são categorias políticas e não dados naturais. Isso nos coloca em uma posição de lutar dentro da classe "mulheres" não como fazem outras classes, pelo desaparecimento da nossa classe, mas pela defesa da "mulher" e seu reforço. Isso nos leva a desenvolver com complacência "novas" teorias sobre nossa especificidade: assim, chamamos nossa passividade de "não violência", quando o ponto principal e emergente para nós é combater nossa passividade (nosso medo, melhor dizendo, um medo justificado). A ambiguidade do termo "feminista" resume a situação. O que significa "feminista"? É uma palavra formada por "femme", "mulher", e significa alguém que luta pelas mulheres. Para muitas de nós, significa alguém que luta pelas mulheres como uma classe e pelo desaparecimento dessa classe. Para muitas outras, significa alguém que luta pela mulher e sua defesa – pelo mito, então, e seu reforço. Mas por que a palavra "feminista" foi escolhida se ela ainda contém um mínimo de ambiguidade? Nós escolhemos nos chamar de "feministas" dez anos atrás não para apoiar ou reforçar o mito de mulher, nem a fim de nos identificarmos com a definição que o opressor faz de nós, mas sim para afirmar que nosso movimento tinha uma história e enfatizar o elo político com o velho movimento feminista.

É, portanto, esse movimento que colocamos em questão, pelo sentido que ele deu ao feminismo. Acontece que o feminismo no último século jamais conseguiu resolver suas contradições em relação aos temas natureza/cultura, mulher/sociedade. As mulheres começaram a lutar por si mesmas como grupo e consideraram corretamente que compartilhavam características comuns como resultado da opressão. Mas para elas essas características eram naturais e biológicas mais do que sociais. Chegaram a adotar a teoria darwinista de evolução. Mas não acreditavam, como Darwin, "que as mulheres eram menos evoluídas do que os homens; acreditavam que as naturezas de macho e fêmea tinham se bifurcado no decorrer do desenvolvimento evolutivo e que a sociedade em geral refletiu essa polarização."[14] O fracasso do início do feminismo se deve ao fato de que ele só atacou a acusação darwinista de inferioridade feminina, aceitando as bases dessa acusação – a saber, a visão da mulher como "única".[15] E, finalmente, foram mulheres acadêmicas – e não feministas – que destruíram cientificamente essa teoria. As primeiras feministas tinham fracassado em considerar a história como um processo dinâmico que se desenvolve com base em conflitos de interesses. Além disso, elas ainda acreditavam, como os homens acreditam, que a causa (origem) de sua opressão estava dentro delas mesmas. E portanto, depois de algumas vitórias incríveis, as feministas dessa primeira frente de batalha se viram diante de um impasse por falta de razões para lutar. Elas apoiaram o princípio ilógico de "igualdade na diferença", uma ideia que está nascendo de novo. Elas caíram na armadilha que volta a nos ameaçar: o mito da mulher.

Portanto, é nossa tarefa histórica, e não apenas nossa, definir o que chamamos de opressão em termos materialistas, tornar evidente que as mulheres são uma classe. Isso significa dizer que a categoria "mulher" assim como a categoria "homem" são categorias políticas e econômicas e não categorias eternas. Nossa luta tem como objetivo suprimir os homens como classe, não por meio de um genocídio, mas de uma luta política. Quando a classe "homens" desaparecer, "mulheres" como classe irão desaparecer também, pois não existem escravos sem senhores. Nossa primeira tarefa, ao que parece, é desassociar completamente "mulheres" (a classe dentro da qual lutamos) de "mulher", o mito. Pois "mulher" não existe para nós, é apenas uma formação imaginária, enquanto "mulheres" são o produto de uma relação social. Nós sentimos isso fortemente quando recusamos em toda parte sermos chamadas de "movimento de liberação da *mulher*". Além disso, temos que destruir o mito dentro e fora de nós mesmas. "Mulher" não é cada uma de nós, mas sim a formação política e ideológica que nega "mulheres" (o produto de uma relação de exploração). "Mulher" existe para nos confundir, para ocultar a realidade "mulheres." Para nos conscientizarmos que somos uma classe e para nos tornarmos uma classe, primeiro temos que matar o mito "mulher", inclusive seus aspectos mais sedutores. (Eu penso em Virginia Woolf, quando ela disse que a primeira tarefa de uma escritora é matar "o anjo da casa".) Mas, para nos tornarmos uma classe, não temos que suprimir nossas individualidades, e como nenhum indivíduo pode ser reduzido à sua opressão, nós também somos confrontadas com a necessidade histórica de nos constituir como sujeitos individuais de nossa história também. Eu acredito que essa é a razão pela qual todas as tentativas de "novas" definições de mulher estão florescendo agora. O que está em jogo (e é claro que não só para as mulheres) é uma definição individual, bem como uma definição de classe. Pois, quando se reconhece a opressão, é preciso conhecer e experimentar o fato de que uma pessoa pode constituir a si mesma como sujeito (em oposição a objeto de opressão), que uma pessoa pode se tornar *alguém* apesar da opressão, que cada um possui sua própria identidade. Não existe luta possível para alguém privado de identidade, não existe motivação interna para lutar, uma vez que, embora eu só possa lutar com outros, primeiro eu luto por mim mesma.

A questão do sujeito individual é historicamente difícil para todos. O marxismo, o último avatar do materialismo, a ciência que nos formou politicamente, não quer ouvir falar a respeito de um "sujeito." O marxismo rejeitou o sujeito transcendental, o sujeito como constitutivo de conhecimento, a consciência "pura". Tudo o que pensa por si, antes de toda experiência, terminou na lata de lixo da história, porque afirmava existir fora da matéria, antes da matéria, e precisava de Deus, espírito ou alma para existir dessa maneira. Isto é que é chamado de "idealismo". Quanto aos indivíduos, eles são apenas o produto de relações sociais, portanto sua consciência só pode ser "alienada". (Marx, em *The German Ideology* [*A ideologia alemã*], diz precisamente que indivíduos da classe dominante também são alienados, embora sejam os produtores diretos das ideias que alienam as classes oprimidas por eles. Mas como obtêm vantagens visíveis de sua própria alienação, eles podem tolerar isso sem muito sofrimento.) Existe uma coisa chamada consciência de classe, mas uma consciência que não se refere a um objeto em particular, exceto como participando em condições gerais de exploração junto com os outros sujeitos de sua classe, todos compartilhando a mesma consciência. Quanto aos problemas práticos de classe – fora dos problemas de classe de forma, como são tradicionalmente definidos – que se poderia encontrar (por exemplo, problemas sexuais), eles eram considerados problemas "burgueses" que iriam desaparecer com a vitória final da luta de classe. "Individualista", "subjetivista", "pequeno burguês", esses eram os rótulos dados a qualquer pessoa que tivesse mostrado problemas que não podiam ser reduzidos à "luta de classe" em si.

Dessa forma, o marxismo negou aos membros das classes oprimidas o atributo de serem sujeitos. Ao fazer isso, o marxismo, em razão do poder ideológico e político que esta "ciência revolucionária" exercia imediatamente sobre o movimento dos trabalhadores e sobre todos os outros grupos políticos, impediu que todas as categorias de pessoas oprimidas se constituíssem historicamente como sujeitos (sujeitos de suas lutas, por exemplo). Isso significa que as "massas" não lutavam por elas mesmas,

mas pelo partido ou por suas organizações. E quando uma transformação econômica ocorria (fim da propriedade privada, constituição do estado socialista), nenhuma mudança revolucionária acontecia na nova sociedade, porque as próprias pessoas não mudavam.

Para as mulheres, o marxismo teve dois resultados. Ele as impediu de perceber que eram uma classe e, portanto, de se constituírem como classe durante muito tempo, deixando a relação "mulheres/homens" fora da ordem social, transformando-a em uma relação natural – sem dúvida para os marxistas, a única, junto com a relação entre mães e filhos, a ser vista desta maneira – e ocultando o conflito de classe entre homens e mulheres atrás de uma divisão natural de trabalho. Isso diz respeito ao nível teórico (ideológico). No nível prático, Lenin, o partido, todos os partidos comunistas até agora, incluindo os grupos políticos mais radicais, sempre reagiram a qualquer tentativa por parte das mulheres em refletir e formar grupos com base em seu próprio problema de classe com uma acusação de divisão. Ao unir, nós, mulheres, estamos dividindo a força do povo. Isso significa que, para os marxistas, as mulheres pertencem ou à classe burguesa ou à classe proletária, em outras palavras, aos homens dessas classes. Além disso, a teoria marxista não permite que as mulheres, da mesma forma que outras classes de pessoas oprimidas, constituam-se como sujeitos históricos, porque o marxismo não leva em conta o fato de que uma classe também consiste em indivíduos um por um. Consciência de classe não é suficiente. Nós temos que tentar entender filosoficamente (politicamente) esses conceitos de "sujeito" e "consciência de classe", e como eles agem em relação à nossa história. Quando descobrimos que as mulheres são objetos de opressão e apropriação, no momento mesmo que somos capazes de perceber isso, nós nos tornamos sujeitos no sentido de sujeitos cognitivos por meio de uma operação de abstração. Consciência de opressão não é só uma reação (uma luta) contra a opressão. É também toda a reavaliação conceitual do mundo social, sua completa reorganização com novos conceitos, do ponto de vista da opressão. Cada uma de nós deve realizar a operação de comprender a realidade: podemos chamar isso de prática subjetiva, cognitiva. O movimento para frente e para trás entre os níveis de realidade (a realidade conceitual e a realidade material da opressão, ambas realidades sociais) é feito por meio da linguagem.

Somos nós que historicamente temos que assumir a tarefa de definir o sujeito individual em termos materialistas. Isso sem dúvida parece ser uma impossibilidade, uma vez que materialismo e subjetividade sempre foram mutuamente excludentes. No entanto, e em vez de perder a esperança de compreender, temos que reconhecer a necessidade de alcançar a subjetividade no abandono por muitas de nós do mito "mulher" (ele é apenas uma armadilha que nos atrasa). Esta necessidade real de que todos existam como indivíduos, assim como membros de uma classe, é talvez a primeira condição para a realização de uma revolução, sem a qual não pode haver luta verdadeira ou transformação. Mas o oposto também é verdadeiro, sem classe e consciência de classe não há sujeitos reais, só indivíduos alienados. Para as mulheres resolverem a questão do sujeito individual em termos materialistas, elas precisam primeiro mostrar, como as lésbicas e as feministas fizeram, que problemas supostamente "subjetivos", "individuais" e "privados" são de fato problemas sociais, problemas de classe; que a sexualidade não é para as mulheres uma expressão individual e subjetiva, mas uma instituição social de violência. Mas depois de havermos mostrado que todos os pretensos problemas pessoais são de fato problemas de classe, ainda teremos diante de nós a questão do sujeito de cada mulher – não o mito, mas cada uma de nós. Nessa altura, digamos que uma nova definição pessoal e subjetiva para toda a humanidade só pode ser encontrada fora da categoria de sexo (mulher e homem), e que o advento de sujeitos individuais exige primeiro a destruição das categorias de sexo, o fim do uso dessas categorias e a rejeição de todas as ciências que ainda usam essas categorias como base (praticamente todas as ciências sociais).

Destruir a "mulher" não significa que queiramos, sem falar na destruição física, destruir o lesbianismo junto com as categorias de sexo, porque o lesbianismo oferece no momento a única forma social em que podemos viver livremente. Lésbica é o único conceito que eu conheço que está fora das categorias de sexo (mulher e homem), porque o sujeito designado (lésbica) não é uma mulher, seja economicamente, politicamente ou ideologicamente. Pois o que faz uma mulher em uma relação social específica com um homem, uma relação que chamávamos anteriormente de servidão,[16] uma relação que implica obrigação social e física, bem como obrigação econômica ("residência forçada",[17] trabalho doméstico, deveres conjugais, ilimitada produção de filhos etc.), uma relação da qual as lésbicas escapam, recusando-se a se tornar ou permanecer heterossexuais. Nós somos fugitivas da nossa classe do mesmo modo que os escravos americanos foragidos escapavam da escravidão e se tornavam livres. Para nós, isso é uma necessidade absoluta, nossa sobrevivência exige que empreguemos todas as nossas forças para a destruição da classe de mulheres dentro da qual os homens se apropriam das mulheres. Isso só pode ser conseguido pela destruição da heterossexualidade como um sistema social baseado na opressão das mulheres pelos homens e que produz a doutrina da diferença entre sexos para justificar a opressão.

TEXTO ORIGINALMENTE PUBLICADO SOB O TÍTULO "ON NE NAÎT PAS FEMMES" EM *QUESTIONS FÉMINISTES*. *NOUVELLES QUESTIONS FÉMINISTES 8*, PARIS, 1980, P. 75-84. TRADUÇÃO DE LÉA SÜSSEKIND VIVEIROS DE CASTRO. ESTA TRADUÇÃO FOI PUBLICADA COM A PERMISSÃO DE BEACON PRESS, BOSTON, A PARTIR DO LIVRO *THE STRAIGHT MIND*, COPYRIGHT BY MONIQUE WITTIG, 1992.

NOTAS

1 Christine Delphy, "Pour un feminisme materialiste", *L'Arc 61*, 1975.
2 Colette Guillaumin, "Race et Nature: Systeme des marques, idee de groupe naturel et rapports sociaux", *Pluriel*, n° 11, 1977.
3 Eu uso a palavra sociedade com um sentido antropológico ampliado; estritamente falando, ela não se refere a sociedades nas quais as sociedades lésbicas não existem de forma completamente autônoma em sistemas sociais heterossexuais.
4 Simone de Beauvoir, *Le deuxième sexe*, Gallimard, Paris, 1949, t. II, p. 15.
5 Redstockings, *Feminist Revolution*, Nova York: Random House, 1978, p. 18.
6 Andrea Dworkin, "Biological Superiority, The World's Most Dangerous and Deadly Idea", *Heresies*, n° 6, 1977, p. 46.
7 Ti-Grace Atkinson, *Amazon Odyssey*, Nova York: Links Books, 1974, p. 15.
8 Andrea Dworkin, op. cit.
9 Colette Guillaumin, op. cit.
10 Simone de Beauvoir, op. cit.
11 Colette Guillaumin, op. cit.
12 Andrea Dworkin, op. cit.
13 Ti-Grace Atkinson, op. cit., p. 6: "Se o feminismo tem alguma lógica, deve ser trabalhar por uma sociedade sem gênero."
14 Rosalind Rosenberg, "In Search of Woman's Nature", *Feminist Studies*, vol. 3, n°1/2, 1975, p. 144.
15 Ibid., p. 146.
16 Em um artigo publicado em *L'Idiot International*, maio de 1970, cujo título original era "Pour un mouvement de liberation des femmes".
17 Christiane Rochefort, *Les stances a Sophie*, Paris: Grasset, 1963.

Todos os feminismos são teorias totalizantes. Como as mulheres e as relações de gênero estão em toda parte, os temas das teorias feministas não podem ser contidos em um esquema disciplinar singular, ou mesmo em um conjunto deles.

Sandra Harding

A instabilidade das categorias analíticas na teoria feminista

Sandra Harding

O ESFORÇO INICIAL DA TEORIA FEMINISTA foi o de estender e reinterpretar as categorias de diversos discursos teóricos de modo a tornar visíveis as atividades e as relações sociais das mulheres analiticamente no âmbito das diferentes tradições intelectuais.[1] Se a natureza e as atividades das mulheres são tão sociais quanto as dos homens, nossos discursos teóricos deveriam ser capazes de revelar nossas vidas com tanta clareza e detalhe quanto supomos que as abordagens tradicionais revelem as vidas dos homens. Acreditávamos, então, que nos seria possível tornar objetivas ou exatas as categorias e os conceitos das abordagens tradicionais onde elas ainda não o fossem.

Essas tentativas nos fizeram entender que nem as atividades das mulheres nem as relações de gênero (dentro dos gêneros e entre os gêneros) podem ser simplesmente acrescentadas aos discursos sem distorcê-los e sem deturpar nossos próprios temas. O problema não é simples, pois a teoria política liberal e sua epistemologia empirista, o marxismo, a teoria crítica, a psicanálise, o funcionalismo, o estruturalismo, o desconstrutivismo, a hermenêutica e outros modelos teóricos aos quais recorremos, ao mesmo tempo se aplicam e não se aplicam às mulheres e às relações de gênero. Por um lado, é possível usar certos aspectos ou elementos de cada um desses discursos para esclarecer nossos temas. Pudemos, assim, estender os limites propostos pelas teorias, reinterpretar suas afirmações centrais ou tomar emprestados conceitos e categorias para tornar visíveis as vidas das mulheres e a visão feminista das relações de gênero. No entanto, na melhor das hipóteses, após todo esse esforço, não é raro que as teorias acabem por perder qualquer semelhança com as intenções originais de seus formuladores e adeptos não feministas (e isso na melhor das hipóteses). Basta lembrar os usos criativos que as feministas fizeram de conceitos e categorias do marxismo ou da psicanálise, ou na subversão de tendências fundamentais do marxismo e do freudismo imposta pela releitura feminista. Certamente, não foram propriamente as experiências das mulheres que fundamentaram qualquer das teorias a que recorremos. Não foram essas experiências que geraram os problemas que as teorias procuram resolver, nem serviram elas de base para testar a adequação dessas teorias. Quando começamos a pesquisar as experiências femininas em lugar das masculinas, logo nos deparamos com fenômenos – tais como a relação emocional com o trabalho ou os aspectos "relacionais" positivos da estrutura da personalidade, cuja visibilidade fica obscurecida nas categorias e conceitos teóricos tradicionais. O reconhecimento desses fenômenos abafa a legitimidade das estruturas analíticas centrais das teorias, levando-nos a indagar se também nós não estaríamos distorcendo a análise das vidas de mulheres e homens com as extensões e reinterpretações que fizemos. Além disso, o próprio fato de utilizarmos dessas teorias traz, muitas vezes, a lamentável consequência de desviar nossas energias para infindáveis polêmicas com suas defensoras não feministas: acabamos por dialogar não com outras mulheres, mas com patriarcas.

Uma vez entendido o caráter arrasadoramente mítico do "homem" universal e essencial que foi sujeito e objeto paradigmáticos das teorias não feministas, começamos a duvidar da utilidade da análise que toma como sujeito ou objeto uma mulher universal – como agente ou como matéria do pensamento. Tudo aquilo que tínhamos considerado útil, com base na experiência social de mulheres brancas, ocidentais, burguesas e heterossexuais, acaba por nos parecer particularmente suspeito, assim que começamos a analisar a experiência de qualquer outro tipo de mulher. As teorias patriarcais que procuramos estender e reinterpretar não foram criadas para explicar a experiência dos homens em geral, mas tão somente a experiência de homens heterossexuais, brancos, burgueses e ocidentais. As feministas teóricas também procedem dessas mesmas camadas sociais – não por conspiração, mas em virtude do padrão histórico que leva apenas indivíduos a elas pertencentes disporem de tempo e recursos para fazerem teoria e unicamente mulheres dessa origem social fazerem-se ouvir. Na busca de teorias que formulem a única e verdadeira versão feminista da história da experiência humana, o feminismo se arrisca a reproduzir, na teoria e na prática política, a tendência das explicações patriarcais para policiar o pensamento, presumindo que somente os problemas de algumas mulheres são problemas humanos, e que apenas são racionais as soluções desses problemas. O feminismo tem tido um importante papel na demonstração de que não há e nunca houve "homens" genéricos – existem apenas homens e mulheres classificados em gêneros. Uma vez que se tenha dissolvido a ideia de um homem essencial e universal, também desaparece a ideia de sua companheira oculta, a mulher. Ao invés disso, temos uma infinidade de mulheres que vivem em intrincados complexos históricos de classe, raça e cultura.

Este artigo discute alguns desafios que se impõem, nesse momento da história, ao processo de construção de teorias e, em particular, à elaboração de teorias feministas. Cada desafio relaciona-se com o uso ativo da teoria para nossa própria transformação e a das relações sociais, na medida em que nós, como agentes, e nossas teorias, como concepções de reconstrução social, estamos em transformação. Examinemos, por exemplo, o modo como focalizamos análises sexistas inadequadas, ou as formulações feministas iniciais, e a maneira como demonstramos suas insuficiências – muitas vezes com bastante brilho e eloquência. Ao fazê-lo, argumentamos com base nos pressupostos de algum outro discurso que o feminismo adotou ou inventou. Esses pressupostos sempre incluem a crença de que, em princípio, podemos construir ou atingir uma concepção a partir da qual a natureza e a vida social podem ser vistas como realmente são. Afinal de contas, nossa argumentação é a de que as *análises* sexistas (ou as formulações feministas iniciais) estão erradas, são inadequadas ou distorcidas – não dizemos que elas equivalem às nossas críticas em fundamentação científica ou racionalidade.

Contudo, também dizemos, às vezes, que a própria teorização é, em si mesma, perigosamente patriarcal, porque presume a separação entre aquele que conhece e aquilo que é conhecido, entre sujeito e objeto, e supõe a possibilidade de uma visão eficaz, exata e transcendente, pela qual a natureza e a vida social tomam a perspectiva que nos parece correta. Tememos reproduzir o que nos parece ser uma associação patriarcal entre saber e poder, em detrimento das mulheres cujas experiências ainda não foram inteiramente expressas na teoria feminista.[2] Vem crescendo nossa capacidade de descobrir androcentrismo nas análises tradicionais de modo a encontrá-lo no conteúdo das afirmações científicas ou nas próprias formas e objetivos do processo usual de produção de conhecimento. A voz que formula *essa* proposta é, ela mesma, arquimedianamente rigorosa; fala a partir de um plano tão "superior" que os seguidores de Arquimedes na vida intelectual contemporânea são ouvidos apenas porque fazem parte do fluxo irresistível e mal compreendido da história humana. Isso é verdadeiro até mesmo quando a voz demarca sua especificidade histórica, seu caráter feminino. Tal tipo de pós-modernismo, uma espécie de relativismo absoluto, quando impensado, assume uma postura definitiva ainda mais alienada e distante das necessidades políticas e intelectuais que orientam o dia a dia de nossos pensamentos e práticas sociais. Em resposta, nos perguntamos como é possível não querer proclamar *a realidade das coisas* diante dos nossos "dominadores" e de nós mesmas, expressando assim nossa oposição aos silêncios e mentiras emanados dos discursos patriarcais e de nossa consciência domesticada. Há, por outro lado, fortes razões para acolher a suspeita feminista pós-moderna quanto à relação entre as definições admitidas da "realidade" e o poder socialmente legitimado.

Como poderemos, então, construir uma teoria feminista adequada ou mesmo diversas teorias, pós-modernas ou não? Onde iremos encontrar conceitos e categorias analíticas livres das deficiências patriarcais? Quais serão os termos apropriados para dar conta do que fica ausente, invisível, emudecido, que não somente reproduzam, como uma imagem de espelho, as categorias e projetos que mistificam e distorcem os discursos dominantes? Mais uma vez, há dois modos de encarar essa situação. Por um lado, podemos usar a força da razão e da vontade, modeladas pelas lutas políticas, para reunir o que vemos diante de nossos olhos na vida e na história contemporâneas numa imagem conceitual clara e coerente, usando parte de um discurso aqui, outro ali, improvisando de modo criativo e inspirado, e revendo assiduamente nossos esquemas teóricos enquanto continuamos a descobrir outros androcentrismos nos conceitos e nas categorias que viemos utilizando. Poderemos, então, voltar nossas atenções para a instabilidade das categorias analíticas e a falta de um esquema permanente de construção das explicações. (Afinal, precisa haver algum progresso na direção de um discurso "normal" em nossas explicações, se quisermos criar uma orientação coerente para o conhecimento e a ação.) Por outro lado, é possível aprender a aceitar a instabilidade das categorias analíticas, encontrar nelas a desejada reflexão teórica sobre determinados aspectos da realidade política em que vivemos e pensamos, usar as próprias instabilidades como recurso de pensamento e prática. Não há "ciência normal" para nós![3] Recomendo aceitar essa mesma solução, apesar de se tratar de uma meta incômoda pelas razões que se seguem.

A vida social que é nosso objeto de estudo, dentro da qual se formam e se testam nossas categorias analíticas, está em fervilhante transformação.[4] A razão, a força de vontade, a revisão dos dados e até mesmo a luta política em nada poderão reduzir o ritmo das mudanças de uma maneira que encha de júbilo nossos feminismos. Não passa de delírio imaginar que o feminismo chegue a uma teoria perfeita, a um paradigma de "ciência normal" com pressupostos conceituais e metodológicos aceitos por todas as correntes. As categorias analíticas feministas *devem* ser instáveis – teorias coerentes e consistentes em um mundo instável e incoerente são obstáculos tanto ao conhecimento quanto às práticas sociais.

Precisamos aprender a ver nossos projetos teóricos como acordes claros que se repetem entre os compassos das teorias patriarcais, e não como releituras dos temas de quaisquer delas – marxismo, psicanálise, empirismo, hermenêutica, desconstrutivismo, para citar apenas algumas das teorias – capazes de expressar perfeitamente o *que achamos que queremos dizer no momento*. O problema é que não sabemos e não deveríamos saber exatamente o que queremos dizer a respeito de uma série de opções conceituais que nos são oferecidas: exceto que as próprias opções criam dilemas insolúveis para o feminismo.

No campo de pesquisa em que venho trabalhando – os desafios feministas à ciência e à epistemologia –, essa situação torna o momento atual estimulante para viver e pensar, mas difícil de definir conceitualmente de modo definitivo. Ou seja, as disputas entre nós, que nos dedicamos a fazer a crítica da ciência e da epistemologia, são insolúveis considerando os esquemas teóricos em que as colocamos. Precisamos começar a encarar essas disputas não como um processo de identificação de questões a serem resolvidas, mas como oportunidades para propor melhores problemas do que aqueles dos quais partimos. A crítica do pensamento tem frequentemente feito avançar o conhecimento com mais eficácia do que o seu estabelecimento; a crítica feminista à ciência aponta para uma área particularmente fértil, em que as categorias do pensamento ocidental necessitam de revisão. Embora tais críticas tenham começado por indagações politicamente controvertidas, mas teoricamente inócuas, acerca da discriminação contra as mulheres na estrutura social da ciência, dos usos indevidos da tecnologia e do preconceito androcêntrico nas ciências sociais e na biologia, elas logo se avolumaram em interpelações das premissas mais fundamentais do pensamento ocidental moderno. E, com isso, as críticas implicitamente desafiam as construções teóricas em que as questões iniciais foram formuladas e segundo as quais poderiam ser respondidas.

Todos os feminismos são teorias totalizantes. Como as mulheres e as relações de gênero estão em toda parte, os temas das teorias feministas não podem ser contidos em um esquema disciplinar singular, ou mesmo em um conjunto deles. A "visão de mundo da ciência" também se propõe como uma teoria totalizante – toda e qualquer coisa que valha a pena ser compreendida pode ser explicada ou interpretada com os pressupostos da ciência moderna. Naturalmente, há outro mundo – o das emoções, sentimentos, valores políticos, do inconsciente individual e coletivo, dos eventos sociais e históricos explorados nos romances, no teatro, na poesia, na música e na arte em geral, e o mundo no qual passamos a maior parte de nossas horas de sonho e vigília sob a constante ameaça de reorganização pela racionalidade científica.[5] Um dos projetos das feministas teóricas é revelar as relações entre esses dois mundos – como cada um modela e informa o outro. No exame da crítica feminista à ciência, devemos, portanto, refletir sobre tudo o que a ciência não faz, as razões das exclusões e como estas conformam a ciência precisamente pelas ausências, quer sejam reconhecidas ou não.

Em vez da fidelidade ao princípio de que a coerência teórica *é* um fim desejável por si mesmo e a única orientação válida para a ação, podemos tomar como padrão a fidelidade aos *parâmetros* de dissonância entre os pressupostos dos discursos patriarcais e dentro de cada um deles. Essa visão do processo de teorização capta o que alguns consideram ser uma ênfase tipicamente feminina na reflexão e na tomada de decisão contextual e nos processos necessários à compreensão de um mundo que não foi criado por nós – isto *é*, um mundo que não encoraja a fantasia sobre os modos de ordenar a realidade segundo *nossos* desejos.[6] Tal concepção define as maneiras como uma "consciência alienada", "dividida" ou "contestadora" funcionaria no plano da construção de teorias, bem como no plano do ceticismo e da revolta. Precisamos ser capazes de acolher certos desconfortos intelectuais, políticos e psíquicos, de considerar inadequados e até mesmo derrotistas determinados tipos de soluções luminosas aos problemas que nos colocamos.

"MÁ CIÊNCIA" OU "CIÊNCIA CORRIQUEIRA"?

Será que os pressupostos sexistas da pesquisa científica substantiva resultam de procedimentos de "má ciência" ou apenas de uma "ciência corriqueira"? A primeira alternativa oferece esperanças de que se possa reformar o tipo de ciência que fazemos; a segunda parece negar tal possibilidade.

Não há dúvida de que a crítica feminista das ciências naturais e *sociais* identificou e descreveu uma ciência mal conduzida – isto é, uma ciência distorcida pela *visão* masculina preconcebida na elaboração da problemática, nas teorias, nos conceitos, nos métodos de investigação, nas observações e interpretações dos resultados.[7] Existem fatos da realidade, afirmam essas autoras, *mas* a ciência androcêntrica não os pode localizar. A identificação e a eliminação da visão masculina através da estrita adesão aos métodos científicos permite-nos configurar um quadro objetivo, destituído de gênero (e, nesse sentido, não valorativo) da natureza e da vida social. A pesquisa feminista não representa a substituição da lealdade a um gênero pela lealdade a outro – a troca de um subjetivismo por outro –, mas a transcendência de todo gênero, o que, portanto, aumenta a objetividade.

Nessa linha de raciocínio, usamos uma epistemologia empirista porque suas finalidades coincidem com as nossas: obter resultados de pesquisa objetivos e isentos de juízos de valor. O empirismo feminista alega que o sexismo e o androcentrismo são preconceitos sociais. Os movimentos de libertação "possibilitam ver o mundo com uma perspectiva ampliada, porque removem os véus e os antolhos que obscurecem o conhecimento e a observação."[8] Dessa maneira, o movimento de mulheres cria a oportunidade da perspectiva ampliada – assim como o fizeram a revolução burguesa dos séculos XV a XVII, a revolução proletária do século XIX e as revoluções que derrubaram o colonialismo europeu e norte-americano em décadas recentes. Além disso, o movimento de mulheres gera mais cientistas e mais cientistas feministas, homens e mulheres, com maior propensão para reconhecerem a predisposição androcêntrica do que fazem os homens não feministas.

O empirismo feminista oferece uma explicação convincente, embora enganadora, para maior adequação empírica da pesquisa feminista. Tem a virtude de responder como é possível a um movimento político, o feminista, contribuir para o aumento da objetividade do conhecimento científico. Raciocinando dessa maneira, entretanto, deixamos de perceber que o apelo ao empirismo acaba por, de fato, subvertê-lo de três maneiras. Primeiro, o empirismo supõe a irrelevância da identidade social do observador para a qualidade dos resultados da pesquisa. O empirismo feminista argumenta que as mulheres (melhor dizendo, mulheres e homens feministas) têm, como grupo, maior probabilidade de produzir resultados objetivos, destituídos de tendenciosidade, do que homens ou pessoas não feministas como grupo social. Segundo, afirmamos que uma razão básica da visão androcêntrica preconcebida encontra-se na seleção dos temas de pesquisa e na definição do que neles é problemático. O empirismo insiste que suas normas metodológicas se aplicam apenas ao contexto da justificativa e não ao da descoberta, em que são identificadas e definidas as problemáticas. Por conseguinte, assumimos como demonstradas a inadequação e a impotência dos métodos científicos no alcance de seus objetivos. Em terceiro lugar, frequentemente indicamos que conclusões androcêntricas decorrem exatamente da adoção das normas lógicas e sociológicas de investigação – o apelo à corroboração por parte da comunidade científica já existente (ocidental, burguesa, homofóbica, branca e sexista); e a generalização para todos os humanos de observações feitas sobre seres masculinos. Nossa crítica empirista da "má ciência" realmente subverte os próprios critérios de ciência que ela pretende reforçar.

Esses problemas sugerem que as categorias mais fundamentais do pensamento científico sofrem de um desvio machista. Muitas feministas aderem à segunda crítica da "má ciência", embora esta também atinja os pressupostos da primeira.[9] A esse respeito, elas mencionam as descrições dos historiadores em que a política sexual influencia a ciência e esta, por sua vez, desempenha papel significativo na promoção dessa mesma política; uma fornecendo recursos políticos e morais para a outra.[10] Além disso, elas mostram que a "ciência pura" – a pesquisa imune às necessidades tecnológicas e sociais da cultura – apenas existe na mente irrefletida de alguns cientistas e na retórica dos seus defensores. Ou seja, não é preciso impugnar as motivações individuais de certos físicos, químicos ou sociólogos, para argumentar de modo convincente que o empreendimento científico é, estrutural e simbolicamente, integrante dos sistemas de valores da cultura. Entretanto, esse argumento nos traz dificuldades, pois, se os próprios conceitos de natureza, de investigação axiologicamente neutra, objetiva e isenta de juízos de valor, de conhecimento transcendente, são androcêntricos, brancos, burgueses e ocidentais, então a adesão mais rígida ao método científico não pode eliminar essas predisposições, já que os próprios métodos reproduzem as opiniões geradas pelas hierarquias e, dessa maneira, deturpam nossas interpretações.

Embora essa nova compreensão da história da ciência e da sexualidade amplie enormemente nosso conhecimento, ela não nos diz se é possível desembaraçar uma ciência de seus laços com a história da política sexual a ponto de colocá-la a serviço de fins humanos mais amplos – ou mesmo se a tentativa vale a pena como estratégia. Será a história uma fatalidade ? A completa eliminação do androcentrismo na ciência significa o fim da própria ciência? Mas não será importante tentar eliminar ao máximo o caráter de gênero da história em um mundo onde as afirmações científicas são o modelo de todo conhecimento? Como podemos nos dar ao luxo de escolher entre redimir a ciência ou dispensá-la totalmente, quando nenhuma das alternativas nos convém?

CIÊNCIA ALTERNATIVA OU PÓS-MODERNISMO

O dilema provocado pelas críticas à "má ciência" ou à "ciência corriqueira" reaparece, em outro plano, em duas tendências conflitantes na teoria feminista, uma voltada para o pós-modernismo e outra, para o que denominarei de propostas de "ciência alternativa". As realizações da pesquisa feminista, inclusive sua aparente contradição de ser uma pesquisa científica politizada, são explicadas, ainda que de modo subversivo, pelo empirismo feminista e seus conhecidos pressupostos. Em contraste, as epistemologias da posição alternativa articulam outra compreensão da busca do conhecimento científico, que substitui a visão iluminista assimilada pelo empirismo.[11] Tanto a corrente alternativa quanto a pós-moderna colocam o feminismo numa situação ambivalente e desconfortável em relação aos discursos e projetos patriarcais (a exemplo do que ocorreu com o empirismo feminista). Há razões para considerarmos as duas tendências convergentes e imperfeitas no que diz respeito a uma realidade pós-moderna, mas há, igualmente, bons motivos para nos determos em seus aspectos conflitantes.

As epistemologias da posição alternativa utilizam, para fins próprios, a visão marxista de que a ciência pode refletir "como o mundo é" e pode contribuir para a emancipação da humanidade. As conclusões da pesquisa feminista no campo das ciências naturais e sociais parecem ser, de fato, mais fiéis ao mundo e, portanto, mais objetivas do que as alegações sexistas dos que vieram substituir. As primeiras conclusões de pesquisa feminista permitem uma compreensão da natureza e da vida social que transcende as lealdades de gênero em vez de substituir, uma pela outra, interpretações subordinadas a gêneros. Além do mais, os apelos feministas à verdade e à objetividade revelam confiança no papel da razão no triunfo do feminismo, a crença de que este venha a ser corretamente entendido como algo mais do que uma política de poder – embora ele também o seja. As correntes da ciência alternativa têm por objetivo proporcionar uma compreensão mais completa e menos enganosa, menos distorcida, menos defensiva, menos incorreta e menos racionalizadora do mundo, da natureza e da sociedade.

Um projeto desses já é, por si mesmo, radical, porque a concepção iluminista explicitamente negava que as mulheres possuíssem racionalidade e capacidade de observação desapaixonada e objetiva exigidas pelo pensamento científico. As mulheres podiam ser objeto da razão e da observação masculinas, mas nunca seus sujeitos, jamais poderiam ser mentes humanas reflexivas e universalizantes. Somente os homens eram vistos como formuladores ideais de conhecimento; e, entre eles, apenas os que pertenciam à classe, raça e cultura corretas eram vistos como detentores de capacidade inata para o raciocínio e a observação socialmente transcendentes. As finalidades e propósitos de tal ciência se revelaram tudo menos libertadoras.

O marxismo reformulou essa visão iluminista fazendo do proletariado, guiado pela teoria e pela luta de classes, o detentor do conhecimento por excelência, o único grupo capaz de usar a observação e a razão para apreender a verdadeira forma das relações sociais, inclusive as relações com a natureza.[12] A alternativa marxista à ciência burguesa, a exemplo de sua predecessora, iria dotar um grupo social – no caso, o proletariado – de conhecimento e poder para liderar o restante da espécie humana em direção à emancipação. A epistemologia marxista funda-se numa teoria do trabalho e não numa teoria das capacidades masculinas inatas. Assim como as faculdades humanas não são iguais na versão burguesa, no marxismo o trabalho não é igual; o proletariado produz conhecimento por meio da luta nos locais de trabalho. Nem na prática socialista nem na teoria marxista considerou-se que as mulheres se definiam fundamentalmente pelas relações com os meios de produção, independentemente de sua participação na força de trabalho. Elas jamais foram vistas como membros de pleno direito do proletariado, capazes de raciocinar e, dessa maneira, de saber como o mundo é construído. O trabalho reprodutivo específico das mulheres, o trabalho feito com emocão, o trabalho "mediador", desaparecia, então, no interior do esquema conceitual da teoria marxista, tornando-as invisíveis como classe ou grupo social agente do conhecimento. (Outras formas de trabalho não assalariado ou não industrial também desapareceram do centro desse modelo conceitual, mistificando o saber disponível para escravos e povos colonizados.)

Essa corrente feminista fundamenta sua epistemologia numa teoria alternativa do trabalho, melhor dizendo, da atividade propriamente humana, e pretende substituir o proletariado pelas mulheres ou as feministas (as opiniões diferem) como agentes potencialmente ideais do conhecimento. As percepções (sexistas) que os homens fazem de si mesmos, dos outros, da natureza e das relações entre tudo isso são tanto parciais quanto descabidas.[13] A experiência social característica dos homens, assim como a da burguesia, oculta a natureza política das relações sociais que eles vêem como naturais. Os padrões dominantes do pensamento ocidental justificam a subjugação da mulher como necessária ao progresso da cultura e as visões muito parciais e mais despropositadas do homem como as únicas dotadas de excelência humana. A mulher é capaz de usar a análise e a luta política para oferecer uma compreensão menos parcial, menos defensiva e menos descabida tanto das relações sociais humanas como da natureza. As defensoras dessa posição alegam que seu tipo de análise, e não o empirismo, é responsável pelas realizações da teoria e da pesquisa feministas, porque estas são politicamente engajadas, efetivadas sob o ponto de vista da experiência social do sexo-gênero dominado.

A segunda corrente de pensamento – que pode ser encontrada nesses mesmíssimos textos – expressa profundo ceticismo com relação à visão iluminista da capacidade "do" espírito humano de espelhar perfeitamente um mundo pronto e acabado que se nos oferece à reflexão. Muitas feministas compartilham a rejeição do valor das formas de racionalidade, da objetividade desapaixonada e do rigor arquimediano que deveriam servir de instrumentos do conhecimento. Nesse sentido, elas se ligam de modo ambivalente aos outros céticos do modernismo como Nietzsche, Wittgenstein, Derrida, Foucault, Lacan, Feyerabend, Rorty, Gadamer e aos discursos da semiótica, psicanálise, estruturalismo e desconstrutivismo.[14] O que surpreende é a maneira como a ideia da ciência alternativa e o ceticismo pós-moderno são igualmente defendidos por essas teóricas, apesar dos conceitos serem diametralmente opostos nos discursos não feministas.[15]

Vista da perspectiva da tendência pós-moderna no pensamento feminista, a proposta de uma ciência alternativa pode parecer ainda demasiado arraigada a modos tipicamente masculinos de estar no mundo. Como afirmou uma autora,

> talvez a "realidade" só tenha 'uma' estrutura quando se pensa a partir do ponto de vista equivocadamente universalizante do dominador. Ou seja, somente na medida em que uma pessoa ou grupo domina a totalidade, a "realidade" parece governada por um único conjunto de regras ou constituída por um conjunto privilegiado de relações sociais.[16]

Como o feminismo pode redefinir totalmente a relação entre saber e poder, se ele está criando uma nova epistemologia, mais um conjunto de regras para controlar o pensamento?

O projeto pós-moderno parece, no entanto, perniciosamente utópico, quando visto pela ótica da tendência alternativa.[17] Parece desafiar a legitimidade da tentativa de descrever a realidade do mundo de uma perspectiva especificamente feminista; vem sobrepor-se ao desejo burguês e masculino de justificar suas próprias atividades negando o lugar que ocupam na história; o pós-modernismo parece transcender esta posição política burguesa que se diz objetiva pelo recurso à postura arrependida, onisciente e genérica de um ego transcendental que observa, do alto, a fragilidade dos seres humanos. Em outras palavras, na sua desconfortável afiliação ao pós-modernismo não feminista, a tendência pós-moderna no feminismo parece apoiar uma posição relativista inadequada por parte dos grupos dominados, posição esta que conflita com a percepção feminista de que a realidade da política sexual exige uma luta política ativa. A proposta pós-moderna parece ainda apoiar um relativismo igualmente retrógrado para os membros um tanto alienados de grupos dominados, que mantêm dúvidas a respeito da legitimidade de seu próprio poder e privilégio. Vale lembrar que a formulação do relativismo, como posição intelectual, surge na história apenas como uma tentativa de diluir os desafios à legitimidade das crenças e modos de vida considerados universais. O relativismo é um problema objetivo ou a solução de um problema, *apenas para a perspectiva dos grupos dominantes*. A realidade pode, com efeito, aparentar muitas estruturas diferentes conforme as diversas posições que ocupamos nas relações sociais, mas algumas dessas aparências são ideologias na acepção forte do termo: não são apenas crenças falsas e "interessadas", mas crenças usadas para estruturar, para todos nós, as relações sociais. Do ponto de vista dos grupos dominados, a posição relativista expressa uma falsa consciência, que aceita a insistência dos dominantes na legitimidade intelectual do direito de manter concepções distorcidas do mundo (e, naturalmente, de definir planos para todos nós com base nessas distorções).

O controle do pensamento, a serviço do poder político, e o recuo para interpretações simples, relativistas, do mundo não serão as duas faces da concepção iluminista e burguesa a que o feminismo se opõe? Não será verdadeiro, como todas essas teóricas alegam de diferentes maneiras, que os vários tipos de interação, realizadas por homens e mulheres, com a natureza e a vida social (os diferentes "trabalhos") conferem às mulheres pontos de vista epistemológicos e científicos privilegiados? Como pode o feminismo se dar ao luxo de abandonar o projeto de uma ciência alternativa se essa irá capacitar todas as mulheres em um mundo onde o conhecimento socialmente legitimado e o consequente poder político estão firmemente instalados nas mãos de homens brancos, ocidentais, burgueses e compulsoriamente heterossexuais? E, no entanto, como podemos deixar de desconfiar dos laços históricos entre conhecimento legitimado e poder político?

Um modo de entender essas duas correntes da teoria feminista é vê-las como abordagens convergentes para um mundo pós-moderno – um mundo que não vai existir antes que as tendências em conflito atinjam seus objetivos. Olhando dessa maneira, o pós-modernismo, na melhor das hipóteses, prefigura a epistemologia em um mundo onde o pensamento não necessite de controle. A corrente alternativa procura nos encaminhar para o mundo ideal, legitimando e dando poder aos "saberes dominados" das mulheres, sem os quais a situação epistemológica pós-moderna não poderá nascer. Fracassa, contudo, na contestação da intimidade modernista entre saber e poder, ou no questionamento da legitimidade da pretensão de uma única história feminista da realidade. Haja ou não utilidade em ver dessa maneira a relação entre as duas tendências, o meu argumento é o de que devemos resistir à tentação de desconsiderar os problemas que cada corrente formula e de escolher uma em detrimento da outra.

A ALTERNATIVA FEMINISTA E OS DEMAIS "OUTROS"

Os projetos da ciência alternativa feminista estão em uma incômoda relação com outras epistemologias libertadoras, na medida em que as primeiras procuram basear uma ciência e uma epistemologia singulares, legítimas e distintas nas características comuns das atividades femininas. Hilary Rose encontra essa base no modo como o trabalho feminino reúne atividades mentais, manuais e de cuidados afetivos. Nancy Hartsock focaliza a profunda oposição existente na dualidade entre trabalho mental e manual que se encontra nas atividades diárias e concretas da mulher, tanto na vida doméstica quanto na profissional. Jane Flax identifica o sentido do eu, relativamente mais recíproco do que o dos homens, que as mulheres introduzem em todas as suas atividades. A autora sugere que a pequena distância entre os conceitos masculino e feminino do eu, do outro e da natureza pressupõe a distância provavelmente maior que existe entre um conhecimento dualista defensivo, característico das ordens sociais dominadas pelo homem, e o conhecimento relacional e contextual possível numa futura sociedade de "eus recíprocos". Dorothy Smith afirma que o trabalho social da mulher é concreto e não abstrato, que ele não pode ser vinculado nem a formas administrativas de dominação nem a categorias da ciência social, e que ele tem permanecido socialmente invisível – tudo isso se somando para criar uma consciência alienada e dividida na mulher.[18] Contudo, outras perspectivas libertadoras reivindicam aspectos equivalentes de sua própria atividade como recursos para a elaboração de políticas e epistemologias.

De um lado, é claro, o feminismo tem razão em identificar mulheres e homens como classes em oposição neste momento da história. Em toda parte encontramos essas duas classes e praticamente em todos os lugares o homem domina a mulher de um modo ou de outro.[19] Além disso, até mesmo homens feministas se beneficiam de um sexismo institucionalizado que eles ativamente se empenham por eliminar. Objetivamente, nenhum indivíduo do sexo masculino consegue renunciar aos privilégios sexistas da mesma forma como nenhum indivíduo de cor branca consegue abster-se dos privilégios racistas – as vantagens de gênero e raça advêm a despeito da vontade dos indivíduos que delas usufruem. O gênero, a exemplo da raça e da classe, não é uma característica individual voluntariamente descartável. Afinal de contas, nossos feminismos se voltam, fundamentalmente, para as vantagens sociais retiradas e transferidas das mulheres para os homens, como grupos de seres humanos, em escala mundial. Identificando os aspectos comuns à experiência social das mulheres nas diferentes culturas, as teóricas da corrente alternativa dão uma contribuição importante para o nosso trabalho. De outro lado, as características peculiares das atividades femininas que Rose, Hartsock, Flax e Smith identificam na nossa cultura provavelmente também são encontradas no trabalho e na experiência social de outros grupos dominados. Há indícios na literatura acerca de populações americanas, africanas e asiáticas de que aquilo que as feministas chamam de oposição feminino-masculino nas personalidades, ontologias, éticas, epistemologias e visões de mundo talvez seja o mesmo que outros movimentos de libertação denominam de personalidades e visões de mundo não ocidentais em oposição às ocidentais.[20] Não seria o caso, então, de haver também ciências e epistemologias de povos americanos, africanos e asiáticos baseadas na experiência social e histórica peculiar dessas populações? Será que essas epistemologias e ciências alternativas não fariam análises semelhantes às das teóricas da ciência feminista? Isso, para não mencionar as complicações de fundo implícitas nesse raciocínio – o fato de que a metade desses povos é constituída de mulheres e que a maioria delas não é ocidental. Qual a base da superioridade das ciências e epistemologias feministas em relação às outras? Qual é e qual deveria ser a relação entre os projetos feministas para essas outras propostas libertadoras de busca de conhecimento?

Presumir que todos os africanos, para não dizer todos os povos colonizados, compartilham personalidades, ontologias, éticas, epistemologias e visões de mundo específicas é uma generalização exagerada. Mas será isso pior do que supor a existência de uma comunhão de experiências ou visões de mundo *por parte de todas as* mulheres? Observe-se que estamos pensando em concepções tão abrangentes quanto as que aparecem em frases como "visão de mundo feudal", "visão de mundo moderna" ou "visão de mundo científica". Além do mais, nós, mulheres, também reivindicamos uma identidade que fomos ensinadas a desprezar;[21] no mundo inteiro insistimos na importância de nossa experiência social, *como mulheres,* e não apenas como membros de classe, raça ou grupos culturais de gênero invisível. Da mesma forma, os povos do Terceiro Mundo pretendem que sua experiência social colonizada seja a base de uma identidade partilhada e uma fonte comum de interpretações alternativas. Por que não se considera razoável examinar o modo como a experiência da colonização configura personalidades e visões de mundo? Como podem as mulheres brancas ocidentais sustentar a legitimidade do que pensam repartir com todas as mulheres e não aceitar a igual legitimidade daquilo que outros povos acreditam ter em comum? Em suma, não podemos resolver esse problema persistindo na crença em uma singularidade cultural de indivíduos pertencentes a outras culturas, enquanto ao mesmo tempo defendemos as similaridades de gênero entre mulheres de todas as culturas.

Uma forma de resolver o dilema seria dizer que a ciência e a epistemologia feminista terão um valor próprio ao lado de outras ciências e epistemologias – jamais superiores às outras, mas como parte integrante). Com essa estratégia, abandonamos o caráter totalizante de "teoria magistral" de nossas explicações, que, por sinal, é pelo menos a meta implícita de algumas teorias feministas, e nos afastamos dos pressupostos marxistas que influenciaram nossos projetos de ciência alternativa. Essa resposta ao problema tem conseguido reter as categorias da teoria feminista (por mais instáveis que elas sejam) e simplesmente alinhá-las junto aos conceitos das teorizações de outros grupos dominados. Em vez da "teoria dos sistemas duais" com que se debatem as feministas socialistas,[22] tal resposta nos oferece uma teoria de sistemas múltiplos. Naturalmente, a solução mantém a divisão (talvez ainda mais aprofundada) das identidades de todas as mulheres, exceto as ocidentais, brancas, de classe dominante. Há uma incoerência fundamental nesse modo de pensar sobre os fundamentos das abordagens feministas ao conhecimento.

Outra solução seria renunciar à meta da unidade de experiências sociais compartilhadas em favor da solidariedade em torno de objetivos possivelmente comuns.[23] Desse ponto de vista, cada epistemologia alternativa – feminista, terceiro-mundista, homossexual, operária – indica as condições históricas que produzem as oposições conceituais a serem superadas, mas não gera conceitos universais nem objetivos políticos. Como o gênero é também uma classe e uma categoria racial em culturas estratificadas segundo classe, raça e gênero, a experiência isolada de uma mulher não pode servir de base para concepções e políticas que nos emanciparão a todas da hierarquia de gênero. Vários grupos sociais lutam, no momento, contra a hegemonia da visão de mundo ocidental, branca, burguesa, homofóbica e androcêntrica e contra a política que essa hegemonia, ao mesmo tempo, engendra e justifica. As lutas internas raciais, sexuais e de classe, bem como as diferenças de nossas histórias culturais que definem quem somos nós como seres sociais, impedem nossa união em torno de objetivos comuns. Somente a história poderá resolver ou dissipar esse problema, não os nossos esforços analíticos. Entretanto, as feministas brancas ocidentais deveriam prestar atenção na necessidade de travar uma luta teórica e política mais ativa contra nosso próprio racismo, classismo e centrismo cultural, forças que mantêm a permanente dominação das mulheres em todo o mundo.

CULTURA VERSUS NATUREZA E GÊNERO VERSUS SEXO

Historiadores e antropólogos mostram que a maneira como a sociedade ocidental contemporânea estabelece os limites entre a cultura e a natureza é nitidamente moderna e, ao mesmo tempo, inseparável da cultura.[24] A dicotomia cultura e natureza reaparece de modo complexo e ambíguo em outras oposições nucleares para o pensamento ocidental moderno: razão e paixões ou emoções; objetividade e subjetividade; mente e corpo; intelecto e matéria física; abstrato e concreto; público e privado, para citar apenas algumas. Tanto na ciência quanto na nossa cultura, a masculinidade é identificada com o lado da cultura e a feminilidade com o da natureza em todas essas dicotomias. Em cada caso, a natureza é percebida como poderosa ameaça que se erguerá e absorverá a cultura, a não ser que esta exerça um rígido controle sobre aquela.

Essa série de dualismos foi um dos alvos iniciais das críticas feministas ao modelo conceitual da ciência moderna. Reconhece-se, porém, em muito menor escala a maneira como o dualismo retorna no pensamento feminista sobre gênero, sexo ou sobre o sistema gênero/sexo. Nas seções anteriores deste artigo, discuti a possibilidade de eliminar o gênero, como se fosse possível separar claramente o social dos aspectos biológicos de *nossas* identidades, práticas e desejos sexuais. Nos discursos feministas, esse modo de conceituar a sexualidade é um nítido progresso com relação ao pressuposto do determinismo biológico de que as diferenças de gênero simplesmente decorrem de diferenças sexuais. Uma vez que o determinismo biológico está vivo e próspero na sociobiologia, endocrinologia, etologia, antropologia e, de fato, na maioria dos discursos não feministas, não quero desvalorizar a poderosa estratégia analítica de insistir numa separação nítida entre os efeitos reconhecidos (e conhecíveis) da biologia e da cultura. No entanto, as recentes pesquisas em biologia, história, antropologia e psicologia desenham um quadro muito diverso das identidades, práticas e desejos sexuais.[25] Surpreendentemente, esse quadro também poderia ser acusado de determinismo biológico, embora o que apareça como "determinado" nessas pesquisas seja antes a plasticidade do que a rigidez das identidades, práticas e desejos. Nossa espécie está condenada a se libertar das restrições biológicas, conforme diriam os existencialistas. Nesse sentido, surgem dois problemas para a teoria e a prática feministas. Em primeiro lugar, nós enfatizamos que os seres humanos são de *carne e osso* – e não mentes cartesianas que, por acaso, habitam uma matéria biológica em movimento. A estrutura do corpo da mulher é diferente da estrutura do corpo do homem. Queremos, portanto, conhecer as implicações dessa configuração corpórea diversa sobre as relações sociais e a vida intelectual. Menstruação, penetração vaginal, práticas sexuais lésbicas, parto, aleitamento e menopausa são experiências sexuais que os homens não podem ter. O feminismo contemporâneo não endossa o objetivo do poder público de tratar as mulheres da mesma forma que os homens. É preciso, assim, dizer quais são essas diferenças. Mas receamos que, ao fazê-lo, estejamos alimentando o determinismo biológico sexual (basta atentar para os problemas que tivemos ao formular uma posição feminista quanto à síndrome pré-menstrual e os riscos à reprodução associados ao trabalho sem vitimizar as mulheres). O problema se torna mais complexo quando queremos falar de diferenças raciais entre mulheres.[26] Como poderemos escolher entre defender o reconhecimento de nossas diferenças biológicas pelo poder público e sustentar que a biologia não é uma fatalidade nem para os homens nem para as mulheres?

Em segundo lugar, temos dificuldade em definir conceitualmente o fato de que a dicotomia natureza e cultura e suas similares não são simples invencionices a serem despachadas para o sótão das ideias que saíram de moda. Esse tipo de dualismo tende para uma ideologia no sentido mais forte do termo, e tal propensão não pode ser descartada apenas pela higiene mental e pela vontade. A dicotomia cultura-natureza estrutura a política pública, as práticas sociais institucionais e individuais, a organização das disciplinas (ciências sociais em oposição às ciências naturais); na verdade, a própria maneira como vemos o mundo que nos cerca. Consequentemente, até que sejam mudadas nossas práticas dualistas (separação da experiência social em mental e manual, abstrata e concreta, emocional e negadora das emoções), somos forçadas a pensar e a existir no interior da própria dicotomização que criticamos. Talvez seja possível trocar o pressuposto de que o natural é difícil de mudar e que o cultural é mais facilmente mutável, da mesma forma como separamos catástrofes ecológicas e tecnologias médicas, de um lado, e a história do sexismo, das classes e do racismo, de outro.[27] No entanto, devemos persistir na distinção entre cultura e natureza, gênero e sexo (principalmente diante do refluxo do determinismo biológico), mesmo que, por experiência e análise, possamos perceber que são inseparáveis dos indivíduos e das culturas. As dicotomias são empiricamente falsas, mas não podemos descartá-las como irrelevantes enquanto elas permanecem estruturando nossas vidas e nossas consciências.

A CIÊNCIA COMO ARTESANATO: ANACRONISMO OU MODELO?

As filosofias tradicionais da ciência presumem uma imagem anacrônica do pesquisador como um gênio isolado da sociedade, selecionando problemas para pesquisar, formulando hipóteses, criando métodos para testar as hipóteses, recolhendo dados e interpretando os resultados da investigação. É bem diferente a realidade da maior parte da pesquisa científica de hoje, pois esses procedimentos artesanais de produção do conhecimento científico foram substituídos, durante o século XIX, por modelos industrializados no campo das ciências naturais e, desde meados deste século, na maioria das pesquisas em ciência sociais. Como resultado, as regras e normas da filosofia da ciência aplicáveis aos pesquisadores isolados são irrelevantes para a condução e o entendimento de boa parte da ciência contemporânea, conforme têm apontado vários críticos.[28]

Contudo, as pesquisas feministas mais interessantes surgiram precisamente nas áreas de investigação que permanecem organizadas artesanalmente.[29] As afirmações mais revolucionárias talvez tenham surgido de situações de pesquisa em que feministas isoladas, ou em pequenos grupos, identificaram um fenômeno problemático, formularam uma hipótese provisória, imaginaram e realizaram a coleta de dados e depois interpretaram os resultados. Em contraposição, quando a concepção e a execução da pesquisa são realizadas por pessoas de diferentes grupos sociais, como acontece na maioria das ciências naturais institucionalizadas e em boa parte das ciências sociais, a atividade de concepção da pesquisa é muitas vezes desempenhada por um grupo privilegiado, enquanto a execução cabe a um grupo dominado. Tal situação garante que os formuladores do projeto poderão evitar contestação à adequação dos conceitos, categorias, métodos e interpretações dos resultados.

Esse tipo de análise reforça a afirmação das defensoras da ciência alternativa de que uma teoria consagrada do conhecimento – uma epistemologia – deve basear-se em uma teoria do trabalho ou da atividade humana e não em uma pretensa teoria da capacidade inata, conforme quer a epistemologia empirista. Com efeito, as epistemologias feministas mencionadas anteriormente são todas fundadas em uma teoria distintiva da atividade humana, a qual é apoiada por um exame das precondições da emergência da ciência moderna nos séculos XV a XVIII. As feministas assinalam a unificação dos esforços mental, manual e emocional no trabalho da mulher, o que lhes proporciona uma compreensão potencialmente mais abrangente da natureza e da vida social. À medida que a mulher se sente atraída pelo trabalho dos homens – do direito e da elaboração de políticas à medicina e à pesquisa científica –, nosso trabalho e experiência social violam as tradicionais distinções entre trabalhos de homem e de mulher, permitindo que formas femininas de compreensão da realidade comecem a moldar políticas públicas. De forma semelhante, foi uma violação da divisão feudal do trabalho que possibilitou a união do trabalho mental e manual necessário à criação do novo método experimental na ciência.[30] A imagem do pesquisador como um artesão, consagrada na filosofia da ciência tradicional, é, portanto, irrelevante como modelo para a atividade da maioria dos atuais trabalhadores da ciência. Ao contrário, essa imagem reflete as práticas dos pouquíssimos trabalhadores cientificamente treinados envolvidos na construção de novos modelos de pesquisa. Como a visão de mundo criticada pelo feminismo foi elaborada para explicar a atividade, os resultados e os objetivos do *trabalho artesanal* que constituiu a ciência do período anterior, e uma vez que a pesquisa artesanal feminista contemporânea produziu algumas das novas explicações mais importantes, parece ser necessário pensar mais atentamente nos aspectos da visão de mundo que devem ser mantidos ou rejeitados. Talvez o empreendimento dominante hoje em dia nem seja científico no sentido original do termo! Pode-se pensar, então, que o feminismo e outras investigações marginais sejam os verdadeiros descendentes de Galileu, Copérnico e Newton? Será isso possível, quando, ao mesmo tempo, esses descendentes abalam a epistemologia que Hume, Locke, Descartes e Kant desenvolveram para explicar o nascimento da ciência moderna? Uma vez mais nos aproximamos de minha proposta de uma fértil ambivalência com relação à ciência que temos. Devemos, simultaneamente, cultivar a investigação "separatista" artesanalmente estruturada e impregnar de valores e objetivos feministas as ciências industrialmente organizadas.

Essas são algumas das principais instabilidades conceituais que aparecem quando examinamos a crítica feminista à ciência. Muitas delas emergem com mais generalidade no processo de teorização feminista. Argumento que não podemos resolver esses dilemas nos termos em que têm sido colocados e que, ao invés disso, devemos aprender a encarar as próprias instabilidades como recursos válidos. Se pudermos aprender a usá-las, chegaremos a igualar a maior realização de Arquimedes – sua criatividade na invenção de um novo modo de construir teorias.

TEXTO ORIGINALMENTE PUBLICADO SOB O TÍTULO "THE INSTABILITY OF THE ANALYTICAL CATEGORIES OF FEMINIST THEORY", SIGNS: JOURNAL OF WOMEN IN CULTURE AND SOCIETY, VOL. 2, Nº 24, 1986, P. 645-664. TRADUÇÃO DE VERA PEREIRA IN REVISTA ESTUDOS FEMINISTAS, VOL. 1, Nº 1, 1993, P. 7-31.

NOTAS

1   Minhas ideias sobre essas questões valeram-se dos comentários de Margaret Andersen e de pareceristas anônimos de *Signs: Journal of Women in Culture and Society*, bem como se beneficiaram das discussões travadas nos últimos anos com várias estudiosas da ciência mencionadas neste artigo. Agradeço o apoio recebido por parte da National Science Foundation para esta pesquisa e para o projeto mais amplo que ela integra; agradeço igualmente à Mina Shaughnessy Fellowship concedida pelo Fund for the improvement of Post Secondary Education, da University of Delaware Faculty Research Grants e à Mellon Fellowship do Wesley Center for Research on Women. Informações sobre o projeto maior se encontram em Sandra Harding, *The Science Question in Feminism*, Ithaca, Nova York: Cornell University Press, 1986.

2   Ver, por exemplo, María Lugones e Elizabeth V. Spelman, "Have We Got a Theory for You! Feminist Theory, Cultural Imperialism and the Demand for 'the Women's Voice'", *Hypatia, A Journal of Feminist Philosophy*, número especial *Women's Studies International Forum*, vol. 6, n° 26, 1983, p. 573-582; muitos artigos selecionados em Elaine Marks e Isabelle de Courtivron (eds.), *New French Feminisms*, Nova York: Schocken Books, 1981; Jane Flax, "Gender as a Social Problem: In and For Feminist Theory", *American Studies/Amerika Studien*, jun 1986; Donna Haraway, "A Manifesto for Cyborgs: Science, Technology and Socialist Feminism in the 1980's", *Socialist Review*, n° 80, 1983, p. 65-107.

3   "Ciência normal" foi o termo usado por Kuhn para fazer referência a uma "ciência madura", na qual os pressupostos conceituais e metodológicos são compartilhados pelos pesquisadores do campo. Ver Thomas Kuhn, *The Structure of Scientific Revolutions*, Chicago: University of Chicago Press, 1970.

4   E talvez sempre tenha estado, mas a emergência do "patriarcado de Estado", saído do "patriarcado do marido" da primeira metade deste século, a libertação dos povos negros do jugo colonialista e as mudanças em curso no capitalismo internacional, tudo isso garante que este seja, de qualquer modo, um momento de exuberante transformação. Para uma discussão sobre as mudanças nas formas de patriarcado ver Ann Ferguson, "Patriarchy, Sexual Identity and the Sexual Revolution", *Signs: Journal of Women in Culture and Society*, vol. 7, n° 1, 1981, p. 158-199.

5   Milan Kundera, no artigo intitulado "O romance e a Europa", pergunta se seria acidental que o romance e a hegemonia da racionalidade científica tenham nascido juntos. Ver Milan Kundera, "The Novel and the Europe", *New York Review of Books*, vol. 31, n° 212, 19 de julho de 1984.

6   Sara Ruddick expressa tal ênfase de diferentes formas em "Maternal Thinking", *Feminist Studies*, vol. 6, n° 2, 1980, p. 342-367. Ver, igualmente, Carol Gilligan, *In a Different Voice: Psychological Theory and Women's Development*, Cambridge: Harvard University Press, 1982; Dorothy Smith, "Women's Perspective as a Radical Critique of Sociology", *Sociological Inquiry*, vol. 44, n° 1, 1974, p. 7-13; Dorothy Smith, "A Sociology for Women", in Julia Sherman e Evelyn Torton Beck (eds.), *The Prism of Sex: Essays in the Sociology of Knowledge*, Madison: University of Wisconsin Press, 1979.

7   Ver, por exemplo, as resenhas de *Signs* sobre ciências sociais e os trabalhos apresentados no Brighton Women and Science Group, *Alice through the Microscope*, Londres: Virago, 1980; Ruth Hubbard, Mary Sue Henifin, Barbara Fried (eds.), *Biological Woman: The Convenient Myth*. Cambridge: Schekman Pub. Co., 1982; Marlan Lowe e Ruth Hubbard (eds.), *Woman's Nature: Rationalizations of Inequality*, Nova York: Pergamon Press, 1983; Ethel Tonach e Betty Rosoff (eds.), *Genes and Gender, I, II, III, IV*, Nova York: Gordian Press, 1978, 1979, 1981 e 1984; Hubbard e Lowe são editoras convidadas no vol. 2 da série intitulada *Pitfalls In Research on Sex and Gender*. Ver também Ruth Bleier, *Science and Gender: A Critique of Biology and Its Theories on Women*, Nova York: Pergamon Press, 1984.

8   Marcia Millman e Rosabeth Moss Kanter,"Editorial Introduction", in Marcia Millman e Rosabeth Moss Kanter, *Another Voice: Feminist Perspectives or Social Life and Social Science*, Nova York: Anchor Books, 1975, p. VII.

9   A tensão entre os dois tipos de crítica é apontada por Helen Longino, Ruth Doell e Donna Haraway. Ver Helen Longino e Ruth Doell, "Body, Bias and Behavior: A Comparative Analysis of Reasoning in Two Areas of Biological Science", *Signs*, vol. 9, n° 22, 1983, p. 206-227; e Donna

Haraway, "In the Beginning Was the Word: The Genesis of Biological Theory", *Signs*, vol. 6, nº 23, 1981, p. 469-481. Longino e Doell pensam que "as feministas não têm de escolher entre corrigir a má ciência ou rejeitar toda a atividade científica" (p. 208) e que somente o desenvolvimento de uma compreensão mais abrangente do funcionamento do preconceito machista na ciência, como distinto de sua existência, pode levar-nos mais além dessas duas perspectivas em nossa busca de soluções. (p. 207). A análise de Longino e Doell é realmente valiosa na criação desse entendimento, mas como as duas autoras não confrontam a crítica da "ciência corriqueira", minha solução se afasta da que elas propõem. Haraway não apresenta saída para o dilema.

10 Ver Elizabeth Fee, "Nineteenth Century Craniology: The Study of the Female Skull", *Bulletin of the History of Medicine*, nº 53, 1979, p. 415-433; Susan Griffin, *Woman and Nature: The Roaring inside Her*, Nova York: Harper & Row, 1978; Diana Long Hall, "Biology, Sex Hormones and Sexism in the 1920's, *Philosophical Forum*, nº 5, 1973-1974, p. 81-96; Donna Haraway, "Animal Sociology and a Natural Economy of the Body Politic", partes 1 e 2, *Signs*, vol. 4, nº 21, 1978, p. 21-60; Ludmilla Jordanova, "Natural Facts: A Historical Perspective on Science and Sexuality", in Carol MacCormack e Marilyn Strathern (eds.), *Nature, Culture and Gender*, Nova York: Cambridge University Press, 1980; Evelyn Fox Keller, *Reflections on Gender and Science*, New Haven (Connectituc): Yale University Press, 1985; Carolyn Merchant, *The Death of Nature: Women, Ecology and the Scientific Revolution*, Nova York: Harper & Row, 1980; e Ruth Hubbard, Mary Sue Henifin, Barbara Fried (eds.), op. cit.

11 Diversas autoras têm feito importantes reflexões epistemológicas na direção de uma "ciência feminista alternativa", por exemplo: Jane Flax, "Political Philosophy and the Patriarchal Consciousness: A Psychoanalytic Perspective on Epistemology and Metaphysics", in S. Harding e Mirrell Hintikka (eds.), *Discovering Reality: Feminis: Perspectives on Epistemology, Metaphysics and Philosophy of Science*, Dordrecht: D. Riedel Publ. Co., 1983; Nancy Hartsock, "The Feminist Standpoint: Developing the Ground for a Specifically Feminist Historical Materialism", in Sandra Harding e Merrill Hintikka, op. cit., 1983; Nancy Hartsock, *Money, Sex and Power*, Boston: Northeastern University Press, 1983a, cap. 10; Hilary Rose, "Hand, Brain and Heart: A Feminist Epistemology for the Natural Sciences", *Signs*, vol. 9, nº 1, 1983, p. 73-90; e Hilary Rose, "Is a Feminist Science Possible?", trabalho apresentado no MIT, Cambridge, Massachusetts, 1984; Dorothy Smith, op. cit., 1979; Dorothy Smith, "Women's Perspective as a Radical Critique of Sociology", *Sociological Inquiry*, vol. 44, nº 1, 1974.

12 Friedrich Engels, "Socialism: Utopian and Scientific", in R. Tucker (ed.), *Marx and Engels Reader*, Nova York: W.W. Norton & Co., 1972; Georg Lukács, "Reification and the Consciousness of the Proletariat", in Georg Lukács, *History and Class Consciousness*, Cambridge, MIT Press, 1968.

13 Hartsock, especialmente, argumenta contra o descabimento da visão androcêntrica (ver nota 11). Menciono, a seguir, a dicotomia homem-mulher, pois essa é a maneira como as teóricas dessa corrente colocam a questão. Entretanto, penso que essas categorias são inconvenientes até mesmo para as propostas alternativas: deveríamos discutir aqui posições feministas contra não feministas (sexistas).

14 Jane Flax, op. cit., discute essa corrente pós-moderna da teoria feminista. Ela cita entre os principais céticos do modernismo Friedrich Nietzsche. Ver Friedrich Nietzsche, *Beyond Good and Evil*, Nova York: Vintage, 1966 e *On the Genealogy of Morais*, Nova York: Vintage, 1969; Jacques Derrida, *L'Écriture et la Difference*, Paris: Editions du Seuil, 1967; Michel Foucault, *The Archaeology of Knowledge*, Nova York: Harper & Row, 1972 e *The Order of Things*, Nova York: Vintage, 1973; Jacques Lacan, *Speech and Language in Psychoanalysis*, Baltimore: Johns Hopkins University Press, 1968 e *The Four Fundamental Concepts of Psychoanalysts*, Nova York: W. W. Norton & Co, 1973; Paul Feyerabend, *Against Method*, Nova York: Schocken Books, 1975; Richard Rorty, *Philosophy and lhe Mirror of Nature*, Princeton, Nova Jersey: Princeton University Press, 1979; Hans-Georg Gadamer, *Philosophical Hernzeneutics*, Berkeley: University of California Press, 1976; Ludwig Wittgenstein, *Philosophical Investigations*, Nova York: Mac Millan, 1970 e *On Certainty*, Nova York: Harper & Row, 1972. Ver também Jean-François Lyotard, *The Postmodern Condition: A Report on Knowledge*, Minneapolis: University of Minnesota Press, 1984.

15 As diferentes autoras conferem, porém, pesos distintos a cada uma dessas tendências, embora todas se mostrem explicitamente conscientes da tensão produzida em seu trabalho pelos dois

tipos de crítica à moderna epistemologia ocidental. A maneira como cada uma procura resolver essa tensão merece outro estudo. Ver em Harding um aprofundamento da discussão do trabalho dessas autoras: "The Curious Coincidence of African and Feminine Moralities", in Diana Meyers e Eva Kittay (eds.), *Women and Moral Theory*, Totowa: Rowman & Allenheld, 1986a.

16 Jane Flax, op. cit., p. 17.

17 Flax parece não se dar conta desse problema. Engels distingue entre socialismo utópico e socialismo científico.

18 Ver Jane Flax, "Political Philosophy and the Patriarchal Consciousness: A Psychoanalytic Perspective on Epistemology and Metaphysics", in op. cit.; Nancy Hartsock, op. cit. e Nancy Hartsock, op. cit., 1983a. Ver também Hilary Rose, op. cit., 1983 e 1984 e Dorothy Smith, op. cit., 1979.

19 "Virtualmente em toda parte" para conceder o benefício da dúvida às afirmações dos antropólogos acerca das "culturas igualitárias", ver Eleanor Leacock, *Myths of Mate Dominance*, Nova York: Monthly Review Press, 1981.

20 Russell Means, "Fighting Words on the Future of the Earth", *MotherJones*, 1980, p. 167; Vernon Dixon, "World Views and Research Methodology", in Vernon Dixon et al. (eds.), *African Philosophy: Assumptions and Paradigms for Research on Black Persons*, Los Angeles: Fanon Centre Publication, Charles R. Drew Postgraduate Medical School, 1976. Ver também Paulin Hountondji, *African Philosophy: Myth and Reality*, Bloomington: Indiana University Press, 1983; e Joseph Needham, "History and Human Values: A Chinese Perspective for World Science and Technology", in Hilary Rose e Steven Rose (eds.), *Ideology of/ in the Natural Science*, Boston: Schenkman, 1979. Discuto essa situação com mais detalhe em Sandra Harding, *The Science Question in Feminism*, Ithaca, Nova York: Cornell University Press, 1986, cap. 7; e em "The Curious Coincidence of African and Feminine Moralities", in Diana Meyers e Eva Kittay (eds.), op. cit.

21 Michelle Cliff, *Claiming an Identity They Taught Me to Despise*, Watertown: Persephone Press, 1980.

22 Iris Young, "Beyond the Unhappy Marriage: A Critique of the Dual Systems Theory", in Lydia Sargent (ed.), *Women and Revolution*, Boston: South End Press, 1981.

23 Ver Bell Hooks, *Feminist Theory from Margin to Center*, Boston: South End Press, 1983 (especialmente cap. 4); e Donna Haraway, op. cit., p. 65-107, 1983.

24 Ver, especialmente, o debate do texto de Sherry Ortner, 1974, em Carol MacCormack e Marilyn Strathern, *Nature, Culture and Gender*, Nova York: Cambridge University Press, 1980.

25 Ver as referências citadas nas notas 7 e 10.

26 Inez Smith Reid, "Science, Politics and Race", *Signs*, vol. 1, n° 2, 1975, p. 397-422.

27 Janice G. Raymond, "Transsexualism: An Issue of Sex-Role Stereotyping", in E. Tobach e B. Rosoff (eds.), *Genes and Gender*, vol. ii, Nova York: Gordian Press, 1979.

28 Jerome Ravetz, *Scientific Knowledge and Its Social Problems*, Nova York: Oxford University Press, 1971; Rita Arditti, Pat Brennan e Steve Cafrak (eds.), *Science and Liberation*, Boston: South End Press, 1980; Rose e Rose, 1986.

29 É, principalmente, Hilary Rose quem assinala essa questão. Talvez seja preciso que todos os paradigmas de uma nova pesquisa tenham de ser estabelecidos artesanalmente, como disse Kuhn. Ver Hilary Rose, "Hand, Brain and Heart: A Feminist Epistemology for the Natural Sciences", *Signs*, vol. 9, n° 1, 1983; e Hilary Rose, "Is a Feminist Science Possible?", trabalho apresentado no MIT, Cambridge, Massachusetts, 1984.

30 Edgar Zilsel, "The Sociological Roots of Science", *American Journal of Sociology*, vol. 47, n° 4, 1942, p. 544-562.

A crítica de todos os discursos a respeito do gênero, inclusive aqueles produzidos ou promovidos como feministas, continua a ser uma parte tão vital do feminismo quanto o atual esforço para criar novos espaços de discurso, reescrever narrativas culturais e definir os termos de outra perspectiva – uma visão de "outro lugar".

Teresa de Lauretis

A tecnologia de gênero

Teresa de Lauretis

NOS ESCRITOS FEMINISTAS e nas práticas culturais dos anos 1960 e 1970, o conceito de gênero como diferença sexual encontrava-se no centro da crítica da representação, da releitura de imagens e narrativas culturais, do questionamento de teorias de subjetividade e textualidade, de leitura, escrita e audiência. O conceito de gênero como diferença sexual tem servido de base e sustentação para as intervenções feministas na arena do conhecimento formal e abstrato, nas epistemologias e campos cognitivos definidos pelas ciências físicas e sociais e pelas ciências humanas ou humanidades. Em colaboração e interdependência com tais intervenções, elaboraram-se práticas e discursos específicos e criaram-se espaços sociais (espaços "gendrados",[1] ou seja, marcados por especificidades de gênero, como o "quarto de mulheres", os grupos de conscientização, os núcleos de mulheres nas disciplinas, os estudos sobre a mulher, as organizações coletivas de periódicos ou de mídias feministas, e outros), nos quais a própria diferença sexual pudesse ser afirmada, tratada, analisada, especificada ou verificada. Mas o conceito de gênero como diferença sexual e seus conceitos derivados – a cultura da mulher, a maternidade, a escrita feminina, a feminilidade etc. – acabaram se tornando uma limitação, como uma deficiência do pensamento feminista.

Com sua ênfase no sexual, a "diferença sexual" é antes de mais nada a diferença entre a mulher e o homem, o feminino e o masculino; e mesmo os conceitos mais abstratos de "diferenças sexuais", derivados não da biologia ou da socialização, mas da significação e de efeitos discursivos (e a ênfase aqui é menos no sexual e mais nas diferenças como *différance*"), acabam sendo, em última análise, uma diferença (na mulher) em relação ao homem – ou seja, a própria diferença no homem. Se continuarmos a colocar a questão do gênero em qualquer dessas duas formas, com base em um esboço completo da crítica do patriarcado, o pensamento feminista permanecerá amarrado aos termos do próprio patriarcado ocidental, contido na estrutura de uma oposição conceitual que está "desde sempre já" inscrita naquilo que Frederic Jameson chamaria de "o inconsciente político" dos discursos culturais dominantes e das "narrativas fundadoras" que lhes são subjacentes – sejam elas biológicas, médicas, legais, filosóficas ou literárias – e assim tenderá a reproduzir-se, como veremos, mesmo nas reescritas feministas das narrativas culturais.

A primeira limitação do conceito de "diferença(s) sexual(ais)", portanto, é que ele confina o pensamento crítico feminista ao arcabouço conceitual de uma oposição universal do sexo (a mulher como a diferença do homem, com ambos universalizados, ou a mulher como diferença pura e simples e, portanto, igualmente universalizada), o que torna muito difícil, se não impossível, articular as diferenças entre mulheres e Mulher, isto ·é, as diferenças entre as mulheres ou, talvez mais exatamente, as diferenças nas mulheres. Por exemplo, as diferenças entre mulheres que usam véu, mulheres que "usam máscara" (nas palavras de Paul Laurence Dunbar, frequentemente citadas por escritoras negras americanas) e mulheres que se "fantasiam" (a palavra é de Joan Riviere) não podem ser entendidas como diferenças sexuais.[2] Nessa perspectiva, não haveria absolutamente qualquer diferença e todas as mulheres seriam ou diferentes personificações de alguma essência arquetípica da mulher, ou personificações mais ou menos sofisticadas de uma feminilidade metafísico-discursiva.

Uma segunda limitação do conceito de diferença(s) sexual(ais) é que ele tende a reacomodar ou recuperar o potencial epistemológico radical do pensamento feminista sem sair dos limites da casa patriarcal – na metáfora usada por Audre Lorde, substituindo a "prisão domiciliar da linguagem" de Nietzsche, por razões que logo se tornarão óbvias. Por potencial epistemológico radical, quero dizer a possibilidade, já emergente nos escritos feministas dos anos 1980, de conceber o sujeito social e as relações da subjetividade com a socialidade de outra forma: um sujeito constituído no gênero, sem dúvida, mas não apenas pela diferença sexual, e sim por meio de códigos linguísticos e representações culturais; um sujeito "engendrado" não apenas na experiência de relações de sexo, mas também nas de raça e classe: um sujeito, portanto, múltiplo em vez de único, e contraditório em vez de simplesmente dividido.

Para que seja possível começar a especificar este tipo de sujeito e articular suas relações com um campo social heterogêneo, necessitamos de um conceito de gênero que não esteja tão preso à diferença sexual a ponto de virtualmente se confundir com ela, fazendo com que, por um lado, o gênero seja considerado uma derivação direta da diferença sexual e, por outro, que o gênero possa ser incluído na diferença sexual como um efeito de linguagem, ou como puro imaginário – não relacionado ao real. Tal dificuldade, ou seja, a imbricação de gênero e diferença(s) sexual(ais) precisa ser desfeita e desconstruída. Para isso, pode-se começar a pensar o gênero baseado numa visão teórica foucaultiana, que vê a sexualidade como uma "tecnologia sexual"; dessa forma, seria possível propor que também o gênero, como representação e como autorrepresentação, fosse produto de diferentes tecnologias sociais, como o cinema, por exemplo, e de discursos, epistemologias e práticas críticas institucionalizadas, bem como das práticas da vida cotidiana.

Poderíamos dizer que, assim como a sexualidade, o gênero não é uma propriedade de corpos nem algo existente *a priori* nos seres humanos, mas, nas palavras de Foucault, "o conjunto de efeitos produzidos em corpos, comportamentos e relações sociais", por meio do desdobramento de "uma complexa tecnologia política".[3] Mas devemos dizer desde o início – e daí o título deste artigo – que, ao pensar o gênero como produto e processo de um certo número de tecnologias sociais ou aparatos biomédicos, caminhamos para além de Foucault, cuja compreensão única da tecnologia sexual não levou em consideração os apelos diferenciados de sujeitos masculinos e femininos, e cuja teoria, ao ignorar os investimentos conflitantes de homens e mulheres nos discursos e nas práticas da sexualidade, de fato, exclui, embora não inviabilize, a consideração sobre e gênero.

A seguir, farei uma série de quatro proposições, em ordem decrescente, começando pela mais óbvia, que serão retomadas mais detalhadamente no decorrer da análise.

1. Gênero é (uma) representação. Isso não significa que não tenha implicações concretas ou reais, tanto sociais quanto subjetivas, na vida material das pessoas. Muito ao contrário.
2. A representação de gênero é a sua construção. Em um sentido mais comum, pode-se dizer que a arte e a cultura erudita ocidental são um registro da história dessa construção.
3. A construção de gênero vem se efetuando hoje no mesmo ritmo de tempos passados, como na Era Vitoriana, por exemplo. E ela continua a ocorrer não somente onde se espera que aconteça – na mídia, nas escolas públicas e particulares, nos tribunais, na família nuclear, extensa eu monoparental; em resumo, naquilo que Louis Althusser denominou "aparelhos ideológicos de Estado". A construção de gênero também se faz, embora de forma menos óbvia, na academia, na comunidade intelectual, nas práticas artísticas de vanguarda, nas teorias radicais e, até mesmo, de forma bastante marcada, no feminismo.
4. Paradoxalmente, portanto, a construção de gênero também se faz por meio de sua desconstrução, quer dizer, em qualquer discurso, feminista ou não, que veja o gênero como apenas uma representação ideológica falsa. O gênero como o real; não apenas o efeito da representação, mas também o seu excesso, aquilo que permanece fora do discurso como um trauma em potencial que, se/quando não contido, pode romper ou desestabilizar qualquer representação.

1

Ao procurar o verbete "gênero" no *American Heritage Dictionary of the English Language*, constatamos que se trata basicamente de um termo classificatório. Refere-se, assim, a uma categoria gramatical pela qual palavras e outras formas gramaticais são classificadas de acordo não apenas com sexo ou com a ausência de sexo (categoria específica denominada "gênero natural" e típica da língua inglesa, por exemplo), mas também com outras características, como as morfológicas do que se denomina "gênero gramatical", encontrado nas línguas românicas, por exemplo.[4]

O segundo significado de "gênero" encontrado no dicionário é "classificação do sexo". Essa proximidade entre gramática e sexo estranhamente não é encontrada nas línguas românicas (comumente consideradas como tendo falantes bem mais românticos do que os anglo-saxões). O espanhol "género", o italiano "genero" e o francês "genre" não possuem nem mesmo a conotação do gênero de uma pessoa, que é expresso pela palavra sexo. Por isso, parece que a palavra "genre", adotada do francês para indicar a classificação de formas artísticas e literárias (originalmente a pintura), vem também esvaziada de qualquer denotação sexual, da mesma forma que a palavra "genus", etimologia latina de gênero, usada em inglês como um termo classificatório na biologia e na lógica. Um corolário interessante dessa peculiaridade linguística do inglês, isto é, da aceitação de gênero para se referir ao sexo, é que o conceito de gênero aqui discutido e, consequentemente, a complexa questão da relação entre gênero humano e representação são totalmente intraduzíveis em qualquer língua românica, um problema, sem dúvida, para alguém que buscasse adotar uma postura internacionalista, para não dizer universal, diante da teorização sobre gênero.

Voltando ao dicionário, verificamos, então, que o termo "gênero" é uma representação não apenas no sentido de que cada palavra, cada signo, refere-se a seu referente (representa-o), seja ele um objeto, uma coisa, ou um ser animado. O termo "gênero" é, na verdade, a representação de uma relação, a relação de pertencer a uma classe, um grupo, uma categoria. Gênero é a representação de uma relação ou, se me permitem adiantar a segunda proposição, o gênero constrói uma relação entre uma entidade e outras entidades previamente constituídas como uma classe, uma relação de pertencimento; assim, o gênero atribui a uma entidade, digamos a uma pessoa, certa posição dentro de uma classe e, portanto, uma posição vis-à-vis outras classes pré-constituídas. (Estou empregando o termo "classe" deliberadamente, embora sem querer aqui significar classe(s) social(ais), pois quero preservar a acepção de Marx, que vê classe como um grupo de pessoas unidas por determinantes sociais e interesses – incluindo, especialmente, a ideologia – que não são nem livremente escolhidos nem arbitrariamente determinados.) Assim, gênero representa não um indivíduo e sim uma relação, uma relação social; em outras palavras, representa um indivíduo por meio de uma classe.

O gênero neutro em inglês, uma língua que conta com gênero natural (devemos observar, a propósito, que a "natureza" está sempre presente em nossa cultura, desde o seu início, que é exatamente a linguagem), é atribuído a palavras que se referem a entidades assexuais ou assexuadas, objetos ou indivíduos marcados pela ausência de sexo. As exceções a essa regra demonstram a sabedoria popular do uso: uma criança é do gênero neutro e seu possessivo correto é "its" (como me ensinaram quando aprendi inglês há muitos anos), embora a maioria das pessoas empregue *his* e mais recente e raramente, e mesmo assim de forma inconsistente, algumas usem *his* ou *her*. Embora a criança tenha um sexo "natural", é apenas quando ela se torna (isto é, quando é significada como sendo) menino ou menina que adquire um gênero.[5] O que a sabedoria popular percebe, então, é que gênero não é sexo, uma condição natural, e sim a representação de cada indivíduo em termos de uma relação social preexistente ao próprio indivíduo e predicada sobre a oposição "conceitual" e rígida (estrutural) dos dois sexos biológicos. Essa estrutura conceitual é o que cientistas sociais feministas denominaram "o sistema de sexo-gênero".

As concepções culturais de masculino e feminino como duas categorias complementares, mas que se excluem mutuamente e nas quais todos os seres humanos são classificados, formam, dentro de cada cultura, um sistema de gênero, um sistema simbólico ou um sistema de significações que relaciona o sexo a conteúdos culturais de acordo com valores e hierarquias sociais. Embora os significados possam variar de uma cultura para outra, qualquer sistema de sexo-gênero está sempre intimamente interligado a fatores políticos e econômicos em cada sociedade.[6] Sob essa ótica, a construção cultural do sexo em gênero e a assimetria que caracteriza todos os sistemas de gênero nas diferentes culturas (embora cada qual a seu modo) são entendidas como "sistematicamente ligadas à organização da desigualdade social".[7]

O sistema de sexo-gênero, enfim, é tanto construção sociocultural quanto aparato semiótico, um sistema de representação que atribui significado (identidade, valor, prestígio, posição de parentesco, status dentro da hierarquia social etc.) a indivíduos inseridos na sociedade. Se as representações de gênero são posições sociais que trazem consigo significados diferenciais, então o fato de alguém ser representado ou se representar como masculino ou feminino subentende a totalidade daqueles atributos sociais. Assim, a proposição de que a representação de gênero é a sua construção, sendo cada termo a um tempo o produto e o processo do outro, pode ser reexpressa com mais exatidão: "A construção do gênero é tanto o produto quanto o processo de sua representação".

2

Ao afirmar que a ideologia representa "não o sistema de relações reais que governam a existência de indivíduos, e sim a relação imaginária daqueles indivíduos com as relações reais em que vivem" e que lhes governam a existência, Althusser estava também descrevendo, a meu ver, o funcionamento do gênero.[8] Poderá ser argumentado que equacionar gênero com ideologia é uma redução ou simplificação exagerada. Não é certamente o que faz Althusser, nem o que faz o pensamento marxista tradicional, em que o gênero é uma questão um tanto marginal, limitada à "questão da mulher".[9] Pois, assim como a sexualidade e a subjetividade, o gênero se localiza na esfera privada da reprodução, procriação e família, e não na esfera pública, propriamente social da superestrutura, em que a ideologia se insere e é determinada pelas forças econômicas e pelas relações de produção.

Mesmo assim, continuando a ler Althusser, encontra-se a enfática afirmação de que "toda ideologia tem a função (que a define) de constituir indivíduos concretos em sujeitos".[10] Se substituirmos a palavra ideologia pela palavra gênero, a afirmação ainda funciona, com uma leve mudança dos termos: o gênero tem a função (que o define) de constituir indivíduos concretos em homens e mulheres. É exatamente nessa mudança que a relação entre gênero e ideologia pode ser vista, também como um efeito da ideologia de gênero. A mudança de "sujeitos" para "homens e mulheres" marca a distância conceitual entre duas ordens de discurso, o discurso da filosofia ou da teoria política e o discurso da "realidade". O gênero é atribuído (e inquestionavelmente aceito) na primeira ordem, mas excluído da segunda.

Embora o sujeito da ideologia de Althusser derive mais do sujeito lacaniano (que é um efeito da significação, fundado em um reconhecimento errôneo) do que o sujeito unificado de classe do humanismo marxista, ele não é igualmente "gendrado", já que nenhum dos sistemas considera a possibilidade – muito menos o processo de constituição – de um sujeito feminino.[11] Assim, pela própria definição de Althusser, podemos indagar: se o gênero existe na "realidade", se ele existe nas "relações reais que governam a existência dos indivíduos", mas não na filosofia ou na teoria política, o que, com efeito, representam essas senão "as relações imaginárias dos indivíduos com as relações reais em que vivem"? Em outras palavras, a teoria da ideologia de Althusser se encontra presa, sem se dar conta de sua cumplicidade, à ideologia de gênero. Mas não é só isso: mais importante, e mais relevante ao propósito imediato de minha argumentação, a teoria de Althusser, tanto quanto uma teoria possa ser validada por discursos institucionais e adquirir poder ou controle sobre o campo do significado social, pode ela própria funcionar como uma tecnologia de gênero.

A novidade das teses de Althusser residia na sua percepção de que a ideologia opera não apenas semiautonomamente em relação ao nível econômico, mas também, e fundamentalmente, por meio de seu engajamento de subjetividade ("A categoria do sujeito é constitutiva de toda ideologia", ele escrevia).[12] É, portanto, paradoxal, embora bastante evidente, que ele não tivesse podido fazer a conexão entre gênero e ideologia – ou entendido gênero como uma instância de ideologia. Mesmo assim, essa conexão foi explorada por teóricas marxistas que são feministas, ou melhor, por algumas teóricas feministas que também são marxistas. Michèle Barrett, por exemplo, argumenta que não apenas a ideologia é o lócus privilegiado da construção do gênero, mas que "a ideologia de gênero teve um papel importante na construção histórica da divisão capitalista do trabalho e da reprodução do poder do trabalho" e é portanto uma demonstração precisa da "conexão integral entre a ideologia e as relações de produção".[13]

O contexto do argumento de Barrett (originalmente no livro *Women's Oppression Today*, 1980) é o debate suscitado na Inglaterra pela "teoria do discurso" e por outros desenvolvimentos pós-althusserianos da teoria da ideologia, e mais especificamente da crítica da ideologia promovida pelo periódico feminista britânico *M/f.* com base em conceitos de representação e diferença apresentados por Lacan e Derrida. Ela cita "A note on the distinction between sexual division and sexual difference" ["Uma nota sobre a distinção entre a divisão sexual e a diferença sexual"], de Parveen Adams, em que a divisão sexual se refere a duas categorias que se excluem mutuamente, de homens e mulheres como determinados na realidade:

> Em termos de diferenças sexuais, por outro lado, o que se deve perceber é precisamente a produção de diferenças por meio de sistemas de representação; o trabalho da representação produz diferenças que não podem ser previamente conhecidas.[14]

A crítica feita por Adams a uma teoria feminista (marxista) da ideologia que se apoia no conceito de patriarcado como um dado da realidade social (ou seja, uma teoria baseada na opressão da mulher pelo homem) é de que essa teoria se baseia em um essencialismo, seja ele biológico ou sociológico, que aparece mesmo no trabalho de quem, como Juliet Mitchell, insiste que gênero é um efeito da representação. "Nas análises feministas", afirma Adams, o conceito de um sujeito feminino "se apoia numa opressão homogênea de mulheres num estado, ou realidade, anterior às práticas representacionais".[15] Ao enfatizar que a construção do gênero nada mais é do que o efeito de uma variedade de representações e práticas discursivas que produzem diferenças sexuais "não previamente conhecidas" (ou, nas minhas próprias palavras, gênero nada mais é do que a configuração variável de "posicionalidades" sexuais-discursivas), Adams acredita poder evitar "as simplicidades de uma relação sempre antagonística" entre os sexos, o que é, a seu ver, um obstáculo tanto à análise feminista quanto à sua prática política.[16] A resposta de Barrett a essa posição é algo com que concordo, especialmente no que se refere a suas implicações para a política feminista: "Não precisamos falar da divisão sexual como estando "desde sempre já" presente; podemos explorar a construção histórica das categorias de masculinidade e feminilidade sem a obrigação de negar que, embora historicamente específicas, elas existem hoje de forma sistemática e mesmo previsível."[17]

No entanto, o arcabouço conceitual de Barrett não permite compreender a ideologia de gênero em termos teóricos especificamente feministas. Numa observação acrescentada à edição de 1985 do trabalho que venho citando, ela reitera sua convicção de que "a ideologia é um lócus extremamente importante para a construção do gênero, mas que deve ser entendida como parte de uma totalidade social e não uma prática ou discurso autônomo."[18] Este conceito de "totalidade social" e o delicado problema da "relativa" autonomia da ideologia (em geral e presumivelmente da ideologia de gênero em particular) dos "meios e forças da produção" e/ou "das relações sociais de produção" permanecem bastante vagos e não resolvidos no argumento de Barrett, que se torna menos nítido e convincente quando ela passa a discutir os modos pelos quais a ideologia de gênero é (re)produzida na prática (literária) cultural.

Outra forma talvez mais conveniente de se colocar a questão da ideologia de gênero é sugerida, embora não completamente trabalhada, no artigo de Joan Kelly de 1979, "The doubled vision of feminist theory". Uma vez que aceitemos o conceito fundamental do feminismo de que o pessoal é político, argumenta Kelly, não mais podemos afirmar que existem duas esferas da realidade social: a esfera privada ou doméstica, da família, sexualidade e afetividade; e a esfera pública do trabalho e da produtividade (que incluiria todas as forças e a maioria das relações de produção nos termos de Barrett). Em vez disso, poderíamos imaginar vários conjuntos inter-relacionados de relações sociais – relações de trabalho, classe, raça e sexo-gênero: "O que vemos não são duas esferas da realidade social, e sim dois (ou três) conjuntos de relações sociais. Por enquanto, chamaria essas relações de relações de trabalho e sexo (ou classe e raça, e sexo-gênero)."[19] Os homens e as mulheres não somente se posicionam diferentemente nessas relações, mas – e esse é um ponto importante – as mulheres são diferentemente afetadas nos diferentes conjuntos.

Na "dupla" perspectiva da análise feminista contemporânea, continua Kelly, podemos perceber duas ordens, a sexual e a econômica, operando juntas: "Em qualquer das formas históricas tomadas pela sociedade patriarcal (feudal, capitalista, socialista etc.), um sistema de sexo-gênero e um sistema de relações produtivas operam simultaneamente (...) para reproduzir as estruturas socioeconômicas e o domínio masculino da ordem social dominante."[20] Dentro dessa "dupla" perspectiva, portanto, é possível perceber claramente como opera a ideologia de gênero: o "lugar da mulher", isto é, a posição atribuída à mulher por nosso sistema de sexo-gênero, como é enfatizado por Kelly, "não é uma esfera ou um território separado, e sim uma posição dentro da existência social em geral."[21] O que é outro ponto importantíssimo.

Se o sistema sexo-gênero (que prefiro chamar simplesmente de gênero para conservar a ambiguidade do termo, tornando-o eminentemente suscetível ao alcance da ideologia e também da desconstrução) é um conjunto de relações sociais que se mantém por meio da existência social, então o gênero é efetivamente uma instância primária de ideologia, e obviamente não apenas para as mulheres. Além disso, trata-se de uma instância primária de ideologia, independentemente do fato de que certos indivíduos se vejam fundamentalmente definidos (e oprimidos) pelo gênero, como as feministas culturais brancas, ou por relações de raça e classe, como é o caso das mulheres negras.[22] A importância da formulação de Althusser sobre o funcionamento subjetivo da ideologia – repetindo, em poucas palavras, que a ideologia precisa de um sujeito, um indivíduo ou uma pessoa concreta sobre o(a) qual agir – fica agora mais clara e mais central para o projeto feminista teorizar o gênero como uma força pessoal-política tanto negativa quanto positiva, conforme irei propor.

Ao afirmar que a representação social de gênero afeta sua construção subjetiva e que, vice-versa, a representação subjetiva do gênero – ou sua autorrepresentação – afeta sua construção social, abre-se uma possibilidade de agenciamento e autodeterminação ao nível subjetivo e até individual das práticas micropolíticas cotidianas que o próprio Althusser repudiaria. Mesmo assim, defendo essa possibilidade e deixarei para discuti-la nas partes 3 e 4 do presente trabalho. Por enquanto, voltando à proposição 2, que foi modificada para "a construção do gênero é tanto o produto quanto o processo de sua representação", posso agora reescrevê-la: a construção do gênero é o produto e o processo tanto da representação quanto da autorrepresentação.

Mas agora torna-se necessário discutir outra divergência que tenho com Althusser em relação à teoria de gênero, que é sua ideia de que "a ideologia não tem exterioridade". Trata-se de um sistema perfeitamente fechado, cujo efeito é o de apagar completamente seus próprios vestígios de modo que qualquer um que esteja "na ideologia", preso em sua teia, acredite estar fora e livre dela. Na verdade, existe um lado de fora, um lugar do qual a ideologia pode ser vista como realmente é – mistificação, relação imaginária, engano; e tal lugar, para Althusser, é a ciência ou o conhecimento científico. Esse não é absolutamente o caso do feminismo e do que eu proponho chamar, evitando maiores equívocos, o sujeito do feminismo.

Com a expressão "o sujeito do feminismo" quero expressar uma concepção ou compreensão do sujeito (feminino) não apenas como diferente de "Mulher" com letra maiúscula, a representação de uma essência inerente a todas as mulheres (que já foi vista como natureza, mãe, mistério, encarnação do mal, objetivo do desejo e do conhecimento [masculinos], "o verdadeiro ser-mulher", feminilidade etc.), mas também como diferente de "mulheres", os seres reais, históricos e os sujeitos sociais que são definidos pela tecnologia de gênero e efetivamente "engendrados" nas relações sociais. O sujeito do feminismo que tenho em mente não é assim definido: é um sujeito cuja definição ou concepção se encontra em andamento, neste e em outros textos críticos feministas. E insistindo neste ponto mais uma vez, o sujeito do feminismo, como o sujeito de Althusser, é uma construção teórica (uma forma de conceitualizar, de entender, de explicar certos processos e não as mulheres). Entretanto, assim como o sujeito de Althusser que, estando totalmente "na" ideologia, acredita estar fora e livre dela, o sujeito que vejo emergir dos escritos e debates correntes sobre o feminismo está ao mesmo tempo dentro e fora da ideologia de gênero, e está consciente disso, dessas duas forças, dessa divisão, dessa dupla visão.

Meu próprio argumento em *Alice Doesn't* procurava mostrar exatamente isso: a discrepância, a tensão, e o constante deslize entre, de um lado, a Mulher como representação, como o objeto e a própria condição da representação e, de outro lado, as mulheres como seres históricos, sujeitos de "relações reais", motivadas e sustentadas por uma contradição em nossa cultura, uma contradição irreconciliável: as mulheres se situam tanto dentro quanto fora do gênero, ao mesmo tempo dentro e fora da representação.[23] Que as mulheres continuem a se tornar Mulher, continuem a ficar presas ao gênero assim como o sujeito de Althusser à ideologia, e que persistamos em fazer a relação imaginária mesmo sabendo, enquanto feministas, que não somos isso, e sim sujeitos históricos governados por relações sociais reais, que incluem predominantemente o gênero – essa é a contradição sobre a qual a teoria feminista deve se apoiar, contradição que é a própria condição de sua existência. Obviamente, então, o feminismo não pode ser tido como ciência, como um discurso ou uma realidade que está fora da ideologia, ou fora do gênero como instância de ideologia.[24]

Na verdade, podemos dizer que a mudança que vem ocorrendo na consciência feminista nesta década começou (se é que uma data se faz necessária) em 1981, ano da publicação de *This Bridge Called My Back*, uma coletânea de textos de mulheres negras radicais, editada por Cherrie Moraga e Gloria Anzaldúa, seguida em 1982 pela antologia da Feminist Press, editada por Gloria Hill, Patricia Bell Scott e Barbara Smith, com o título *All the Women Are White, All the Blacks Are Men, But Some of Us Are Brave*.[25] Foram esses os livros que colocaram à disposição de todas as feministas os sentimentos, as análises, as posições políticas das feministas negras, e suas críticas ao feminismo branco ou dominante. A alteração que começa a ser causada por trabalhos como esses na consciência feminista é mais bem caracterizada pela conscientização e pelo esforço de trabalhar a cumplicidade do feminismo com a ideologia, tanto a ideologia em geral (incluindo classismo ou liberalismo burguês, racismo, colonialismo, imperialismo e, acrescento com alguns senões, humanismo) quanto a ideologia de gênero em particular – isto é, o heterossexismo.

Falo em cumplicidade, e não em completa adesão, pois é óbvio que o feminismo e uma completa adesão à ideologia de gênero são incompatíveis em sociedades androcêntricas. E acrescentaria, ainda, que a conscientização de nossa cumplicidade com a ideologia de gênero, e as divisões e contradições nela envolvidas, é o que deve caracterizar todos os feminismos hoje nos Estados Unidos, não mais apenas o das mulheres brancas e de classe média, que foram as primeiras a serem forçadas a examinar nossa relação com instituições, práticas políticas, aparatos culturais e, posteriormente, com o racismo, antissemitismo, heterossexismo, classismo, e assim por diante: pois a conscientização da cumplicidade com as ideologias de gênero de suas culturas e subculturas específicas começa a emergir também nos escritos mais recentes de mulheres negras e latinas, e das lésbicas, de qualquer cor, que se identificam com o feminismo.[26] Até que ponto essa nova e emergente consciência de cumplicidade age com ou contra a consciência de opressão é uma questão crucial para a compreensão da ideologia nestes tempos pós-modernos e pós-coloniais.

É por isso que, apesar das divergências, das diferenças políticas e pessoais, e da angústia que acompanha os debates feministas dentro e além das linhas raciais, étnicas e sexuais, devemos ser encorajadas pela esperança de que o feminismo continue a desenvolver uma teoria radical e uma prática de transformação sociocultural. Para que isso ocorra, entretanto, a ambiguidade do gênero deve ser mantida – o que é um paradoxo apenas aparente. Não podemos resolver ou eliminar a incômoda condição de estar ao mesmo tempo dentro e fora do gênero, seja por meio de sua dessexualização (tornando-o apenas uma metáfora, uma questão de *différance*, de efeitos puramente discursivos) ou de sua androginização (reivindicando a mesma experiência de condições materiais para ambos os gêneros de uma mesma classe, raça ou cultura). Mas já estou me antecipando ao que vou discutir a seguir. Estou novamente transgredindo, pois ainda não trabalhei a terceira proposição, por meio da qual afirmava que a construção do gênero através de sua representação vem acontecendo hoje tanto quanto ou até mais do que em qualquer outro tempo. Iniciarei com um exemplo cotidiano muito simples para depois utilizar provas mais complexas.

3

A maioria de nós – mulheres, aos homens isto não se aplica – provavelmente assinala o F e não o M ao preencher um formulário. Nunca nos ocorreria assinalar o M. Seria como enganarmos a nós mesmas, ou pior, como não existir, como nos apagar do mundo. (Se homens assinalassem o F, caso fossem tentados a fazê-lo, as implicações seriam bem diferentes.) Isso porque, a partir do momento que assinalamos o F em um formulário, ingressamos oficialmente no sistema sexo-gênero, nas relações sociais de gênero, em que fomos "engendradas" como mulheres, isto é, não são apenas os outros que nos consideram do sexo feminino, mas, a partir daquele momento, nós passamos a nos representar como mulheres. Agora, pergunto, isso não é o mesmo que dizer que a letra F assinalada no formulário grudou em nós como um vestido de seda molhado? Ou que, embora pensássemos estar marcando o F, na verdade era o F que estava se marcando em nós?

Este é, com efeito, o processo descrito por Althusser por meio da palavra *interpelação*, o processo pelo qual uma representação social é aceita e absorvida por uma pessoa como sua própria representação, e assim se torna real para ela, embora seja de fato imaginária. Mas meu exemplo é simples demais. Não explica como a representação é construída e depois aceita e absorvida. Para explicar isso, voltaremo-nos inicialmente para Michel Foucault.

O primeiro volume da *História da sexualidade* de Foucault se tornou influentíssimo, especialmente por sua audaciosa tese de que a sexualidade, normalmente considerada como questão natural, particular e íntima, é de fato totalmente construída na cultura de acordo com os objetivos políticos da classe dominante. A análise de Foucault se inicia com base em um paradoxo: as proibições e regulamentações dos comportamentos sexuais, ditados por autoridades religiosas, legais ou científicas, longe de constranger ou reprimir a sexualidade, produziram-na e continuam a produzi-la da mesma forma que a máquina industrial produz bens e artigos e, ao fazê-lo, produz relações sociais.

Daí o conceito de "tecnologia sexual", que ele define como "um conjunto de técnicas para maximizar a vida", criadas e desenvolvidas pela burguesia a partir do final do século XVIII para assegurar a sobrevivência da classe e a continuação da hegemonia. Tais técnicas envolviam a elaboração de discursos (classificação, mensuração, avaliação etc.) sobre quatro "figuras" ou objetos privilegiados do conhecimento: a sexualização das crianças e do corpo feminino, o controle da procriação, e a psiquiatrização do comportamento sexual anômalo como perversão. Esses discursos, implementados pela pedagogia, medicina, demografia e economia, ancoraram-se ou se apoiaram nas instituições do Estado e se consolidaram especialmente na família: serviram para disseminar e "implantar", empregando o sugestivo termo de Foucault, aquelas figuras e modos de conhecimento em cada indivíduo, família e instituição. Essa tecnologia, como observou ele,

> tornou o sexo não apenas uma preocupação secular, mas também uma preocupação do Estado: para ser mais exato, o sexo se tornou uma questão que exigia que o corpo social como um todo e virtualmente todos os seus indivíduos se colocassem sob vigilância.[27]

A sexualização do corpo feminino tem sido, com efeito, uma das figuras ou objetos de conhecimento favoritos nos discursos da ciência médica, da religião, arte, literatura, cultura popular e assim por diante. A partir de Foucault surgiram vários estudos abordando o tópico, com maior ou menor explicitação, em seu arcabouço metodológico histórico;[28] mas a conexão entre a mulher e a sexualidade, e a identificação do sexual com o corpo feminino, tão difundidas na cultura ocidental, já há muito vêm sendo uma das preocupações centrais da crítica feminista e do movimento de mulheres independentemente, é lógico, de Foucault. A crítica de cinema feminista, em particular, já vinha abordando a questão num arcabouço conceitual que, embora não derivado de Foucault, não lhe é totalmente estranho.

Algum tempo antes da publicação do volume I da *História da sexualidade* na França (*La volonté de savoir*, 1976), teóricas feministas na área do cinema vinham escrevendo sobre a sexualização das estrelas do cinema em filmes narrativos e analisando as técnicas cinematográficas (iluminação, enquadramento, edição etc.) e códigos cinemáticos específicos (por exemplo, a maneira de olhar) que constroem a mulher como imagem, como objeto do olhar voyeurista do espectador; e vinham desenvolvendo não somente uma descrição, mas também uma crítica dos discursos psicossocial, estético e filosófico subjacentes à representação do corpo feminino como lócus primário da sexualidade e prazer visual.[29] A compreensão do cinema como uma tecnologia social, como "aparelho cinemático", desenvolveu-se na teoria do filme paralela a – mas independentemente – de Foucault; ao contrário, como sugere a palavra aparelho, essa compreensão foi diretamente influenciada pelo trabalho de Althusser e de Lacan.[30] Não há dúvida, de qualquer modo, de que o cinema – o aparelho cinematográfico – é uma tecnologia de gênero, como argumentei em *Alice Doesn't* (se não exatamente nestes termos, pelo menos de modo convincente).

A teoria do aparelho cinematográfico se preocupa mais do que Foucault em responder a ambas as partes de meu questionamento inicial: não apenas o modo pelo qual a representação de gênero é construída pela tecnologia específica, mas também como é subjetivamente absorvida pelas pessoas a que se dirige. Para a segunda parte da questão, a ideia crucial é o conceito de plateia, que a teoria feminista estabeleceu como um conceito marcado pelo gênero; o que equivale a dizer que as maneiras pelas quais cada pessoa é interpelada pelo filme, as maneiras pelas quais sua identificação é solicitada e estruturada no filme específico,[31] estão íntima e intencionalmente relacionadas ao gênero do espectador. Tanto nos estudos críticos quanto nas práticas feministas de cinema, a exploração da plateia feminina vem nos proporcionando análise mais sutilmente articulada do modo pelo qual as mulheres apreciam filmes e formas cada vez mais sofisticadas de interpelação na cinematografia.

Esse trabalho crítico vem produzindo conhecimentos de cinema e da tecnologia do sexo a que a teoria de Foucault, em seus próprios termos, não poderia chegar; pois lá a sexualidade não é entendida como "gendrada", como tendo uma forma masculina e outra feminina, e sim como idêntica para todos – e consequentemente masculina. Não estou falando da libido, que Freud disse ser apenas uma – o que eu acho que pode ser correto. Refiro-me aqui à sexualidade como construção e autorrepresentação; e nesse caso, com uma forma masculina e outra feminina, embora na conceitualização patriarcal ou androcêntrica a forma feminina seja uma projeção da masculina, seu oposto complementar, sua extrapolação – assim como a costela de Adão. De modo que, mesmo quando localizada no corpo da mulher (vista, como escreveu Foucault, "como que completamente saturada de sexualidade"),[32] a sexualidade é percebida como atributo ou propriedade do masculino.

Conforme coloca Lucy Bland em resposta a um artigo sobre a construção histórica da sexualidade na linha foucaultiana – artigo esse que, como não é de surpreender, omite o que ela considera "um dos aspectos centrais da construção histórica da sexualidade, a saber, sua construção como especificidade de gênero" – as várias concepções da sexualidade na história ocidental, embora diferentes entre si, basearam-se no "perene contraste entre a sexualidade 'masculina' e a 'feminina'".[33] Em outras palavras, a sexualidade feminina tem sido invariavelmente definida tanto em oposição quanto em relação à masculina. A concepção que as primeiras feministas, na virada do século, tinham da sexualidade não era exceção: quer clamassem por "pureza" e se opusessem à atividade sexual, vendo-a como forma de rebaixar a mulher ao nível do homem, quer clamassem pela livre expressão da função "natural" e da qualidade "espiritual" do sexo por parte da mulher, o sexo significava sempre relações heterossexuais e, principalmente, penetração. É apenas com o feminismo contemporâneo que surgem os conceitos de sexualidade feminina diferente ou autônoma e de identidades sexuais femininas não relacionadas ao homem. Mas, mesmo assim, observa Bland, "deslocar o ato sexual, como penetração, do centro da atividade sexual constitui uma tarefa com a qual nos defrontamos ainda hoje":[34]

> A polaridade "masculino"/"feminino" tem sido e ainda é um dos temas centrais de quase todas as representações da sexualidade. De acordo com o "senso comum", as sexualidades masculina e feminina aparecem como distintas: a sexualidade masculina é considerada ativa, espontânea, genital, facilmente suscitada por "objetos" e pela fantasia, enquanto a sexualidade feminina é vista em termos de sua relação com a sexualidade masculina, como basicamente expressiva e responsiva à masculina.[35]

Daí o paradoxo que macula a teoria de Foucault, e outras teorias contemporâneas radicais, mas androcêntricas: buscando combater a tecnologia social que produz a sexualidade e a opressão sexual, essas teorias (e suas respectivas políticas) negam o gênero. Negar o gênero significa, em primeiro lugar, negar as relações sociais de gênero que constituem e validam a opressão sexual das mulheres; e, em segundo lugar, significa permanecer "dentro da ideologia", de uma ideologia que não coincidentemente, embora não intencionalmente, reverte em benefício do sujeito do gênero masculino.

No livro coletivo *Changing the Subject*, suas autoras discutem a importância e os limites da teoria do discurso e desenvolvem suas propostas teóricas com base em uma crítica e uma aceitação das premissas básicas do pós-estruturalismo e da desconstrução.[36] Aceitam, por exemplo, "o deslocamento pós-estruturalista do sujeito unitário e a revelação de seu caráter constituído e não constitutivo",[37] mas mantêm que a desconstrução do sujeito unificado, o indivíduo burguês ("o sujeito-como-agente"), não é suficiente para uma compreensão exata da subjetividade. Especialmente no capítulo "Gender difference and the production of subjectivity", de Wendy Hollway, postula-se que o que explica o conteúdo das diferenças de gênero são os significados diferenciados quanto ao gênero e às posições diferenciadas colocadas à disposição de homens e mulheres no discurso. Assim, por exemplo, como todos os discursos sobre a sexualidade são diferenciados quanto ao gênero e, portanto, múltiplos (há pelo menos dois em cada caso específico ou momento histórico), as mesmas práticas de (hetero-) sexualidade possivelmente "significam coisas diferentes para mulheres e para homens, porque estão sendo lidos por meio de discursos diferentes".[38]

O trabalho de Hollway trata do estudo das relações heterossexuais como "o lócus primário, onde a diferença de gênero é reproduzida",[39] e se baseia na análise de materiais empíricos extraídos de narrativas pessoais de relacionamentos heterossexuais. Seu projeto teórico consiste na pergunta "como podemos entender a diferença de gênero de um modo que possa explicar mudanças?"

> Se não fizermos essa pergunta, a mudança de paradigma de uma teoria biologista para uma teoria discursiva da diferença de gênero não trará muito progresso. Se o conceito de discurso apenas substituir o conceito de ideologia, só nos resta uma entre duas possibilidades. Ou verificamos que os discursos se repetem mecanicamente, ou – e esta é a tendência da teoria materialista da ideologia – que mudanças na ideologia são consequência de mudanças nas condições materiais. De acordo com esta utilização da teoria do discurso, as pessoas são vítimas de certos sistemas de ideias que lhes são extrínsecos. O determinismo discursivo se vê face a face com a velha questão de agenciamento típica dos determinismos sociais.[40]

A "falha" na teoria de Foucault, conforme aponta Hollway, reside na explicação que ele dá sobre mudanças históricas em discursos. "Ele enfatiza a relação mutuamente constitutiva entre poder e conhecimento: como um constitui o outro para produzir as verdades de uma certa época." Em vez de equiparar poder com opressão, Foucault vê o poder como produtor de significados, valores, conhecimentos e práticas, e, intrinsecamente, nem positivo nem negativo. Entretanto, observa Hollway, "ele ainda não explica de que maneira as pessoas se constituem como resultado do fato de certas verdades e não outras estarem em voga."[41] Hollway reformula, então, e redistribui o conceito de poder de Foucault, sugerindo que o poder é o que motiva (não necessariamente de modo consciente ou racional) os "investimentos" feitos pelas pessoas nas posições discursivas. Se em um dado momento existem vários discursos sobre a sexualidade competindo entre si e mesmo se contradizendo – e não uma única, abrangente ou monolítica ideologia –, então o que faz alguém se posicionar num certo discurso e não em outro é um "investimento" (termo traduzido do alemão *besetzung*, palavra empregada por Freud e expressa em inglês por *eathexis*), algo entre um comprometimento emocional e um interesse investido no poder relativo (satisfação, recompensa, vantagem) que tal posição promete (mas não necessariamente garante).

A formulação de Hollway é uma tentativa interessante de reconceitualizar o poder de tal modo que o agenciamento (e não a escolha) passe a ser percebido pelo sujeito, especialmente por sujeitos que tenham sido (considerados) "vítimas" da opressão social ou especialmente desautorizados pelo monopólio discursivo do binômio poder-conhecimento. Tal formulação pode explicar, por exemplo, não apenas por que as mulheres (pessoas de um gênero) têm historicamente feito investimentos diferentes e, consequentemente, tomado posições diversas quanto ao gênero e às práticas e identidades sexuais (celibato, monogamia, não monogamia, frigidez, papéis sexuais, lesbianismo, heterossexualidade, feminismo, antifeminismo, pós-feminismo etc.); mas pode explicar também o fato de que "outras importantes dimensões da diferença social, como classe, raça e idade cruzam o gênero para favorecer ou desfavorecer certas posições",[42] como sugere Hollway. No entanto, sua conclusão de que "toda relação e toda prática é um lócus potencial de mudança tanto quanto um lócus de reprodução" não nos indica qual a relação que o potencial de mudança nas relações de gênero – tanto na percepção quando na realidade social – pode ter com a hegemonia dos discursos.

Como as mudanças de percepção afetam ou alteram os discursos dominantes? Ou, em outras palavras, que investimentos resultam em maior poder? Se dizemos, por exemplo, que certos discursos e práticas, embora marginais em relação a instituições, mas mesmo assim causadores de rupturas e oposições (por exemplo, as organizações coletivas de cinema e de saúde femininas, os grupos de estudos da mulher e de estudos afro-americanos que alteram o cânone literário e os currículos universitários, a crítica emergente do discurso colonial), têm o poder de "implantar" novos objetos e formas de conhecimento em certos sujeitos, pode-se concluir que tais discursos antagônicos podem se tornar dominantes ou hegemônicos? Em caso afirmativo, como? Ou será que precisam necessariamente se tornar dominantes para que as relações sociais se modifiquem? Em caso negativo, como poderão ser alteradas as relações de gênero? Ou, reformulando todas essas perguntas numa só: se, conforme escreve Hollway, "a diferença de gênero é (...) reproduzida nas interações cotidianas de casais heterossexuais, através da negação do caráter não unitário, não racional e relacional da subjetividade",[43] o que irá persuadir as mulheres a investirem em outros posicionamentos, em outras fontes de poder capazes de alterar as relações de gênero, quando elas já assumiram a posição em questão (a da parte feminina do casal) exatamente porque ela já lhes garante, como mulheres, um certo poder relativo?

O que estou querendo demonstrar, mesmo concordando com Hollway na maior parte de seu argumento e apreciando seu esforço para redistribuir o poder entre a maioria de nós, é que a teorização do poder "relativo" daqueles oprimidos pelas relações sociais atuais como positivo carece de algo mais radical, ou talvez mais drástico, do que ela parece disposta a arriscar. O problema é complicado pelo fato de que os investimentos analisados por Hollway se encontram firmados e garantidos por um contrato heterossexual; isto é, seu objeto de estudo é exatamente o lócus onde as relações de gênero – e, portanto, a ideologia de gênero – são reproduzidas na vida diária. Quaisquer mudanças que possam resultar disso, independentemente da forma em que possam ocorrer, provavelmente não passarão de mudanças de "diferença de gênero", e não mudanças nas relações sociais de gênero: mudanças, enfim, na direção de maior ou menor "igualdade" da mulher em relação ao homem.

Eis aqui, em grande evidência, o problema no conceito de diferença(s) sexual(ais), com sua força conservadora limitando e trabalhando contra o esforço de repensar suas próprias representações. Acredito que, para pensar o gênero (homens e mulheres) de outra forma e para (re)construí-lo em termos outros que aqueles ditados pelo contrato patriarcal, precisamos nos afastar do referencial androcêntrico, em que o gênero e a sexualidade são (re)produzidos pelo discurso da sexualidade masculina – ou, como tão bem escreveu Luce Irigaray, da homossexualidade. Este artigo pretende ser um esboço de mapa para nortear os primeiros passos em direção a uma saída.

Posicionando-se num referencial bem diferente, Monique Wittig enfatizou o poder que têm os discursos de "violentar" as pessoas, uma violência que é material e física, embora produzida por discursos abstratos e científicos, bem como por discursos da mídia.

> Se o discurso dos sistemas teóricos modernos e da ciência social exerce algum tipo de poder sobre nós, é porque lida com conceitos que nos tocam de perto (...). Estes funcionam como conceitos primitivos em um conglomerado de disciplinas, teorias e ideias correntes que denominarei "da mente civilizada". (Ver *The savage mind,* de Claude Lévi-Strauss.) Referem-se a "mulher", "homem", "sexo", "diferença" e a uma série de conceitos que levam esta marca, incluindo conceitos como "história", "cultura" e o "real". E embora tenha-se aceito em anos recentes que não existe natureza, que tudo é cultura, permanece nessa cultura uma essência de natureza que resiste ao escrutínio, uma relação excluída do social na análise – uma relação cuja característica está inapelavelmente na cultura, assim como na natureza, e que é a relação heterossexual. Chamarei a isso de relação social obrigatória entre "homem" e "mulher".[44]

Ao argumentar que o "discurso da heterossexualidade nos oprime no sentido de que nos impede de nos falarmos a não ser que nos falemos em seus termos",[45] Wittig recupera o sentido da opressividade do poder imbricada nos conhecimentos institucionalmente controlados, um sentido que de certa forma se perdeu quando a ênfase passou a ser colocada na concepção foucaultiana do poder como produtivo e, consequentemente, como positivo. Mesmo sendo difícil negar que o poder produz conhecimentos, significados e valores, parece bastante óbvio que devemos distinguir entre os efeitos positivos e os efeitos opressivos de tal produção. E isso não é um problema apenas para a prática política, e sim, como nos lembra Wittig, uma questão a ser respondida especialmente pela teoria.

Posso então reescrever minha terceira proposição: a construção do gênero ocorre hoje através das várias tecnologias do gênero (por exemplo, o cinema) e discursos institucionais (por exemplo, a teoria), com poder de controlar o campo do significado social e assim produzir, promover e "implantar" representações de gênero. Mas os termos para uma construção diferente de gênero também existem, nas margens dos discursos hegemônicos. Propostos de fora do contrato social heterossexual, e inscritos em práticas micropolíticas, tais termos podem também contribuir para a construção do gênero, e seus efeitos ocorrem ao nível "local" de resistências, na subjetividade e na autorrepresentação. Voltarei a este último ponto na parte 4.

No último capítulo de *Alice Doesn't*, empreguei o termo *experiência* para designar o processo pelo qual a subjetividade é construída para todos os seres sociais. Procurei definir experiência mais exatamente como um complexo de efeitos, hábitos, disposições, associações e percepções significantes que resultam da interação semiótica do Eu com o mundo exterior (nas palavras de Charles Peirce). A constelação ou configuração de efeitos de significados que denomino "experiência" altera-se e é continuamente reformada, para cada sujeito, por meio de seu contínuo engajamento na realidade social, uma realidade que inclui – e, para as mulheres, de forma capital – as relações sociais de gênero. Conforme comecei a argumentar naquele livro, seguindo as concepções críticas de Virgínia Woolf e de Catharine MacKinnon, a subjetividade e a experiência femininas residem necessariamente numa relação específica com a sexualidade. E, embora não suficientemente desenvolvida, essa observação me sugere que o que eu estava tentando definir com o conceito de um complexo de hábito, associações, percepções e disposições que nos "engendram" como femininas era, na verdade, a experiência de gênero, os efeitos de significado e as autorrepresentações produzidas no sujeito pelas práticas, discursos e instituições socioculturais dedicados à produção de homens e mulheres. E não foi por acaso, então, que minhas análises se preocupavam com o cinema, a narrativa e a teoria. Pois esses já são, em si, tecnologias de gênero.

Mas afirmar que a teoria (um termo genérico para designar qualquer discurso teórico que busque explicar certo objeto de conhecimento, e que efetivamente construa esse objeto em um campo de significado como sendo seu próprio domínio de conhecimento, domínio este frequentemente chamado de "disciplina") é uma tecnologia de gênero pode parecer

142

paradoxal, tendo em vista o que venho lamentando nestas páginas, ou seja, que as teorias disponíveis para nos ajudar a mapear a passagem da socialidade à subjetividade, dos sistemas simbólicos à percepção individual, ou de representações culturais à autorrepresentação – uma passagem em espaço descontínuo, devo acrescentar – ou não se preocupam com o gênero ou não são capazes de conceber um sujeito feminino.[46] Ou não se preocupam com o gênero, como as teorias de Althusser ou de Foucault, os primeiros trabalhos de Julia Kristeva ou de Umberto Eco; ou então, se se preocupam com o gênero, como faz a teoria freudiana da psicanálise (mais do que qualquer outra, na verdade, com exceção da teoria feminista) e se oferecem, então, um modelo de construção de gênero na diferença sexual, mesmo assim o mapa que traçam do terreno entre a socialidade e a subjetividade deixa o sujeito feminino desesperadamente atolado nos pântanos do patriarcado, ou encalhado entre o mar e o rochedo. Entretanto, e é esse meu argumento aqui, tanto as teorias quanto as ficções nelas inspiradas contêm e promovem certas representações de gênero, assim como faz o cinema.

Um bom exemplo disso é o brilhante trabalho de Kaja Silverman sobre a subjetividade e a linguagem na psicanálise. Argumentando que a subjetividade é produzida por meio da linguagem e que o sujeito humano é um sujeito semiótico e, portanto, gendrado, Silverman faz um corajoso esforço, em suas palavras, "para criar um espaço para o sujeito feminino em suas páginas, mesmo que o espaço seja apenas negativo".[47] Com efeito, no arcabouço lacaniano de sua análise, a questão do gênero não encontra espaço, e o sujeito feminino consegue ser definido apenas vagamente como "um ponto de resistência"[48] à cultura patriarcal, como "potencialmente subversivo",[49] ou como negativamente estruturado "em relação ao falo".[50] Essa negatividade da mulher, o fato de ela carecer das leis e dos processos de significação ou de transcendê-los, tem a sua contrapartida na teoria psicanalítica pós-estruturalista, no conceito da feminilidade como condição privilegiada, uma proximidade à natureza, ao corpo, ao lado maternal ou ao inconsciente. No entanto, somos alertadas, tal feminilidade é puramente representação, um posicionamento inserido no modelo fálico de desejo e significação; não se trata de uma qualidade ou de uma propriedade da mulher. O que significa dizer que a mulher, como sujeito do desejo ou da significação, é irrepresentável, a não ser como representação.

Mas, mesmo ao divergir da versão lacaniana predominante na crítica literária e na teoria do cinema, ao abordar a questão de como alguém se torna mulher (por exemplo, na teoria objeto-relacional, tanto ou até mais simpática às feministas do que Lacan ou Freud), a psicanálise define a mulher em relação ao homem, com base no mesmo referencial e com as mesmas categorias analíticas elaboradas para explicar o desenvolvimento psicossocial masculino. E é por isso que a psicanálise não aborda, e não pode abordar, a complexa e contraditória relação entre mulheres e Mulher, o que passa então a definir como uma simples equação: mulheres = Mulher = Mãe. E isso, conforme já sugeri, é um dos efeitos mais profundamente arraigados da ideologia de gênero.

Antes de passar a considerar as representações de gênero contidas em outros discursos atuais de interesse para o feminismo, quero retomar um pouco meu posicionamento pessoal em relação a como compreender o gênero, seja pela leitura crítica da teoria, seja pelas mudanças na configuração de minha experiência como feminista e teórica. Se fui capaz de perceber, embora não tenha conseguido formular em meus primeiros trabalhos, que o cinema e as teorias narrativas eram tecnologias de gênero,[51] não foi apenas por ter lido Foucault e Althusser (eles não falavam sobre gênero), Woolf e MacKinnon (elas falavam), mas também porque eu tinha absorvido como experiência pessoal (em minha própria história e envolvimento na realidade social e nos espaços "gendrados" das comunidades feministas) o método analítico e crítico feminista, a prática da autoconscientização. Pois a compreensão da condição pessoal de ser mulher em termos sociais e políticos e a constante revisão, reavaliação e reconceitualização dessa condição, vis-à-vis à compreensão que outras mulheres têm de suas posições sociossexuais, geram um modo de apreender a realidade social como um todo que é derivado da conscientização de gênero. E, com base nesse entendimento, nesse conhecimento pessoal, íntimo, analítico e político da universalidade do gênero, não há como retomar a inocência da "biologia".

É por essa razão que não consigo compartilhar a crença de certas mulheres num passado matriarcal, ou numa esfera "matrística" contemporânea, presidida pela Deusa, um mundo de tradição feminina, marginal e subterrâneo, e ainda assim totalmente bom e positivo, pacífico, ecologicamente correto, matrilinear, matrifocal, não indo-europeu, e assim por diante: em resumo, um mundo intocado pela ideologia, pelos conflitos de classe e raça, pela televisão – um mundo não perturbado pelas exigências contraditórias e pelas recompensas opressoras do gênero, como o que eu, e certamente também essas mulheres, experimentamos diariamente. Por outro lado, e pelas mesmas razões, acho igualmente impossível rejeitar o gênero, quer como uma ideia essencialista e mítica do tipo que acabo de descrever, quer como a ideia liberal-burguesa difundida pela mídia: algum dia, em um futuro próximo, de alguma forma, as mulheres terão carreiras, seus próprios sobrenomes e propriedades, filhos, maridos e/ou amantes mulheres de acordo com a preferência – e tudo sem alterar as relações sociais existentes e as estruturas heterossexuais às quais nossa sociedade e a maioria das outras estão firmemente atreladas.

Até mesmo essa descrição, que devo admitir honestamente, aparece como pano de fundo de um certo discurso feminista sobre o gênero, mesmo este estado ideal de igualdade de gênero não basta para me dissuadir de reivindicar o gênero como uma questão radical para a teoria feminista. E assim chego à última das quatro proposições.

4

O estado ideal da igualdade de gênero, conforme acabo de descrever, é um alvo fácil para os desconstrucionistas. Concordo. (Embora não seja apenas uma fabricação, pois é por assim dizer uma representação real; basta ir ao cinema para constatar sua existência.) Mas apesar dos óbvios exemplos da representação ideológica do gênero no cinema, em que a intencionalidade da tecnologia é virtualmente colocada em primeiro plano na tela; e apesar da psicanálise, cuja prática médica é muito mais uma tecnologia de gênero do que uma teoria, existem outros esforços mais sutis para reprimir o trauma do gênero – a potencial ruptura da estrutura social e do privilégio masculino branco que ocorreria se essa crítica feminista do gênero como produção ideo-tecnológica pudesse se generalizar.

Consideremos, por exemplo, a nova onda da crítica feminista feita por homens recentemente. Filósofos escrevendo no feminino, críticos lendo no feminino, o homem no feminismo – de que se trata tudo isso? Obviamente é uma *homem-nagem* (o trocadilho é por demais tentador para não o usar), mas com que finalidade? Na maioria das vezes, através de pequenas menções ou trabalhos ocasionais, tais referências não apoiam ou valorizam o projeto feminista em si na academia. O que valorizam e legitimam são certas posições do feminismo acadêmico, posições que acomodam os interesses pessoais do crítico ou as preocupações teóricas androcêntricas, ou ambas.[52]

Conforme observado na introdução de uma recente coletânea de artigos, *Gender and Reading*, há evidência de que os homens são "leitores antagonistas" da ficção feminina. Mais exatamente, "não é que os homens não possam ler textos escritos por mulheres; é que eles *não querem*."[53] Tanto quanto nos mostra a teoria, essa evidência pode ser facilmente constatada na observação do índice de autores de qualquer livro que não se identifique especificamente como feminista. A pobreza de referências a críticas feministas e femininas é tão constante que se pode ficar tentada, como o foi Elaine Showalter, a receber com satisfação "o ingresso na crítica feminista de [renomados] teóricos do sexo masculino".[54] E a tentação pode ser irresistível se, assim como as editoras de *Gender and Reading*, preocuparmos-nos com que "as discussões de *diferenças de gênero* não impeçam o reconhecimento de variabilidade individual e a base comum compartilhada por *todos os seres humanos* [grifos nossos]."[55]

Os limites e a deficiência desta visão de gênero como "diferença de gênero" se tornam especialmente visíveis quando, em um dos artigos da coletânea, que propõe "Uma teoria para leitoras lésbicas", Jean Kennard concorda com Jonathan Culler (citando Showalter) e reinscreve as palavras dele-dela diretamente em suas próprias palavras: "Ler como lésbica não é necessariamente o que acontece quando uma lésbica lê (...). A hipótese de uma leitora lésbica altera nossa apreensão de um certo texto."[56] Ironicamente, ou, devo dizer, graças à justiça poética, essa última frase contradiz e se opõe ao projeto crítico da própria Kennard, claramente exposto em páginas anteriores:

> O que quero aqui sugerir é uma teoria de leitura que não simplifique excessivamente o conceito de identificação, que não apague a diferença lésbica dentro de um universal feminino (...). E uma tentativa de sugerir um modo para as lésbicas relerem e escreverem a respeito de textos.[57]

A ironia reside no fato de que a afirmação de Culler – seguindo a desconstrução derridiana, que é o contexto de sua afirmação – pretende equiparar gênero a diferença(s) discursiva(s), diferenças que são efeitos da linguagem ou posições dentro do discurso, e assim efetivamente independentes do gênero do leitor (conceito de diferença já mencionado a propósito da crítica feita a ele por Michèle Barrett). O que Kennard está sugerindo, então, é que Culler pode ler não apenas como mulher, mas também como lésbica, o que iria "incluir a diferença lésbica" não apenas "dentro de um feminino universal", mas também dentro de um masculino universal (que o próprio Jonathan Culler pode nem aceitar representar, em nome da *différance*). A justiça poética é bem-vinda pelo fato de a intuição crítica e a suposição inicial de Kennard (de que as lésbicas não leem da mesma forma que as mulheres comprometidas com a heterossexualidade ou que os homens) serem bastante acertadas, na minha opinião; no entanto, elas precisam ser justificadas por outros meios que não as teorias masculinas de leitura ou a psicologia Gestalt (pois além de Lacan e Derrida, através de Culler, Kennard deriva sua teoria de "leitura polar" da teoria das características opostas ou "polaridades" de Joseph Zinker). Para fins da presente discussão, a justiça poética pode ser representada pela crítica que Tania Modleski faz da "hipótese" de Showalter-Culler.

Para Culler, cada estágio da crítica feminista torna ainda mais problemática a ideia de "experiência feminina". Ao questionar esse conceito, Culler consegue abrir espaço para interpretações feministas masculinas de textos literários. Assim, em um certo momento ele cita a observação de Peggy Kamuf sobre o feminismo como forma de leitura e toma emprestado um termo, ironicamente de Elaine Showalter, para sugerir que "ler como mulher" não está, em última análise, vinculado ao gênero do leitor real: repetidamente Culler fala da necessidade de o crítico adotar o que Showalter denominou a "hipótese" de uma leitora mulher em vez de invocar a experiência de leitores reais.[58]

Depois, demonstrando que Culler aceita a explicação freudiana em *Moses and Monotheism* e, a partir daí, passa a considerar que uma crítica literária que busque determinar os significados legítimos de um texto deve ser vista como "patriarcal", Modleski sugere que o próprio Culler é patriarcal, "exatamente no momento em que se afigura como mais feminista – quando usurpa para si e para outros críticos masculinos a habilidade de ler como mulher, criando uma hipótese de leitoras mulheres".[59] Uma crítica feminista, conclui ela, deve rejeitar "a hipótese de uma leitora mulher" e promover em seu lugar a "leitora feminina real".[60]

Paradoxalmente, algumas das tentativas mais sutis de conter esse trauma de gênero se inscrevem nos discursos teóricos que mais explicitamente procuram desconstruir o *status quo* no texto da cultura ocidental: a filosofia anti-humanista e o próprio desconstrucionismo derridiano, conforme modificado pelos estudos literários e textuais da academia anglo-americana. Em sua análise do conceito de feminilidade na filosofia francesa contemporânea, Rosi Braidotti encontra o ponto central de suas preocupações: a crítica da racionalidade, a desmistificação da subjetividade unificada (o indivíduo como sujeito do conhecimento), e a investigação da cumplicidade entre conhecimento e saber. A crítica radical da subjetividade, argumenta, "tem se concentrado em um certo número de questões a respeito da função e do status da 'feminilidade' no arcabouço conceitual do discurso filosófico".[61] Esse interesse parece ser "uma coocorrência extraordinária de fenômenos: o renascimento do movimento de mulheres, de um lado, e a necessidade de reexaminar as bases do discurso racional sentida pela maioria dos filósofos europeus", de outro lado. Braidotti discute então as várias formas assumidas pela feminilidade no trabalho de Deleuze, Foucault, Lyotard e Derrida, e, simultaneamente, a constante recusa de cada um em identificar a feminilidade com mulheres reais. Ao contrário, somente quando abandonarem a insistência na especificidade sexual (gênero), as mulheres, na ótica deles, serão o grupo social mais bem qualificado (porque oprimidas pela sexualidade), tornando possível um sujeito radicalmente "outro", descentrado e dessexualizado.

E é assim que, deslocando a questão do gênero para uma figura a-histórica, puramente textual da feminilidade (Derrida); ou transportando a base sexual do gênero para além da diferença sexual, para um corpo de prazeres difusos (Foucault) e superfícies libidinalmente investidas (Lyotard) ou para um lócus corporal de afetividade indiferenciada e, portanto, um sujeito livre da autorrepresentação e dos limites da identidade (Deleuze); e, finalmente, deslocando a ideologia e também a realidade – a historicidade – do gênero para esse sujeito difuso, descentrado ou desconstruído (mas certamente não feminino), ainda que paradoxalmente, essas teorias farão seu apelo às mulheres, denominando "tornar-se mulher" (*devenir-femme*) o processo desse deslocamento.

Em outras palavras, somente negando a diferença sexual (e o gênero) como componentes da subjetividade em mulheres reais e, consequentemente, negando a história da opressão e da resistência política das mulheres, bem como a contribuição epistemológica do feminismo para a redefinição da subjetividade e da socialidade, é que os filósofos podem ver nas "mulheres" o repositório privilegiado do "futuro da humanidade". Isso, observa Braidotti, "nada mais é do que o velho hábito mental [dos filósofos] de pensar o masculino como sinônimo de universal (...), o velho hábito de transformar as mulheres em metáfora".[62] O fato de esse hábito ser anterior ao sujeito cartesiano, e, portanto, mais difícil de ser eliminado, pode explicar o predominante descaso e até mesmo absoluto desprezo que intelectuais masculinos demonstram pela teorização feminista, apesar de gestos ocasionais em direção às "lutas das mulheres" ou da concessão de status político ao movimento de mulheres. Isso não deve impedir, e com efeito não impede, que teóricas feministas leiam, releiam e reescrevam seus trabalhos.

Pelo contrário, a necessidade que tem a teoria feminista de continuar sua crítica radical dos discursos dominantes sobre gênero, como esses, mesmo quando procuram eliminar a diferença sexual completamente, torna-se mais urgente a partir do momento que se tomou a palavra *pós--feminismo* (e não em vão). Esse tipo de desconstrução do sujeito é efetivamente a maneira de reter as mulheres na feminilidade (Mulher) e de reposicionar a subjetividade feminina *dentro* do sujeito masculino, seja lá como for definido. Além disso, impede a entrada do sujeito social emergente a que esses discursos dizem tentar se dirigir, um sujeito constituído por meio de uma multiplicidade de diferenças na heterogeneidade discursiva e material. Novamente, então, reescrevo: *se a desconstrução do gênero inevitavelmente causa a (re)construção, a pergunta é, em que termos e no interesse de quem está sendo feita essa des-reconstrução?*

Voltando agora ao problema que procurei elucidar na discussão sobre o ensaio de Jean Kennard, a dificuldade que encontramos ao teorizar a construção da subjetividade na textualidade aumenta consideravelmente, e a tarefa se torna proporcionalmente mais urgente quando a subjetividade em questão se encontra "engendrada" em uma relação com a sexualidade que é absolutamente irrepresentável nos termos dos discursos hegemônicos sobre a sexualidade e sobre o gênero. O problema, comum a todas as pesquisadoras e professoras feministas, é aquele que enfrentamos quase que diariamente em nosso trabalho, a saber: a maioria das teorias de leitura, escrita, sexualidade e ideologia disponíveis, ou qualquer outra produção cultural, são construídas sobre narrativas masculinas de gênero, edipianas ou antiedipianas, que se encontram presas

149

ao contrato heterossexual; narrativas que tendem a se reproduzir persistentemente nas teorias feministas. E essa tendência irá se tornar realidade, a não ser que se resista constantemente, suspeitando-se dela. O que é a razão pela qual a crítica de todos os discursos a respeito do gênero, inclusive aqueles produzidos ou promovidos como feministas, continua a ser uma parte tão vital do feminismo quanto o atual esforço para criar novos espaços de discurso, reescrever narrativas culturais e definir os termos de outra perspectiva – uma visão de "outro lugar".

Se essa visão não é encontrada em lugar algum, não é dada em um único texto, não é reconhecível como representação, não é devido ao fato de que nós – feministas, mulheres – não tenhamos conseguido produzi-la. É, antes, que o que produzimos não é reconhecido, exatamente, como representação. Pois esse "outro lugar" não é um distante e mítico passado, nem a história de um futuro utópico: é o outro lugar do discurso aqui e agora, os pontos cegos, ou o *space-off* de suas representações. Eu o imagino como espaços nas margens dos discursos hegemônicos, espaços sociais entalhados nos interstícios das instituições e nas fendas e brechas dos aparelhos de poder-conhecimento. É aí que os termos de uma construção diferente do gênero podem ser colocados – termos que tenham efeito e que se afirmem no nível da subjetividade e da autorrepresentação: nas práticas micropolíticas da vida diária e das resistências cotidianas que proporcionam agenciamento e fontes de poder ou investimento de poder; e nas produções culturais das mulheres, feministas, que inscrevem o movimento dentro e fora da ideologia, cruzando e recruzando as fronteiras – e os limites – da(s) diferença(s) sexual(ais).

Quero esclarecer bem este movimento de cruzar e recruzar os limites da diferença sexual. Não estou me referindo ao movimento de um espaço para outro que esteja além e fora dele: digamos, do espaço de uma representação, da imagem produzida pela representação em um campo discursivo ou visual, para o espaço fora da representação, o espaço fora do discurso, que seria então considerado "real"; ou, como diria Althusser, do espaço da ideologia para o espaço do conhecimento científico e real; ou do espaço simbólico construído pelo sistema de sexo-gênero para uma "realidade" externa a ele. Pois, obviamente, não existe nenhuma realidade social para uma dada sociedade fora de seu sistema particular de sexo-gênero (as categorias mutuamente exclusivas e exaustivas de masculino e feminino). O que quero dizer, ao contrário, é um movimento a partir do espaço representado por/em uma representação, por/em um discurso, por/em um sistema de sexo-gênero para o espaço não representado, mas implícito (não visto) neles.

Há pouco usei a expressão *space-off*, emprestada da teoria do cinema: o espaço não visível no quadro, mas que pode ser inferido daquilo que a imagem torna visível. No cinema clássico ou comercial, o *space-off* é, de fato, apagado, ou melhor, reabsorvido e fechado na imagem pelas regras cinemáticas de narração (a mais importante entre elas é a do sistema de *shot/reverse shot*). Mas o cinema de vanguarda nos mostrou que o *space-off* existe concomitante e paralelamente ao espaço representado, tornando-se visível ao notar sua ausência no quadro ou na sucessão de imagens, e demonstrou que ele inclui não apenas a câmera (o ponto de articulação e perspectiva pelo qual a imagem é construída), mas também o espectador (o ponto onde a imagem é recebida, re-construída e re-produzida como subjetividade).

Mas o movimento para dentro e para fora do gênero como representação ideológica, que, conforme proponho, caracteriza o sujeito do feminismo, é um movimento de vaivém entre a representação do gênero (dentro de seu referencial androcêntrico) e o que essa representação exclui ou, mais exatamente, torna irrepresentável. Trata-se de um movimento entre o espaço discursivo (representado) das posições proporcionadas pelos discursos hegemônicos e o *space-off*, o outro lugar, desses discursos: esses outros espaços tanto sociais quanto discursivos, que existem, já que as práticas feministas os (re)construíram, nas margens (ou "nas entrelinhas" ou "ao revés"), dos discursos hegemônicos e nos interstícios das instituições, nas contrapráticas e em novas formas de comunidade. Esses dois tipos de espaço não se opõem um ao outro, nem se seguem numa corrente de significação, mas coexistem concorrentemente e em contradição. O movimento entre eles, portanto, não é o de uma dialética, integração, combinatória, ou o da *différance*, mas sim a tensão da contradição, da multiplicidade, da heteronomia.

Se nas narrativas mestras, cinemáticas ou não, os dois tipos de espaço são reconciliados e integrados, assim como o homem contém a mulher em sua humanidade, na homossexualidade, mesmo assim as produções culturais e as práticas micropolíticas do feminismo têm mostrado que se trata de espaços separados e heteronômicos. Portanto, habitar os dois tipos de espaço ao mesmo tempo significa viver uma contradição que, como sugeri, é a condição do feminismo aqui e agora: a tensão de uma dupla força em direções contrárias – a negatividade crítica de sua teoria, a positividade afirmativa de sua política – é tanto a condição histórica da existência do feminismo quanto sua condição teórica de possibilidade. O sujeito do feminismo é "engendrado" lá. Isto é, em outro lugar.[63]

ORIGINALMENTE PUBLICADO SOB O TÍTULO "THE TECHNOLOGY OF GENDER" NO LIVRO *TECHNOLOGIES OF GENDER: ESSAYS ON THEORY, FILM AND FICTION*, BLOOMINGTON: INDIANA UNIVERSITY PRESS, 1987, P. 1-30. TRADUÇÃO DE SUSANA BORNÉO FUNCK IN *TENDÊNCIAS E IMPASSES: O FEMINISMO COMO CRÍTICA DA CULTURA*, HELOISA BUARQUE DE HOLLANDA (ORG.), RIO DE JANEIRO: ROCCO, 1994, P. 206-242.

NOTAS

1. N.T.: Utilizo o termo "gendrado" para designar "marcado por especificidades de gênero". Assim, penso poder conservar o jogo que a autora faz entre os termos "gendrado" e "engendrado".
2. Para maior discussão desses termos, ver Teresa de Lauretis (ed.), *Feminist Studies/Critical Studies*, Bloomington: Indiana University Press, 1986, especialmente os artigos de Sandra O'Neale e Mary Russo.
3. Michel Foucault, *The History of Sexuality: vol. 1, An Introduction*, Robert Hurey (trad.), Nova York: Vintage Books, 1980, p. 127.
4. Lembro-me de um trabalho de Roman Jakobson intitulado "O sexo dos corpos celestes", no qual, após analisar o gênero das palavras sol e lua numa grande variedade de línguas, chega à estimulante conclusão de que não se pode detectar nenhum modelo que apoie a ideia de uma lei universal determinante da masculinidade ou da feminilidade do sol ou da lua. Pelo que levantamos as mãos aos céus!
5. Existem outras bem conhecidas exceções na língua inglesa, como o feminino empregado para navios, carros e países. Ver Dale Spender, *Man Made Language*, Londres: Routledge & Kegan Paul, 1980, para questões relativas à pesquisa sociolinguística do feminismo anglo-americano. Com respeito à questão filosófica do gênero na linguagem, em especial à subversão das práticas da escrita com o uso estratégico de pronomes pessoais, ver Monique Wittig, "The Mark of Gender", *Feminist Issues*, vol. 5, nº 2, outono 1985, p. 3-12.
6. Ver Sherry B. Ortner e Harriet Whitehead, *Sexual Meanings: the Cultural Construction of Gender and Sexuality*, Cambridge: Cambridge University Press, 1980. O termo "sistema de sexo-gênero" foi empregado pela primeira vez por Gayle Rubin, "The Traffie in Women: Notes on the 'Political Economy' of Sex", in *Toward an Anthropology of Women*, Rayna Reiter (ed.), Nova York: Monthly Review Press, 1975, p. 157-210.
7. Jane F. Collier e Michelle Zimbalist Rosaldo, "Politics and Gender in Simples Societies", in Sherry Ortner e Harriet Whitehead, op. cit., p. 275. No mesmo volume, ver também Sherry B. Ortner, "Gender and Sexuality in Hierarchical Societies", p. 359-409.
8. Louis Althusser, "Ideology and Ideological State Apparatuses (Notes Towards an Investigation)", in *Lenin and Philosophy*, Nova York: Monthly Review Press, 1971, p. 165.
9. Ver *The Woman Question: Selections from the Writings of Karl Marx, Frederich Engels, Vladimir Ilyich Lenin, Joseph Stalin*, Nova York: International Publishers, 1951.
10. Louis Althusser, op. cit., 1971, p. 171.
11. Uma boa exposição do contexto teórico do "sujeito da ideologia" de Althusser encontra-se em Catherine Belsey, *Critical Practice*, Londres: Methuen, 1980, p. 56-65. Na teoria lacaniana do sujeito, "a mulher" é, na verdade, uma categoria fundamental, mas como "fantasia" ou "sintoma"

para o homem, conforme explica Jacqueline Rose: "A mulher é construída como uma categoria absoluta (ao mesmo tempo excluída e admirada), uma categoria que parece garantir essa unidade ao lado do homem (...). O problema é que uma vez que o conceito de 'mulher' tenha sido exposto como fantasia, uma questão como essa [de sua *própria juissance*] torna-se uma questão quase impossível de se colocar". (*Feminine Sexuality: Jacques Lacan, and the Ècole Freudienne*, Juliet Mitchell e Jacqueline Rose (eds.), Nova York: W.W. Norton, 1982, p. 47-51). Sobre os sujeitos de Lacan e Althusser, ver Stephen Heath, "The Turn of the Subject", *Ciné-Tracts*, nº 8, 1979, p. 32-48.

12 Louis Althusser. op. cit., 1971, p. 171.

13 Michèle Barrett, "Ideology and the Cultural Production of Gender", in *Feminist Criticism and Social Change*, Judith Newton e Deborah Rosenfelt (eds.), Nova York: Methuen, 1985, p. 74.

14 Parveen Adams, "A Note on the Distinction between Sexual Division and Sexual Differences", *M/F*, nº 3, 1979, p. 52 [citado em Barrett, p. 67].

15 Parveen Adams, op. cit., 1979, p. 52, apud Barrett, p. 56.

16 Ibid., p. 57.

17 Michèle Barrett, "Ideology and the Cultural Production of Gender", in *Feminist criticism and social change*, Judith Newton e Deborah Rosenfelt (eds.), op. cit., p. 70-71.

18 Ibid., p. 83.

19 Joan Kelly, *Woman, History and Theory*, Chicago: University of Chicago Press, 1984, p. 58.

20 Ibid., p. 61.

21 Ibid., p. 57.

22 Ver, por exemplo, Patricia Hill Collins, "The Emerging Theory and Pedagogy of Black Women's Studies", *Feminist Issues*, vol. 6, nº 1, 1986, p. 3-17; Angela Davis, *Woman, Race and Class*, Nova York: Random House, 1981; e Bell Hooks, *Ain't I a Woman: Black Woman and Feminism*, Boston: Long Haul Press, 1981.

23 Teresa de Lauretis, *Alice Doesn't: Feminism, Semiotics, Cinema*, Bloomington: Indiana University Press, 1984.

24 Comentando a crítica feminista da ciência, Evelyn Fox Keller diz em *Reflections on Gender and Science* (New Haven: Yale University Press, 1985, p. 8): "Uma visão feminista da ciência nos leva a confrontar as raízes, a dinâmica e as consequências do (...) que poderia ser chamado de *science-gender system*. Leva-nos a indagar como as ideologias de gênero e da ciência influenciam-se mutuamente conforme vão sendo construídas, como a construção funciona em nossos arranjos sociais, e como os homens e as mulheres, a ciência e a natureza são afetados." Passando da "questão da mulher" na ciência para uma análise das diferentes epistemologias que informam a crítica feminista da ciência, Sandra Harding (*The Science Question in Feminism*, Ithaca, Nova York: Cornell University Press, 1986, p. 24 e 28-29) propõe algumas questões teóricas cruciais sobre as relações "entre o saber e o ser, entre a epistemologia e a metafísica" e as alternativas "às epistemologias dominantes desenvolvidas para satisfazer as modalidades científicas da busca do conhecimento e maneiras de se colocar no mundo". "As críticas feministas da ciência", argumenta ela, "produziram uma série de questões conceituais que ameaçam tanto nossa identidade cultural como uma sociedade democrática e socialmente progressista e nossas identidades pessoais como indivíduos de gêneros diferentes". Outra referência é adequada a esse contexto: Mary Ann Warren, *Cendercide*, Totowa: Rowman & Allanheld, 1985, um estudo da emergente "tecnologia de seleção sexual", resenhado por Shelley Minden em *Women's Review of Books*, fev 1986, p. 13-14.

25 *This Bridge Called my Back* foi originalmente publicado pela Persephone Press em 1981. Está disponível em sua segunda edição, reimpressa pela Kitchen Table: Women of Color Press, Nova York, 1983.

26 Ver, por exemplo, Cheryl Clark, "Lesbianism: An Act of Resistance", e Mirtha Quintanales, "I paid very hard for my immigrant ignorance", ambos em *This Bridge Called my Back*, op. cit., 1983; Cherrie Moraga, "From a long line of vendidas" e Sheila Bradford-Hill, "Considering Feminism as a Model of Social Change", ambos em Lauretis, *Feminist Studies/Critical Studies*; e Elly Bulkin, Minnie Bruce Pratt e Barbara Smith, *Yours in Struggle: Three Feminist Perspectives on Anti-semitism and Racism*, Nova York: Long Haul Press, 1984.

27 Michel Foucault, *The History of Sexuality: vol. 1, An Introduction*, Robert Hurey (trad.), Nova York: Vintage Books, 1980, p. 116. O parágrafo anterior também aparece em outro artigo desse

volume, "The Violence of Rethoric", escrito antes desse ensaio, em que pela primeira vez considerei a aplicabilidade da noção de Foucault de uma tecnologia sexual à construção do gênero. Escrevi: "Embora seu trabalho ilumine nossa compreensão dos mecanismos de poder nas relações sociais, seu valor crítico vem limitado por sua falta de preocupação com o que, conforme ele, poderíamos chamar de tecnologia de gênero – técnicas e estratégias discursivas por meio das quais o gênero é construído."

28 Por exemplo, Mary Poovey, "Scenes of an Indelicate Character: the Medical Treatment of Victorian Women", *Representations*, nº 14, 1986, p. 137-168; e Mary Ann Doane, "Clinical Eyes: the Medical Discourse", in *The Desire to Desire: the "Woman's Film" of the 1940's*, Bloomington: Indiana University Press, 1987.

29 Embora referências mais detalhadas sobre estudos feministas do cinema possam ser encontradas, em *Alice Doesn't* quis mencionar dois textos críticos fundamentais publicados em 1975 (o ano em que Foucault publica *Vigiar e punir* na França): Laura Mulvey, "Visual Pleasure and Narrative Cinema", *Screen*, nº 3, 1975, p. 6-18; e Stephen Heath, "Narrative Space", agora publicada em *Questions of Cinema*, Bloomington: Indiana University Press, 1981, p. 19-75.

30 Teresa de Lauretis e Stephen Heath (eds.), *The Cinematic Apparatus*, Londres: Macmillan, 1980.

31 No texto do filme específico, mas sempre por meio do aparelho como um todo, incluindo os gêneros cinematográficos, a "indústria do filme" e toda a "história da máquina do cinema", como define Stephen Heath ("The Cinematic Apparatus: Technology as Historical and Cultural Form", in Lauretis e Heath, op. cit., 1980, p. 7.

32 Michel Foucault, op. cit., 1980, p. 104.

33 Lucy Bland, "The Domain of Sexual: A Response", *Screen Education*, nº 39, 1981, p. 56.

34 Ibid., p. 67.

35 Ibid., p. 57.

36 Julian Henriques et al., *Changing the Subject: Psychology, Social Regulation and Subjectivity*, Londres: Methuen, 1984.

37 Ibid., p. 204.

38 Ibid., p. 237.

39 Ibid., p. 228.

40 Julian Henriques et. al, op. cit., p. 237.

41 Ibid., p. 237.

42 Julian Henriques et. al, op. cit., p. 239.

43 Ibid., p. 252.

44 Monique Wittig, "The Straight Mind", *Feminist Issues*, nº 1, 1980, p. 106-107.

45 Ibid., p. 105.

46 Pode também parecer paradoxal afirmar que a teoria é uma tecnologia social em razão da crença de que a teoria (e da mesma forma a ciência) opõe-se à técnica, ao *know-how* empírico, à experiência de primeira mão, ao conhecimento prático ou aplicado – enfim, a tudo o que é associado ao termo "tecnologia". Mas creio que tudo o que foi dito neste estudo até agora me libera da tarefa de definir novamente o que entendo por tecnologia.

47 Kaja Silverman, *The Subject of Semiotics*, Nova York: Oxford University Press, 1983, p. 131.

48 Ibid., p. 144 e 232.

49 Ibid., p. 233.

50 Ibid., p. 191.

51 Descubro ter escrito, por exemplo: "A narrativa e o cinema pedem o consentimento das mulheres e, por um excesso de prazer, esperam seduzir as mulheres para a feminilidade." in *Alice Doesn't: Feminist, Semiotics, Cinema*, Bloomington: Indiana University Press, 1984, p. 10.

52 Ver Elaine Showalter, "Critical Cross-dressing: Male Feminists and the Woman of the Year", *Raritan*, vol. 3, nº 2, 1983, p. 130-419; Gayatri Chakravorty Spivak, "Displacement and the Discourse of Woman", in *Displacement: Derrida and After*, Mark Krupnick (ed.), Bloomington: Indiana University Press, 1983, p. 169-195; Mary Russo, "Female Grotesques: Carnival and Theory", in Lauretis, *Feminist Studies/Critical Studies*, p. 213-229; e Alice Jardine et al. (eds.), *Men in Feminism*, Nova York: Methuen, 1987.

53 Elizabeth A. Flynn e Patrocinio P. Schweickart (eds.), *Gender and Reading: Essays on Readers, Texts, and Contexts*, Baltimore: Johns Hopkins University Press, 1986, p. XVIII. Essa parte da

introdução se refere especificamente ao artigo de Judith Fetterley "Reading about Reading", p. 147-64. Outras referências a esse livro aparecem no texto. A ênfase pragmática daquela recusa é confirmada pela evidência histórica que Sandra Gilbert e Susan Gubar apresentam para documentar "a formação reativa da misoginia intensificada com a qual autores [modernistas] receberam o ingresso das mulheres no mercado literário" a partir do final do século XIX, em seu ensaio "Sexual Linguistics: Gender, Language, Sexuality", *New Literary History*, vol. 16, n° 3, 1985, p. 524.

54 Elaine Showalter, op. cit., 1983, p. 131. No entanto, como também colocam Gilbert e Gubar, esse movimento não é sem precedentes nem necessariamente imparcial. É possível - e por que não? - que o esforço despendido por autores europeus (homens) desde a Idade Média para transformar a língua materna (o vernáculo) num *patrius sermo* culto, ou linguagem do pai (nas palavras de Walter Ong), como instrumento mais apropriado para a arte, seja uma tentativa de curar o que Gilbert e Gubar denominam "a ferida linguística masculina": "Comentando a morte de um *patrius sermo*, os modernistas e pós-modernistas transformam o vernáculo materno numa nova alvorada do patriarcado, em que podem reviver os velhos poderes da 'palavra do pai'". Sandra Gilbert e Susan Gubar, "Sexual Linguistics", in *Gender, Language, Sexuality, New Literary History*, n° 16, 1985, p. 534-535.

55 Elizabeth A. Flynn e Patrocinio P. Schweickart (eds.), *Gender and Reading: Essays on Readers, Texts, and Contexts*, Baltimore: Johns Hopkins University Press, 1986, p. 29.

56 Jean E. Kennard, "Ourselves behind ourselves: a theory for lesbian readers", in Elizabeth A. Flynn e Patrocinio P. Schweickart (eds.), op. cit., p. 71. Aqui Kennard está citando e readaptando (usando *lésbica* em vez de *mulher*); Jonathan Culler, *On Deconstruction: Theory and Criticism After Structuralism*, Ithaca, Nova York: Cornell University Press, 1982, p. 49-50. Culler, por sua vez, está citando Showalter.

57 Ibid., p. 66.

58 Tania Modleski, "Feminism and the Power of Interpretation: Some Critical Readings", in Lauretis, *Feminist Studies/Critical Studies*, p. 132. Outras referências são indicadas no texto. Ver também, no mesmo livro, Nancy K. Miller, "Changing the Subject: Authorship, Writing, and the Reader", p. 102-120.

59 Ibid., p. 133.

60 A "leitora feminista real" de Modleski assemelha-se às "leitoras lésbicas" de Kennard. Por exemplo, na conclusão de seu trabalho, Kennard afirma: "A leitura polar, portanto, não é uma teoria de leitura lésbica, mas um método especialmente adequado a leitoras lésbicas." Jean Kennard, op. cit., p. 77. Esta frase, no entanto, é questionada pela preocupação da autora, algumas linhas acima, de agradar a todos os possíveis leitores: "A leitura polar permite a participação de qualquer leitor em qualquer texto e assim abre possibilidades de experiências literárias, as mais variadas." Em última análise, o leitor permanece confuso.

61 Rosi Braidotti, "Modelli di dissonanza: donne e/in filosofia", in Patricia Magli (ed.), *Le donne e i segni*, Urbino: Il Lavoro Editoriale, 1985, p. 25. Embora acredite existir uma versão inglesa desse trabalho, utilizo a versão italiana, que eu mesma traduzo.

62 Ibid., p. 34-35.

63 Agradeço a meus alunos do curso História da Consciência, "Tópicos de teoria feminista: tecnologias de gênero", por seus comentários e suas observações, e a meu colega Hayden White, por sua cuidadosa leitura. Eles me ajudaram a formular mais claramente algumas das questões aqui discutidas.

Até agora ("era uma vez"),
a corporificação feminina
parecia ser dada, orgânica,
necessária; a corporificação
feminina parecia significar
habilidades relacionadas
à maternidade e às suas
extensões metafóricas.
Podíamos extrair intenso
prazer das máquinas apenas
ao custo de estarmos
fora de lugar e mesmo
assim com a desculpa de
que se tratava, afinal, de
uma atividade orgânica,
apropriada às mulheres.

Donna Haraway

Manifesto ciborgue: ciência, tecnologia e feminismo-socialista no final do século xx

Donna Haraway

ESTE ENSAIO[1] é um esforço para construir um mito político, pleno de ironia, que seja fiel ao feminismo, ao socialismo e ao materialismo.[2] Um mito que poderá ser, talvez, mais fiel – na medida em que a blasfêmia possa sê-lo – do que uma adoração ou uma identificação reverente. A blasfêmia sempre exigiu levar as coisas a sério. Não conheço, entre as tradições seculares religiosas e evangélicas da política dos Estados Unidos, incluindo a política do feminismo socialista, nenhuma posição melhor a adotar do que essa. A blasfêmia nos protege da maioria moral interna, ao mesmo tempo que insiste na necessidade da comunidade. Blasfêmia não é apostasia. A ironia tem a ver com contradições que não se resolvem – ainda que dialeticamente – em totalidades mais amplas: ela tem a ver com a tensão de manter juntas coisas incompatíveis, porque todas são necessárias e verdadeiras. A ironia tem a ver com o humor e o jogo sério. Ela constitui também uma estratégia retórica e um método político que eu gostaria de ver mais respeitados no feminismo socialista. No centro de minha fé irônica, de minha blasfêmia, está a imagem do ciborgue.

Um ciborgue é um organismo cibernético, um híbrido de máquina e organismo, uma criatura de realidade social e também uma criatura de ficção. Realidade social significa relações sociais vividas, significa nossa construção política mais importante, significa uma ficção capaz de mudar o mundo. Os movimentos internacionais de mulheres têm construído aquilo que se pode chamar de "experiência das mulheres". Essa experiência é tanto uma ficção quanto um fato do tipo mais crucial, mais político. A libertação depende da construção da consciência da opressão, depende de sua imaginativa apreensão e, portanto, da consciência e da apreensão da possibilidade. Ciborgue é uma matéria de ficção e também de experiência vivida – uma experiência que muda aquilo que conta como experiência feminina no final do século xx. Trata-se de uma luta de vida e morte, mas a fronteira entre a ficção científica e a realidade social é uma ilusão ótica.

A ficção científica contemporânea está cheia de ciborgues – criaturas simultaneamente animal e máquina habitantes de mundos que são, de forma ambígua, tanto naturais quanto fabricados. A medicina moderna também está cheia de ciborgues, de junções entre organismo e máquina, cada qual concebido como um dispositivo codificado, em uma intimidade e com um poder que nunca antes existiu na história da sexualidade. O sexo-ciborgue restabelece, em alguma medida, a admirável complexidade replicativa das samambaias e dos invertebrados – esses magníficos seres orgânicos que podem ser vistos como uma profilaxia contra o heterossexismo. O processo de replicação dos ciborgues está desvinculado do processo de reprodução orgânica. A produção moderna parece um sonho de colonização ciborguiana, um sonho que faz, comparativamente, o pesadelo do taylorismo parecer idílico. Além disso, a guerra moderna é uma orgia ciborguiana, codificada por meio da sigla C^3I (comando-controle-comunicação-inteligência) – um item de 84 bilhões de dólares no orçamento militar. Estou argumentando em favor do ciborgue como uma ficção que mapeia nossa realidade social e corporal e também como recurso imaginativo que pode sugerir alguns frutíferos acoplamentos. O conceito de biopolítica de Michel Foucault não passa de uma débil premonição da política-ciborgue – uma política que nos permite vislumbrar um campo muito mais aberto.

No fim do século xx, neste nosso tempo, um tempo mítico, somos todos quimeras, híbridos – teóricos e fabricados – de máquina e organismo; somos, em suma, ciborgues. O ciborgue é nossa ontologia; ele determina nossa política. O ciborgue é uma imagem condensada tanto da imaginação quanto da realidade material: esses dois centros, conjugados, estruturam qualquer possibilidade de transformação histórica. Nas tradições da ciência e da política ocidentais (a tradição do capitalismo racista, dominado pelos homens; a tradição do progresso; a tradição da apropriação da natureza como matéria para a produção da cultura; a tradição da reprodução do eu com base nos reflexos do outro), a relação entre organismo e máquina tem sido uma guerra de fronteiras. As coisas que estão em jogo nessa guerra são os territórios da produção, da reprodução e da imaginação. Este ensaio é um argumento em favor do *prazer* da confusão de fronteiras, bem como em favor da *responsabilidade* em sua construção. É também um esforço de contribuição para a teoria e para a cultura socialista-feminista, de uma forma pós-modernista, não naturalista, na tradição utópica de se imaginar um mundo sem gênero, que será talvez um mundo sem gênese, mas, talvez, também, um mundo sem fim. A encarnação ciborguiana está fora da história da salvação. Ela tampouco obedece a um calendário edípico, no qual as terríveis clivagens de gênero seriam curadas por meio de uma utopia simbiótica oral ou de um apocalipse pós-edípico. Como argumenta Zoë Sofoulis em *Lacklein* (seu ensaio, inédito, sobre Jacques Lacan, Melanie Klein e a cultura nuclear), os mais terríveis e talvez mais promissores monstros dos mundos ciborguianos estão corporificados em narrativas não edípicas, obedecendo a uma lógica de repressão diferente, a qual, em nome de nossa sobrevivência, precisamos compreender.

O ciborgue é uma criatura de um mundo pós-gênero: ele não tem qualquer compromisso com a bissexualidade, com a simbiose pré-edípica, com o trabalho não alienado. O ciborgue não tem qualquer fascínio por uma totalidade orgânica que pudesse ser obtida por meio da apropriação última de todos os poderes das respectivas partes, as quais se combinariam, então, em uma unidade maior. Em certo sentido, o ciborgue não é parte de qualquer narrativa que faça apelo a um estado original, de uma "narrativa de origem", no sentido ocidental, o que constitui uma ironia "final", uma vez que o ciborgue é também o *telos* apocalíptico dos crescentes processos de dominação ocidental que postulam uma subjetivação abstrata, que prefiguram um eu último, libertado, afinal, de toda dependência – um homem no espaço. As narrativas de origem, no sentido "ocidental", humanista, dependem do mito da unidade original, da ideia de plenitude, da exultação e do terror, representados pela mãe fálica da qual todos os humanos devem se separar – uma tarefa atribuída ao desenvolvimento individual e à história, esses gêmeos e potentes mitos tão fortemente inscritos, para nós, na psicanálise e no marxismo. Hilary

Klein argumenta que tanto o marxismo quanto a psicanálise, por meio dos conceitos de trabalho, individuação e formação de gênero, dependem da narrativa da unidade original, a partir da qual a diferença deve ser produzida e arregimentada, num drama de dominação crescente da mulher/natureza. O ciborgue pula o estágio da unidade original, da identificação com a natureza, no sentido ocidental. Essa é sua promessa ilegítima, aquela que pode levar à subversão da teleologia que o concebe como guerra nas estrelas.

O ciborgue está determinadamente comprometido com a parcialidade, a ironia e a perversidade. Ele é oposicionista, utópico e nada inocente. Não mais estruturado pela polaridade do público e do privado, o ciborgue define uma *pólis* tecnológica baseada, em parte, numa revolução das relações sociais do *oikos* – a unidade doméstica. Com o ciborgue, a natureza e a cultura são reestruturadas: uma não pode mais ser o objeto de apropriação ou de incorporação pela outra. Em um mundo de ciborgues, as relações para se construir totalidades com base nas respectivas partes, incluindo as da polaridade e da dominação hierárquica, são questionadas. Diferentemente das esperanças do monstro de Frankenstein, o ciborgue não espera que seu pai vá salvá-lo por meio da restauração do Paraíso, isto é, por meio da fabricação de um parceiro heterossexual, por meio de sua complementação em um todo, uma cidade e um cosmo acabados. O ciborgue não sonha com uma comunidade baseada no modelo da família orgânica, mesmo que, desta vez, sem o projeto edípico. O ciborgue não reconheceria o Jardim do Éden; ele não é feito de barro e não pode sonhar em retornar ao pó. É talvez por isso que quero ver se os ciborgues podem subverter o apocalipse do retorno ao pó nuclear que caracteriza a compulsão maníaca para encontrar um Inimigo. Os ciborgues não são reverentes; eles não conservam qualquer memória do cosmo: por isso não pensam em recompô-lo. Eles desconfiam de qualquer holismo, mas anseiam por conexão – eles parecem ter inclinação natural por uma política de frente unida, mas sem o partido de vanguarda. O principal problema com os ciborgues é, obviamente, que eles são filhos ilegítimos do militarismo e do capitalismo patriarcal, isso para não mencionar o socialismo de estado. Mas os filhos ilegítimos são, com frequência, extremamente infiéis às suas origens. Seus pais são, afinal, dispensáveis.

Retornarei, no final deste ensaio, à ficção científica dos ciborgues, mas quero assinalar, agora, três quebras de fronteira cruciais, as quais tornam possível a análise político-ficcional (político-científica) que se segue. Na cultura científica estadunidense do fim do século xx, a fronteira entre o humano e o animal está completamente rompida. Caíram as últimas fortalezas da defesa do privilégio da singularidade [humana] – a linguagem, o uso de instrumentos, o comportamento social, os eventos mentais; nada disso estabelece, realmente, de forma convincente, a separação entre o humano e o animal. Muitas pessoas nem sequer sentem mais a necessidade dessa separação; muitas correntes da cultura feminista afirmam o prazer da conexão entre o humano e outras criaturas vivas. Os movimentos em favor dos direitos dos animais não constituem negações irracionais da singularidade humana: eles são um lúcido reconhecimento das conexões que contribuem para diminuir a distância entre a natureza e a cultura.

Ao longo dos últimos dois séculos, a biologia e a teoria da evolução têm produzido os organismos modernos como objetos de conhecimento, reduzindo, simultaneamente, a linha de separação entre os humanos e os animais a um pálido vestígio, o qual se expressa na luta ideológica ou nas disputas profissionais entre as ciências da vida e as ciências sociais. Nesse contexto, o ensino do moderno criacionismo cristão deve ser combatido como uma forma de abuso sexual contra as crianças.

A ideologia biológico-determinista não é a única posição disponível na cultura científica que permite argumentos em favor da animalidade humana. Há um grande espaço para que as pessoas com ideias políticas críticas contestem o significado da fronteira assim rompida.[3] O ciborgue aparece como mito precisamente onde a fronteira entre o humano e o animal é transgredida. Longe de assinalar uma barreira entre as pessoas e os outros seres vivos, os ciborgues assinalam um perturbador e prazerosamente estreito acoplamento entre eles. A animalidade adquire um novo significado nesse ciclo de troca matrimonial.

A segunda distinção sujeita a vazamentos é aquela entre o animal-humano (organismo), de um lado, e a máquina, de outro. As máquinas pré--cibernéticas podiam ser vistas como habitadas por um espírito: havia sempre o espectro do fantasma na máquina. Esse dualismo estruturou a disputa entre o materialismo e o idealismo, a qual foi resolvida por um rebento dialético que foi chamado, dependendo do gosto, de espírito ou de história. Mas, basicamente, nessa perspectiva, as máquinas não eram vistas como tendo movimento próprio, como se autoconstruindo, como autônomas. Elas não podiam realizar o sonho do homem; só podiam arremedá-lo. Elas não eram o homem, um autor para si próprio, mas apenas uma caricatura daquele sonho reprodutivo masculinista. Pensar que elas podiam ser outra coisa era uma paranoia. Agora já não estamos assim tão seguros. As máquinas do final do século xx tornaram completamente ambígua a diferença entre o natural e o artificial, entre a mente e o corpo, entre aquilo que se autocria e aquilo que é externamente criado, podendo-se dizer o mesmo de muitas outras distinções que se costumavam aplicar aos organismos e às máquinas. Nossas máquinas são perturbadoramente vivas e nós mesmos assustadoramente inertes.

A determinação tecnológica não é o único espaço ideológico aberto pelas reconceptualizações que veem a máquina e o organismo como textos codificados, textos por meio dos quais nos engajamos no jogo de escrever e ler o mundo.[4] A "textualização" de tudo, na teoria pós-estruturalista e na teoria pós-modernista, tem sido condenada pelos marxistas e pelas feministas-socialistas, que desconfiam do desprezo utópico que essas teorias devotam às relações de dominação vividas, desprezo que está na base do "jogo" da leitura arbitrária por elas postulada.[5] É certamente verdadeiro que as estratégias pós-modernistas, tal como o meu mito do ciborgue, subvertem uma quantidade imensa de totalidades orgânicas (por exemplo, o poema, a cultura primitiva, o organismo biológico). Em suma, a certeza daquilo que conta como natureza – uma fonte de *insight* e uma promessa de inocência – é abalada, provavelmente de forma fatal. Perde-se a autoria/autoridade transcendente da interpretação e com ela a ontologia que fundamentava a epistemologia "ocidental". Mas a alternativa não é o cinismo ou a falta de fé, isto é, alguma versão de uma existência abstrata, como as teorias do determinismo tecnológico, que substituem o "homem" pela "máquina" ou a "ação política significativa" pelo "texto". Saber o que os ciborgues serão é uma questão radical; respondê-la é uma questão de sobrevivência. Tanto os chimpanzés quanto os artefatos têm uma política. Por que não a teríamos nós?[6]

A terceira distinção é um subconjunto da segunda: a fronteira entre o físico e o não físico é muito imprecisa para nós. Os livros populares de física que se centralizam nas consequências da teoria quântica e no princípio da indeterminação são uma espécie de equivalente científico popular da literatura cor-de-rosa dos romances baratos, servindo como marcadores de uma mudança radical na heterossexualidade branca americana: eles erram na interpretação, mas acertam no problema. Os dispositivos microeletrônicos são, tipicamente, as máquinas modernas: eles estão em toda parte e são invisíveis. A maquinaria moderna é um deus irreverente e ascendente, arremedando a ubiquidade e a espiritualidade do Pai. O chip de silício é uma superfície de escrita; ele está esculpido em escalas moleculares, sendo perturbado apenas pelo ruído atômico – a interferência suprema nas partituras nucleares. A escrita, o poder e a tecnologia são velhos parceiros nas narrativas de origem da civilização, típicas do Ocidente, mas a miniaturização mudou nossa percepção sobre a tecnologia. A miniaturização acaba significando poder; o pequeno *não* é belo: tal como ocorre com os mísseis ele é, sobretudo, perigoso. Contrastem os aparelhos de TV dos anos 1950 ou as câmeras dos anos 1970 com as TVs de pulso ou com as câmeras de vídeo que cabem na palma da mão. Nossas melhores máquinas são feitas de raios de sol; elas são, todas, leves e limpas porque não passam de sinais, de ondas eletromagnéticas, de uma secção do espectro. Além disso, essas máquinas são eminentemente portáteis, móveis – um fragmento da imensa dor humana que é infligida cotidianamente em Detroit ou Cingapura. As pessoas estão longe de ser assim tão fluidas, pois elas são, ao mesmo tempo, materiais e opacas. Os ciborgues, em troca, são éter, quintessência.

É precisamente a ubiquidade e a invisibilidade dos ciborgues que tornam essas minúsculas e leves máquinas tão mortais. Eles são – tanto política quanto materialmente – difíceis de ver. Eles têm a ver com a consciência – ou com sua simulação.[7] Eles são significantes flutuantes, movimentando-se em caminhões[8] através da Europa: eles só podem ser bloqueados pelas bruxarias daquelas que são capazes de interpretar as redes ciborguianas de poder – as deslocadas e pouco naturais mulheres de Greenham[9] – e não pelos velhos sindicalistas militantes das políticas masculinistas cujos clientes naturais dependem dos empregos da indústria militar. Em última instância, a ciência "mais dura" tem a ver com o domínio da maior confusão de fronteiras – o domínio do número puro, do espírito puro, o C^3I, a criptografia e a preservação de poderosos segredos. As novas máquinas são tão limpas e leves! Seus engenheiros são adoradores do sol, mediadores de uma nova revolução científica, uma revolução associada com o sonho noturno da sociedade pós-industrial. As doenças evocadas por essas máquinas limpas "não passam" de minúsculas mudanças no código de um antígeno do sistema imunológico, "não passam" da experiência do estresse. Os ágeis dedos das mulheres "orientais"; a antiga fascinação das garotas vitorianas anglo-saxãs por casas de bonecas; a atenção – imposta – das mulheres às miniaturas – tudo isso adquire novas dimensões nesse mundo. Talvez exista uma Alice-ciborgue tomando nota dessas novas dimensões. Ironicamente, talvez sejam as unidades políticas construídas pelas mulheres-ciborgue, não naturais, que estão fabricando chips na Ásia e dançando em espiral[10] na prisão de Santa Rita, que poderão servir de orientação para eficazes estratégias oposicionistas.

Assim, meu mito do ciborgue significa fronteiras transgredidas, potentes fusões e perigosas possibilidades – elementos que as pessoas progressistas podem explorar como um dos componentes de um necessário trabalho político. Uma de minhas premissas afirma que as socialistas e as feministas estadunidenses, em sua maioria, veem profundos dualismos entre mente e corpo, entre animal e máquina, entre idealismo e materialismo nas práticas sociais, nas formações simbólicas e nos artefatos físicos associados com a "alta tecnologia" e com a cultura científica. Do livro *One-Dimensional man*[11] ao livro *The Death of Nature*,[12] os recursos analíticos desenvolvidos pelas pessoas progressistas insistem no argumento de que a técnica envolve, necessariamente, dominação; como resposta, elas apelam em favor de um imaginário corpo orgânico que possa organizar nossa resistência. Outra das minhas premissas afirma que a necessidade de uma unidade entre as pessoas que estão tentando resistir à intensificação mundial da dominação nunca foi tão urgente. Mas uma mudança ligeiramente perversa de perspectiva pode nos capacitar, de uma forma melhor, para a luta por outros significados, bem como para outras formas de poder e prazer em sociedades tecnologicamente mediadas.

De certa perspectiva, um mundo de ciborgues significa a imposição final de uma grade de controle sobre o planeta; significa a abstração final corporificada no apocalipse da Guerra nas Estrelas – uma guerra travada em nome da defesa; significa a apropriação final dos corpos das mulheres numa orgia guerreira masculinista.[13] De outra perspectiva, um mundo de ciborgues pode significar realidades sociais e corporais vividas, nas quais as pessoas não temam sua estreita afinidade com animais e máquinas, que não temam identidades permanentemente parciais e posições contraditórias. A luta política consiste em ver de ambas as perspectivas ao mesmo tempo, porque cada uma delas revela tanto dominações quanto possibilidades que seriam inimagináveis sob outro ponto de vista. Uma visão única produz ilusões piores do que uma visão dupla ou do que a visão de um monstro de múltiplas cabeças. As unidades ciborguianas são monstruosas e ilegítimas: em nossas presentes circunstâncias políticas, dificilmente podemos esperar ter mitos mais potentes de resistência e reacoplamento. Gosto de imaginar o LAG, o Grupo de Ação de Livermore, como uma espécie de sociedade ciborguiana, dedicada a transformar, de forma realista, os laboratórios que mais ferozmente corporificam e espalham os instrumentos do apocalipse tecnológico – uma sociedade comprometida com a construção de uma formação política que realmente consiga juntar – o tempo suficiente para desarmar o Estado – bruxas, engenheiros, anciões, pervertidos, cristãos, mães e leninistas. Fissão Impossível é o nome do grupo de afinidade política em minha cidade. (Afinidade: aparentado não por sangue mas por escolha; a substituição de um grupo nuclear químico por outro: avidez por afinidade).[14]

IDENTIDADES FRATURADAS

Tem-se tornado difícil nomear nosso feminismo por um único adjetivo – ou até mesmo insistir na utilização desse nome, sob qualquer circunstância. A consciência da exclusão que é produzida por meio do ato de nomeação é aguda. As identidades parecem contraditórias, parciais e estratégicas. Depois do reconhecimento, arduamente conquistado, de que o gênero, a raça e a classe são social e historicamente constituídos, esses elementos não podem mais formar a base da crença em uma unidade "essencial". Não existe nada no fato de ser "mulher" que naturalmente una as mulheres. Não existe nem mesmo uma tal situação – "ser" mulher. Trata-se, ela própria, de uma categoria altamente complexa, construída por meio de discursos científicos sexuais e de outras práticas sociais questionáveis. A consciência de classe, de raça ou de gênero é uma conquista que nos foi imposta pela terrível experiência histórica das realidades sociais contraditórias do capitalismo, do colonialismo e do patriarcado. E quem é esse "nós" enunciado em minha própria retórica? Quais são as identidades que fundamentam esse mito político tão potente chamado "nós" e o que pode motivar o nosso envolvimento nessa comunidade? A existência de uma dolorosa fragmentação entre as feministas (para não dizer "entre as mulheres"), ao longo de cada fissura possível, tem tornado escorregadio o conceito de *mulher*: ele acaba funcionando como uma desculpa para a matriz das dominações que as mulheres exercem umas sobre as outras. Para mim – e para muitas outras mulheres que partilham de uma localização histórica similar (corpos brancos, de classe média profissional, femininos, de esquerda, estadunidense, de meia-idade) –, as fontes dessa crise de identidade política são incontáveis. A história recente de grande parte da esquerda e do feminismo estadunidense tem sido construída com base nas respostas a esse tipo de crise – respostas que são dadas por meio de infindáveis cisões e de buscas por uma nova unidade essencial. Mas existe também um reconhecimento crescente de outra resposta: aquela que se dá pela coalizão – a afinidade em vez da identidade.[15]

Chela Sandoval[16] discute, com base na história da formação da nova voz política representada pelas mulheres de cor,[17] um novo modelo de identidade política que ela chama de "consciência de oposição". Esse modelo baseia-se na capacidade de analisar as redes de poder que já foi demonstrada por aquelas pessoas às quais foi negada a participação nas categorias sociais da raça, do sexo ou da classe. A identidade "mulheres de cor" – um nome contestado em suas origens por aquelas pessoas que ele deveria incorporar – produz não apenas uma consciência histórica que assinala o colapso sistemático de todos os signos de Homem nas tradições "ocidentais", mas também, com base na alteridade, na diferença e na especificidade, uma espécie de identidade pós-modernista. Independentemente do que possa ser dito sobre outros possíveis pós-modernismos, essa identidade pós-modernista é plenamente política. A "consciência de oposição" de Sandoval tem a ver com localizações contraditórias e calendários heterocrônicos e não com relativismos e pluralismos.

Sandoval enfatiza que não existe nenhum critério essencialista que permita identificar quem é uma mulher de cor. Ela observa que a definição desse grupo tem sido feita por meio de uma consciente apropriação da negação. Por exemplo, uma chicana ou uma mulher estadunidense negra não pode falar como uma mulher (em geral) ou como uma pessoa negra ou como um chicano. Assim, ela está no degrau mais baixo de uma hierarquia de identidades negativas, excluída até mesmo daquelas categorias oprimidas privilegiadas constituídas por "mulheres" e "negros", categorias que reivindicam o feito de terem realizado importantes revoluções. A categoria "mulher" nega todas as mulheres não brancas; a categoria "negro" nega todas as pessoas não negras, bem como todas as mulheres negras. Mas tampouco existe qualquer coisa que se possa chamar de "ela", tampouco existe qualquer singularidade; o que existe é um mar de diferenças entre os diversos grupos de mulheres estadunidenses que têm afirmado sua identidade histórica como mulheres estadunidenses de cor. Essa identidade assinala um espaço construído de forma autoconsciente. Sua capacidade de ação não pode ter como base qualquer identificação supostamente natural: sua base é a coalizão consciente, a afinidade, o parentesco político.[18] Diferentemente da identidade "mulher" de algumas correntes do movimento das mulheres brancas estadunidenses, não existe, aqui, qualquer naturalização de uma suposta matriz identitária: essa identidade é o produto do poder da consciência de oposição.

O argumento de Sandoval advém de um feminismo que incorpora o discurso anticolonialista, isto é, um discurso que dissolve o "Ocidente" e seu produto supremo – o Homem, ou seja, aquele ser que não é animal, bárbaro ou mulher, aquele ser que é o autor de um cosmo chamado história. À medida que o orientalismo é política e semioticamente desconstruído, as identidades do Ocidente – incluindo as das feministas – são desestabilizadas.[19] Sandoval argumenta que as "mulheres de cor" têm a chance de construir uma eficaz unidade política que não reproduza os sujeitos revolucionários imperializantes e totalizantes dos marxismos e feminismos anteriores – movimentos teóricos e políticos que têm sido incapazes de responder às consequências da desordenada polifonia surgida do processo de descolonização.

Katie King, por sua vez, tem discutido os limites do processo de identificação e da estratégia político-poética da construção de identidade que faz parte do ato de ler o "poema", esse núcleo gerador do feminismo cultural. King critica a persistente tendência, entre as feministas contemporâneas de diferentes "momentos" ou "versões" da prática feminista, a taxonomizar o movimento das mulheres, tendência que tornam nossas próprias tendências políticas parecidas com o *telos* da totalidade. Essas taxonomias tendem a refazer a história feminista, de modo que essa história pareça ser uma luta ideológica entre categorias coerentes e temporalmente contínuas – especialmente entre aquelas unidades típicas conhecidas como feminismo radical, feminismo liberal e feminismo-socialista. Todos os outros feminismos ou são incorporados ou são marginalizados, em geral por meio da construção de uma ontologia e de uma epistemologia explícitas.[20]As taxonomias do feminismo produzem epistemologias que acabam por policiar qualquer posição que se desvie da experiência oficial das mulheres. Obviamente, a "cultura das mulheres", tal como a cultura das mulheres de cor, é criada de forma consciente pelos mecanismos que estimulam a afinidade, destacando-se os rituais da poesia, da música e de certas formas de prática acadêmica. A política da raça e a política da cultura estão estreitamente interligadas nos movimentos das mulheres dos Estados Unidos. Aprender como forjar uma unidade poético-política que não reproduza uma lógica da apropriação, da incorporação e da identificação taxonômica: esta é a contribuição de King e de Sandoval.

A luta teórica e prática contra a unidade-por-meio-da-dominação ou contra a unidade-por-meio-da-incorporação implode, ironicamente, não apenas as justificações para o patriarcado, o colonialismo, o humanismo, o positivismo, o essencialismo, o cientificismo e outros "ismos", mas também *todos* os apelos em favor de um estado orgânico ou natural. Penso que os feminismos radicais e socialistas-marxistas têm implodido também suas/nossas próprias estratégias epistemológicas e que isso constitui um passo valioso para se imaginar possíveis unidades políticas. Resta saber se existe alguma "epistemologia", no sentido ocidental, que possa nos ajudar na tarefa de construir afinidades eficazes.

É importante observar que no esforço para se construir posições revolucionárias, as epistemologias – como conquistas das pessoas comprometidas com a mudança do mundo – têm feito parte do processo de demonstração dos limites da construção de identidade. As corrosivas ferramentas da teoria pós-modernista e as construtivas ferramentas do discurso ontológico sobre sujeitos revolucionários parecem constituir aliados irônicos na dissolução dos eus ocidentais, uma dissolução que se dá no interesse da sobrevivência. Estamos dolorosamente conscientes do que significa ter um corpo historicamente constituído. Mas com a perda da inocência sobre nossa origem, tampouco existe qualquer expulsão do Jardim do Éden. Nossa política perde o consolo da culpa juntamente com a *naiveté* da inocência. Mas sob que outra forma se apresentaria um mito político para o feminismo socialista? Que tipo de política poderia adotar construções parciais, contraditórias, permanentemente abertas, dos eus pessoais e coletivos e, ainda assim, ser fiel, eficaz e, ironicamente, feminista-socialista?

Não conheço nenhuma outra época na história na qual tenha havido necessidade tão grande de unidade política, a fim de enfrentar, de forma eficaz, as dominações de "raça", de "gênero", de "sexualidade" e de "classe". Tampouco conheço qualquer outra época na qual o tipo de unidade que nós podemos ajudar a construir tenha sido possível. Nenhuma de "nós" tem mais a capacidade material para ditar a "elas", a quaisquer delas, a forma que a realidade deve ter. Ou, no mínimo, "nós" não podemos alegar inocência na prática dessas dominações. As mulheres brancas, incluindo as feministas-socialistas, descobriram a não inocência da categoria "mulher" (isto é, foram forçadas, aos pontapés e aos gritos, a se darem conta disso). Essa consciência muda a geografia de todas as categorias anteriores; ela as desnatura, da mesma forma que o calor desnatura uma proteína frágil. As feministas-ciborgue têm que argumentar que "nós" não queremos mais nenhuma matriz identitária natural e que nenhuma construção é uma totalidade. A inocência, bem como a consequente insistência na condição de vítima como a única base para a compreensão e a análise, já causou suficientes estragos. Mas o sujeito revolucionário construído deve dar às pessoas do século xx também algum descanso. Na refrega das identidades e nas estratégias reflexivas para construí-las, abre-se a possibilidade de se tecer algo mais do que a mortalha para o dia após o apocalipse, que tão profeticamente conclui a história da salvação.

Tanto os feminismos marxistas/socialistas quanto os feminismos radicais têm naturalizado e, simultaneamente, desnaturado a categoria "mulher" e a consciência das vidas sociais das "mulheres". Uma caricatura esquemática talvez possa esclarecer ambos os tipos de operações. O socialismo marxiano está enraizado em uma análise do trabalho assalariado que revela a estrutura de classes. A consequência da relação assalariada é a alienação sistemática, na medida em que o trabalhador (sic) é separado de seu produto. A abstração e a ilusão governam em questões de conhecimento; a dominação governa em questões de prática. O trabalho é a categoria privilegiada, permitindo que o marxista supere a ilusão e encontre aquele ponto de vista que é necessário para mudar o mundo. O trabalho é a atividade humanizante que faz o homem; o trabalho é uma categoria ontológica que possibilita o conhecimento do sujeito e, assim, o conhecimento da subjugação e da alienação.

Em uma fiel filiação, a aliança com as estratégias analíticas básicas do marxismo permitiu que o feminismo socialista avançasse. A principal conquista tanto dos feminismos marxistas quanto dos feminismos socialistas foi a de ampliar a categoria "trabalho" para acomodar aquilo que (algumas) mulheres faziam, mesmo quando a relação assalariada estava subordinada a uma visão mais abrangente do trabalho sob o patriarcado capitalista. Em particular, o trabalho das mulheres na casa e a atividade das mulheres, em geral, como mães (isto é, a reprodução no sentido socialista-feminista), foram introduzidos na teoria com base em uma analogia com o conceito marxiano de trabalho. A unidade das mulheres, aqui, repousa em uma epistemologia que se baseia na estrutura ontológica do "trabalho". O feminismo-marxista/socialista não "naturaliza" a unidade; trata-se de uma possível conquista que se baseia em uma possível posição enraizada nas relações sociais. A operação essencializadora está na estrutura ontológica do trabalho ou na estrutura de seu análogo (a atividade das mulheres).[21] A herança do humanismo marxiano com seu eu eminentemente ocidental é o que, para mim, constitui a dificuldade. A contribuição dessas formulações está na ênfase da responsabilidade cotidiana de mulheres reais na construção de unidades e não em sua naturalização.

O feminismo radical de Catharine MacKinnon é uma caricatura das tendências apropriadoras, incorporadoras e totalizadoras das teorias ocidentais que veem na identidade o fundamento da ação.[22] É factual e politicamente errado assimilar toda a variedade das "perspectivas" ou toda a variedade dos "momentos" do chamado "feminismo radical" à versão apresentada por MacKinnon. A lógica teleológica de sua teoria mostra como uma epistemologia e uma ontologia – incluindo suas negações – anulam ou policiam a diferença. A reescrita da história do polimórfico campo chamado "feminismo radical" é apenas um dos efeitos da teoria de MacKinnon. O efeito principal é a produção de uma teoria da experiência e da identidade das mulheres que representa uma espécie de apocalipse para todas as perspectivas revolucionárias. Isto é, a totalização inerente a essa fábula do feminismo radical atinge sua finalidade – a unidade política das mulheres – ao impor a experiência do não ser radical e seu testemunho. Para o feminismo marxista/socialista, a consciência é uma conquista e não um fato natural. A teoria de MacKinnon elimina, na verdade, algumas das dificuldades inerentes à concepção humanista do sujeito revolucionário, mas ao custo de um reducionismo radical.

MacKinnon argumenta que o feminismo adota, necessariamente, uma estratégia analítica diferente daquela do marxismo, olhando, em primeiro lugar, não para a estrutura de classes, mas para a estrutura de sexo/gênero e para a relação que a produz – a relação pela qual as mulheres são constituídas pelos homens e são sexualmente apropriadas por eles. Ironicamente, a ontologia de MacKinnon constrói um não sujeito, um não ser. O desejo de um outro e não o trabalho de produção do eu é a origem da "mulher". Ela desenvolve, portanto, uma teoria da consciência que impõe aquilo que conta como experiência das "mulheres" – qualquer coisa que nomeie a violação sexual; na verdade, no que diz respeito às mulheres, o próprio sexo. A prática feminista é, nessa perspectiva, a construção dessa forma de consciência; isto é, o autoconhecimento de um eu-que-não-é.

Perversamente, a apropriação sexual ainda tem, nesse feminismo, o *status* epistemológico do trabalho, isto é, o trabalho é o ponto do qual uma análise capaz de contribuir para mudar o mundo deve fluir. Mas a objetificação sexual e não a alienação é a consequência da estrutura de sexo/gênero. No domínio do conhecimento, o resultado da objetificação sexual é a ilusão e a abstração. Entretanto, a mulher não é simplesmente alienada de seu produto: em um sentido profundo, ela não existe como sujeito, nem mesmo como sujeito potencial, uma vez que ela deve sua existência como mulher à apropriação sexual. Ser constituída pelo desejo de um outro não é a mesma coisa que ser alienada por meio da separação violenta do produto de seu próprio trabalho.

A teoria da experiência desenvolvida por MacKinnon é extremamente totalizadora. Ela não marginaliza a autoridade da fala e da ação política de qualquer outra mulher; ela as elimina. Trata-se de uma totalização que produz aquilo que o próprio patriarcado ocidental não conseguiu – o sentimento de que as mulheres não existem a não ser como produto do desejo dos homens. Penso que MacKinnon está correta ao argumentar que as teorias marxistas não podem fundamentar, de forma adequada, a unidade política das mulheres. Mas, ao resolver, com propósitos feministas, o problema das contradições do sujeito revolucionário ocidental, ela desenvolve uma doutrina da experiência ainda mais autoritária. Eu questiono as perspectivas socialistas/marxistas por eliminarem, de forma *involuntária*, a diferença – visível no discurso e na prática anticoloniais – radical e polivocal, isto é, aquela diferença que não pode ser assimilada. Mas a eliminação *intencional* de toda diferença, por meio do artifício da não existência "essencial", é ainda mais problemática.

Em minha taxonomia, que como em qualquer outra, é uma reinscrição da história, o feminismo radical pode acomodar qualquer atividade feminina identificada pelas feministas socialistas como forma de trabalho apenas se essa atividade puder, de alguma forma, ser sexualizada. A reprodução tem diferentes conotações para as duas tendências – para uma, ela está enraizada no trabalho; para a outra, no sexo; ambas chamam as consequências da dominação e o desconhecimento da realidade social e pessoal de "falsa consciência".

Para além de quaisquer das dificuldades ou das contribuições do argumento de qualquer autora ou autor particular, nem as perspectivas marxistas nem as perspectivas feministas radicais têm se contentado com explicações parciais; ambas se constituíram regularmente como totalidades. As teorias feministas ocidentais não deixam por menos: de que outra maneira poderiam as autoras ocidentais incorporar aquelas que são suas outras? Cada uma delas tentou anexar outras formas de dominação, expandindo suas categorias básicas por meio de analogias, de simples listagens ou de acréscimos. Uma das principais e devastadoras consequências disso é a existência de um silêncio constrangedor, entre as radicais brancas e as feministas-socialistas, sobre a questão da raça. A história e o polivocalismo desaparecem em meio às taxonomias políticas que tentam instituir genealogias. Não há nenhum espaço estrutural para a raça (ou para muita coisa mais) em teorias que pretendem apresentar a construção da categoria "mulher" e do grupo social "mulheres" como um todo unificado ou totalizável. A estrutura de minha caricatura ficaria assim:

FEMINISMO-SOCIALISTA
estrutura de classe // trabalho assalariado // alienação
trabalho – por analogia: reprodução;
por extensão: sexo; por acréscimo: raça

FEMINISMO RADICAL
estrutura de gênero // apropriação sexual // objetificação
sexo – por analogia: trabalho; por extensão: reprodução;
por acréscimo: raça

A teórica francesa Julia Kristeva afirma, em outro contexto, que as mulheres surgiram como um grupo histórico após a Segunda Guerra Mundial, juntamente com outros grupos como a juventude. Suas datas são duvidosas; mas estamos agora acostumados a lembrar que, como objetos de conhecimento e como atores históricos, a "raça" nem sempre existiu, a "classe" tem uma gênese histórica e os "homossexuais" são bastante recentes. Não é por acaso que o sistema simbólico da família do homem – e, portanto, a essência da mulher – entra em colapso no mesmo momento em que as redes de conexão entre as pessoas no planeta se tornam, de forma sem precedentes, múltiplas, pregnantes e complexas. O conceito de "capitalismo avançado" é inadequado para descrever a estrutura desse momento histórico. O que está em jogo, na conexão "ocidental", é o fim do homem. Não é por acaso que, em nosso tempo, a "mulher" se desintegra em "mulheres". É possível que as feministas socialistas não tenham sido substancialmente culpadas de produzir uma teoria essencialista que eliminou a particularidade das mulheres e os seus interesses contraditórios. Mas penso que temos sido culpadas, sim, no mínimo por nossa irrefletida participação na lógica, nas linguagens e nas práticas do humanismo branco e na nossa busca de um fundamento único para a dominação que assegurasse nossa voz revolucionária. Temos, agora, menos desculpas. Mas ao nos tornarmos conscientes de nossos fracassos, arriscamos cair em uma diferença ilimitada, desistindo da complicada tarefa de realizar conexões parciais, reais. Algumas diferenças são lúdicas; outras são polos de sistemas históricos mundiais de dominação. "Epistemologia" significa conhecer a diferença.

A INFORMÁTICA DA DOMINAÇÃO

Nesta tentativa de desenvolver uma perspectiva epistemológica e política, gostaria de esboçar a imagem de uma possível unidade política, uma imagem que deve muito aos princípios socialistas e feministas de planejamento político. A moldura para minha imagem é determinada pela extensão e pela importância dos rearranjos das relações sociais, mundialmente, nas áreas de ciência e tecnologia. Em uma ordem mundial emergente, análoga, em sua novidade e abrangência, àquela criada pelo capitalismo industrial, argumento em favor de uma política enraizada nas demandas por mudanças fundamentais nas relações de classe, raça e gênero. Estamos em meio à mudança: de uma sociedade industrial, orgânica, para um sistema polimorfo, informacional; de uma situação de "só trabalho" para uma situação de "só lazer". Trata-se de um jogo mortal. Simultaneamente materiais e ideológicas, as dicotomias aí envolvidas podem ser expressas por meio do seguinte quadro, que resume a transição das velhas e confortáveis dominações hierárquicas para as novas e assustadoras redes que chamei de "informática da dominação":

DOMINAÇÕES HIERÁRQUICAS	INFORMÁTICA DA DOMINAÇÃO
Representação	Simulação
Romance burguês, realismo	Ficção científica, pós-modernismo
Organismo	Componente biótico
Profundidade, integridade	Superfície, fronteira
Calor	Ruído
Biologia como prática clínica	Biologia como inscrição
Fisiologia	Engenharia de comunicação
Pequeno grupo	Subsistema
Perfeição	Otimização
Eugenia	Controle populacional
Decadência, Montanha mágica	Obsolescência, Choque do futuro
Higiene	Administração do estresse
Microbiologia, tuberculose	Imunologia, AIDS
Divisão orgânica do trabalho	Ergonomia/cibernética do trabalho
Especialização funcional	Construção modular
Reprodução	Replicação
Especialização do papel social com base no sexo orgânico	Estratégias genéticas otimizadas
Determinismo biológico	Inércia evolucionária, restrições
Ecologia comunitária	Ecossistema
Cadeia racial do ser	Neoimperialismo, humanismo das Nações Unidas
Administração científica na casa/fábrica	Fábrica global/Trabalho feito em casa por meio das tecnologias eletrônicas
Família/Mercado/Fábrica	Mulheres no circuito integrado
Salário familiar	Valor comparável

Público/Privado	Cidadania do tipo "ciborgue"
Natureza/Cultura	Campos de diferença
Cooperação	Reforço na comunicação
Freud	Lacan
Sexo	Engenharia genética
Trabalho	Robótica
Mente	Inteligência artificial
Segunda Guerra Mundial	Guerra nas Estrelas
Patriarcado capitalista branco	Informática da dominação

Transições das velhas e confortáveis hierarquias de dominação para as novas e assustadoras redes da informática da dominação.

Esse quadro sugere diversas coisas interessantes.[23] Em primeiro lugar, os objetos situados no lado direito não podem ser compreendidos como "naturais", o que nos impede de compreender como naturais também os objetos do lado esquerdo. Não podemos voltar ao passado – ideológica ou materialmente. Não se trata apenas de que "deus" está morto: a "deusa" também está. Ou, se quisermos, podemos vê-los, a ambos, como revivificados nos mundos das políticas microeletrônica e biotecnológica. Em relação a objetos tais como componentes bióticos, devemos pensar não em termos de propriedades essenciais, mas em termos de projeto, restrições de fronteira, taxas de fluxo, lógica de sistemas, custos para se reduzir as restrições. A reprodução sexual é um tipo de estratégia reprodutiva, entre muitos, com custos e benefícios que são uma função do ambiente sistêmico. As ideologias da reprodução sexual não poderão mais, de forma razoável, apelar a concepções sobre sexo e sobre papéis sexuais, com o argumento de que constituiriam aspectos orgânicos de objetos naturais tais como organismos e famílias. Tal raciocínio será desmascarado como irracional: os executivos das grandes corporações que leem *Playboy* e as feministas radicais que são contra a pornografia formarão, ironicamente, um estranho par no desmascaramento conjunto do irracionalismo.

Assim como ocorre com a raça, as ideologias sobre a diversidade humana têm que ser formuladas em termos de frequências de parâmetros, tais como grupos sanguíneos ou resultados de testes de inteligência. É "irracional" invocar conceitos como "primitivo" e "civilizado". Para as liberais e as radicais, a busca de sistemas sociais integrados cede lugar a uma nova prática chamada "etnografia experimental", na qual um objeto orgânico desaparece como tal em resposta ao jogo lúdico da escrita. Em termos ideológicos, o racismo e o colonialismo expressam-se, agora, em uma linguagem que fala em desenvolvimento e subdesenvolvimento, em graus e níveis de modernização. Pode-se pensar qualquer objeto ou pessoa em termos de desmontagem e remontagem; não existe nenhuma arquitetura "natural" que determine como um sistema deva ser planejado. Os centros financeiros de todas as cidades do mundo, bem como as zonas de processamento de exportação e de livre comércio, proclamam este fato elementar do "capitalismo tardio": o universo inteiro dos objetos que podem ser cientificamente conhecidos deve ser formulado como um problema de engenharia de comunicação (para os administradores) ou como uma teoria do texto (para aqueles que possam oferecer resistência). Trata-se, em ambos os casos, de semiologias ciborguianas.

As estratégias de controle irão se concentrar nas condições e nas interfaces de fronteira, bem como nas taxas de fluxo entre fronteiras, e não na suposta integridade de objetos supostamente naturais. A "integridade" ou a "sinceridade" do eu ocidental cede lugar a procedimentos decisórios e a sistemas especializados. Por exemplo, as estratégias de controle aplicadas às capacidades das mulheres para dar à luz a novos seres humanos serão desenvolvidas em uma linguagem que se expressará em termos de controle populacional e de maximização da realização de objetivos, concebendo-se esses últimos como um processo individual de tomada de decisão. As estratégias de controle serão formuladas em termos de taxas, custos de restrição e graus de liberdade. Os seres humanos, da mesma forma que qualquer outro componente ou subsistema, deverão ser situados em uma arquitetura de sistema cujos modos de operação básicos serão probabilísticos, estatísticos. Nenhum objeto, nenhum espaço, nenhum corpo é, em si, sagrado; qualquer componente pode entrar em uma relação de interface com qualquer outro desde que se possa construir o padrão e o código apropriados, que sejam capazes de processar sinais por meio de uma linguagem comum. A troca, nesse mundo, transcende à tradução universal efetuada pelos mercados capitalistas, tão bem analisada por Marx. Nesse universo, a patologia privilegiada, uma patologia que afeta todos os tipos de componentes, é o estresse – um colapso nas comunicações.[24] O ciborgue não está sujeito à biopolítica de Foucault; o ciborgue simula a política, uma característica que oferece um campo muito mais potente de atividades.

Esse tipo de análise de objetos científicos e culturais de conhecimento, surgidos historicamente a partir da Segunda Guerra Mundial, prepara-nos para perceber algumas importantes inadequações na teoria feminista, a qual se desenvolve como se os dualismos orgânicos e hierárquicos que ordenaram o discurso no "Ocidente", desde Aristóteles, ainda governassem. Esses dualismos foram canibalizados ou, como diria Zoë Sofoulis, eles foram "tecnodigeridos". As dicotomias entre mente e corpo, animal e humano, organismo e máquina, público e privado, natureza e cultura, homens e mulheres, primitivo e civilizado estão, todas, ideologicamente em questão. A situação real das mulheres é definida por sua integração/ exploração em um sistema mundial de produção/reprodução e comunicação que se pode chamar de "informática da dominação". A casa, o local de trabalho, o mercado, a arena pública, o próprio corpo, todos esses locais podem ser dispersados e entrar em relações de interface, sob formas quase infinitas e polimórficas, com grandes consequências para as mulheres e outros grupos – consequências que são, elas próprias, muito diversas para as diferentes pessoas, o que torna difícil imaginar fortes movimentos internacionais de oposição, embora eles sejam essenciais para a sobrevivência. Um dos caminhos importantes para se reconstruir a política feminista-socialista é por meio de uma teoria e de uma prática dirigidas para as relações sociais da ciência e da tecnologia, incluindo, de forma crucial, os sistemas de mito e de significado que estruturam nossas imaginações. O ciborgue é um tipo de eu – pessoal e coletivo – pós-moderno, um eu desmontado e remontado. Esse é o eu que as feministas devem codificar.

As tecnologias de comunicação e as biotecnologias são ferramentas cruciais no processo de remodelação de nossos corpos. Essas ferramentas corporificam e impõem novas relações sociais para as mulheres no mundo todo. As tecnologias e os discursos científicos podem ser parcialmente compreendidos como formalizações, isto é, como momentos congelados das fluidas interações sociais que as constituem, mas eles devem ser vistos também como instrumentos para a imposição de significados. A fronteira entre ferramenta e mito, instrumento e conceito, sistemas históricos de relações sociais e anatomias históricas dos corpos possíveis (incluindo objetos de conhecimento) é permeável. Na verdade, o mito e a ferramenta são mutuamente constituídos.

Além disso, as ciências da comunicação e as biologias modernas são construídas por uma operação comum – *a tradução do mundo em termos de um problema de codificação*, isto é, a busca de uma linguagem comum na qual toda a resistência ao controle instrumental desaparece e toda a heterogeneidade pode ser submetida à desmontagem, à remontagem, ao investimento e à troca.

Nas ciências da comunicação, podemos ver exemplos dessa tradução do mundo em termos de um problema de codificação nas teorias de sistema cibernéticas (sistemas controlados por meio de feedback) aplicadas à tecnologia telefônica, ao design de computadores, ao emprego de armas de guerra ou à construção e à manutenção de bases de dados. Em cada caso, a solução para as questões-chave repousa em uma teoria da linguagem e do controle; a operação-chave consiste em determinar as taxas, as direções e as probabilidades do fluxo de uma quantidade chamada informação. O mundo é subdividido por fronteiras diferencialmente permeáveis à informação. A informação é apenas aquele tipo de elemento quantificável (unidade, base da unidade) que permite uma tradução universal e, assim, um poder universal sem interferências, isto é, aquilo que se chama de "comunicação eficaz". A maior ameaça a esse poder é constituída pela interrupção da comunicação. Qualquer colapso do sistema é uma função do estresse. Os elementos fundamentais dessa tecnologia podem ser condensados na metáfora C^3I (comando-controle-comunicação-inteligência) – o símbolo dos militares para sua teoria de operações.

Nas biologias modernas, a tradução do mundo em termos de um problema de codificação pode ser ilustrada pela biologia molecular, pela ecologia, pela teoria evolucionária sociobiológica e pela imunobiologia. Nesses campos, o organismo é traduzido em termos de problemas de codificação genética e de leitura de códigos. A biotecnologia – uma tecnologia da escrita – orienta a pesquisa em geral.[25] Em certo sentido, os organismos deixaram de existir como objetos de conhecimento, cedendo lugar a componentes bióticos, isto é, tipos especiais de dispositivos de processamento de informação. Veem-se mudanças análogas na ecologia ao se examinar a história e a utilidade do conceito de ecossistema. A imunobiologia e as práticas médicas que lhe são associadas constituem exemplos ricos do privilégio que os sistemas de codificação e de reconhecimento têm como objetos de conhecimento, como construções, por nós, de realidades corporais. A biologia é, nesse caso, uma espécie de criptografia. A pesquisa é necessariamente uma espécie de atividade de inteligência. As ironias abundam. Um sistema estressado fica enlouquecido; seus processos de comunicação entram em colapso; ele deixa de reconhecer a diferença entre o eu e o outro. Os corpos humanos com corações de babuínos provocam uma perplexidade ética nacional – tanto para os ativistas dos direitos dos animais quanto para os guardiões da pureza humana. Nos Estados Unidos, os homens gays e os usuários de drogas por via intravenosa são as vítimas privilegiadas de uma horrível doença do sistema imunológico que marca (inscreve no corpo) a confusão de fronteiras e a poluição moral.[26]

Mas essas incursões nas ciências da comunicação e na biologia têm sido feitas em um nível rarefeito; existe uma realidade mundana, em grande parte econômica, que sustenta minha afirmação de que essas ciências e tecnologias indicam, para nós, transformações fundamentais na estrutura do mundo. As tecnologias da comunicação dependem da eletrônica. Os estados modernos, as corporações multinacionais, o poder militar, os aparatos do estado de bem-estar, os sistemas de satélite, os processos políticos, a fabricação de nossas imaginações, os sistemas de controle do trabalho, as construções médicas de nossos corpos, a pornografia comercial, a divisão internacional do trabalho e o evangelismo religioso dependem, estreitamente, da eletrônica. A microeletrônica é a base técnica dos simulacros, isto é, de cópias sem originais.

A microeletrônica está no centro do processo que faz a tradução do trabalho em termos de robótica e de processamento de texto, do sexo em termos de engenharia genética e de tecnologias reprodutivas e da mente em termos de inteligência artificial e de procedimentos de decisão. As novas biotecnologias têm a ver com mais coisas do que simplesmente reprodução humana. Como uma poderosa ciência da engenharia para redesenhar materiais e processos, a biologia tem implicações revolucionárias para a indústria, talvez mais óbvias hoje em áreas como fermentação, agricultura e energia. As ciências da comunicação e a biologia caracterizam-se como construções de objetos tecnonaturais de conhecimento, nas quais a diferença entre máquina e organismo torna-se totalmente borrada; a mente, o corpo e o instrumento mantêm, entre si, uma relação de grande intimidade. A organização material "multinacional" da produção e reprodução da vida cotidiana, de um lado, e a organização simbólica da produção e reprodução da cultura e da imaginação, de outro, parecem estar igualmente implicadas nesse processo. As imagens que supõem a manutenção das fronteiras entre a base e a superestrutura, o público e o privado ou o material e o ideal nunca pareceram tão frágeis.

Tenho utilizado o conceito – inventado por Rachel Grossman –[27] de "mulheres no circuito integrado" para nomear a situação das mulheres em um mundo tão intimamente reestruturado por meio das relações sociais da ciência e da tecnologia.[28] Utilizei a circunlocução "as relações sociais da ciência e da tecnologia" para indicar que não estamos lidando com um determinismo tecnológico, mas com um sistema histórico que depende de relações estruturadas entre as pessoas. Mas a frase deveria também indicar que a ciência e a tecnologia fornecem fontes renovadas de poder, que nós precisamos de fontes renovadas de análise e de ação política.[29] Alguns dos rearranjos das dinâmicas da raça, do sexo e da classe, enraizados nas relações sociais propiciadas pela cultura high-tech, podem tornar o feminismo-socialista mais relevante para uma política progressista eficaz.

A ECONOMIA DO TRABALHO CASEIRO "FORA DE CASA"

A "nova Revolução Industrial" está produzindo uma nova classe trabalhadora mundial, bem como novas sexualidades e etnicidades. A extrema mobilidade do capital e a nova divisão internacional do trabalho estão interligadas com a emergência de novas coletividades e com o enfraquecimento dos agrupamentos familiares. Esses acontecimentos não são neutros em termos de gênero nem em termos de raça. Nas sociedades industriais avançadas, os homens brancos têm se tornado vulneráveis, de uma maneira nova, à perda permanente do emprego, enquanto as mulheres não têm perdido seus empregos na mesma proporção que os homens. Não se trata simplesmente do fato de que as mulheres dos países do Terceiro Mundo são a força de trabalho preferida das multinacionais dos setores de processamento de exportação, particularmente do setor eletrônico, cuja produção está baseada na ciência. O quadro é mais sistemático e envolve reprodução, sexualidade, cultura, consumo e produção. No paradigmático Vale do Silício, muitas mulheres têm suas vidas estruturadas em torno de empregos baseados na eletrônica e suas realidades íntimas incluem monogamia heterossexual em série, cuidado infantil negociado, distância da família ampliada ou da maior parte das formas tradicionais de comunidade, grande probabilidade de uma vida solitária e extrema vulnerabilidade econômica à medida que envelhecem. A diversidade étnica e racial das mulheres do Vale do Silício forma um microcosmo de diferenças conflitantes na cultura, na família, na religião, na educação e na linguagem.

Richard Gordon chamou essa nova situação de "economia do trabalho caseiro".[30] Embora ele inclua o fenômeno do trabalho caseiro propriamente dito, que está emergindo em conexão com a linha de montagem do setor eletrônico, Gordon quer nomear, com a expressão "economia do trabalho caseiro", uma reestruturação do trabalho que, de forma geral, tem as características anteriormente atribuídas a trabalhos femininos, trabalhos que são feitos, estritamente, por mulheres. O trabalho está sendo redefinido ao mesmo tempo como estritamente feminino e como feminizado, seja ele executado, nesse último caso, por homens ou por mulheres. Ser feminizado significa: tornar-se extremamente vulnerável; capaz de ser desmontado, remontado, explorado como força de trabalho de reserva; que as pessoas envolvidas são vistas menos como trabalhadores/as e mais como servos/as; sujeito a arranjos do tempo em que a pessoa ora está empregada num trabalho assalariado, ora não, num infeliz arremedo da ideia de redução do dia de trabalho; levar uma vida que sempre beira a ser obscena, deslocada e reduzível ao sexo. A desqualificação é uma velha estratégia aplicável, de forma renovada, a trabalhadores/as anteriormente privilegiados/as. Entretanto, o conceito de "economia do trabalho caseiro" não se refere apenas à desqualificação em larga escala, nem pretende negar que estão emergindo novas áreas de alta qualificação, inclusive para mulheres e homens anteriormente excluídos do emprego qualificado. Em vez disso, o conceito quer indicar que a fábrica, a casa e o mercado estão integrados em uma nova escala e que os lugares das mulheres são cruciais – e precisam ser analisados pelas diferenças existentes entre as mulheres e pelos significados das relações existentes entre homens e mulheres, em várias situações.

A economia do trabalho caseiro, considerada como estrutura organizacional capitalista mundial, torna-se possível por meio das novas tecnologias, embora não seja causada por ela. O êxito do ataque contra os empregos relativamente privilegiados dos trabalhadores masculinos sindicalizados – em grande parte brancos – está ligado à capacidade que têm as novas tecnologias de comunicação de integrar e controlar os trabalhadores, apesar de sua grande dispersão e descentralização. As consequências das novas tecnologias são sentidas pelas mulheres tanto na perda do salário-família (masculino) – quando elas chegaram a ter acesso a esse privilégio dos brancos – quanto no caráter de seus próprios empregos, os quais estão se tornando capital-intensivo como no trabalho de escritório e na enfermagem.

Os novos arranjos econômicos e tecnológicos estão relacionados também à decadência do estado do bem-estar e à consequente intensificação da pressão sobre as mulheres para que assumam o sustento da vida cotidiana tanto para si próprias quanto para os homens, crianças e pessoas mais velhas. A feminização da pobreza – gerada pelo desmantelamento do estado de bem-estar, pela economia do trabalho caseiro, na qual empregos estáveis são a exceção, e sustentada pela expectativa de que os salários das mulheres não serão igualados aos salários masculinos – tornou-se um grande problema. O fato de que um número crescente de lares são chefiados por mulheres está relacionado à raça, à classe ou à sexualidade. A generalização desse processo deveria levar à construção de coalizões entre as mulheres, organizadas em torno de várias questões. O fato de que o sustento da vida cotidiana cabe às mulheres como parte de sua forçada condição de mães não é nenhuma novidade; o novo é a integração de seu trabalho à economia capitalista global e a uma economia que progressivamente se torna centrada em torno da guerra. Por exemplo, nos Estados Unidos, a pressão sobre as mulheres negras que conseguiram fugir do serviço doméstico (mal) remunerado e que agora são, em grande número, empregadas em escritório ou similar tem grandes implicações para a pobreza persistente das pessoas negras *com* emprego. As mulheres adolescentes das áreas industrializadas do Terceiro Mundo veem-se crescentemente reduzidas à única ou principal fonte de renda para suas famílias, ao mesmo tempo que o acesso à terra é, mais do que nunca, problemático. Esses processos têm consequências importantes para a psicodinâmica e a política do gênero e da raça.

No quadro das três principais fases do capitalismo (comercial/industrial inicial, monopolista, multinacional) ligadas, respectivamente, ao nacionalismo, ao imperialismo e ao multinacionalismo e relacionadas, também respectivamente, aos três períodos estéticos dominantes de Jameson (realismo, modernismo e pós-modernismo), eu argumentaria que formas específicas de famílias relacionam-se dialeticamente com aquelas formas de capitalismo e com as correspondentes formas políticas e culturais mencionadas. Embora vividas problemática e desigualmente, as formas ideais dessas famílias podem ser esquematizadas: 1) a família nuclear patriarcal, estruturada pela dicotomia entre o público e o privado e acompanhada pela ideologia burguesa branca de separação entre a esfera pública e a privada e pelo feminismo burguês anglo-americano do século XIX; 2) a família moderna mediada (ou imposta) pelo estado de bem-estar e por instituições como o salário-família, com um florescimento de ideologias heterossexuais a-feministas, incluindo suas versões críticas desenvolvidas em Greenwich Village, em torno da Primeira Guerra Mundial; e 3) a "família" da economia do trabalho caseiro, caracterizada por sua contraditória estrutura de casas chefiadas por mulheres, pela explosão dos feminismos e pela paradoxal intensificação e erosão do próprio gênero.

Esse é o contexto no qual as projeções para o desemprego estrutural, como consequência das novas tecnologias, tornam-se mundialmente parte do quadro da economia do trabalho doméstico. À medida que a robótica e as tecnologias que lhe são relacionadas expulsam os homens do emprego nos países "desenvolvidos" e tornam mais difícil gerar empregos masculinos nos países "em desenvolvimento" do Terceiro Mundo e à medida que o escritório automatizado se torna a regra mesmo em países com reserva de trabalhadores, a feminização do trabalho intensifica-se. As mulheres negras nos Estados Unidos sabem desde há muito tempo o que significa enfrentar o subemprego estrutural ("feminização") dos homens negros, bem como sua própria e altamente vulnerável posição na economia salarial. Não é mais um segredo que a sexualidade, a reprodução, a família e a vida em comunidade estejam interligadas com essa estrutura econômica sob infinitas formas, contribuindo também para produzir diferenças entre a situação das mulheres brancas e a situação das mulheres negras. Um número maior de mulheres e homens irão se deparar com situações similares, o que tornará as alianças que atravessam o gênero e a raça, formadas em torno das questões ligadas à sustentação básica da vida (com ou sem empregos), necessárias e não apenas desejáveis.

As novas tecnologias têm também um efeito profundo sobre a fome e a produção de alimentos para a subsistência. Rae Lesser Blumberg[31] calcula que as mulheres produzem 50% da alimentação de subsistência do mundo.[32] As mulheres são, em geral, excluídas dos benefícios da crescente mercantilização high-tech dos alimentos e dos produtos agrícolas energéticos; seus dias se tornam mais árduos porque suas responsabilidades na preparação de alimento não diminuíram; e suas situações reprodutivas se tornam mais complexas. As tecnologias da Revolução Verde interagem com a produção industrial high-tech para alterar a divisão sexual do trabalho, bem como para transformar os padrões de migração de acordo com o gênero.

As novas tecnologias parecem estar profundamente envolvidas naquelas formas de "privatização" analisadas por Rosalind Petchesky,[33] nas quais se combinam, de forma sinergética, o processo de militarização, as ideologias e as políticas públicas sobre questões de família, desenvolvidas pela direita, e as redefinições das concepções de propriedade (empresarial e estatal), a qual passa a ser vista como exclusivamente privada.[34] As novas tecnologias de comunicação são fundamentais para a erradicação da "vida pública" de todas as pessoas. Isso facilita o florescimento de uma instituição militar high-tech permanente, com prejuízos culturais e econômicos para a maioria das pessoas, mas especialmente para as mulheres. Tecnologias como videogames e aparelhos de televisão extremamente miniaturizados parecem cruciais para a produção de formas modernas de "vida privada". A cultura dos videogames é fortemente orientada para a competição individual e para a guerra espacial. Desenvolve-se, aqui, em conexão com a dinâmica de gênero, uma imaginação high-tech, uma imaginação que pode contemplar a possibilidade da destruição do planeta, permitindo, como se fosse uma ficção científica, que se escape às suas consequências. Muitas outras coisas, além de nossa imaginação, são militarizadas. E outras consequências da guerra eletrônica e nuclear são inescapáveis. São essas as tecnologias que prometem a mobilidade última e a troca perfeita, permitindo também, incidentalmente, que o turismo, essa prática perfeita de mobilidade e troca, apareça, se considerado isoladamente, como uma das maiores indústrias do mundo.

As novas tecnologias afetam as relações sociais tanto da sexualidade quanto da reprodução, e nem sempre da mesma forma. Os estreitos vínculos entre a sexualidade e a instrumentalidade – uma visão sobre o corpo que o concebe como uma espécie de máquina de maximização da satisfação e da utilidade privadas – são descritos de forma admirável nas histórias sociobiológicas sobre origem que enfatizam o cálculo genético e descrevem a inevitável dialética da dominação entre os papéis sexuais feminino e masculino.[35] Essas histórias sociobiológicas baseiam-se em uma visão high-tech do corpo – uma visão que o concebe como componente biótico ou como um sistema cibernético de comunicação. Uma das mais importantes transformações da situação reprodutiva das mulheres dá-se no campo médico, no qual as fronteiras de seus corpos se tornam permeáveis, de uma nova forma, à "visualização" e à "intervenção" das novas tecnologias. Obviamente, saber quem controla a interpretação das fronteiras corporais na hermenêutica médica é uma questão feminista importantíssima. O espéculo tornou-se, nos anos 1970, um símbolo da reivindicação das mulheres pela retomada do controle de seu corpo. No contexto das práticas de reprodução cibernéticas, esse instrumento artesanal parece inadequado para expressar a política do corpo necessária na negociação das novas realidades que aí surgem. A autoajuda não é suficiente. As tecnologias da visualização relembram a importante prática cultural de se caçar com a câmera, bem como a natureza profundamente predatória de uma consciência fotográfica.[36] O sexo, a sexualidade e a reprodução são atores centrais nos sistemas mitológicos high-tech que estruturam a nossa imaginação sobre nossas possibilidades pessoais e sociais.

Outro aspecto crítico das relações sociais envolvidas nas novas tecnologias é a reformulação das expectativas, da cultura, do trabalho e da reprodução da força de trabalho empregada nas indústrias técnicas e científicas. Um dos maiores riscos sociais e políticos é o constituído pela formação de uma estrutura social fortemente bimodal, na qual a massa de mulheres e homens pertencentes aos grupos étnicos, e especialmente as pessoas de cor, ficam confinadas à economia do trabalho caseiro, aos diversos analfabetismos, à impotência e à redundância gerais e são controladas por aparatos repressivos high-tech que vão do entretenimento à vigilância e ao extermínio. Uma política socialista feminista adequada deveria se dirigir às mulheres nas categorias ocupacionais privilegiadas e, particularmente, na produção daquela ciência e daquela tecnologia responsáveis pela construção dos discursos, dos processos e dos objetos tecnocientíficos.[37]

Essa questão é apenas um dos aspectos do estudo das possibilidades de uma ciência feminista, mas ela é extremamente importante. Que tipo de papel constitutivo na produção do conhecimento, da imaginação e da prática podem ter os novos grupos que estão fazendo ciência? De que forma esses grupos podem se aliar com os movimentos sociais e políticos progressistas? Como se pode construir alianças políticas que reúnam as mulheres ao longo das hierarquias tecnocientíficas que nos separam? Haverá formas de se desenvolver uma política feminista de ciência e tecnologia, em aliança com os grupos de ação antimilitares que advogam uma conversão dos equipamentos científicos para fins pacíficos? Muitos trabalhadores e trabalhadoras técnicos e científicos do Vale do Silício, incluindo os cowboys high-tech, não querem trabalhar na ciência militar.[38] Será possível reunir essas preferências pessoais e essas tendências culturais em uma política progressista numa classe média profissional na qual as mulheres, incluindo as mulheres de cor, estão se tornando bastante numerosas?

AS MULHERES NO CIRCUITO INTEGRADO

Deixem-me sintetizar o quadro da localização histórica das mulheres nas sociedades industriais avançadas, considerando que essas posições foram reestruturadas, em parte, por meio das relações sociais da ciência e da tecnologia. Se foi, alguma vez, possível caracterizar ideologicamente as vidas das mulheres por meio da distinção entre os domínios público e privado, uma distinção que era sugerida por imagens de uma vida operária dividida entre a fábrica e a casa; de uma vida burguesa dividida entre o mercado e a casa; de uma vida de gênero dividida entre os domínios pessoal e político, não é suficiente, agora, nem mesmo mostrar como ambos os termos dessas dicotomias se constroem mutuamente na prática e na teoria. Prefiro a imagem de uma rede ideológica – o que sugere uma profusão de espaços e identidades e a permeabilidade das fronteiras no corpo pessoal e no corpo político. A ideia de "rede" evoca tanto uma prática feminista quanto uma estratégia empresarial multinacional – tecer é uma atividade para ciborgues oposicionistas.

Deixem-me, pois, retornar a uma imagem anterior, a da informática da dominação, e esboçar uma visão do "lugar" das mulheres no circuito integrado, assinalando apenas poucas e idealizadas localizações sociais, vistas, primariamente, da perspectiva das sociedades capitalistas avançadas: Casa, Mercado, Local de Trabalho Assalariado, Estado, Escola, Hospital-Clínica e Igreja. Cada um desses espaços idealizados está lógica e praticamente implicado em qualquer outro lócus, talvez de forma análoga a uma fotografia holográfica. Gostaria de invocar o impacto das relações sociais que são mediadas e impostas pelas novas tecnologias, a fim de ajudar a formular uma análise e um trabalho prático que são extremamente necessários. Entretanto, não há nenhum "lugar" para as mulheres nessas redes, apenas uma geometria da diferença e da contradição, crucial às identidades ciborguianas das mulheres. Se aprendermos a interpretar essas redes de poder e de vida social, poderemos construir novas alianças e novas coalizões. Não há como ler a seguinte lista com base em uma perspectiva identitária, baseada na perspectiva de um eu unitário. O importante é a dispersão. A tarefa consiste em sobreviver na diáspora.

CASA: lares chefiados por mulheres; monogamia em série; fuga dos homens; mulheres de idade vivendo sozinhas; tecnologia do trabalho doméstico; trabalho de casa remunerado; reemergência da indústria do trabalho pouco qualificado, feito em casa; empresas e serviços de comunicação sediados em casa; indústria eletrônica caseira; sem-teto urbano; migração; arquitetura modular; família nuclear reforçada (de forma simulada); violência doméstica intensa.

MERCADO: persistência do trabalho de consumo das mulheres, alvos renovados do estímulo a comprar grande quantidade de novas produções das novas tecnologias (especialmente à medida que a competição entre as nações industrializadas e as nações em vias de industrialização, para evitar o desemprego em massa, precisa encontrar novos e cada vez maiores mercados para mercadorias de necessidade cada vez menos clara); poder de compra bimodal, combinado com uma publicidade que se dirige aos numerosos grupos afluentes e negligencia os mercados de massa de períodos anteriores; importância crescente do mercado informal de trabalho e do mercado informal de bens, os quais coexistem com as estruturas de mercado afluentes, high-tech; sistemas de vigilância por meio da transferência eletrônica de dinheiro; intensificação da abstração mercantil (mercantilização) da experiência, resultando em teorias de comunidade utópicas ineficazes ou, equivalentemente, em teorias cínicas; mobilidade extrema (abstração) dos sistemas de mercantilização/financiamento; interpenetração entre o mercado sexual e o mercado laboral; sexualização intensificada do consumo abstrato e alienado.

LOCAL DE TRABALHO REMUNERADO: persistência e intensificação da divisão racial e sexual do trabalho, mas considerável crescimento da entrada em categorias ocupacionais privilegiadas para muitas mulheres brancas e pessoas de cor; impacto das novas tecnologias sobre o trabalho das mulheres no setor de serviço, no trabalho de escritório, na manufatura (especialmente nos setores têxteis), na agricultura e na eletrônica; reestruturação internacional das classes operárias; desenvolvimento de novos arranjos de tempo para facilitar a economia do trabalho doméstico (tempo flexível, tempo parcial, tempo extra, nenhum tempo); trabalho feito em casa e trabalho terceirizado; pressão crescente por estruturas salariais dualizadas; número significativo de assalariados, no mundo todo, que não têm nenhuma experiência ou mais nenhuma esperança de um emprego estável; uma maioria da força de trabalho que se torna "marginal" ou "feminizada".

ESTADO: continuidade da erosão do estado de bem-estar; processos de descentralização juntamente com vigilância e controle crescentes; cidadania exercida por meio da telemática; imperialismo e, em geral, poder político, baseado na diferença entre quem é rico e quem é pobre em termos de informação; crescente militarização high-tech, contraposta a uma crescente oposição por parte de muitos grupos sociais; redução dos empregos no funcionalismo público, como resultado do fato de que o trabalho de escritório está se tornando, de forma crescente, capital-intensivo, com implicações para a mobilidade ocupacional das mulheres de cor; crescente privatização da vida e da cultura material e ideológica; estreita integração entre a privatização e a militarização – as formas high-tech de vida pública e pessoal capitalista burguesa; invisibilidade mútua entre os diferentes grupos sociais, ligada a mecanismos psicológicos de crença em inimigos abstratos.

ESCOLA: vínculos aprofundados entre as necessidades do capital high-tech e a educação pública em todos os níveis, diferenciados por raça, classe e gênero; as classes executivas envolvidas na reforma educacional e no refinanciamento, às custas das remanescentes estruturas educacionais democráticas e progressistas para as crianças e os(as) professores(as); educação para a ignorância em massa e a repressão, em uma cultura militarizada e tecnocrática; crescimento dos cultos místicos anticientíficos em movimentos dissidentes e políticos radicais; persistência de um relativo analfabetismo científico entre mulheres brancas e pessoas de cor; crescente orientação industrial da educação (especialmente a educação superior), sob a liderança das multinacionais da produção baseada na ciência (particularmente as companhias que dependem da biotecnologia e da eletrônica); elites altamente educadas e numerosas, em uma sociedade progressivamente bimodal.

CLÍNICA-HOSPITAL: intensificação das relações máquina-corpo; renegociações das metáforas públicas que expressam a experiência pessoal do corpo, particularmente em relação à reprodução, às funções do sistema imunológico e aos fenômenos de estresse; intensificação da política reprodutiva, em resposta às implicações históricas mundiais do controle potencial, mas irrealizado, das mulheres sobre sua relação com a reprodução; emergência de doenças novas, historicamente específicas; lutas em torno dos significados e dos meios da saúde em ambientes permeados por produtos e processos de alta tecnologia; continuidade da feminização do trabalho em saúde; intensificação da luta em torno da responsabilidade do estado pela saúde; persistência do papel ideológico dos movimentos populares de saúde, como uma forma importante de política nos Estados Unidos.

IGREJA: pregadores "supersalvadores" e fundamentalistas eletrônicos que celebram a união do capital eletrônico com deuses-fetiche automatizados; intensificação da importância das igrejas na resistência ao estado militar; luta central em torno dos significados e da autoridade na religião; persistência da relevância da espiritualidade, interligada com o sexo e a saúde, na luta política.

A única forma de caracterizar a informática da dominação é vê-la como uma intensificação massiva da insegurança e do empobrecimento cultural, com um fracasso generalizado das redes de subsistência para os mais vulneráveis. Uma vez que grande parte desse quadro está conectado com as relações sociais da ciência e da tecnologia, é óbvia a urgência de uma política socialista feminista dirigida para a ciência e a tecnologia. Há muita coisa sendo feita e as bases para um trabalho político são muito ricas. Um exemplo do desenvolvimento de formas de luta coletiva para as mulheres envolvidas em trabalho assalariado é o das empregadas ligadas à secção 925 do Sindicato Internacional dos Empregados no Setor de Serviços. Essas formas de luta estão profundamente ligadas à reestruturação técnica dos processos de trabalho e às modificações das classes trabalhadoras. Essas lutas estão também propiciando uma compreensão mais abrangente da organização do trabalho, incluindo questões como a comunidade, a sexualidade e a família, questões que não eram privilegiadas nos sindicatos industriais dominados, em grande parte, por pessoas brancas do sexo masculino.

Os rearranjos estruturais ligados às relações sociais da ciência e da tecnologia apresentam uma forte ambivalência. Mas não é necessário desesperar-se com as implicações das relações das mulheres do final do século XX com o trabalho, a cultura, a produção de conhecimento, a sexualidade e a reprodução. Por excelentes razões, os marxismos veem melhor a dominação, mas têm dificuldades em compreender a falsa consciência e a cumplicidade das pessoas no processo de sua própria dominação, no capitalismo tardio. É importante lembrar que o que se perde, com esses rearranjos, especialmente do ponto de vista das mulheres, está, com frequência, ligado a formas virulentas de opressão, as quais, em face da violência existente, são nostalgicamente naturalizadas. A ambivalência em relação às unidades rompidas por meio das culturas high-tech exige que não classifiquemos a consciência entre, de um lado, uma "crítica lúcida, como fundamento de uma sólida epistemologia política", e, de outro, uma "consciência falsa e manipulada", mas que tenhamos uma sutil compreensão dos prazeres, das experiências e dos poderes emergentes, os quais apresentam forte potencial para mudar as regras do jogo.

Há razões para esperança, quando se consideram as bases que surgem para novos tipos de unidade política que atravessem a raça, o gênero e a classe, à medida que esses elementos centrais da análise socialista feminista passam, eles próprios, por múltiplas transformações. Não são poucas as dificuldades experimentadas na interação com as relações sociais da ciência e da tecnologia. Mas o que estamos vivendo não é transparentemente claro e nos faltam conexões suficientemente sutis para construir, de forma coletiva, teorias sobre a experiência que tenham alguma eficácia. Os presentes esforços – marxistas, psicanalíticos, feministas, antropológicos – são rudimentares para clarificar mesmo a "nossa" própria experiência.

Estou consciente da estranha perspectiva propiciada por minha posição histórica – um doutorado em biologia para uma moça irlandesa católica tornou-se possível por causa do impacto do Sputnik na política de educação científica dos Estados Unidos. Tenho um corpo e uma mente construídos tanto pela corrida armamentista e pela guerra fria que se seguiram à Segunda Guerra Mundial quanto pelos movimentos das mulheres. Há mais razões para a esperança quando consideramos os efeitos contraditórios das políticas dirigidas a produzir tecnocratas estadunidenses leais – as quais também produzem um grande número de dissidentes – do que quando nos concentramos nas derrotas atuais.

A parcialidade permanente dos pontos de vista feministas tem consequências para nossas expectativas relativamente a formas de organização e participação políticas. Para trabalhar direito, não temos necessidade de uma totalidade. O sonho feminista sobre uma linguagem comum, como todos os sonhos sobre uma linguagem que seja perfeitamente verdadeira, sobre uma nomeação perfeitamente fiel da experiência, é um sonho totalizante e imperialista. Nesse sentido, em sua ânsia por resolver a contradição, também a dialética é uma linguagem de sonho. Talvez possamos, ironicamente, aprender baseadas em nossas fusões com animais e máquinas como não ser o Homem, essa corporificação do logos ocidental. Do ponto de vista do prazer que se tem nessas potentes e interditadas fusões, tornadas inevitáveis pelas relações sociais da ciência e da tecnologia, talvez possa haver, de fato, uma ciência feminista.

CIBORGUES: UM MITO DE IDENTIDADE POLÍTICA

Quero concluir com um mito sobre identidades e sobre fronteiras, o qual pode inspirar as imaginações políticas do fim do século xx. Sou devedora, nessa história, a escritoras e escritores como Joanna Russ, Samuel Delany, John Varley, James Tiptree Jr. [pseudônimo de Alice Sheldon], Octavia Butler, Monique Wittig e Vonda McIntyre, que são nossos(as) contadores(ras) de histórias, explorando o que significa – em mundos high-tech – ser corporificado.[39] São os(as) teóricos(as) dos ciborgues. Ao explorar concepções sobre fronteiras corporais e ordem social, a antropóloga Mary Douglas[40] ajuda-nos a ter consciência sobre quão fundamental é a imagística corporal para a visão de mundo e, dessa forma, para a linguagem política. As feministas francesas, como Luce Irigaray e Monique Wittig, apesar de todas as suas diferenças, sabem como escrever o corpo, como interligar erotismo, cosmologia e política, com base na imagística da corporificação e, especialmente para Wittig, a partir da imagística da fragmentação e da reconstituição de corpos.[41]

Feministas radicais estadunidenses, como Susan Griffin, Audre Lorde e Adrienne Rich, têm afetado profundamente nossas imaginações políticas, mesmo que restringindo em demasia, talvez, aquilo que nós pensamos como sendo uma linguagem corporal e política amigável.[42] Elas insistem no orgânico, opondo-o ao tecnológico. Mas seus sistemas simbólicos, bem como as perspectivas que lhe são relacionadas (o ecofeminismo e o paganismo feminista), repleto de organicismos, só podem ser compreendidos como – para usar os termos de Sandoval – ideologias de oposição adequadas ao final do século XX. Elas simplesmente chocam qualquer pessoa que não esteja preocupada com as máquinas e a consciência do capitalismo tardio. Assim, elas são parte do mundo do ciborgue. Mas existem também grandes vantagens para as feministas em não abraçar explicitamente as possibilidades inerentes ao colapso das distinções nítidas entre organismo e máquina, bem como as distinções similares que estruturam o eu ocidental. É a simultaneidade dos colapsos que rompe as matrizes de dominação e abre possibilidades geométricas. O que pode ser aprendido com a poluição "tecnológica" política e pessoal? Examino a seguir, brevemente, dois grupos superpostos de textos, por seu insight para a construção de um mito do ciborgue que seja potencialmente útil: de um lado, as construções feitas por mulheres de cor e, de outro, a construção de eus monstruosos, feita na ficção científica feminista.

Sugeri, anteriormente, que as "mulheres de cor" poderiam ser compreendidas como uma identidade ciborgue, uma potente subjetividade, sintetizada com base nas fusões de identidades forasteiras e nos complexos estratos político-históricos de sua "biomitografia", *Zami*.[43] (Há cartografias materiais e culturais que mapeiam esse potencial. Audre Lorde apreende esse tom no título de seu livro, *Sister Outsider* (Irmã forasteira).[44] Em seu mito político, a *Sister Outsider* é a mulher de além-mar, a qual as mulheres estadunidenses – femininas e feminizadas – devem, supostamente, ver como o inimigo que impede sua solidariedade, que ameaça sua segurança. No continente, dentro das fronteiras dos Estados Unidos, a *Sister Outsider* constitui um potencial, em meio às raças e às identidades étnicas das mulheres manipuladas pela divisão, pela competição e pela exploração nas mesmas indústrias. As "mulheres de cor" são a força de trabalho preferida das indústrias baseadas na ciência, são as mulheres reais que o mercado sexual, o mercado de trabalho e a política da reprodução mundiais lançam no rodopio caleidoscópico da vida cotidiana. As jovens mulheres coreanas contratadas pela indústria do sexo e pela linha de montagem eletrônica são recrutadas nas escolas secundárias e educadas para o circuito integrado. A alfabetização, especialmente em inglês, distingue a força de trabalho feminina "barata", tão atrativa para as multinacionais.

Contrariamente aos estereótipos orientalistas do "primitivo oral", o alfabetismo é uma marca especial das mulheres de cor, tendo sido adquirido pelas mulheres negras estadunidenses, bem como pelos homens, por meio de uma história na qual eles e elas arriscaram a vida para aprender e para ensinar a ler e a escrever. A escrita tem um significado especial para todos os grupos colonizados. Tem sido crucial para o mito ocidental da distinção entre culturas orais e escritas, entre mentalidades primitivas e civilizadas. Mais recentemente, essas distinções têm sido desconstruídas por aquelas teorias pós-modernas que atacam o falogocentrismo do ocidente, com sua adoração do trabalho monoteísta, fálico, legitimizado e singular – o nome único e perfeito.[45] Disputas em torno dos significados da escrita são uma forma importante da luta política contemporânea. Liberar o jogo da escrita é uma coisa extremamente séria. A poesia e as histórias das mulheres de cor estadunidenses dizem respeito, repetidamente, à escrita, ao acesso ao poder de significar; mas desta vez o poder não deve ser nem fálico nem inocente. A escrita-ciborgue não tem a ver com a Queda, com a fantasia de uma totalidade que, "era-uma-vez", existia antes da linguagem, antes da escrita, antes do Homem. A escrita-ciborgue tem a ver com o poder de sobreviver não com base em uma inocência original, mas na tomada de posse dos mesmos instrumentos para marcar o mundo que as marcou como outras.

Os instrumentos são, com frequência, histórias recontadas, que invertem e deslocam os dualismos hierárquicos de identidades naturalizadas. Ao recontar as histórias de origem, as autoras-ciborgue subvertem os mitos centrais de origem da cultura ocidental. Temos, todas, sido colonizadas por esses mitos de origem, com sua ânsia por uma plenitude que seria realizada no apocalipse. As histórias falogocêntricas de origem mais cruciais para as ciborgues feministas estão contidas nas tecnologias – nas que escrevem o mundo, como a biotecnologia e a microeletrônica –

da letra, da inscrição que têm, recentemente, textualizado nossos corpos como problemas de código sobre a grade do C^3I. As histórias feministas sobre ciborgues têm a tarefa de recodificar a comunicação e a inteligência, a fim de subverter o comando e o controle.

A política da linguagem permeia, figurativa e literalmente, as lutas das mulheres de cor; as histórias sobre linguagem têm uma força especial na rica escrita contemporânea das mulheres estadunidenses de cor. Por exemplo, as recontagens da história da mulher índia Malinche, mãe da raça "bastarda" mestiça do novo mundo, senhora das línguas e amante de Cortés, carregam um significado especial para as construções chicanas da identidade. Cherríe Moraga, em *Loving in the War Years*,[46] explora o tema da identidade, quando não se possuía a linguagem original, quando nunca se havia contado a história original, quando nunca se havia morado na harmonia da heterossexualidade legítima no jardim da cultura e, assim, não se podia basear a identidade em um mito ou em uma queda da inocência e no direito a nomes naturais, o da mãe ou o do pai.[47] A escrita de Moraga, seu alfabetismo extraordinário, é apresentada em sua poesia como do mesmo tipo de violação do domínio da língua do conquistador por Malinche – uma violação, uma produção ilegítima, que permite a sobrevivência. A linguagem de Moraga não é "inteira"; ela é autoconscientemente partida, uma quimera feita de uma mistura de inglês e espanhol, as línguas dos conquistadores. Mas é esse monstro quimérico, sem nenhuma reivindicação em favor de uma língua original existente antes da violação, que molda as identidades eróticas, competentes, potentes, das mulheres de cor.

A *Sister Outsider* sugere a possibilidade da sobrevivência do mundo não por causa de sua inocência, mas por causa de sua habilidade de viver nas fronteiras, de escrever sem o mito fundador da inteireza original, com seu inescapável apocalipse do retorno final a uma unidade mortal que o Homem tem imaginado como sendo a Mãe inocente e todo-poderosa, libertada, no Fim, de outra espiral de apropriação, por seu filho. A escrita marca o corpo de Moraga, afirma-o como o corpo de uma mulher de cor, contra a possibilidade de passar para a categoria não marcada do pai anglo ou para o mito orientalista do "analfabetismo original" de uma mãe que nunca foi. Malinche era, aqui, mãe, e não Eva, antes de comer o fruto proibido. A escrita afirma a *sister outsider*, não a Mulher-antes-da-queda--na-escrita, exigida pela falogocêntrica Família do Homem.

A escrita é, preeminentemente, a tecnologia dos ciborgues – superfícies gravadas do final do século xx. A política do ciborgue é a luta pela linguagem, é a luta contra a comunicação perfeita, contra o código único que traduz todo significado de forma perfeita – o dogma central do falogocentrismo. É por isso que a política do ciborgue insiste no ruído e advoga a poluição, tirando prazer das ilegítimas fusões entre animal e máquina. São esses acoplamentos que tornam o Homem e a Mulher extremamente problemáticos, subvertendo a estrutura do desejo, essa força que se imagina como sendo a que gera a linguagem e o gênero, subvertendo, assim também, a estrutura e os modos de reprodução da identidade "ocidental", da natureza e da cultura, do espelho e do olho, do escravo e do senhor. "Nós" não escolhemos, originalmente, ser ciborgues. A ideia de escolha está na base, de qualquer forma, da política liberal e da epistemologia que imaginam a reprodução dos indivíduos antes das replicações mais amplas de "textos".

Libertadas da necessidade de basear a política em uma posição supostamente privilegiada com relação à experiência da opressão, incorporando, nesse processo, todas as outras dominações, podemos, da perspectiva dos ciborgues, vislumbrar possibilidades extremamente potentes. Os feminismos e os marxismos têm dependido dos imperativos epistemológicos ocidentais para construir um sujeito revolucionário, a partir da perspectiva que supõe existir uma hierarquia entre diversos tipos de opressões e/ou a partir de uma posição latente de superioridade moral, de inocência e da maior proximidade com a natureza. Sem poder mais contar com nenhum sonho original relativamente a uma linguagem comum, nem com uma simbiótica natural que prometa uma proteção da separação "masculina" hostil, estamos escritas no jogo de um texto que não tem nenhuma leitura finalmente privilegiada nem qualquer história de salvação. Isso faz com que nos reconheçamos como plenamente implicadas no mundo, libertando-nos da necessidade de enraizar a política na identidade, em partidos de vanguarda, na pureza e na maternidade. Despida da identidade, a raça bastarda ensina sobre o poder da margem e sobre a importância de uma mãe como Malinche. As mulheres de cor transformam-na de uma mãe diabólica, nascida do medo masculinista, em uma mãe originalmente alfabetizada que ensina a sobrevivência.

Isso não é apenas uma desconstrução literária, mas uma transformação limiar. Toda história que começa com a inocência original e privilegia o retorno à inteireza imagina que o drama da vida é constituído de individuação, separação, nascimento do eu, tragédia da autonomia, queda na escrita, alienação; isto é, guerra, temperada pelo repouso imaginário no peito do Outro. Essas tramas são governadas por uma política reprodutiva – renascimento sem falha, perfeição, abstração. Nessa trama, as mulheres são imaginadas como estando em uma situação melhor ou pior, mas todos concordam que elas têm menos "eu", uma individuação mais fraca, mais fusão com o oral, com a Mãe, menos coisas em jogo na autonomia masculina. Mas existe um outro caminho para ter menos coisas em jogo na autonomia masculina, um caminho que não passa pela Mulher, pelo Primitivo, pelo Zero, pela Fase do Espelho e seu imaginário. Passa pelas mulheres e por outros ciborgues no tempo-presente, ilegítimos, não nascidos da Mulher, que recusam os recursos ideológicos da vitimização, de modo a ter uma vida real. Esses ciborgues são as pessoas que recusam desaparecer quando instados, não importa quantas vezes um escritor "ocidental" faça comentários sobre o triste desaparecimento de um outro grupo orgânico, primitivo, efetuado pela tecnologia "ocidental", pela escrita.[48] Esses ciborgues da vida real (por exemplo, as mulheres trabalhadoras de uma aldeia do sudeste asiático, nas empresas eletrônicas japonesas e estadunidenses descritas por Aihwa Ong) estão ativamente reescrevendo os textos de seus corpos e sociedades. A sobrevivência é o que está em questão nesse jogo de leituras.

Para recapitular, certos dualismos têm sido persistentes nas tradições ocidentais; eles têm sido essenciais à lógica e à prática da dominação sobre as mulheres, as pessoas de cor, a natureza, os trabalhadores, os animais – em suma, à dominação de todos aqueles que foram constituídos como outros e cuja tarefa consiste em espelhar o eu [dominante]. Estes são os mais importantes desses problemáticos dualismos: eu/outro, mente/corpo, cultura/natureza, macho/fêmea, civilizado/primitivo, realidade/aparência, todo/parte, agente/instrumento, o que faz/o que é feito, ativo/passivo, certo/errado, verdade/ilusão, total/parcial, Deus/homem. O eu é o Um que não é dominado, que sabe isso por meio do trabalho do outro; o outro é o um que carrega o futuro, que sabe isso por meio da experiência da dominação, a qual desmente a autonomia do eu. Ser o Um é ser autônomo, ser poderoso, ser Deus; mas ser o Um é ser uma ilusão e, assim, estar envolvido numa dialética de apocalipse com o outro. Por outro lado, ser o outro é ser múltiplo, sem fronteira clara, borrado, insubstancial. Um é muito pouco, mas dois [o outro] é demasiado.

A cultura high-tech contesta – de forma intrigante – esses dualismos. Não está claro quem faz e quem é feito na relação entre o humano e a máquina. Não está claro o que é mente e o que é corpo em máquinas que funcionam de acordo com práticas de codificação. Na medida em que nos conhecemos tanto no discurso formal (por exemplo, na biologia) quanto na prática cotidiana (por exemplo, na economia doméstica do circuito integrado), descobrimo-nos como ciborgues, híbridos, mosaicos, quimeras. Os organismos biológicos tornaram-se sistemas bióticos – dispositivos de comunicação como qualquer outro. Não existe, em nosso conhecimento formal, nenhuma separação fundamental, ontológica, entre máquina e organismo, entre técnico e orgânico. A replicante Rachel no filme *Blade Runner*, de Ridley Scott, destaca-se como a imagem do medo, do amor e da confusão da cultura-ciborgue.

Uma das consequências disso é que nosso sentimento de conexão com nossos instrumentos é reforçado. O estado de transe experimentado por muitos usuários de computadores tem-se tornado a imagem predileta dos filmes de ficção científica e das piadas culturais. Talvez os paraplégicos e outras pessoas seriamente afetadas possam ter (e algumas vezes têm) as experiências mais intensas de uma complexa hibridização com outros dispositivos de comunicação.[49] O livro pré-feminista de Anne McCaffrey, *The Ship Who Sang*,[50] explora a consciência de uma ciborgue, produto híbrido do cérebro de uma garota com uma complexa maquinaria, formado após o nascimento de uma criança seriamente incapacitada. O gênero, a sexualidade, a corporificação, a habilidade: todos esses elementos são reconstituídos na história. Por que nossos corpos devem terminar na pele? Por que, na melhor das hipóteses, devemos nos limitar a considerar como corpos, além dos humanos, apenas outros seres também envolvidos pela pele? Do século XVII até agora, as máquinas podiam ser animadas – era possível atribuir-lhes almas fantasmas para fazê-las falar ou movimentar-se ou para explicar seu desenvolvimento ordenado e suas capacidades mentais. Ou os organismos podiam ser mecanizados – reduzidos ao corpo compreendido como recurso da mente. Essas relações máquina/organismo são obsoletas, desnecessárias. Para nós, na imaginação e na prática, as máquinas podem ser dispositivos protéticos, componentes íntimos, amigáveis eus. Não precisamos do holismo orgânico para nos dar uma totalidade impermeável, para nos dar a mulher total e suas variantes feministas (mutantes?). Deixem-me concluir este ponto com uma leitura muito parcial da lógica dos monstros-ciborgue de meu segundo grupo de textos – a ficção científica feminista.

Os ciborgues que habitam a ficção científica feminista tornam bastante problemático o status de homem ou mulher, humano, artefato, membro de uma raça, entidade individual ou corpo. Katie King observa como o prazer de ler essas ficções não é, em geral, baseado na identificação. As estudantes que encontraram Joanna Russ pela primeira vez, estudantes que aprenderam a ler escritores e escritoras modernistas como James Joyce ou Virginia Woolf sem problemas, não sabem o que fazer com *Adventures of Alyx* ou *The Female Man*, nos quais os personagens rejeitam a busca do leitor ou da leitora por uma inteireza inocente, ao mesmo tempo que admitem o desejo por buscas heroicas, por um erotismo exuberante e por uma política séria. *The Female Man* é a história de quatro versões de um único genótipo, as quais se encontram, mas que, mesmo consideradas juntas, não formam um todo, não resolvem os dilemas da ação moral violenta nem impedem o escândalo crescente do gênero. A ficção científica feminista de Samuel Delany, especialmente *Tales of Nevèrÿon*, ridiculariza as histórias de origem ao refazer a revolução neolítica e ao repetir os gestos fundadores da civilização ocidental para subverter sua plausibilidade. James Tiptree Jr., uma autora cuja ficção era vista como particularmente masculina até que seu "verdadeiro" gênero foi revelado, conta fábulas de reprodução baseadas em tecnologias não mamíferas, tais como rotação entre gerações de bolsas masculinas de chocar e cuidado masculino com os recém-nascidos. John Varley constrói um ciborgue supremo, em sua exploração arquifeminista na Trilogia de Gaea, um dispositivo louco que é uma combinação de deusa, planeta, vigarista, anciã e tecnologia, em cuja superfície uma gama extraordinária de simbioses pós-ciborgues é gerada. Octavia Butler escreve sobre uma feiticeira africana que aciona seus poderes de transformação contra as manipulações genéticas de sua rival (*Wild Seed*), de distorções de tempo que levam uma mulher negra estadunidense moderna de volta para a escravidão, na qual suas ações, em relação a seu senhor-ancestral branco, determinam a possibilidade de seu próprio nascimento (*Kindred*). Ela escreve também sobre os ilegítimos insights de identidade e comunidade de uma criança, adotada, que é um cruzamento de espécies, uma criança que conheceu o inimigo como seu próprio eu (*Survivor*). Em *Dawn*, a primeira parte de uma série chamada Xenogenesis, Butler conta a história de Lilith Iyapo, cujo nome pessoal relembra seu status como a viúva do filho de imigrantes nigerianos que vivem nos Estados Unidos. Mãe negra cujo filho está morto, Lilith serve de intermediária para a transformação da humanidade por meio de uma troca genética com engenheiros amantes/salvadores/destruidores/genéticos extraterrestres, os quais reformam os habitats da terra após o holocausto nuclear e obrigam os humanos sobreviventes a entrar em íntima fusão com eles. Trata-se de um romance que questiona a política reprodutiva, linguística e nuclear, no campo mítico estruturado pela raça e pelo gênero, no final do século xx.

Por ser particularmente rico em transgressões de fronteiras, o livro *Superluminal*, de Vonda McIntyre, pode fechar este catálogo incompleto de monstros promissores e perigosos que contribuem para redefinir os prazeres e a política da corporificação e da escrita feministas. Em uma ficção na qual nenhum personagem é "simplesmente" humano, o significado do que é humano torna-se extremamente problemático. Orca, uma mergulhadora geneticamente alterada, pode falar com baleias assassinas, sobrevivendo nas condições do oceano profundo, mas ela anseia por explorar o espaço como piloto, precisando de implantes biônicos que põem em risco seu parentesco com mergulhadoras e cetáceos. As transformações são efetuadas, entre outros meios, por vetores virais que carregam um novo código de desenvolvimento, por cirurgia de transplante, por implantes de dispositivos microeletrônicos e por duplicações analógicas. Laenca torna-se piloto, ao aceitar um implante de coração e uma série de outras alterações que permitem a sobrevivência em viagens a velocidades que excedem à da luz. Radu Dracul sobrevive a uma praga viral em seu distante planeta, para encontrar-se com um sentido de tempo que muda as fronteiras da percepção espacial para espécies inteiras. Todos os personagens exploram os limites da linguagem, o sonho da experiência da comunicação e a necessidade de limitação, parcialidade e intimidade, mesmo nesse mundo de transformação e conexão proteicas. *Superluminal* significa também as determinantes contradições de um mundo-ciborgue em outro sentido; ele corporifica, textualmente, a intersecção – na ficção científica citada – da teoria feminista com o discurso colonial. Trata-se da conjunção com uma longa história que muitas feministas do "Primeiro Mundo" têm tentado reprimir. Foi o que ocorreu comigo, na minha leitura de *Superluminal*, antes de ter sido chamada à atenção por Zoë Sofoulis, cuja localização diferente na informática da dominação do sistema mundial tornou-a agudamente alerta ao momento imperialista de todas as culturas de ficção científica, incluindo a ficção científica das mulheres. Por sua sensibilidade feminista australiana, Sofoulis relembrou mais prontamente o papel de McIntyre como escritor das aventuras do Capitão Kirk e do dr. Spock na série de TV *Jornada nas estrelas* do que sua reescrita do romance em *Superluminal*.

Os monstros sempre definiram, na imaginação ocidental, os limites da comunidade. Os centauros e as amazonas da Grécia antiga estabeleceram os limites da pólis centrada no humano masculino grego ao vislumbrarem a possibilidade do casamento e as confusões de fronteira entre, de um lado, o guerreiro e, de outro, a animalidade e a mulher. Gêmeos não separados e hermafroditas constituíram o confuso material humano dos primeiros tempos da França moderna, o qual fundamentou o discurso no natural e no sobrenatural, no médico e no legal, nos portentos e nas doenças – elementos, todos eles, cruciais no estabelecimento da identidade moderna.[51] As ciências da evolução e do comportamento dos macacos e dos símios têm marcado as múltiplas fronteiras das identidades industriais do final do século xx. Os monstros-ciborgue da ficção científica feminista definem possibilidades e limites políticos bastante diferentes daqueles propostos pela ficção mundana do Homem e da Mulher.

Essas são várias das consequências de se levar a sério a imagem dos ciborgues como algo mais do que apenas nossos inimigos. Nossos corpos são nossos eus; os corpos são mapas de poder e identidade. Os ciborgues não constituem exceção a isso. O corpo do ciborgue não é inocente; ele não nasceu num Paraíso; ele não busca uma identidade unitária, não produzindo, assim, dualismos antagônicos sem fim (ou até que o mundo tenha fim). Ele assume a ironia como natural. Um é muito pouco, dois é apenas uma possibilidade. O intenso prazer na habilidade – na habilidade da máquina – deixa de ser um pecado para constituir um aspecto do processo de corporificação.

A máquina não é uma coisa a ser animada, idolatrada e dominada. A máquina coincide conosco, com nossos processos; ela é um aspecto de nossa corporificação. Podemos ser responsáveis pelas máquinas; elas não nos dominam ou nos ameaçam. Nós somos responsáveis pelas fronteiras; nós somos essas fronteiras. Até agora ("era uma vez"), a corporificação feminina parecia ser dada, orgânica, necessária; a corporificação feminina parecia significar habilidades relacionadas à maternidade e às suas extensões metafóricas. Podíamos extrair intenso prazer das máquinas apenas ao custo de estarmos fora de lugar e mesmo assim com a desculpa de que se tratava, afinal, de uma atividade orgânica, apropriada às mulheres. Ciborgues podem expressar de forma mais séria o aspecto – algumas vezes, parcial, fluido – do sexo e da corporificação sexual. O gênero pode não ser, afinal de contas, a identidade global, embora tenha intensa profundidade e amplitude históricas.

A questão, ideologicamente carregada, a respeito do que conta como atividade cotidiana, como experiência, pode ser abordada por meio da exploração da imagem do ciborgue. As feministas têm argumentado, recentemente, que as mulheres estão inclinadas ao cotidiano, que, mais do que os homens, sustentam a vida cotidiana e têm, assim, uma posição epistemológica potencialmente privilegiada. Há um aspecto atrativo nesse argumento, um aspecto que torna visíveis as atividades femininas não valorizadas e as reivindicam como constituindo a base da vida. Mas: "a" base da vida? E o que dizer sobre toda a ignorância das mulheres, todas as exclusões e negações de seu conhecimento e de sua competência? O que dizer do acesso masculino à competência cotidiana, ao saber sobre como construir coisas, desmontá-las, jogar com elas? O que dizer de outras corporificações? O gênero ciborguiano é uma possibilidade local que executa uma vingança global. A raça, o gênero e o capital exigem uma teoria ciborguiana do todo e das partes. Não existe nenhum impulso nos ciborgues para a produção de uma teoria total; o que existe é uma experiência íntima sobre fronteiras – sobre sua construção e desconstrução. Existe um sistema de mito, esperando tornar-se uma linguagem política que se possa constituir na base de uma forma de ver a ciência e a tecnologia e de contestar a informática da dominação – a fim de poder agir de forma potente.

Uma última imagem: os organismos e a política organicista, holística, dependem das metáforas do renascimento e, invariavelmente, arregimentam os recursos do sexo reprodutivo. Sugiro que os ciborgues têm mais a ver com regeneração, desconfiando da matriz reprodutiva e de grande parte dos processos de nascimento. Para as salamandras, a regeneração após uma lesão, tal como a perda de um membro, envolve um crescimento renovado da estrutura e uma restauração da função, com uma constante possibilidade de produção de elementos gêmeos ou outras produções topográficas estranhas no local da lesão. O membro renovado pode ser monstruoso, duplicado, potente. Fomos todas lesadas, profundamente. Precisamos de regeneração, não de renascimento, e as possibilidades para nossa reconstituição incluem o sonho utópico da esperança de um mundo monstruoso, sem gênero.

A imagem do ciborgue pode ajudar a expressar dois argumentos cruciais deste ensaio. Em primeiro lugar, a produção de uma teoria universal, totalizante, é um grande equívoco, que deixa de apreender – provavelmente sempre, mas certamente agora – a maior parte da realidade. Em segundo lugar, assumir a responsabilidade pelas relações sociais da ciência e da tecnologia significa recusar uma metafísica anticiência, uma demonologia da tecnologia e, assim, abraçar a habilidosa tarefa de reconstruir as fronteiras da vida cotidiana, em conexão parcial com os outros, em comunicação com todas as nossas partes. Não se trata apenas da ideia de que a ciência e a tecnologia são possíveis meios de grande satisfação humana, bem como matriz de complexas dominações. A imagem do ciborgue pode sugerir uma forma de saída do labirinto dos dualismos por meio dos quais temos explicado nossos corpos e nossos instrumentos para nós mesmas. Trata-se do sonho não de uma linguagem comum, mas de uma poderosa e herética heteroglossia. Trata-se da imaginação de uma feminista falando em línguas[52] [glossolalia] para incutir medo nos circuitos dos supersalvadores da direita. Significa tanto construir quanto destruir máquinas, identidades, categorias, relações, narrativas espaciais. Embora estejam envolvidas, ambas, numa dança em espiral, prefiro ser uma ciborgue a uma deusa.

TEXTO ORIGINALMENTE PUBLICADO SOB O TÍTULO "MANIFESTO FOR THE CYBORGS: SCIENCE, TECHNOLOGY AND SOCIALIST FEMINISM IN THE 1980'S", *SOCIALIST REVIEW*, Nº 80, 1985, P. 65-108. POSTERIORMENTE PUBLICADO EM LIVRO, "A CYBORG MANIFESTO: SCIENCE, TECHNOLOGY, AND SOCIALIST-FEMINISM IN THE LATE 20TH CENTURY," IN *SIMIANS, CYBORGS AND WOMEN: THE REINVENTION OF NATURE*, NOVA YORK: ROUTLEDGE, 1991, P. 149-181. TRADUÇÃO DE TOMAZ TADEU, *ANTROPOLOGIA DO CIBORGUE: AS VERTIGENS DO PÓS-HUMANO*, BELO HORIZONTE: AUTÊNTICA EDITORA, 2000, P. 37-129.

NOTAS

1 N.T.: O título original deste ensaio é "A Cyborg Manifesto: Science, Technology, and Socialist-Feminism in the Late Twentieth Century", no qual "cyborg" é um adjetivo. Em português, não se pode fazer com que um substantivo funcione como adjetivo a não ser, limitadamente, por meio do uso do hífen como em "política-ciborgue". No corpo do texto, optei por traduzir o adjetivo "cyborg" por "ciborguiano/a" ou, alternativamente, quando coubesse, pelo uso do

hífen, como no exemplo citado. Apenas no título tomei a liberdade de deixar que o substantivo "ciborgue" funcionasse, de forma estranha à Língua Portuguesa, como adjetivo.

2 A pesquisa na qual este ensaio se baseia foi financiada pela Universidade da Califórnia, Santa Cruz. Uma versão anterior do ensaio sobre engenharia genética foi publicada em Haraway, 1984. O manifesto ciborgue desenvolveu-se com base no ensaio "New Machines, New Bodies, New Communities: Political Dilemmas of a Cyborg Feminist", The Scholar and the Feminist X: The Question of Technology, conferência, Barnard College, abril de 1983. As pessoas associadas com o Departamento de História da Consciência, da Universidade da Califórnia, Santa Cruz, tiveram uma enorme influência sobre este ensaio: ele é assim, mais do que em geral ocorre, de autoria coletiva, embora aquelas pessoas que eu cito possam não reconhecer suas ideias. Em particular, participantes dos cursos de "Metodologia, Política, Ciência e Teoria Feminista", tanto de graduação quanto de pós-graduação, deram sua contribuição a este "Manifesto em favor dos ciborgues". Quero registrar, em particular, meu débito com Hilary Klein, "Marxism, Psychoanalysis, and Mother Nature", *Feminist Studies*, vol. 15, n° 1, 1989, p. 255-278; Paul Edwards, *Border Wars: the Science and Politics of Artificial Intelligence*, *Radical America*, vol. 19, n° 6, 1985, p. 39-52; Lisa Lowe, *Frence literary Orientalism: The Representation of "Others" in the Texts of Montesquieu, Flaubert and Kristeva*, Tese de Phd, University of California, Santa Cruz, 1986; e James Clifford, "On Ethnographic Allegory", in James Clifford e George Marcus (orgs.), *Writing Culture: The Poetics and Politics of Ethnography*, Berkeley: University of California Press, 1985. Partes do ensaio constituíram minha contribuição à apresentação "Poetic Tools and Political Bodies: Feminist Approaches to High Technology Culture", California American Studies Association, 1984, coletivamente desenvolvida com as estudantes de pós-graduação do Departamento de História da Consciência: Zoe Sofoulis, "Jupiter Space". Trabalho apresentado na American Studies Association, Pomona, CA, 1984; Katie King, "The Pleasures of Repetition and the Limits of Identification in Feminist Science Fiction: Reimagination of the Body After the Cyborg". Trabalho apresentado em California American Studies Association, Pomona, 1984; e Chela Sandoval, "The Construction of Subjectivity and Oppositional Consciousness in Feminist Film and Video". A teoria de Sandoval sobre consciência de oposição foi publicada como "Women Respond to Racism: A Report on the National Women's Studies Association Conference". Para as interpretações semiótico-psicanalíticas sobre cultura nuclear, feitas por Sofoulis, ver Zoe Sofia, Exterminating Fetuses: Abortion, Disarmament, and the Sexo-Semiotics of Extra-terrestrialism. *Diacritics*, vol. 14, n° 2, 1984, p. 47-59. Os ensaios inéditos de Katie King ("Questioning Tradition: Canon Formation and the Veiling of Power"; "Gender and Genre: Reading the Science Fiction of Joanna Russ"; "Varley's Titan and Wizard: Feminist Parodies of Nature, Culture, and Hardware") foram de grande inspiração para a redação do "Manifesto em favor dos ciborgues". Barbara Epstein, Jeffrey Escoffier, Rusten Hogness e Jaye Miller contribuíram, de forma importante, para a discussão e foram de grande ajuda na organização do material. Participantes do "Projeto de pesquisa sobre o Silicon Valley", da Universidade da Califórnia, Santa Cruz, e participantes das conferências e oficinas da SVRP foram muito importantes, especialmente Rick Gordon, Linda Kimball, Nancy Snyder, Langdon Winner, Judith Stacey, Linda Lim, Patricia Fernandez-Kelly e Judith Gregory. Finalmente, quero agradecer a Nancy Hartsock por anos de amizade e discussão sobre teoria e ficção científica feministas. Quero agradecer também a Elizabeth Bind por meu botton político favorito: "Ciborgues para a sobrevivência terrena."

3 Referências úteis sobre movimentos e teorias de ciência radical feminista e/ou de esquerda e sobre questões biológicas/biotécnicas incluem: Ruth Bleier, *Science and Gender: a Critique of Biology and its Themes on Women*, Nova York: Pergamon, 1984 e *Feminist Approaches to Science*, Nova York: Pergamon, 1986; Sandra Harding, *The Science Question in Feminism*, Ithaca: Cornell University Press, 1986; Anne Fausto-Sterling, *Myths of Gender: Biological Theories about Women and Men*, Nova York: Basic, 1985; Stephen Gould, *Mismeasure of Man*, Nova York: Norton, 1981; Ruth Hubbard et al, *Biological Woman, the Convenient Myth*, Cambridge: Schenkman, 1982; Evelyn Fox Keller, *Reflections on Gender and Science*, New Haven: Yale University Press, 1985; Richard Lewontin et al, *Not in our Genes: Biology, Ideology and Human Nature*, Nova York: Pantheon, 1984; *Radical Science Journal*, n° 26, Freegrove Road, Londres N7 9RQ [o jornal passou a se chamar *Science as Culture* em 1987]; *Science for the People: 897*, Main St, Cambridge MA, 02139, United States of America.

4   Pontos de partida para abordagens feministas e/ou de esquerda sobre tecnologia e política incluem: Ruth Schwartz Cowan, *More Work for Mother: The Ironies of Household Technology from the Open Hearth to the Microwave*, Nova York: Basic, 1983; Joan Rothschild (org.), *Machina Ex Dea: Feminist Perspectives on Technology*, Nova York: Pergamon, 1983; Sharon Traweek, *Beamtimes and Lifetimes: the World of High Energy Physics*, Cambridge: Harvard University Press, 1988; Robert Young e Les Levidow (org.), *Science, Technology and the Labour Process*, Londres: CSE e Free Association Books, 1981, 1985 [2 vol.]; Joseph Weizenbaum, *Computer Power and Human Reason*, São Francisco: Freeman, 1976; Langdon Winner, *Autonomous Technology: Technics out of Control as a Theme in Political Thought*. Cambridge: MIT Press, 1977; e *The Whale and the Reactor*, Chicago: University of Chicago Press, 1986; Jan Zimmerman (org.). *The Technological Woman: Interfacing with Tomorrow*, Nova York: Praeger, 1983; Tom Athanasiou, "High-tech Politics: the Case of Artificial Intelligence", *Socialist Review*, n° 92, 1987, p. 7-35; Carol Cohn, "Nuclear Language and How we Learned to Pat the Bomb", *Bulletin of Atomic Scientists*, 1987a, p. 17-24; e "Sex and death in the rational world of defense intellectuals", *Signs*, vol. 12, n° 4, 1986b, p. 687-718; Terry Winograd e Fernando Flores, *Understanding Computers and Cognition: a New Foundation for Design*, Norwood: Ablex, 1986; Paul Edwards, op. cit.; *Global Electronic Newsletter*: 867 West Dana St, 204, Mountain View, CA 94041, Estados Unidos da América; *Processed World*, 55 Sutter St, San Francisco, CA 94104, Estados Unidos da América; ISIS, *Women's International Information and Communication Service*, Caixa Postal 50, Cornavin, 1211, Genebra 2, Suíça e Via Santa Maria Dell'Anima 30, 00186 Roma, Itália. Abordagens fundamentais sobre os modernos estudos sociais da ciência que rompem com a mistificação liberal de que tudo começou com Thomas Kuhn incluem: Karin Knorr-Cetina, *The Manufacture of Knowledge*, Oxford: Pergamon, 1981; Karin Knorr-Cetina, Michael Mulkay (orgs.), *Science Observed: Perspectives on the Social Study of Science*, Beverly Hills: Sage, 1983, Bruno Latour; Steve Woolgar, *Laboratory Life: the Social Construction of Scientific Facts*, Beverly Hills: Sage, 1979; Robert Young, Interpreting the Production of Science, *New Scientist*, n° 29, 1979, p. 1026-1028; A edição de 1984 do *Directory of the Network for the Ethnographic Study of Science, Technology and Organizations* lista uma ampla gama de pessoas e projetos cruciais para uma análise radical da ciência e da tecnologia. Ela pode ser solicitada a NESSTO, Caixa Postal 11442, Stanford, CA 94305, Estados Unidos da América.

5   Um argumento provocativo e abrangente sobre a política e a teoria do "pós-modernismo" é o de Fredric Jameson (1984). Ele argumenta que o pós-modernismo não é uma opção, um estilo entre outros, mas uma categoria cultural que exige uma reinvenção radical da política de esquerda a partir de seu interior; não existe mais nenhuma posição exterior que dê sentido à confortante ficção de que é possível manter certa distância crítica. Jameson também deixa claro por que não se pode ser a favor ou contra o pós-modernismo, o que seria um gesto moralista. Minha posição é a de que as feministas (outras pessoas e outros grupos também) precisam de uma contínua reinvenção cultural, de uma crítica pós-modernista e de um materialismo histórico: nesse cenário, só uma ciborgue pode ter alguma chance. A velha dominação do patriarcado capitalista branco parece, agora, nostalgicamente inocente: eles normalizaram a heterogeneidade ao fazer classificações como aquelas de homem e mulher, de branco e negro, por exemplo. O "capitalismo avançado" e o pós-modernismo liberaram a heterogeneidade, deixando-nos sem nenhuma norma. O resultado é que nós nos tornamos achatados, sem subjetividade, pois a subjetividade exige profundidade, mesmo que seja uma profundidade pouco amigável e afogadora. É hora de escrever *A morte da clínica*. Os métodos da clínica exigem corpos e trabalhos; nós temos textos e superfícies. Nossas dominações não funcionam mais por meio da medicalização e da normalização; elas funcionam por meio de redes, do redesenho da comunicação, da administração do estresse. A normalização cede lugar à automação, à absoluta redundância. Os livros de Michel Foucault – *O nascimento da clínica*, *História da sexualidade* e *Vigiar e punir* – descrevem uma forma particular de poder em seu momento de implosão. O discurso da biopolítica cede lugar, agora, ao jargão técnico, à linguagem do substantivo partido e recombinado; as multinacionais não deixam nenhum nome intacto. Esses são seus nomes, constantes de uma lista feita com base em um número da revista *Science*: Tech-Knowledge, Genentech, Allergen, Hybritech, Compupro, Genen-cor, Syntex, Allelix, Agrigenetics Corp., Syntro, Codon, Repligen, MicroAngelo from Scion Corp.,

Percom Data, Inter Systems, Cyborg Corp., Statcom Corp., Intertec. Se é verdade que somos aprisionados pela linguagem, então, a fuga dessa prisão exige poetas da linguagem, exige um tipo de enzima cultural que seja capaz de interromper o código; a heteroglossia ciborguiana é uma das formas de política cultural radical. Para exemplos de poesia-ciborgue, ver Marjorie Perloff, "Dirty Language and Scramble Systems", *Sulfur*, nº 11, 1984, p. 178-183; Kathleen Fraser, *Something, Even Human Voices. In the Foreground, a Lake*, Berkeley: Kelsey St. Press, 1984. Para exemplos de escrita-ciborgue modernista/pós-modernista feminista, ver HOW(ever), 871 Corbett Ave, San Francisco, CA 94131.

6 de Waal, 1982; Winner, 1980.

7 Jean Baudrillard, *Simulations*, Nova York: Semiotexte, 1983; Frederic Jameson, "Post-modernism, or the Cultural Logic of Late Capitalism", *NewLeft Review*, nº 146, 1984, p. 66) observa que a definição de simulacro, dada por Platão, é a de cópia para a qual não existe nenhum original, isto é, o mundo do capitalismo avançado, da pura troca. Ver o número especial de *Discourse*, nº 9, 1987, sobre tecnologia: "A cibernética, a ecologia e a imaginação pós-moderna".

8 N.T.: Refere-se aos caminhões que transportavam, nos anos 1980-1981, mísseis nucleares para a base aérea estadunidense de Greenham Common, na Inglaterra.

9 N.T.: Refere-se ao grupo de mulheres que organizou, em agosto-setembro de 1981, uma demonstração de protesto contra a decisão da Organização do Tratado do Atlântico Norte (OTAN) de armazenar mísseis nucleares na base aérea estadunidense de Greenham Common, na Inglaterra. Após ter caminhado cerca de 50 quilômetros, desde Cardiff, no País de Gales, até a base de Greenham Common, situada em Bekshire, Inglaterra, o grupo de mulheres acampou próximo ao portão principal da base.

10 N.T.: A "dança em espiral" refere-se à prática de protesto realizada diante da prisão de Santa Rita, no Condado de Alameda, Califórnia, unindo guardas e manifestantes, por ocasião das manifestações de protesto antinucleares no início dos anos 1980.

11 Herbert Marcuse, *One-Dimensional Man*, Boston: Beacon Press, 1964.

12 Carolyn Merchant, *Death of Nature: Women, Ecology, and the Scientifc Revolution*, Nova York: Harper and Row, 1980.

13 Zoë Sofoulis, op. cit.

14 Para descrições etnográficas e avaliações políticas, ver Barbara Epstein, *Political Protest and Cultural Revolution: Nonviolent Direct Action in the Seventies and Eighties*, Berkeley: University of California Press, 1991; Noel Sturgeon, "Feminism, Anarchism, and Nonviolent Direct Action Politics". Exame de qualificação, University of California, Santa Cruz, 1986. Sem expressar qualquer ironia de forma explícita, ao utilizar a imagem do planeta visto do espaço, a demonstração do "Dia das mães e outros dias", de maio de 1987, levada a efeito nas instalações de teste de armas nucleares, em Nevada, levou em conta, entretanto, as trágicas contradições das perspectivas sobre a terra. Os participantes da demonstração solicitaram, aos administradores da tribo Shoshone, uma autorização oficial para utilizar seus terrenos, que tinham sido invadidos pelo governo estadunidense quando este construiu as instalações de testagem de armas nucleares em 1950. Detidos por invasão, os participantes da demonstração argumentaram que a polícia e o pessoal das instalações de teste das armas é que eram os invasores, por não terem a devida autorização dos administradores indígenas.

15 Escritores(as) do "Terceiro Mundo", falando de lugar nenhum, falando do deslocado centro do universo, da Terra, estão dizendo coisas tais como: "Nós vivemos no terceiro planeta a partir do Sol" (*Sun Poem*, de autoria do escritor jamaicano, Edward Karnau Braithwaite, resenha de Nathaniel Mackey, *Sulfur*, nº 2, 1984, p. 200-205; "Many Voices, One Chant: Black Feminist Perspectives", *Feminist Review*, nº 17, número especial, 1984. Os/as colaboradores(as) do livro organizado por Barbara Smith, *Home Girls: a Black Feminist Anthology*, Nova York: Kitchen Table, Women of Color Press, 1983, ironicamente, subvertem as identidades naturalizadas no mesmo e exato momento em que constroem um lugar a partir do qual podem falar – um lugar ao qual possam chamar de "lar". Ver especialmente Reagon, in Barbara Smith, op. cit., p. 356-368; e Trinh T. Minh-ha, "Introduction" e "Difference: a Special Third World Women Issue", *Discourse: Journal for Theoretical Studies in Media and Culture*, nº 8, 1986-1987, p. 3-38.

16 Chela Sandoval, *Yours in Struggle: Women Rrespond to Racism, a Report on the National Women's Studies Association*, Oakland: Center for Third World Organizing, [s. d.], 1984.

17   N.T.: No original, *women of colour*. A expressão *of colour* não tem, neste contexto, a mesma carga depreciativa da expressão "de cor" em português. A palavra que carrega essa carga negativa, em inglês, é "colored", claramente racista. Na impossibilidade de encontrar uma expressão em português que pudesse traduzir, sem conotações negativas, a expressão "*of colour*", mantive a tradução literal, "de cor", devendo-se ter em mente, na leitura, essa advertência.

18   Bell Hooks, *Ain't I a Woman*, Boston: South End, 1981 e *Feminist Theory: From Margin to Center*, Boston: South End, 1984; Gloria Hull, Patricia Bell Scott e Barbara Smith (orgs.). *All the Women Are White, All the Men are Black, but Some of us Are Brave*, Old Westbury: The feminist Press, 1982. Toni Cade Bambara escreveu um romance extraordinário, no qual o grupo de teatro formado por mulheres de cor, *The Seven Sisters*, explora uma forma específica de unidade política. Ver Toni Cade Bambara, *The Salt Eater*, Nova York: Vintage/Random House, 1981. Ver a análise do romance feita por Elliot Butler-Evans, *Race, Gender and Desire: Narrative Strategies and the Production of Ideology in the Fiction of Toni Cade Bambara, Toni Morrison and Alice Walker*, University of California, Santa Cruz, 1987, Tese de Doutoramento.

19   Sobre o orientalismo nos trabalhos feministas e outros, ver Lisa Lowe, *French Literary Orientalism: the Representation of "others" in the texts of Montesquieu, Flaubert and Kristeva*, Tese de Phd, University of California, Santa Cruz, 1986; Edward Said, *Orientalism*, Nova York: Pantheon, 1978; Chandra Talpade Mohanty, "Under Western Eyes: Feminist Scholarship and Colonial Discourse", *Boundary*, vol. 2/3, n° 12/13, 1984, p. 333-35; Nathaniel Mackey, "Many Voices, One Chant: Black Feminist Perspectives", *Feminist Review*, n° 17, 1984.

20   Katie King fez uma análise teoricamente sensível sobre as taxonomias feministas. Para ela, essas taxonomias são analisadas como genealogias de poder. King examina o exemplo problemático, fornecido por Alison Jaggar (*Feminist Politics and Human Nature*, Totowa: Roman & Allenheld, 1983), dos feminismos que se baseiam na construção de taxonomias para construir uma pequena máquina que produz a posição final desejada. A caricatura do feminismo-socialista e radical que faço neste ensaio é também um exemplo disso. (Katie King, "The Situation of Lesbianism as Feminism's Magical Sign: Contests for Meaning and the U.S. Women's Movement, 1968-1972", *Communication*, vol. 9, n° 1, 1986, p. 65-92 e *Canons Without Innocence*, Tese de PhD, University of California, Santa Cruz, 1987.

21   O papel central das teorias de relações de objeto da psicanálise e outras tendências universalizantes na teorização da reprodução, do trabalho feminino relacionado ao cuidado dos filhos e da maternidade, presentes em muitas abordagens epistemológicas, demonstra a resistência de seus autores ou de suas autoras àquilo que estou chamando de "pós-modernismo". Para mim, tanto as tendências universalizantes quanto essas teorias psicanalíticas tornam difícil uma análise do "lugar da mulher no circuito integrado", levando a dificuldades sistemáticas na teorização sobre a construção das relações sociais e da vida social em termos de gênero. O argumento da posição feminista tem sido desenvolvido por: Jane Flax, "Political Philosophy and the Patriarcal Unconscious: A Psychoanalytic Perspective on Epistemology and Metaphysics", in Sandra Harding e Merrill Hintikka (orgs.), *Discovering Reality: feminist perspectives on epistemology, metaphysics, methodology and philosophy of science*, Dordrecht: Reidel, 1983, p. 245-282; Sandra Harding, *The Science Question in Feminism*, Ithaca: Cornell University Press, 1986; Sandra Harding e Merril Hintikka (orgs.), *op. cit.*; Nancy Hartsock, "The Feminist Standpoint: Developing the Ground for a Specifically Feminist Historical Materialism", in Sandra Harding e Merril Hintikka (orgs.), op. cit., p. 283-310; e Nancy Hartsock, *Money, Sex, and Power*, Nova York: Longman; Boston: Northeastern University Press, 1983b; Mary O'Brien, *The Politics of Reproduction*, Nova York: Routledge & Kegan Paul, 1981; Hilary Rose, "Hand, Brain, and Heart: a Feminist Epistemology for the Natural Sciences", *Signs*, vol. 9, n° 1, 1983, p. 73-90; Dorothy Smith, "Women's Perspective as a Radical Critique of Sociology", *Sociological Inquiry*, n° 44, 1974; e Dorothy Smith, "A Sociology of Women", in J. Sherman e E.T. Beck (orgs.), *The Prism of Sex*, Madison: University of Wisconsin Press, 1979. Sobre as teorias que repensam as teorias do materialismo feminista e sobre as posições feministas desenvolvidas em resposta à essa crítica, ver Sandra Harding, op. cit.; Nancy Hartsock, "Rethinking Modernism: Minority and Majority Theories", *Cultural Critique*, n° 7, 1987, p. 187-206; e Rose Hilar, "Women's work: women's knowledge", in Juliet Mitchell e Ann Oakley (orgs.), *What is feminism? A re-examination*, Nova York: Pantheon, 1986, p. 161-183.

22 Cometo um erro argumentativo de categoria ao "modificar" as posições de MacKinnon com o qualificativo "radical", produzindo, assim, eu própria, um reducionismo relativamente a uma escrita que é extremamente heterogênea e que não utiliza, explicitamente, aquele rótulo. Meu erro de categoria foi causado por uma solicitação para escrever um ensaio, para a revista *Socialist Review*, com base em uma posição taxonômica – o feminismo socialista – que tem, ela própria, uma história heterogênea. Uma crítica inspirada em MacKinnon, mas sem o seu reducionismo e com uma elegante análise feminista do paradoxal conservadorismo de Foucault em questões de violência sexual (estupro), é a feita por Lauretis (1985; ver também 1986, p. 1-19). Uma análise sócio-histórica teoricamente feminista da violência familiar, que insiste na complexidade do papel ativo das mulheres, dos homens e das crianças, sem perder de vista as estruturas materiais da dominação masculina, bem como das dominações de raça e de classe, é a feita por Linda Gordon, *Heroes of their own lives. The politics and history of family violence, Boston 1880-1960*, Nova York: Viking Penguin, 1988.

23 Este quadro foi publicado em 1985. Meus esforços anteriores para compreender a biologia como um discurso cibernético centrado nas atividades de comando-controle e os organismos como "objetos tecnonaturais de conhecimento" estão em Donna J Haraway, "The biological enterprise: sex, mind, and profit from human engineering to sociobiology", *Radical History Review*, nº 20, 1979, p. 206-237; "Signs of dominance: from a physiology to a cybernetics os primate society", *Studies in History of Biology*, nº 6, 1983; e "Class, race, sex, scientific objects os knowledge: a socialist-feminist perspective on the social construction of productive knowledge and some political consequences", in Violet Hass e Carolyn Perucci (orgs.). *Women in scientific and engineering professions*, Ann Harbor: University of Michigan Press, 1984, p. 212-229. A versão de 1979 desse quadro dicotômico aparece em Donna J Haraway, *Simians, cyborgs, and women. The reivention of nature*, Nova York: Routledge, 1991, cap. 3. Para a versão de 1989, ver Donna J Haraway, *Simians, cyborgs, and women. The reivention of nature*, Nova York: Routledge, 1991, cap. 10. As diferenças indicam mudanças no argumento.

24 Erik Rusten Hogness, "Why Stress? A Look at the Making of Stress, 1936-1956" Manuscrito inédito, 1983.

25 Para análises e ações progressistas relativamente à biotecnologia, ver *GeneWatch, A Bulletin of the Committee for Responsible Genetics*, 5 Doane St, 4th Floor, Boston, MA 012909; Genetic Screening Study Group [chamava-se, anteriormente, The Sociobiology Study Group of Science for the People], Cambridge, MA; Susan Wright, "Recombinant DNA technology and its social transformations, 1972-1982", *Osiris*, segunda série, nº 2, 1986, p. 303-60 e "Recombinant DNA: the status of hazards and controls", *Environment*, vol. 24, nº 6, 1981, p. 12-20, 51-53; e Edward Yoxen, *The gene business*, Nova York: Harper & Row, 1983.

26 Paula Treichler, "AIDS, homophobia and biomedical discourse: An epidemic of signification", *Cultural Studies*, vol. 1, nº 3, 1987, p. 263-305.

27 Rachel Grossman, "Women's place in the integrated circuit", *Radical America*, vol. 14, nº 1, 1980, p. 29-50.

28 Para referências iniciais às "mulheres no circuito integrado", ver Pamela D'onofrio-Flores e Pfafflin, Sheila M. (orgs.), *Scientific-Technological Change and the Role of Women in Development*, Boulder: Westview, 1982; Maria Patricia Fernandez-Kelly, *For we are sold, I and my people*, Albany: State University of New York Press, 1983; Annette Fuentes e Barbara Ehrenreich, *Women in the global factory*, Boston: South End, 1983; Rachel Grossman, Women's place in the integrated circuit. *Radical America*. vol. 14, nº 1, 1980; June Nash e Maria Patricia Fernandez-Kelly (orgs.), *Women and men and the international division of labor*, Albany: State University of New York Press, 1983; Aihwa Ong, *Spirits of resistance and capitalist discipline: factory workers in Malaysia*, Albany: State University of New York Press, 1987; SCIENCE POLICY RESEARCH UNIT, *Microelectronics and women's employment in Britain*, University of Sussex, 1982.

29 Bruno Latour, *Les Microbes: guerre et paix, suivi des irréductions*, Paris: Métailié, 1984.

30 Para a "economia do trabalho caseiro fora de casa", ver Richard Gordon, "The computerization of daily life, the sexual division of labor, and the homework economy", Silicon Valley Workshop Conference, University of California, Santa Cruz, 1983; Richard Gordon e Linda Kimball, "High-technology, employment and the challenges of education", Silicon Valley Research Project, Working Paper, nº 1, 1985; Judith Stacey, "Sexism by a Subtler Name? Postindustrial Conditions

and Post-feminist Consciousness", *Socialist Review*, n° 96, 1987, p. 7-28; Barbara F. Reskin e Heidi Hartmann (orgs.). *Women's Work, Men's Work*", Washington: National Academy of Sciences, 1986; Monique Wittig, *The Lesbian Body*, Nova York: Avon, 1973. *Women and Poverty*, número especial de *Signs*, vol. 10, n° 2, 1984, Stephen Rose, *The American Profile Poster: Who Owns What, Who Makes How Much, Who Works Where, and Who Lives With Whom?*, Nova York: Pantheon, 1986; Patricia Hill Collins, "Third World Women in America", in Barbara K. Haber (org.), *The Women's Annual, 1981*, Boston: G. K. Hall, 1982; Sara G. Burr, "Women and Work", in Barbara K. Haber (ed.), op. cit.; Judith Gregory e Karen Nussbaum, "Race Against Time: Automation of the Office", *Office: technology and people*, n° 1, 1982; Frances Fox Piven e Richard Cloward, *The New Class War: Reagan's Attack on the Welfare State and its Consequences*, Nova York: Pantheon, 1982; Microelectronics Group, *Microelectronics: Capitalist Technology and the Working Class*, Londres: CSE, 1980; Karin Stallard et al., *Poverty in the American Dream*, Boston: South End, 1983, o qual inclui uma útil lista de recursos e organizações.

31 Rae Lesser Blumberg, *Stratification: Socioeconomic and Sexual Inequality*, Boston: Brown, 1981.

32 A conjunção das relações sociais da Revolução Verde com biotecnologias, tais como a engenharia genética de plantas, torna as pressões sobre a terra no Terceiro Mundo crescentemente intensas. As estimativas da Agency for International Development (*New York Times*, 14 de outubro de 1984) são de que, na África, as mulheres produzem cerca de 90% das reservas rurais de alimento; na Ásia, cerca de 60 a 80%; e de que, no Oriente próximo e na América Latina, elas fornecem 40% da força de trabalho agrícola. Blumberg sustenta que a política agrícola das organizações, bem como as políticas das multinacionais e dos governos no Terceiro Mundo ignoram, em geral, questões fundamentais da divisão sexual do trabalho. A atual tragédia da fome na África pode ser devida tanto ao capitalismo, ao colonialismo e aos padrões de precipitação pluvial quanto à supremacia masculina. Mais precisamente, o capitalismo e o racismo são estruturalmente dominados pelos homens. Ver também Rae Lesser Blumberg, op. cit.; Sally Hacker, "Doing it the Hard Way: Ethnographic Studies in the Agribusiness and Engineering Classroom", trabalho apresentado em California American Studies Association, Pomona, 1984; Sally Hacker e Liza Bovit, "Agriculture to Agribusiness: Technical Imperatives and Changing Roles", trabalho apresentado em Society for the History of Technology, Milwaykee, 1981; Lawrence Busch e William Lacy, *Science, Agriculture, and the Politics of Research*, Boulder: Westview, 1983; Dennis Wilfred, "Capital and Agriculture, a Review of Marxian Problematics", *Studies in Political Economy*, n° 7, 1982, p. 127-154; Carolyn Sachs, *The Invisible Farmers: Women in Agricultural Production*, Totowa: Rowman & Allenheld, 1983; International Fund for Agricultural Development-IFAD, *Experience Relationg to Rural Women, 1977-1984*, Roma: IFAD, n° 37, 1985; Elizabeth Bird, *Green Revolution Imperialism*, I & II. Trabalhos apresentados na University of California, Santa Cruz, 1984.

33 Rosalind Petchesky, "Abortion, Antifeminism, and the Rise of the New Right", *Feminist Studies*, vol. 2, n° 7, 1981, p. 206-246.

34 Ver Cynthia Enloe, "Women Textile Workers in the Militarization of Southeast Asia", in June Nash e Maria Patricia Fernández-Kelly (orgs.), *Women and Men and the International Division of Labor*, Albany: State University of New York Press, 1983, p. 407-425; e Cynthia Enloe, *Does Khaki Become you? The Militarization of Women's Lives*, Boston: South End, 1983b.

35 Para uma versão feminista dessa lógica, ver Sarah Blaffer Hrdy, *The Woman that Never Evolved*, Cambridge: Harvard University Press, 1981. Para uma análise das práticas de contar histórias das mulheres que trabalham em ciência, especialmente em relação à sociobiologia, as discussões em torno do abuso infantil e do infanticídio, ver Donna Haraway, *Simians, cyborgs, and women. The Reivention of Nature*, Nova York: Routledge, 1991, cap. 5.

36 Para o momento em que a construção dos significados populares sobre natureza entre o público imigrante urbano estadunidense deslocou-se da caça com armas para a caça com câmeras fotográficas, ver Donna Haraway, "Teddy Bear Patriarchy: Taxidermy in the Garden of Eden", Nova York, 1908-36, *Social Text* 11, 1984-1985, p. 20-26 e *Primate Visions: Gender, Race, and Nature in the World of Modern Science*, Nova York: Routledge, 1989b; Roderick Nash, "The Exporting and Importing of Nature: Nature-appreciation as a Commodity, 185-1980", *Perspectives in American History*, n° 3, 1979, p. 517-560; Susan Sontag, *On Photography*, Nova York: Dell, 1977; Douglas Preston, "Shooting in Paradise", *Natural History*, vol. 93, n° 12, 1984, p. 14-19.

37 Para uma orientação sobre como pensar as implicações políticas, culturais e raciais da história das mulheres que fazem ciência nos Estados Unidos, ver: Violet Hass e Carolyn Perucci (orgs.), *Women in Scientific and Engineering Professions,* Ann Harbor: University of Michigan Press, 1984; Sally Hacker, "The Culture of Engineering: Women, Workplace, and Machine", *Women's Studies International Quaterly,* vol. 4, n° 3, 1981, p. 341-353; Evelyn Fox Keller, *A Feeling for the Organism,* São Francisco: Freeman, 1983; National Science Foundation, *Women in Science and Engineering,* Washington: NSF, 1988; Margaret Rossiter, *Women Scientists in America,* Baltimore: Johns Hopkins University Press, 1984; Londa Schiebinger, "The History and Philosophy of Women in Science: a Review Essay". *Signs,* vol. 12, n° 2, 1987, p. 305-332; Donna Haraway, *Primate Visions: Gender, Race, and Nature in the World of Modern Science,* Nova York: Routledge, 1989b.

38 John Markoff e Lenny Siegel (orgs.), "Military Micros", trabalho apresentado na Silicon Valley Research Project Conference, University of California, Santa Cruz, 1983. High Technology Professionals for Peace e Computer Professionals for Social Responsibility constituem organizações promissoras.

39 Katie King, "The Pleasure of Repetition and the Limits of Identification in Feminist Science Fiction: Reimaginations of the Body After the Cyborg", op. cit. Esta é uma lista abreviada da ficção científica feminista que está subjacente a temas deste ensaio: Octavia Butler, *Wild Seed, Mind of My Mind, Kindred, Survivor*; Suzy McKee Charnas, *Motherliness*; Samuel R. Delany, a série *Neverÿon*; Anne McCaffrey, *The Ship Who Sang, Dinosaur Planet*; Vonda McIntyre, *Superluminal, Dreamsnake*; Joanna Russ, *Adventures of Alix, The Female Man*; James Tiptree Jr., *Star Songs of an old Primate, Up the Walls of the World*; John Varley, *Titan, Wizard, Demon.*

40 Mary Douglas, *Purity and Danger,* Londres: Routledge and Kegan Paul, 1966; e *Natural Symbols,* Londres: Cresset Press, 1970.

41 Os feminismos franceses representam importante contribuição para a heteroglossia-ciborgue. Carolyn Burke, "Irigaray through the looking glass", *Feminist Studies,* vol. 7, n° 2, 1981, p. 288-306; Luce Irigaray, *Ce sexe que n'en est pas un,* Paris: Minuit, 1977 e *Et l'une ne bouge pas sans l'autre,* Paris: Minuit, 1979; Elaine Marks e Isabelle de Courtivron (orgs.), *New French Feminisms,* Amherst: University of Massachusetts Press, 1980; *Signs,* 1981; Monique Wittig, *The Lesbian Body,* Nova York: Avon, 1973; Duchen, 1986. Ver uma tradução para o inglês de algumas correntes do feminismo francófono: *Feminis Issues: A Journal of Feminist Social and Political Theory,* 1980.

42 Mas todas essas poetas são bastante complexas, principalmente no tratamento que dão a temas sobre identidades pessoais e coletivas descentradas, eróticas, mentirosas. Susan Griffin, *Woman and Nature: the Roaring Inside Her,* Nova York: Harper & Row, 1978; Audre Lorde, *Sister Outsider,* Trumansberg, Nova York: Crossing, 1984; Adrienne Rich, *The Dream of a Common Language,* Nova York: Norton, 1978.

43 Audre Lorde, *Zami,* Watertown: Persephone Press, 1982; Katie King, *Canons without Innocence,* Tese de PhD, University of California, Santa Cruz, 1987a.

44 Audre Lorde, *Sister Outsider,* op. cit.

45 Jacques Derrida, *Of Grammatology,* Baltimore: Johns Hopkins University Press, 1976 [especialmente parte II]; Claude Lévi-Strauss, *Tristes tropiques,* Nova York: Atheneum, 1971 (especialmente 'The Writing Lesson'); Henry Louis Gates, "Writing 'Race' and the Difference it Makes", in *"Race", Writing and Difference, Critical Inquiry,* vol. 12, n° 1, 1985, p. 1-20 [número especial]; Douglas Kahn e Diane Neumaier (orgs.), *Cultures in Contention,* Seattle: Real Comet, 1985; Walter Ong, *Orality and Literacy: the Technologizing of the Word,* Nova York: Methuen, 1982; Cheris Kramarae e Paula Treichler, *A Feminist Dictionary,* Boston: Pandora, 1985.

46 Cherríe Moraga, *Loving in the War Years: lo que nunca pasó por tus lábios,* Boston: South End Press, 1983.

47 A aguda relação das mulheres de cor com a escrita como tema e como política pode ser compreendida com a ajuda das seguintes referências: Program for "The Black Woman and the Diaspora: Hidden Connections and Extended Acknowledgments", An International Literary Conference, Michigan State University, outubro de 1985; Mary Evans (org.), *Black Women Writers: a Critical Evaluation,* Garden City, Nova York: Doubleday/Anchor, 1984; Barbara Christian, *Black Feminist Criticism: Perspectives on Black Women Writers,* Nova York: Pergamon, 1985; Hazel Carby, *Reconstructing Womanhood: the Emergence of the Afro-American Woman Novelist,* Nova York: Oxford University Press, 1987; Dexter Fisher (org.), *The Third Woman: Minority Women Writers of*

the United States, Boston: Hougthon Mifflin, 1980; *Frontiers*, 1980, 1983; Maxine Hong Kingston, *China Men*, Nova York: Knopf, 1977; Gerda Lerner (org.), *Black Women in the White America: a Documentary History*, Nova York: Vintage, 1973; Paula Giddings, *When and Where I Enter: the Impact of Black Women on Race and Sex in America*, Toronto: Bantam, 1985; Cherríe Moraga e Gloria Anzaldúa (orgs.), *This Bridge Called my Back: Writings by Radical Women of Color*, Watertown: Persephone, 1981; Robin Morgan (ed.), *Sisterhood is Global*, Garden City, Nova York: Anchor/Doubleday, 1984. As mulheres euro-americanas e as mulheres europeias anglófonas também têm construído relações especiais com sua escrita, relações nas quais a escrita aparece como um potente signo: Sandra Gilbert e Susan Gubar, *The Madwoman in the Attic: the Woman Writer and the Nineteenth-century Literary Imagination*, New Haven: Yale University Press, 1979; Joanna Russ, *How to Supress Women's Writing*, Austin: University of Texas Press, 1983.

48 A decisão do ideológico e domesticador complexo industrial-militar high-tech, de alardear as aplicações de suas tecnologias aos problemas de fala e de movimento das pessoas descapacitadas (ou diferentemente capacitadas) adquire uma ironia especial na cultura monoteísta, patriarcal e frequentemente antissemita, quando a fala gerada por computador permite que um garoto sem voz cante o Haftorá, em seu Bar Mitzvah. Ver Vic Sussman, "Personal tech. Technology Lends a Hand", *The Washington Post Magazine*, 9 nov 1986, p. 45-56. Tornando as definições sociais de "capacidade" particularmente claras, definições que são sempre relativas ao contexto, os militares high-tech demonstram uma habilidade muito especial para tornar os seres humanos descapacitados por definição, o que constitui um aspecto perverso de grande parte do campo de batalha automatizado e do campo de pesquisa e desenvolvimento da guerra nas estrelas. Ver John Noble Welford, "Pilot's Helmet Helps Interpret High Speed World", *The New York Times*, 1 jul 1986, p. 21-24.

49 James Clifford argumenta, de forma convincente, em favor do reconhecimento de uma invenção cultural contínua, em favor da teimosia daquelas pessoas "marcadas" pelas práticas ocidentais imperializantes em não se deixar eliminar. Ver James Clifford, "On ethnographic allegory", in James Clifford e George Marcus(orgs.), *Writing Culture: the Poetics and Politics of Ethnography*, Berkeley: University of California Press, 1985; James Clifford, *The Predicament of Culture: Twentieth-Century Ethnography, Literature, and Art*, Cambridge: Harvard University Press, 1988.

50 Anne McCaffrey, *The Ship Who Sang*, Nova York: Ballantine, 1969.

51 Page Dubois, *Centaurs and Amazons*, Ann Arbor: University of Michigan Press, 1982; Katherine Park e Lorraine J. Daston, "Unnatural Conceptions: the Study of Monsters in Sixteenth and Seventeenth-century France and England", *Past and Present*, n° 92, 1981, p. 20-54. O substantivo *monstro* tem a mesma raiz que o verbo *demonstrar*.

52 N.T.: "Falar em línguas", "*to speak in tongues*", significa aqui o fenômeno observado em certas religiões pentecostais, em que os fiéis, em transe coletivo, expressam-se com sons ininteligíveis que dão a impressão de que as pessoas estão falando uma diversidade de línguas ao mesmo tempo. Na frase, essa expressão tem conotação religiosa e está relacionada à palavra "supersalvadores", também de tom religioso.

Os gêneros não são passivamente inscritos nos corpos e nem são determinados pela natureza, pela língua, pelo simbólico ou pela esmagadora história do patriarcado. Gênero é aquilo que colocamos, invariavelmente, sob controle, diária e incessantemente, com ansiedade e prazer.

Judith Butler

Atos performáticos e a formação dos gêneros: um ensaio sobre fenomenologia e teoria feminista

Judith Butler

OS FILÓSOFOS DIFICILMENTE pensam sobre ação em um sentido teatral, mas suas elaborações sobre "atos" guardam uma associação semântica com certas teorias de performance e atuação. Por exemplo, os "atos discursivos" de John Searle – afirmações e promessas verbais que se referem tanto às relações atravessadas pela fala quanto a um vínculo moral entre as pessoas que falam – ilustram um dos atos ilocucionários que formam o palco da filosofia analítica da linguagem. A "teoria da ação", um domínio da filosofia moral, busca entender o que é o "fazer", antes dele se tornar aquilo que se deve fazer. E ainda, a teoria fenomenológica dos "atos", adotada por filósofos como Edmund Husserl, Maurice Merleau-Ponty e George Herbert Mead, busca explicar a maneira ordinária que agentes sociais *formam* uma realidade por meio da linguagem, do gesto e de signos que constituem uma simbologia social. Apesar da fenomenologia, por vezes, assumir a existência de um agente anterior à linguagem, dotado de poder de escolha e ação (que se apresenta como a própria fonte dos seus atos de formação), existe também uma aplicação mais radical da doutrina de formação, em que o agente social é entendido como *objeto* e não sujeito dos atos formadores.

Quando Simone de Beauvoir diz que "não se nasce mulher, *torna-se*", ela se apropria e reinterpreta essa doutrina fenomenológica dos atos de formação.[1] Nesse sentido, um gênero não é de forma alguma uma identidade estável do qual diferentes ações acontecem, nem seu lugar de agência;

mas uma identidade tenuamente constituída no tempo – identidade instituída por meio de uma *repetição estilizada de certos atos*. Os gêneros são instituídos pela estilização do corpo e, por isso, precisam ser entendidos como o processo ordinário pelo qual gestos corporais, movimentos e ações de vários tipos formam a ilusão de um Eu atribuído de gênero[2] imemorial. Essa formulação retira a produção do gênero de um modelo essencial de identidade e a coloca em relação a uma determinada *temporalidade social*. Se os gêneros são instituídos por atos descontínuos, essa *ilusão de essência* não é nada mais além de uma ilusão, uma identidade construída, uma performance em que as pessoas comuns, incluindo os próprios atores sociais que as executam, passam a acreditar e performar um modelo de crenças. Se a base da identidade de gênero é a contínua repetição estilizada de certos atos, e não uma identidade aparentemente harmoniosa, as possibilidades de transformação dos gêneros estão na relação arbitrária desses atos, na possibilidade de um padrão diferente de repetição, na quebra ou subversão da repetição do estilo mobilizado.

Com base nesse rascunho sobre como os gêneros, em seus atos performáticos, são formados, tentarei mostrar de que maneiras ideias de gênero reificadas e naturalizadas podem ser entendidas como construções e, assim, serem construídas de outras formas. Diferentemente dos modelos teatral e fenomenológico, que assumem o Eu atribuído de gênero como anterior às suas ações, estou entendendo, aqui, esses atos formadores não apenas como formadores de uma identidade do ator, mas como formadores dessa identidade como uma ilusão convincente, um objeto de *crença*. Para pensar essas questões, ao longo deste trabalho, utilizo teorias teatrais, antropológicas e filosóficas, mas converso principalmente com a fenomenologia, na tentativa de mostrar de que maneira aquilo que é entendido como identidade de gênero é uma performance apoiada em sanções sociais e tabus. E essa condição de performance guarda a possibilidade de contestar seu status reificado.

SEXO/GÊNERO: VISÕES DO FEMINISMO E DA FENOMENOLOGIA

As explicações naturalistas sobre sexo e sexualidade, que supõem um papel social da mulher derivado de certos atributos fisiológicos, costumam ser alvo de críticas feministas. Quando diferenciam sexo de gênero, teóricas do feminismo colocam em questão explicações causais, em que o sexo dita ou mesmo precisa de certa experiência social feminina. Teorias fenomenológicas sobre a experiência humana no corpo vêm também se preocupando com variantes fisiológicas e biológicas que estruturam a existência corporal e o *impacto* que elas podem ter na experiência de vida de quem vive nesses corpos. No texto "The body in its sexual being", Merleau-Ponty fala sobre essas experiências corporais e sobre a ideia de que o corpo é "histórico" e não "natural".[3] De forma significativa, é essa a ideia que Simone de Beauvoir traz no *Segundo sexo*, quando ela abre caminho para sua afirmação de que "mulher" – e consequentemente qualquer gênero – é uma situação histórica e não um fato natural.[4]

Nos dois casos, a existência e a facticidade das dimensões materiais e naturais dos corpos não são negadas, mas repensadas como dimensões diferentes daquelas em que esses corpos adquirem significados culturais. Tanto para Beauvoir quanto para Merleau-Ponty, o corpo é um processo ativo de incorporação de certas possibilidades culturais e históricas – um processo de apropriação complexo com o qual toda teoria fenomenológica de incorporação precisa lidar. Para descrever o corpo atribuído de gênero, as teorias fenomenológicas sobre formação precisam expandir a visão tradicional sobre a ação, propondo que todo ato produz significados ao mesmo tempo que performa esses significados. Ou seja, os atos dos quais os gêneros são formados mantêm similaridades com atos performáticos entendidos de um ponto de vista teatral. Assim, meu objetivo é entender de que maneiras os gêneros são formados de atos corporais específicos, e quais são as possibilidades existentes para uma transformação cultural dos gêneros por meio deles.

Merleau-Ponty propõe não apenas que os corpos sejam históricos, mas que sejam também um conjunto de possibilidades a serem continuamente acionadas. Quando afirma que o corpo é histórico, o filósofo quer dizer que um corpo ganha significado nas suas experiências com o mundo, mediadas por certa concretude e historicidade. O corpo é um conjunto de possibilidades, porque: 1) a forma como ele existe no mundo e como é percebido pelos outros não é predeterminada por uma essência interior; e, 2) a sua expressão concreta no mundo deve ser entendida como a acepção e a expressão de um conjunto de possibilidades históricas. Existe um aspecto ativo que é entendido como o processo que determina quais são essas possibilidades e que, por sua vez, são limitadas pelas convenções históricas disponíveis. O corpo não é uma materialidade fatídica, terminada na sua própria imagem; ele é uma materialidade que carrega, pelo menos, certos significados, e esse carregar é fundamentalmente dramático. Por dramático, quero dizer que esse corpo não é apenas matéria, ele é uma *materialização* contínua e incessante de possibilidades. As pessoas não são seus corpos, mas fazem seus corpos – essa diferença de ser e fazer é fundamental. As pessoas, inclusive, fazem seus corpos de maneiras diferentes de outras pessoas que lhes são contemporâneas, das que as precederam e das que as sucederão.

Entretanto, trata-se de uma infelicidade gramática ter que dizer que existe um "nós" ou um "eu" que faz seu corpo, como se existisse um agente desincorporado, anterior ao próprio corpo, que o dirigisse. Seria mais apropriado, acredito eu, que tivéssemos um vocabulário em que fosse possível trocar a metafísica essencial da relação sujeito-verbo por uma ontologia de particípios presentes. O "eu", ao mesmo tempo que é o seu próprio corpo, é também, necessariamente, um modo de incorporação – onde aquilo que é incorporado são possibilidades. E novamente a formulação gramática disponível abre espaço para confusão, porque as possibilidades incorporadas não são fundamentalmente exteriores ou antecedentes ao processo de incorporação em si. Enquanto materialidade intencionalmente organizada, o corpo é sempre uma incorporação *de* possibilidades, tanto condicionadas quanto circunscritas em convenções históricas. O corpo *é* uma situação histórica, como afirmou Beauvoir, e é também uma feitura, uma dramatização e uma *reprodução* de certa situação histórica.

Fazer, dramatizar e reproduzir parecem ser algumas das estruturas fundamentais da incorporação. Essa feitura dos gêneros não é simplesmente a forma exterior de agentes incorporados, sua superfície, a forma como estão abertos para a percepção dos outros. A incorporação movimenta claramente um conjunto de estratégias, ou o que Sartre talvez chamasse de um estilo de ser, ou o que Foucault dizia ser uma "estilística da existência". Esse estilo nunca é completamente autoestilizado; a vivência desses estilos está inserida em uma certa história, que condiciona e limita suas possibilidades. Consideremos gênero, então, como *um estilo corporal*, um "ato", que é intencional e performático, em que "performático" tem ao mesmo tempo uma carga "dramática" e outra "não referencial".

Quando Beauvoir afirma que "mulher" é uma categoria histórica e não um fato natural, ela claramente sublinha a distinção entre sexo, como uma facticidade biológica, e gênero, como uma interpretação ou significação cultural dessa facticidade. Ser fêmea é, de acordo com essa distinção, uma facticidade que não tem em si nenhum significado. Ser mulher é ter se *tornado* mulher, ter feito seu corpo se encaixar em uma ideia histórica do que é uma "mulher", ter induzido o corpo a se tornar um signo cultural, é ter se colocado em obediência a uma possibilidade historicamente delimitada; e fazer isso como um projeto corporal repetitivo que precisa ser initerruptamente sustentado. A ideia de "projeto", entretanto, sugere uma força potencialmente geradora vinda de uma vontade radical; como gênero é um projeto que tem como fim a sobrevivência cultural, o termo "estratégia" talvez indique melhor a condição coercitiva em que a performance dos gêneros sempre acontece. Como estratégia de sobrevivência, os gêneros são performances com consequências claramente punitivas. Gêneros discretos são parte das exigências que garantem a "humanização" de indivíduos na cultura contemporânea; e aqueles que falham em fazer corretamente seus gêneros são regularmente punidos. Porque não existe uma "essência" que o gênero expressa ou externaliza, nem um ideal claro a ser alcançado; porque gênero não é um fato, as várias formas de atuação de gênero criam a própria ideia de gênero, e sem esses atos não existiria gênero nenhum. O gênero é uma construção que regularmente esconde sua gênese. O acordo tácito coletivo de performar, produzir e sustentar gêneros discretos e polares como ficções culturais é disfarçado pela credibilidade da própria produção. Os autores dos gêneros entram em um transe de suas próprias ficções, e por meio dele os processos de construção impulsionam a crença da sua necessidade e natureza. As possibilidades históricas materializadas por diferentes estilos corporais são nada mais que ficções culturais, reguladas por punições, alternadamente incorporadas e disfarçadas por coerção.

Quão útil é um ponto de partida fenomenológico para uma descrição feminista dos gêneros? À primeira vista, parece que a fenomenologia e o feminismo dividem o mesmo compromisso de ligar a teoria à experiência vivida, e também de revelar a maneira como o mundo é produzido por atos formadores de experiências subjetivas. É claro que nem toda teoria feminista privilegia o ponto de vista do sujeito (Kristeva já criticou a teoria feminista como "existencialista demais"),[5] mas, ainda assim, a afirmação feminista de que o pessoal é político sugere, em parte, que a experiência subjetiva não é apenas organizada pelos arranjos políticos existentes, mas também os influenciam e reorganizam. A teoria feminista buscou entender como estruturas culturais e políticas, sistêmicas ou que atravessam certa organização social, são determinadas e reproduzidas por atos e práticas individuais; e como a análise de situações ostensivamente pessoais é esclarecida quando essas situações são colocadas em relação com um contexto cultural compartilhado e mais amplo. Os impulsos feministas – tenho certeza que existem mais de um – emergem do reconhecimento de que a minha dor, o meu silêncio, a minha raiva ou a minha percepção não são mais apenas meus, e que isso me coloca em uma situação cultural compartilhada que acaba por me capacitar e empoderar de maneiras que eu não tinha previsto. O pessoal é, então, implicitamente político tanto quanto é condicionado por estruturas sociais compartilhadas, mas, ao mesmo tempo, o pessoal também foi imunizado contra a ação política endossada pelas distinções entre público/privado. Para a teoria feminista, o pessoal se torna, então, uma categoria expansiva, que acomoda, mesmo que implicitamente, estruturas políticas usualmente vistas como públicas; o próprio significado de político expande. Na melhor das hipóteses, a teoria feminista é atravessada por uma expansão dialética dessas duas categorias. Certa situação, inicialmente minha, não deixa de ser minha por também ser a situação de outra pessoa, e meus atos, apesar de serem individuais, reproduzem a situação do meu gênero – e o fazem de diferentes formas. Ou seja, existe, latente na formulação feminista do "pessoal é político", a suposição de que o universo das relações de gênero é formado, pelo menos parcialmente, por *atos* individuais concretos e historicamente mediados. Levando em consideração que um corpo é invariavelmente transformado em um corpo dele ou um corpo dela, esses corpos somente são reconhecidos pela sua aparência atribuída de gênero. Parece imperativo entender de que maneira acontece essa atribuição de gênero aos corpos. Minha sugestão: os corpos são transformados em gêneros por uma série de atos que são renovados, revisados e consolidados através do tempo. Do ponto de vista feminista, é possível tentar entender os corpos atribuídos de gênero como legados de atos sedimentados, em vez de uma estrutura predeterminada, uma essência ou um fato natural, cultural ou linguístico.

A apropriação feminista de teorias fenomenológicas sobre formação pode resultar na aplicação de uma noção ambígua, mas positiva, do que é um *ato*. Se o pessoal é uma categoria que se expande para incluir estruturas sociais e políticas maiores que ela, os *atos* de sujeitos atribuídos de gênero podem ser também expansivos. É claro que certos atos políticos podem ser ações deliberadas e instrumentais de organizações políticas, intervenções coletivas de resistência com o amplo objetivo de alcançar um conjunto de relações sociais e políticas mais justas. Existem atos que são realizados em nome das mulheres, mas também os que se esgotam em si mesmos, desligados de qualquer consequência instrumental, e que desafiam a própria categoria mulher. De fato, é necessário encarar a futilidade de um programa político que propõe transformar radicalmente a situação das mulheres antes de entender como a categoria mulher é socialmente construída de tal maneira que ser mulher é, por definição, estar em uma situação de opressão. Partindo de um desejo compreensível de formar laços de solidariedade, o discurso feminista tem se apoiado na categoria mulher como uma suposta experiência cultural universal – essa universalidade promove uma falsa promessa ontológica de eventual solidariedade política. Em uma cultura em que a falsa ideia de "homem" universal é normalmente entendida como sinônimo de humanidade, teorias feministas têm buscado com sucesso dar visibilidade às especificidades femininas e reescrever a história da cultura de maneira que a presença, a influência e a opressão das mulheres sejam reconhecidas. Entretanto, ao mesmo tempo que existe esse esforço para combater a invisibilidade da mulher, o feminismo corre o risco de tornar visível uma categoria que pode não ser, de fato, representativa da vida concreta de todas as mulheres. Como feministas, não temos nos debruçado tanto, acredito eu, sobre o status da própria categoria, nem nos esforçado para entender de verdade as condições de opressão que surgem de uma reprodução descuidada de identidades de gênero, que sustenta formas discretas e binárias das categorias homem e mulher.

Quando Beauvoir afirma que a mulher é uma "situação histórica", ela enfatiza que o corpo sofre certa construção cultural, não apenas por convenções que sancionam e prescrevem como cada pessoa deve funcionar com seu corpo, o "ato" ou performance que cada corpo é, mas também por convenções tácitas que estruturam a maneira como os corpos são culturalmente percebidos. Se o gênero é um significante cultural assumido pelos corpos atribuídos de sexo, e se esse significante é codeterminado por diferentes atos e suas percepções culturais, então é potencialmente impossível, nos termos culturais disponíveis, entender sexo e gênero como coisas distintas. A reprodução da categoria gênero é colocada em uma escala política mais ampla à medida que mulheres entram em determinadas profissões ou adquirem certos direitos, ou passam a ser reconhecidas em discursos legais e políticos de maneiras significativamente novas. Mas a forma mais ordinária de reprodução das identidades de gênero acontece nas diferentes maneiras que corpos são colocados em relação às expectativas profundamente enraizadas e sedimentadas sobre existências atribuídas de gênero. Existe uma sedimentação das normas de gênero que produz o fenômeno peculiar do sexo natural, ou da mulher de verdade, ou qualquer outra ficção social que se faça presente e seja convincente; essa sedimentação tem produzido, ao longo do tempo, um conjunto de estilos corporais que, de maneira reificada, são apresentados como configuração natural dos corpos, divididos em sexos que se relacionam de maneira binária.

GÊNEROS BINÁRIOS E O CONTRATO HETEROSSEXUAL

Para garantir a reprodução de determinada cultura, diferentes exigências, bem explicadas na literatura antropológica sobre relações de parentesco, confinaram a reprodução sexual dentro de um sistema de casamento baseado na heterossexualidade, em que a reprodução de seres humanos deve acontecer seguindo certo modelo atribuído de gênero – modelo que se apresenta como garantia para a reprodução do sistema de parentesco em questão. Como já apontado por Foucault e outros filósofos, a associação de um sexo natural a um gênero discreto e com uma "atração" ostensivamente natural pelo sexo/gênero oposto é uma junção não natural de construtos culturais a serviço de certos interesses reprodutivos.[6] A antropologia cultural feminista e os estudos de relações de parentesco mostram que as culturas são governadas por convenções que não apenas regulam e garantem a produção, troca e consumo de bens materiais, como também reproduzem os próprios laços de parentesco – o que depende de tabus e de uma regulação punitiva da reprodução para que esse fim seja garantido. Lévi-Strauss mostrou como o tabu do incesto contribui para garantir a canalização da sexualidade em diferentes modelos de casamento heterossexual;[7] Gayle Rubin argumentou convincentemente que o tabu do incesto produz certos tipos de identidades de gênero e sexualidades discretas.[8] O que quero dizer é que uma das formas de reprodução e disfarce do sistema da heterossexualidade compulsória é a atribuição, aos corpos, de sexos discretos com uma aparência "natural" e uma disposição também "natural" à heterossexualidade. Apesar do pensamento etnocêntrico sugerir uma progressão para além das estruturas obrigatórias de parentesco, como descrito por Lévi-Strauss, suponho, trazendo Rubin para essa reflexão, que as identidades de gênero contemporâneas são marcas ou "traços" de relações de parentesco residuais. A ideia de que os sexos, os gêneros e a heterossexualidade são produtos históricos que foram organizados e reificados como naturais ao longo do tempo recebeu, nos últimos anos, importante atenção crítica não apenas por parte de Michel Foucault, mas também por Monique Wittig, historiadores gays e diversos antropologistas culturais e psicólogos sociais.[9] Nessas teorias, entretanto, ainda faltam recursos críticos para um pensamento radical sobre a sedimentação histórica da sexualidade e de construtos relacionados ao sexo, quando elas não delimitam ou descrevem as formas ordinárias pelas quais esses construtos são produzidos, reproduzidos e sustentados no campo dos corpos.

A fenomenologia pode ajudar na reconstrução feminista do aspecto sedimentado do sexo, do gênero e da sexualidade em um nível corporal? Em primeiro lugar, o foco da fenomenologia em diferentes atos pelos quais as identidades culturais são construídas e vividas oferece um ponto de partida satisfatório para o esforço feminista de entender as maneiras ordinárias por meio das quais corpos são moldados em gêneros. A formulação dos corpos como modelo de dramatização ou performance de possibilidades oferece um caminho para entender como determinada convenção cultural é incorporada ou performada. Mas parece difícil, se não impossível, imaginar uma maneira de conceitualizar o expoente e sistemático aspecto da opressão das mulheres de um ponto de vista teórico que tome atos formadores como ponto de partida. Apesar de atos individuais funcionarem como formas de manutenção e reprodução de sistemas de opressão e, de fato, qualquer teoria sobre responsabilidade política pessoal leva essa visão em consideração, a opressão não pode ser uma consequência direta de tais atos. É possível dizer que sem os seres humanos, cujos mais diversos atos, amplamente entendidos, produzem e sustentam condições opressoras, tais condições deixariam de existir. Mas a relação entre os atos e as condições não é nem unilateral nem não mediada. Existem contextos e convenções sociais que possibilitam que determinados atos não apenas se tornem possíveis como passem a ser concebidos como atos propriamente ditos. A transformação das relações sociais está, portanto, na transformação de condições sociais hegemônicas, mais do que nos atos individuais provocados por tais condições. Se nos limitarmos a uma política dos atos, corremos o risco de olhar apenas para uma reflexão indireta, se não epifenomenal, dessas condições.

O sentido teatral dos "atos" força uma revisão de certas suposições individualistas, sublinhando uma visão mais restrita dos atos constitutivos no discurso fenomenológico. Como determinada duração temporal inserida em uma performance, "atos" são uma experiência compartilhada e "ação coletiva". Assim como em teorias feministas, a categoria "pessoal" é expandida para incluir estruturas políticas, existe um ponto de vista teatral e menos individualista sobre os atos que contribuem para a desconstrução da crítica da teoria dos atos como "existencialista demais". O ato que certo gênero é, os atos que certos agentes atribuídos de gênero são – e *são* tanto quanto dramatica e ativamente incorporam, ou mesmo *vestem*, determinadas significações culturais – não são atos individuais. É claro que existem formas nuançadas e individuais de fazer o próprio gênero, mas *esse* fazer, um fazer que *obedece* a certas sanções e prescrições, não é um processo puramente individual. Não é minha intenção minimizar o efeito de determinadas normas de gênero que se originam na família e que são reforçadas por certos modelos familiares de punição e recompensa que, consequentemente, podem ser entendidos como altamente individualistas, uma vez que essas relações familiares retomam, individualizam e especificam relações culturais preeexistentes; elas (as normas de gênero) raramente são – se é que chegam a ser – radicalmente originais. Os atos que fazemos, os atos que performamos são, de certa maneira, atos que existem desde antes de nós existirmos. O gênero é um ato que tem sido ensaiado como um roteiro que existe apesar dos atores que o interpretam, mas que precisa deles para ser atualizado e reproduzido continuamente como realidade. Os componentes complexos que formam um ato precisam ser diferenciados, para que possamos entender o tipo de ação coletiva e acordada que invariavelmente é a ação que compõe os gêneros.

De que maneira, então, gêneros são atos? Como sugerido pelo antropólogo Victor Turner, em seus estudos sobre rituais sociais dramáticos: ações sociais demandam uma performance *repetitiva*. Essa repetição é uma reinterpretação e uma reexperimentação de um conjunto de significados já socialmente estabelecidos; a forma ordinária e ritualizada da sua legitimação.[10] Quando essa concepção de performance social é aplicada ao gênero, fica claro que, apesar de existirem corpos individuais que põem em prática essas significações se estilizando em modelos atribuídos de gênero, essa "ação" é também pública. Tais ações têm dimensões temporais e coletivas e sua natureza pública não é inconsequente; a performance é realizada, também, com o objetivo estratégico de manter os gêneros num espectro binário. Em termos pedagógicos: a performance explicita leis sociais.

Como ação pública e ato performático, o gênero não é uma escolha radical ou um projeto que reflete uma simples escolha individual, ao mesmo tempo que não é imposto ou inscrito sobre o indivíduo – diferentemente do que diriam algumas dissertações pós-estruturalistas sobre o sujeito. O corpo não é passivamente marcado com códigos culturais, como se fosse um recipiente sem vida de relações culturais sagradas e preconcebidas. E nem o Eu atribuído de corpo pré-existe às convenções culturais que essencialmente significam esses corpos. Os atores estão sempre no palco, inseridos nas demarcações da performance. Assim como um roteiro pode ser interpretado de diferentes formas, e uma peça demanda texto e atuação, os corpos atribuídos de gênero atuam num espaço corporal culturalmente restrito e performam suas interpretações de acordo com as diretrizes existentes.

Apesar de as ligações entre papéis teatrais e sociais serem complexas e de difícil distinção (Bruce Wilshire aponta os limites dessa comparação em *Role Playing and Identity: The Limits of Theatre as Metaphor*)[11], parece claro que, embora performances teatrais possam esbarrar em censuras políticas e críticas contundentes, performances de gênero em contextos não teatrais são controladas por convenções sociais mais evidentemente punitivas e regulatórias. A visão de uma travesti no palco pode render prazeres e aplausos, enquanto ver a mesma travesti ao seu lado no banco do ônibus pode despertar sentimentos de medo, raiva e mesmo respostas violentas. As convenções que mediam proximidade e identificação nessas duas esferas são marcadamente diferentes. Quero falar das duas possibilidades contidas nessa tentativa de distinção. No teatro, quem assiste à peça pode dizer "é só uma cena" e descontruí-la, transformá-la em qualquer coisa diferente da realidade. Graças a essa distinção possível, qualquer pessoa consegue manter o seu senso de realidade diante do questionamento, temporariamente colocado, das nossas suposições ontológicas sobre arranjos de gênero; as diferentes convenções que clamam "é só uma peça" permitem que uma divisão bem marcada seja feita entre a performance e a vida. Na rua ou no ônibus, a cena se torna perigosa quando acontece, especialmente porque não existem convenções teatrais que possam delimitar seus aspectos imaginários. Na rua ou no ônibus, não existe a suposição de que a cena seja diferente da realidade; o efeito desconcertante que causa é devido à falta de convenções que permitam separação. É verdade que existe um teatro que contesta ou mesmo desconstrói as convenções que separam o imaginário do real (Richard Schechner fala bem dessa possibilidade em *Between Theatre and Anthropology*).[12] Ainda assim, nesses casos, deparamo-nos com o mesmo fenômeno de uma cena que não está em desacordo com o real, mas *constitui* uma realidade que é, de certa forma, nova, uma modalidade de gênero que não pode ser assimilada instantaneamente nas categorias preexistentes que regulam a realidade dos gêneros. Do ponto de vista das categorias estabelecidas, é possível dizer que *na verdade* ela é uma menina ou uma mulher, ou que *na verdade* é um menino ou um homem, cuja *aparência* contradiz a *realidade* dos gêneros, mas que a realidade discreta e familiar com certeza está ali, nascente, temporariamente imperceptível, talvez perceptível em outros momentos ou outros lugares. A travesti, entretanto, faz mais do que expressar a distinção entre sexo e gênero. Ela desafia, ao menos implicitamente, a diferença entre aparência e realidade que estrutura boa parte do imaginário popular sobre identidade de gênero. Se a "realidade" dos gêneros é formada pela própria performance, não é possível recorrer a um essencial e irrealizado "sexo" ou "gênero" cujas performances de gênero ostensivamente expressam. O gênero da travesti é tão real quanto qualquer outro que performe de acordo com determinadas expectativas sociais.

A realidade dos gêneros é performática, o que significa dizer que ela só é real enquanto estiver sendo performada. Parece justo afirmar que certos tipos de atos são usualmente interpretados como expressões de uma identidade de gênero, e que esses atos ou estão de acordo com uma identidade esperada ou contestam essa expectativa de algum jeito. Essa expectativa é baseada, ao mesmo tempo, em uma percepção dos sexos como elemento discreto e fático de características sexuais primárias. Essa ideia, implícita e popular, de atos e gestos como *expressões* de gênero sugere que o próprio gênero seja anterior aos diferentes atos, posturas e gestos por meio dos quais ele é dramatizado e entendido; no imaginário popular, gêneros aparecem como substâncias estruturais que podem ser entendidas até como um correlato espiritual ou psicológico do sexo biológico.[13] Se os atributos dos gêneros, entretanto, não são expressivos e sim performáticos, eles, na verdade, formam a identidade que supostamente expressam ou revelam. A diferença entre expressão e performance é crucial, porque se os atributos e atos de gênero – as diferentes formas que um corpo apresenta ou pelas quais produz sua significação cultural – são performáticos, não existe uma identidade preexistente pela qual um ato ou atributo possa ser medido; nesse caso, não existe verdadeiro ou falso, atos de gênero reais ou distorcidos, e a postulação de uma identidade de gênero verdadeira é revelada como ficção regulatória. O fato de a realidade dos gêneros ser criada por performances sociais estabelecidas significa que a própria noção de uma essência do sexo, uma masculinidade ou feminilidade verdadeira ou tão antiga quanto o tempo, também é concebida como parte de uma estratégia que disfarça o aspecto performático do gênero.

Consequentemente, gêneros não podem ser vistos como *papéis* que expressam ou disfarçam um "eu" interior, independentemente desse "eu" ser atribuído de sexo ou não. Como uma performance que é performática, o gênero é um "ato" amplamente entendido que constrói a ficção social da sua própria psicologia interior. Diferente de Erving Goffman, que propõe que o Eu interpreta diferentes "papéis" que encontra nas complexas expectativas sociais do "jogo" da vida moderna,[14] acredito que esse Eu não apenas esteja irrecuperavelmente "do lado de fora", formado no discurso social, como também que a marcação de uma interioridade é em si uma forma de fabricação de essências, publicamente regulada e sancionada. Nesse caso, gêneros não podem ser verdadeiros nem falsos, reais ou aparentes. E, ainda assim, somos conduzidos à vida em um mundo onde gêneros formam significantes uníssonos, onde são estabilizados, polarizados, disfarçados e tornados irrastreáveis. Gêneros são organizados para contribuir com um modelo de verdadeiro e falso, que não apenas contradiz sua característica performática fluida, como também colabora com uma política de regulação e controle deles mesmos. Performar seu gênero de maneira errada implica um conjunto de punições, tanto óbvias quanto indiretas, e performá-lo bem garante a reafirmação de que, no fim das contas, existe uma essência nas identidades de gênero. O fato de que essa reafirmação é facilmente substituída por ansiedades e de que a sociedade prontamente pune ou marginaliza quem falha em performar a ilusão do essencialismo de gênero deveria ser sinal claro, em algum nível, da existência de uma consciência social de que a verdade ou a falsidade dos gêneros são apenas socialmente construídas e de maneira alguma ontologicamente necessárias.[15]

TEORIA FEMINISTA: PARA ALÉM DE UM MODELO EXPRESSIVO DE GÊNERO

Essa visão sobre os gêneros não se apresenta como uma teoria compreensível sobre o que são gêneros ou como são construídos, nem indica um programa político feminista explícito. Não é sequer difícil imaginar esse olhar sobre os gêneros sendo usado por diversas estratégias políticas discrepantes. Alguns amigos meus talvez me culpem por isso e insistam que qualquer teoria sobre formação dos gêneros é cheia de pressuposições e implicações políticas, e que é impossível separar uma teoria de gênero de uma filosofia política feminista; e eu concordo. Acredito também que sejam interesses inicialmente políticos que criem o fenômeno social dos gêneros e que, sem uma crítica radical da sua formação, o feminismo não tem como entender de que forma a opressão estrutura as categorias ontológicas por meio das quais os gêneros são produzidos. Segundo Gayatri Spivak, o feminismo precisa se apoiar em um essencialismo operacional, uma falsa ontologia das mulheres como universais, para avançar com um programa político feminista.[16] Ela sabe que a categoria "mulher" não é completamente expressiva, que a multiplicidade e descontinuidade do referente quase zomba e se rebela contra a univocidade do signo, mas ainda assim sugere que ela pode ser usada de maneira estratégica. Acredito que Kristeva sugira algo similar, quando diz para as feministas usarem a categoria "mulher" como ferramenta política, sem atribuir integridade ontológica ao termo – e ainda completa dizendo que, de maneira objetiva, é impossível dizer que as mulheres existem.[17] Talvez algumas feministas fiquem preocupadas com as implicações políticas de dizer que mulheres não existem, especialmente levando em conta os argumentos persuasivos de Mary Anne Warren, em seu livro *Gendercide*.[18] Nele, Mary

Anne afirma que as políticas sociais de controle populacional e sobre tecnologias reprodutivas são desenvolvidas para limitar e, com o passar do tempo, erradicar a existência das mulheres. Em um quadro como esse, qual o sentido da discussão sobre o status metafísico do termo mulher; talvez, por motivos inteiramente políticos, seria mais interessante que as feministas acabassem com essas discussões.

Mas uma coisa é usar o termo e saber da sua insuficiência ontológica, outra bem diferente é articular uma visão normativa para o feminismo que celebre ou emancipe uma essência, uma natureza ou uma realidade cultural compartilhada que sequer pode ser encontrada. Eu não estou defendendo a ideia de se reescrever o mundo sob o ponto de vista das mulheres. Eu não sei que ponto de vista é esse, mas independentemente de qual seja, ele não é singular, assim como não é o meu para adotá-lo. Não seria totalmente errado dizer que a minha preocupação está voltada para o modo como são formados os pontos de vista de homens e mulheres; apesar de acreditar que esses pontos de vista são constituídos socialmente e que uma genealogia reflexiva a esse respeito seja importante, essa não é a episteme dos gêneros que estou agora interessada em expor, desconstruir ou reconstruir. Na verdade, é a pressuposição da própria categoria mulher que pede por uma genealogia crítica dos complexos caminhos institucionais e discursivos pelos quais ela é formada. Apesar de algumas leituras críticas feministas sugerirem que a pressuposição da diferença sexual é necessária para pensar os discursos, essa posição reifica a diferença sexual como o momento fundante da cultura e impossibilita uma análise sobre como diferenças sexuais são formadas, em um primeiro momento, e sobre como continuam a ser incessantemente formadas – tanto pela tradição masculina que se apropria do ponto de vista universal quanto pelas posições feministas que elaboram a categoria mulher, unívoca, com a bandeira da expressão e da liberação de uma classe subjugada. Sobre os esforços humanistas para liberar os sujeitos criminalizados, Foucault diz que, mesmo quando liberado, o sujeito está ainda acorrentado – muito mais do que se pensava inicialmente.[19]

Uma genealogia crítica dos gêneros, na minha opinião, deve se apoiar em um conjunto fenomenológico de pressuposições, sendo mais importante o conceito expandido de um "ato", que é socialmente compartilhado e historicamente formado, além de performático, como descrevi anteriormente. Essa genealogia deve ser suplementada por uma política de atos performáticos de gênero, que reescreva identidades de gênero existentes e ofereça uma perspectiva sobre o tipo de realidade de gênero necessário. Tal reescritura precisa expor as reificações que tacitamente funcionam como identidades de gênero essenciais, e iluminar os atos e as estratégias de não reconhecimento que formam e disfarçam as maneiras como vivemos os gêneros. Essa prescrição é invariavelmente complicada, uma vez que exige que pensemos um mundo no qual atos, gestos, o corpo que está à vista, o corpo vestido, os diferentes atributos físicos usualmente associados a gêneros passem a *expressar nada*. De certa maneira, essa não é uma prescrição utópica e sim um imperativo, para que reconheçamos a existência de uma complexidade de gênero, invariavelmente disfarçada pelo nosso vocabulário, e possamos trazer tal complexidade para uma interação cultural dramática sem consequências punitivas.

Certo que é politicamente importante representar as mulheres, mas é preciso que isso seja feito de tal maneira que não haja distorção e reificação da coletividade que a teoria deveria emancipar. As teorias feministas que colocam a diferença sexual como ponto de partida teórico necessário e invariável, indiscutivelmente, são uma melhoria comparadas aos discursos humanistas que atribuem o universal ao masculino e marcam toda a cultura como propriedade dos homens. A necessidade de reler os textos da filosofia ocidental sob os diferentes pontos de vista que foram excluídos até então é clara não apenas para revelar a perspectiva particular de tais textos e o conjunto de interesses que compõem a suposta ostensiva descrição do real, mas também para oferecer descrições e prescrições alternativas; para estabelecer a filosofia como uma prática cultural e criticar seus princípios advindos de lugares culturais marginalizados. Não tenho a intenção de questionar esses procedimentos, e é evidente que me beneficiei de tais análises. Minha preocupação é com a potencial reificação da diferença sexual que, ainda que involuntariamente, faça a manutenção de uma restrição binária das identidades de gênero e de um espectro implicitamente heterossexual para descrições de gêneros, identidades de gênero e sexualidades. Do meu ponto de vista, não existe uma feminilidade que quer ser expressada; existem importantes experiências diversas de mulheres que estão sendo expressadas e que ainda precisam ser expressadas, mas é necessário ter cuidado e atenção com a linguagem teórica, que não funciona como simples relatório de experiência pré-linguística, mas como parte do que constrói a própria experiência e como marcadora dos limites para sua análise. Independentemente do patriarcado sempre presente e da permanência da diferença sexual como uma operante distinção cultural, não existe nada no sistema binário de gênero que esteja dado. Como um campo corporal de interação cultural, o gênero é uma relação sempre inovadora, apesar de ser claro que contestações ao roteiro por meio de performances inesperadas ou improvisações não justificadas são severamente punidas. Os gêneros não são passivamente inscritos nos corpos e nem são determinados pela natureza, pela língua, pelo simbólico ou pela esmagadora história do patriarcado. Gênero é aquilo que colocamos, invariavelmente, sob controle, diária e incessantemente, com ansiedade e prazer. Mas se essa ação contínua é confundida com um dado natural ou linguístico, o poder é colocado de lado, para que aconteça uma expansão do campo cultural, corporalmente, por meio de performances subversivas diversas.

TEXTO ORIGINALMENTE PUBLICADO SOB O TÍTULO "PERFORMATIVE ACTS AND GENDER CONSTITUTION: AN ESSAY IN PHENOMENOLOGY AND FEMINIST THEORY", *THEATRE JOURNAL*, VOL. 40, Nº 4, DEZ. 1998, P. 519-531. TRADUÇÃO DE PÊ MOREIRA.

NOTAS

1   Para discutir a contribuição feminista de Simone de Beauvoir à fenomenologia, ver meu artigo "Variations on Sex and Gender: Beauvoir's *The Second Sex*", *Yale French Studies*, nº 172, 1986.
2   N.T.: A palavra "gendered", aqui, foi traduzida como "atribuída de gênero"; assim como a variante "sexed", como "atribuída de sexo".
3   Maurice Merleau-Ponty, "The Body in its Sexual Being", in *The Phenomenology of Perception*, Colin Smith (trad.), Boston: Routledge and Kegan Paul, 1962.
4   Simone de Beauvoir, *The Second Sex*, H.M. Parshley (trad.), Nova York: Vintage, 1974, p. 38.
5   Julia Kristeva, *Histoire d'amour*, Paris: Editions Denoel, 1983, p. 242.
6   Ver Michel Foucault, *The History of Sexuality: An Introduction*, Nova York: Random House, 1980, p. 154: "(...) a noção de 'sexo' tornou possível juntar, em uma unidade artificial, elementos anatômicos, funções biológicas, condutos, sensações e prazeres – o que permitiu que essa unidade ficcional fosse usada como um princípio causal (...)."
7   Ver Claude Lévi-Strauss, *The Elementary Structures of Kinship*, Boston: Beacon Press, 1965.
8   Gayle Rubin, "The Traffic in Women: Notes on the 'Political Economy' of Sex", in *Toward an Anthropology of Women*, Rayna R. Reiter, Nova York: Monthly Review Press, 1975, p. 178-185.
9   Ver meu artigo "Variations on Sex and Gender: Beauvoir, Wittig, and Foucault", in Seyla Benhabib e Drucila Cornell (eds.), *Feminism as Critique*, Londres: Basil Blackwell, 1987. [Distribuído pela University of Minnesota Press.]
10 Ver Victor Turner, *Dramas, Fields, and Metaphors*, Ithaca: Cornell University Press, 1974. Clifford Geertz sugere, no texto "Blurred Genres: The Refiguration of Thought" (in *Local Knowledge, Further Essays in Interpretive Anthropology*, Nova York: Basic Books, 1983.) que a metáfora teatral é usada pela atual teoria social de duas maneiras, geralmente opostas. Teóricos dos rituais, como Victor Turner, costumam focar em noções de dramas sociais de

diferentes tipos como forma de resolver conflitos culturais internos e recuperar uma coesão social. Por outro lado, abordagens com base em reflexões sobre ações simbólicas, influenciadas por Émile Durkheim, Kenneth Burke e Michel Foucault, concentram-se na maneira como autoridades políticas e questões de legitimação são tematizadas e organizadas no âmbito dos termos de significados performados. Geertz propõe que a tensão seja encarada dialeticamente; seu estudo sobre as organizações políticas em Bali como um "estado-teatro" é um exemplo. No caso de um entendimento explicitamente feminista dos gêneros como performáticos, parece-me claro que uma análise dos gêneros como ritualizados, como performances públicas, deve ser combinada com uma análise das sanções políticas e dos tabus sob os quais essas performances podem ou não acontecer numa esfera pública livre de consequências punitivas.

11 Bruce Wilshire, *Role-Playing and Identity: The Hits of Theatre as Metaphor*, Boston: Routledge and Kegan Paul, 1981.

12 Richard Schechner, *Between Theatre and Anthropology*, Philadelphia: University of Pennsylvania Press, 1985. Ver especialmente "News, Sex, and Performance", p. 295-324.

13 No livro *Mother Camp* (Prentice-Hall, 1974), a antropóloga Esther Newton faz uma etnografia de *drag queens*, em que ela sugere que todos os gêneros podem ser entendidos pelo modelo da *drag*. Em *Gender: An Ethnomethodological Approach* (Chicago: University of Chicago Press, 1978), Suzanne J. Kessler e Wendy McKenna propõem que os gêneros sejam uma "conquista" que requer a habilidade de moldar o corpo em um artifício social legítimo.

14 Ver Erving Goffmann, *The Presentation of Self in Everyday Life*, Garden City: Doubleday, 1959.

15 Ver a edição de Michel Foucault dos diários de Herculine, em *Herculine Barbin: The Journals of a Nineteenth Century French Hermaphrodite*, Nova York: Pantheon Books, 1984, para um contato interessante com o horror vivido por corpos intersexo. A introdução de Foucault deixa claro que a delimitação médica de sexos unívocos é mais uma aplicação equivocada do discurso da verdadeira identidade. Ver também o trabalho de Robert Edgerton em *American Anthropologist*, vol. 66, nº 4, sobre a variação cultural de reações e maneiras de lidar com corpos hermafroditas.

16 Remarks at the Center for Humanities, Wesleyan University, 1985.

17 Julia Kristeva, *Woman Can Never Be Defined*, Marilyn A. August (trad.), in *New French Femitlisms*, Elaine Marks e Isabelle de Courtivron (eds.), Nova York: Schocken, 1981.

18 Mary Anne Warren, *Gendercide: The Implications of Sex Selection*, Nova Jersey: Rowman and Allanheld, 1985.

19 Idem; Michel Foucault, *Discipline and Punish: The Birth of the Prison*, Alan Sheridan (trad.), Nova York: Vintage Books, 1978.

primeiras interpelações

Entre as mulheres lésbicas, eu sou negra; e entre as pessoas negras, eu sou lésbica. Qualquer ataque contra as pessoas negras é um problema para lésbicas e gays, porque eu e milhares de outras mulheres negras somos parte da comunidade lésbica. Qualquer ataque contra lésbicas e gays é um problema para pessoas negras, porque milhares de lésbicas e homens gays são negros. Não existe hierarquia de opressão.

Audre Lorde

Não existe hierarquia de opressão

Audre Lorde

EU NASCI NEGRA, E MULHER. Esforço-me para ser a pessoa mais forte que eu conseguir – para viver a vida que me deram e para promover algum tipo de mudança que leve a um futuro decente para esta terra e para os meus filhos. Sendo uma pessoa negra, lésbica, feminista, socialista, poeta, mãe de duas crianças – uma delas, um garoto – e parte de um casal interracial, eu me lembro a todo momento de que sou parte daquilo que a maioria chama de desviante, difícil, inferior, ou um escancarado "errado".

Por estar em todos esses grupos, aprendi que a opressão e a intolerância com o diferente existem em diversas formas, tamanhos, cores e sexualidades; e que, dentre aqueles de nós que têm o mesmo objetivo de libertação e de um futuro possível para as nossas crianças, não pode existir uma hierarquia de opressão. Eu aprendi que sexismo (a crença na superioridade inerente de um sexo sobre todos os outros e, assim, seu direito de dominar) e heterossexismo (a crença na superioridade inerente de uma forma de amar sobre todas as outras e, assim, seu direito de dominar) vêm, os dois, do mesmo lugar que o racismo – a crença na superioridade inerente de uma raça sobre todas as outras e, assim, seu direito de dominar.

"Ah", uma voz da comunidade negra começa a falar, "mas ser negro é NORMAL!" Olhe, eu e muitas pessoas negras de minha idade nos lembramos com amargura de um tempo em que não costumava ser!

É inconcebível, para mim, que certa parte de minha identidade possa se beneficiar com a opressão de outra. Eu sei que meu povo não vai se beneficiar com a opressão de qualquer outro grupo que esteja também na busca pelo direito de existir em paz. Na verdade, a gente se diminui quando nega aos outros tudo aquilo pelo que temos derramado sangue para conquistar por nossas crianças. Crianças que precisam aprender que elas não têm de ser todas iguais para trabalhar umas com as outras, por um futuro que elas vão dividir.

Os ataques cada vez mais frequentes a lésbicas e homens gays são só o estopim para ataques cada vez mais frequentes a todas as pessoas negras, pois onde quer que formas de opressão se manifestem neste país, pessoas negras são vítimas em potencial. E encorajar membros de grupos oprimidos a se lançarem uns contra os outros é um procedimento-padrão da direita cínica. Enquanto estivermos divididos por causa de nossas identidades particulares, não temos como estar juntos em ações políticas efetivas.

Entre as mulheres lésbicas, eu sou negra; e entre as pessoas negras, eu sou lésbica. Qualquer ataque contra as pessoas negras é um problema para lésbicas e gays, porque eu e milhares de outras mulheres negras somos parte da comunidade lésbica. Qualquer ataque contra lésbicas e gays é um problema para pessoas negras, porque milhares de lésbicas e homens gays são negros. Não existe hierarquia de opressão.

Não é uma coincidência que a Lei de Proteção da Família (*Family Protection Act*), que é violentamente antimulher e antinegra, também seja antigay. Sendo uma pessoa negra, sei quem são meus inimigos. E quando a Ku Klux Klan move uma ação judicial em Detroit para fazer o comitê de educação da cidade tirar das escolas livros que ela acredita "fazerem apologia à homossexualidade", sei que não posso me dar ao luxo de lutar contra uma única forma de opressão. Não tenho como achar que estar livre da intolerância é direito de apenas um grupo específico. E não tenho como escolher em que frente vou lutar contra essas forças discriminatórias, independente de que lado elas estejam vindo para me derrubar. E quando elas aparecerem para me derrubar, não irá demorar a que apareçam para derrubar você.

TEXTO ORIGINALMENTE PUBLICADO SOB O TÍTULO "THERE IS NO HIERARCHY OF OPPRESSION", *INTERRACIAL BOOKS FOR CHILDREN BULLETIN*, VOL. 14, Nº 3, NOVA YORK: COUNCIL OF INTERRACIAL BOOKS FOR CHILDREN, 1983. TRADUÇÃO DE PÊ MOREIRA. ESTA TRADUÇÃO FOI PUBLICADA COM A PERMISSÃO DE CHARLOTTE SHEEDY LITERARY AGENCY, A PARTIR DO LIVRO *I AM YOUR SISTER COLLECTED WRITINGS OF AUDRE LORDE*, COPYRIGHT BY OXFORD UNIVERSITY PRESS, 1990, 2009.

Todos nós fomos programados para reagir com medo e ódio às diferenças humanas e a lidar com essas diferenças de determinada maneira, dentre três: ignorá-las e, se isso não for possível, imitá-las se acharmos que são dominantes, ou destruí-las se acharmos que são subordinadas.

Audre Lorde

Idade, raça, classe e gênero: mulheres redefinindo a diferença

Audre Lorde

GRANDE PARTE DA HISTÓRIA da Europa ocidental nos condiciona a ver as diferenças humanas segundo uma oposição simplista: dominante/subordinado, bom/mau, no alto/embaixo, superior/inferior. Em uma sociedade onde o bom é definido em termos de lucro e não em termos de necessidade humana, há sempre um grupo de pessoas que, por meio de uma opressão sistematizada, é obrigado a se sentir supérfluo, a ocupar o lugar do inferior desumanizado. Dentro dessa sociedade, esse grupo é composto por negros e pessoas do Terceiro Mundo, trabalhadores, idosos e mulheres.

Como uma negra lésbica, feminista, socialista de 49 anos, mãe de dois filhos, inclusive um menino, e membro de um casal interracial, em geral me vejo fazendo parte de algum grupo definido como outro, pervertido, inferior ou simplesmente errado. Em termos tradicionais, na sociedade americana, são os membros de grupos oprimidos e coisificados que devem se esforçar para conciliar a realidade de sua vida e a consciência de seu opressor. Para sobreviver, aqueles de nós para quem a opressão é tão americana quanto uma torta de maçã, sempre tiveram de permanecer vigilantes, conhecer a linguagem e as atitudes do opressor, chegando a adotá-las certas vezes para ter alguma ilusão de proteção. Sempre que surge a necessidade de alguma espécie de comunicação, aqueles que lucram com nossa opressão nos chamam para compartilhar com eles nosso conhecimento. Em outras palavras, cabe ao oprimido ensinar ao opressor seus erros. Eu sou responsável pela educação de professores que desprezam a cultura de meus filhos na escola. Nós, pessoas negras e do Terceiro Mundo, temos de educar pessoas brancas acerca de nossa humanidade. As mulheres têm de educar os homens. As lésbicas e os homens gays têm de educar o mundo heterossexual. Os opressores mantêm sua posição e fogem da responsabilidade por seus atos. Existe uma constante drenagem de energia que poderia ser mais bem usada em redefinir a nós mesmos e em criar cenários realistas para modificar o presente e construir o futuro.

A rejeição institucionalizada da diferença é uma necessidade absoluta em uma economia baseada no lucro que precisa de forasteiros como superávit. Como membros dessa economia, *todos* nós fomos programados para reagir com medo e ódio às diferenças humanas e a lidar com essas diferenças de determinada maneira, dentre três: ignorá-las e, se isso não for possível, imitá-las se acharmos que são dominantes, ou destruí-las se acharmos que são subordinadas. Mas não temos modelos para conviver com nossas diferenças como iguais. Em consequência disso, essas diferenças têm sido mal interpretadas e mal utilizadas a serviço da separação e da confusão.

Sem dúvida, entre nós existem diferenças bem reais de raça, idade e gênero. Mas não são elas que estão nos separando e sim nossa recusa em reconhecer essas diferenças e em examinar as distorções que resultam do fato de nomeá-las de forma incorreta e aos seus efeitos sobre o comportamento e a expectativa humana.

Racismo, a crença na superioridade inata de uma raça sobre todas as outras e, assim, o direito à predominância. Sexismo, a crença na superioridade inata de um sexo sobre o outro e, assim, o direito à predominância. Discriminação etária. Heterossexismo. Elitismo. Classismo.

É tarefa da vida inteira para cada um de nós retirar essas distorções de nossa vida ao mesmo tempo que reconhecemos, reivindicamos e definimos essas diferenças com base nas quais elas são impostas. Pois todos nós fomos criados em uma sociedade na qual essas distorções faziam parte de nossa vida. Com muita frequência usamos a energia necessária para reconhecer e explorar as diferenças, para fingir que essas diferenças são barreiras insuperáveis, ou que elas simplesmente não existem. Isso resulta em um isolamento voluntário, ou em vínculos falsos e traiçoeiros. De uma forma ou de outra, não desenvolvemos mecanismos para usar a diferença humana como um trampolim para uma mudança criativa em nossa vida. Não falamos de diferença humana, mas de anormalidade humana.

Em algum lugar, no limiar da consciência, existe o que eu chamo de uma norma *mítica*, por meio da qual cada um de nós sabe, dentro do coração, que "esse não sou eu". Na América, essa norma é comumente definida como branco, magro, macho, jovem, heterossexual, cristão e financeiramente estável. É com essa norma mítica que as armadilhas do poder existem dentro da sociedade. Aqueles de nós que estamos afastados desse poder geralmente identificamos uma maneira pela qual somos diferentes, e supomos que essa é a causa básica de toda opressão, esquecendo outras distorções em torno da diferença, algumas das quais nós mesmos podemos estar praticando. De modo geral, dentro do movimento das mulheres hoje, as mulheres brancas se concentram em sua opressão como mulheres e ignoram diferenças de raça, preferência sexual, classe e idade. Existe a falsa aparência de uma homogeneidade de experiência sob a capa da palavra *irmandade* que de fato não existe.

Diferenças de classe não reconhecidas privam as mulheres da energia e do insight criativo umas das outras. Recentemente, um grupo de trabalho de uma revista feminina tomou a decisão de publicar apenas prosa em um dos números, dizendo que poesia era uma forma de arte menos "rigorosa" ou "séria". Entretanto, até mesmo a forma que nossa criatividade assume é geralmente uma questão de classe. De todas as formas de arte, a poesia é a mais econômica. É a mais secreta, a que exige menos trabalho físico, menos material, e aquela que pode ser feita entre turnos, no ambulatório do hospital, no metrô e em sobras de papel. Ao longo dos últimos anos, escrevendo um romance com um orçamento apertado, vim a apreciar as enormes diferenças em termos de demanda material entre poesia e prosa. Ao revermos nossa literatura, a poesia foi a voz mais importante dos pobres, dos trabalhadores e das mulheres de cor. Um quarto apropriado pode ser uma necessidade para escrever prosa, assim como resmas de papel, uma máquina de escrever e um bocado de tempo. As exigências para produzir artes visuais também ajudam a determinar, em termos de classe, que arte pertence a quem. Nestes tempos de preços inflacionados de material, quem são nossos escultores, nossos pintores, nossos fotógrafos? Quando falamos de uma cultura feminina de largo espectro, precisamos nos dar conta do efeito de classe e das diferenças econômicas no material existente para produzir arte.

Ao caminharmos em direção a uma sociedade criativa em que todos podemos prosperar, a discriminação etária é outra distorção de relacionamento que interfere sem visão. Ao ignorar o passado, somos encorajados a repetir seus erros. O "fosso entre gerações" é uma importante ferramenta social para qualquer sociedade repressora. Se os membros mais jovens de uma comunidade consideram os membros mais velhos como imprestáveis ou suspeitos ou excedentes, eles jamais serão capazes de dar as mãos e examinar as lembranças vivas da comunidade, nem fazer a pergunta mais importante, "por quê?". Isso provoca uma amnésia histórica que nos obriga a reinventar a roda toda vez que temos de ir comprar pão na padaria.

Vemo-nos obrigadas a repetir e a reaprender sem parar as mesmas velhas lições que nossas mães aprenderam porque não passamos adiante o que aprendemos ou porque somos incapazes de ouvir com atenção. Por exemplo, quantas vezes isso tudo foi falado antes? E ainda, quem teria acreditado que mais uma vez nossas filhas estão permitindo que seus corpos sejam incomodados e castigados por cintas, saltos altos e saias justas?

Ignorar as diferenças de raça entre mulheres e as implicações dessas diferenças representa a mais séria ameaça à mobilização de forças das mulheres.

Enquanto as mulheres brancas ignoram seu privilégio natural de brancura e definem a mulher apenas em termos de sua própria experiência, as mulheres de cor se tornam "outras", as forasteiras cuja experiência e tradição são "exóticas" demais para se entender. Um exemplo disso é a ausência marcante da experiência de mulheres de cor como material em estudos sobre mulheres. A literatura de mulheres de cor raramente é incluída em cursos de literatura de mulheres e quase nunca em outros cursos de literatura, nem em estudos sobre as mulheres em geral. Com muita frequência, a desculpa dada é que as literaturas de mulheres de cor só podem ser ensinadas por mulheres de cor, ou que são muito difíceis de entender, ou que os alunos não conseguem "se interessar" por elas porque vêm de experiências "diferentes demais". Eu ouvi esse argumento apresentado por mulheres brancas de inteligência brilhante, mulheres que não parecem ter problema nenhum em ensinar e rever obras nascidas de experiências tão variadas quanto as de Shakespeare, Molière, Dostoiévski e Aristófanes. Seguramente, deve existir outra explicação.

Essa é uma questão muito complexa, mas acredito que uma das razões pelas quais as mulheres brancas têm tanta dificuldade em ler a obra das mulheres negras é por causa de sua relutância em ver as mulheres negras como mulheres e diferentes de si mesmas. Para examinar a literatura de mulheres negras, é realmente necessário que sejamos vistas como pessoas completas em nossa verdadeira complexidade – como indivíduos, como mulheres, como seres humanos – e não como um desses estereótipos problemáticos mas familiares existentes nesta sociedade no lugar de imagens genuínas de mulheres negras. E acredito que isso vale também para as literaturas de outras mulheres de cor que não são negras.

As literaturas de todas as mulheres de cor recriam as texturas de nossa vida, e muitas mulheres brancas estão altamente comprometidas em ignorar as verdadeiras diferenças. Pois enquanto qualquer diferença entre nós significar que uma de nós tem de ser inferior, então o reconhecimento de qualquer diferença deve estar carregado de culpa. Permitir que mulheres de cor abandonem os estereótipos é algo que provoca muita culpa, pois ameaça a complacência daquelas mulheres que só veem a opressão em termos de gênero.

Recusar-se a reconhecer a diferença torna impossível enxergar os diferentes problemas e armadilhas que nós, mulheres, enfrentamos.

Assim, em um sistema de poder patriarcal onde o privilégio de ter pele branca é uma escora importante, as armadilhas usadas para neutralizar mulheres negras e mulheres brancas não são as mesmas. Por exemplo, é fácil para a estrutura de poder usar mulheres negras contra homens negros, não porque eles são homens, mas porque são negros. Portanto, para nós, mulheres negras, é necessário o tempo todo separar as necessidades do opressor de nossos próprios conflitos em nossas comunidades. Esse mesmo problema não existe para mulheres brancas. Mulheres e homens negros compartilharam e ainda compartilham opressão racista, embora de formas diferentes. Por causa dessa opressão compartilhada, criamos defesas e vulnerabilidades conjuntas uns em relação aos outros que não se repetem na comunidade branca, com exceção do relacionamento entre judias e judeus.

Por outro lado, as mulheres brancas enfrentam a armadilha de serem seduzidas a se juntar ao opressor sob o pretexto de compartilhar o poder. Essa possibilidade não existe da mesma maneira para as mulheres de cor. O tokenismo[1] que às vezes nos é oferecido não é um convite para compartilhar o poder; nossa "diversidade" racial é uma realidade visível que deixa isso bem claro. Para as mulheres brancas, existe uma gama maior de falsas escolhas e recompensas para se identificarem com o poder patriarcal e seus instrumentos.

Hoje, com a derrota da ERA (*Equal Rights Amendment* – direitos iguais para as mulheres), a retração da economia e o avanço do conservadorismo, é de novo mais fácil para as mulheres brancas acreditar na perigosa fantasia de que se você for suficientemente boa, bonita, doce, calada, se você ensinar seus filhos a se comportar, se você odiar as pessoas certas e se casar com os homens certos, então você terá permissão para coexistir com o patriarcado em relativa paz, pelo menos até que um homem precise de seu emprego ou apareça um estuprador nas vizinhanças. E é verdade, a menos que se viva e ame nas trincheiras, é difícil lembrar que a guerra contra a desumanização é incessante.

Mas nós, mulheres negras e nossos filhos, sabemos que o tecido de nossa vida é costurado com violência e ódio, que não há descanso. Não lidamos com isso apenas nas filas de piquete, ou em becos escuros à noite, ou nos lugares onde ousamos verbalizar nossa resistência. Para nós, cada vez mais, a violência permeia a rotina de nossa vida – no supermercado, na sala de aula, no elevador, na clínica e no pátio da escola, vinda do bombeiro, do padeiro, da vendedora, do chofer de ônibus, do caixa de banco, da garçonete que não nos atende.

Compartilhamos alguns problemas como mulheres, outros não. Vocês temem que seus filhos cresçam e se juntem ao patriarcado e testemunhem contra vocês, nós tememos que nossos filhos sejam arrancados de um carro e assassinados com um tiro no meio da rua, e que vocês darão as costas às razões pelas quais eles estão morrendo.

A ameaça da diferença não foi menos ofuscante para pessoas de cor. Aqueles de nós que são negros precisam ver que a realidade de nossa vida e nossas lutas não nos torna imunes aos erros de ignorar e dar o nome errado à diferença. Dentro das comunidades negras onde o racismo é uma realidade presente, as diferenças entre nós geralmente parecem perigosas e suspeitas. O imperativo de unidade muitas vezes é confundido com uma necessidade de homogeneidade, e uma visão feminista negra confundida com traição de nossos interesses comuns como povo. Por causa da batalha contínua contra supressão racial que homens e mulheres negros compartilham, algumas mulheres negras ainda se recusam a admitir que nós também somos oprimidas como mulheres, e que a hostilidade sexual contra mulheres negras é praticada não apenas pela sociedade branca racista, mas implementada também dentro de nossas comunidades negras. É uma doença que atinge o coração da nacionali-

244

dade negra, e o silêncio não fará com que ela desapareça. Exacerbada pelo racismo e pelas pressões da impotência, a violência contra mulheres e crianças negras normalmente se torna um padrão dentro de nossas comunidades, um padrão pelo qual a masculinidade pode ser medida. Mas esses atos de ódio contra a mulher quase nunca são discutidos como crimes contra mulheres negras.

Como grupo, as mulheres de cor são os trabalhadores que ganham o menor salário na América. Somos os primeiros alvos de aborto e esterilização forçados, aqui e no estrangeiro. Em certas partes da África, meninas ainda estão sendo costuradas entre as pernas para se conservarem dóceis e para o prazer dos homens. Isso é conhecido como circuncisão feminina, e não é uma questão cultural, como insistia o falecido Jomo Kenyatta, mas sim um crime contra mulheres negras.

A literatura de mulheres negras está cheia da dor de agressões constantes, não só por parte de um patriarcado racista, mas também de homens negros. No entanto, a necessidade e a história de uma guerra comum fizeram de nós, mulheres negras, particularmente vulneráveis à falsa acusação de que antissexista é o mesmo que antinegro. Enquanto isso, o ódio contra as mulheres como um recurso dos impotentes está minando a força das comunidades negras, e nossas próprias vidas. O estupro está aumentando, comunicado ou não, e estupro não é sexualidade agressiva, é agressão sexualizada. Como diz Kalamu ya Salaam, um escritor negro: "Enquanto existir a dominação masculina, o estupro irá existir. Só com as mulheres se revoltando e os homens se conscientizando de sua responsabilidade em lutar contra o sexismo é que o estupro pode ser coletivamente detido."

Diferenças entre nós como mulheres negras também estão sendo mal interpretadas e usadas para nos separar umas das outras. Como uma lésbica feminista negra, confortável com os diversos ingredientes de minha identidade, e uma mulher comprometida com a liberdade racial e sexual, vejo que sempre estou sendo encorajada a arrancar algum aspecto de mim mesma e mostrar esse aspecto como sendo o todo significativo, eclipsando ou negando as outras partes do eu. Mas essa é uma maneira destrutiva e fragmentada de viver. Só disponho de toda a minha energia concentrada quando integro todas as partes de quem eu sou, abertamente, permitindo que a força de determinadas fontes de minha vida flua livremente através de meus diferentes eus, sem as restrições de uma definição imposta de fora. Só então posso colocar a mim mesma e às minhas energias como um todo a serviço das lutas que abraço como parte de minha vida.

Um medo de lésbicas, ou de serem acusadas de lésbicas, levou muitas mulheres negras a testemunhar contra si mesmas. Isso levou algumas de nós a alianças destrutivas, e outras ao desespero e ao isolamento. Nas comunidades de mulheres brancas, o heterossexismo é às vezes resultado de uma identificação com o patriarcado branco, uma rejeição àquela interdependência entre mulheres que se identificam como mulheres (*women-identified women*) que permite que o eu exista em vez de ser usado a serviço dos homens. Às vezes isso reflete uma crença ultraconservadora na característica protetora dos relacionamentos heterossexuais, às vezes um autodesprezo contra o qual todas as mulheres têm de lutar, que nos é ensinado desde que nascemos.

Embora existam elementos dessas atitudes em todas as mulheres, há uma ressonância especial de heterossexismo e homofobia entre as mulheres negras. Apesar do fato de a relação próxima entre mulheres ter uma longa e honrosa história nas comunidades africanas e afro-americanas, e apesar da erudição e das realizações de muitas mulheres negras que se identificam como mulheres nos campos político, social e cultural, as mulheres negras heterossexuais tendem a ignorar ou desconsiderar a existência e o trabalho das lésbicas negras. Parte dessa atitude nasceu de um terror compreensível do ataque do homem negro dentro do estreito confinamento da sociedade negra, onde o castigo para qualquer demonstração de autoafirmação feminina ainda é ser acusada de ser lésbica e, portanto, indigna da atenção ou do apoio dos poucos homens negros. Mas em parte essa necessidade de rotular incorretamente e ignorar as lésbicas negras vem de um medo muito real de que as mulheres negras que se identificam abertamente como não mais dependentes dos homens para se autodefinirem possa reordenar todo o nosso conceito de relações sociais.

Mulheres negras que antes insistiam que o lesbianismo era um problema de mulheres brancas agora insistem que lésbicas negras são uma ameaça à nacionalidade negra, que estão se juntando ao inimigo, que são basicamente não negras. Essas acusações, vindas das próprias mulheres para quem olhamos em busca de uma compreensão profunda e verdadeira, serviram para manter muitas lésbicas negras escondidas, presas entre o racismo de mulheres brancas e a homofobia de suas irmãs. Muitas vezes o trabalho delas tem sido ignorado, trivializado ou deturpado, como ocorre com a obra de Angelina Grimké, Alice Dunbar-Nelson, Lorraine Hansberry. Entretanto, mulheres unidas por fortes vínculos sempre tiveram algum papel na força das comunidades negras, desde nossas tias solteiras até as amazonas de Daomé.

E sem dúvida não são lésbicas negras que estão agredindo mulheres e estuprando crianças e avós nas ruas de nossas comunidades.

Por todo este país, assim como ocorreu em Boston na primavera de 1979, em seguida aos assassinatos não elucidados de doze mulheres negras, as lésbicas negras estão liderando movimentos contra a violência às mulheres negras.

Quais são os detalhes específicos em nossa vida que podem ser examinados e mudados para ajudar a promover transformações? Como redefinimos diferença para todas as mulheres? Não são nossas diferenças que separam as mulheres, mas nossa relutância em reconhecer essas diferenças e lidar de maneira eficaz com as distorções provocadas pelo fato de ignorarmos e interpretarmos de modo errado essas diferenças.

Como um mecanismo de controle social, as mulheres foram encorajadas a reconhecer apenas uma área de diferença humana como legítima, aquelas diferenças que existem entre mulheres e homens. E aprendemos a tratar essas diferenças com a urgência de todos os subordinados oprimidos. Todas nós tivemos de aprender a viver, trabalhar ou coexistir com homens, a partir de nossos pais. Identificamos e negociamos essas diferenças, mesmo quando essa identificação apenas prosseguiu com o velho modelo dominante/subordinado do relacionamento humano; onde os oprimidos têm de reconhecer a diferença dos senhores a fim de sobreviver.

Mas nossa sobrevivência futura depende de nossa capacidade em nos relacionar na igualdade. Como mulheres, precisamos desenraizar padrões internalizados de opressão que existem dentro de nós mesmas se quisermos ir além dos aspectos mais superficiais da mudança social. Agora precisamos reconhecer diferenças entre mulheres que são nossas iguais, nem inferiores nem superiores, e encontrar maneiras de usar a diferença para enriquecer nossas visões e nossas lutas. O futuro de nossa terra talvez dependa da capacidade de todas as mulheres em identificar e desenvolver novas definições de poder e novos modelos de convivência com a diferença. As velhas definições não serviram para nós nem para a terra que nos sustenta. Os velhos modelos, não importa o quão inteligentemente organizados para imitar o progresso, ainda nos condenam a repetições cosmeticamente alteradas das mesmas velhas trocas, da mesma velha culpa, de ódio, recriminação, lamentação e desconfiança.

Pois temos embutidos em nós velhos esquemas de expectativa e resposta, velhas estruturas de opressão, e esses devem ser alterados ao mesmo tempo que alteramos as condições de vida que são um resultado dessas estruturas, porque as ferramentas do senhor jamais desmontarão a casa do senhor.

Como Paulo Freire mostra tão bem em *Pedagogia do oprimido*[2], o verdadeiro foco da mudança revolucionária nunca está simplesmente nas situações opressivas das quais buscamos fugir, mas sim naquele pedaço do opressor que está plantado no fundo de cada um de nós, e que só conhece as táticas do opressor, as relações do opressor.

Mudar significa crescer, e crescer pode ser doloroso. Mas aperfeiçoamos nossa identidade expondo o eu no trabalho e na luta ao lado daqueles que definimos como diferentes de nós, embora compartilhando os mesmos objetivos. Tanto para mulheres negras quanto para brancas, velhas e jovens, lésbicas e heterossexuais, isso pode significar novos caminhos para a nossa sobrevivência.

> Nós escolhemos umas às outras
> e o limite das batalhas de umas e outras
> a guerra é a mesma
> se perdermos
> um dia o sangue das mulheres irá coagular
> sobre um planeta morto
> se vencermos
> não há como saber
> buscamos além da história
> por um novo e mais possível encontro.[3]

TEXTO ORIGINALMENTE APRESENTADO COMO PALESTRA NO COPELAND COLLOQUIUM, AMERST COLLEGE, MASSACHUSETTS, ABR 1980. PUBLICADO SOB O TÍTULO "AGE, RACE, CLASS AND SEX: WOMEN REDIFINING DIFFERENCE", IN *SISTER OUTSIDER: ESSAYS AND SPEECHES*, NOVA YORK: CROSSING PRESS, 1984, P. 114-123. TRADUÇÃO DE LÉA SÜSSEKIND VIVEIROS DE CASTRO.

NOTAS

1 N.E.: Termo derivado do inglês *token*, que significa símbolo. Denota a prática de realizar pequenas concessões às minorias para afastar o risco de acusações de preconceito ou discriminação.

2 Ver Paulo Freire, *The Pedagogy of the Oppressed*, Nova York: Siburi press, 1970 [*Pedagogia do oprimido*, São Paulo: Paz e Terra, 1968].

3 Do poema "Outlines" in *The Collected Poems of Audre Lorde*, Nova York: W.W. Norton and Co., 1997.

Refazer a história é uma persistente crítica, sem glamour nenhum, eliminando oposições binárias e continuidades que sempre emergem no suposto relato do real. A política cultural da repetição está sendo encenada com o gestual da política da ruptura estratégica, necessária, tendo em vista a independência política que é o requisito mínimo para a "descolonização".

Gayatri Spivak

Quem reivindica alteridade?

Gayatri Spivak

COMO PÓS-COLONIAL, estou preocupada com a questão da apropriação da "história alternativa", ou "história". Não sou historiadora, portanto não posso dizer que tenho experiência disciplinar em refazer a história no sentido de reescrevê-la. Mas posso ser usada de exemplo de como as narrativas históricas são negociadas.

Os pais dos pais de meus avós se formaram, nem sempre sem seu consentimento, no contexto da intervenção política fiscal e educacional do imperialismo britânico; hoje em dia, eu sou independente. Portanto, sou, *stricto sensu*, uma pós-colonial. Como membro da casta hindu, tive acesso à cultura do imperialismo, embora não o melhor acesso nem o mais privilegiado.

Deixe-me, então, falar como uma cidadã da Índia independente, com a cautela e a perspectiva crítica necessárias diante das falsas reivindicações de histórias alternativas. Sou também feminista, e uma marxista fora de moda, e alguma coisa disso tudo entrará nessa discussão sobre a política cultural das historiografias alternativas.

Como as narrativas históricas são construídas? Para se conseguir algo parecido com uma resposta a essa pergunta, farei uso das noções de escritura e de leitura em seu sentido mais geral. Produzimos narrativas e explicações históricas transformando o *socius*, onde nossa produção é *escrita*, em *bits* – mais ou menos contínuos e controlados – que são *legíveis*. Como essas leituras emergem e qual delas será legitimada são questões que têm implicações políticas em todos os níveis possíveis.

As palavras-chave envolvidas na descolonização da Índia oferecem quatro grandes códigos legitimadores consolidados pela burguesia nacional por meio da cultura do imperialismo, nacionalismo, internacionalismo, secularismo, culturalismo. Se o sujeito privilegiado promovido por esses códigos foi mascarado como o sujeito de uma história alternativa, devemos refletir sobre como ele está escrito, em vez de apenas ler sua máscara como uma verdade histórica.

Escrever e ler, nesse sentido mais amplo, marcam duas posições diferentes em relação à "oscilante e múltipla forma do ser". A escritura é uma posição em que a *ausência* do autor na trama é estruturalmente necessária. A leitura é uma posição em que eu (ou um grupo de "nós" com quem partilho um rótulo identificatório) faço dessa anônima trama a minha própria, encontrando nela uma garantia de minha existência como eu mesma, uma de nós. Entre as duas posições, há deslocamentos e consolidações, uma disjunção para conjugar um eu representativo. (Até a solidão é estruturada pela representação dos outros ausentes.)

Na arena da política cultural, cuja condição disciplinar e os efeitos são a história, a antropologia e os estudos culturais, essa disjunção/conjunção com frequência é ignorada. O *socius*, afirma-se, não é urdido com base na escritura, não é textual. Diz-se inclusive que, quando nos apresentamos como agentes de uma história alternativa, nossa própria emergência na "corte de reivindicações" não é dependente da transformação de uma escritura em algo legível.

Segundo esse argumento, nós só descobrimos, ou encobrimos, o *socius* e asseguramos a base do poder cultural ou étnico por meio da reivindicação do conhecimento. Também segundo esse argumento, o poder é uma legitimação coletiva, institucional e política. Não sugiro que se abra mão dessa prática noção de poder como legitimação coletiva. Se, entretanto, "refizermos a história" apenas por meio dessa limitada noção de poder, poderemos permitir que nos tornemos instrumentos da administração da crise das velhas instituições e da velha política.

Esquecemos, para nosso próprio prejuízo, que deslocamos do pré-texto a escritura de nosso desejo de legitimação, a qual só se pode alcançar sendo "nominalista, sem dúvida: o poder não é uma instituição, não é uma estrutura; tampouco é certa força com a qual alguém é investido; ele é o *nome que se dá* a uma complexa situação estratégica em uma sociedade específica" para que essa escritura possa ser lida.

Voltarei em breve a discutir o pós-colonialismo indiano a partir dessa perspectiva. Mas primeiro farei uma breve digressão sobre Marx.

De todos os instrumentos para se desenvolver histórias alternativas – gênero, raça, etnicidade, classe –, este último com certeza é o mais abstrato. Apenas quando nos esquecemos disso podemos descartar a análise de classes como essencialista.

Nos volumes de O *capital*, Marx pede ao trabalhador alemão que atinja, como uma preliminar ao plano de se refazer a história, as determinações abstratas do que é de certa forma apenas sofrido como miséria concreta. Poderia resumir Marx aqui dizendo que a lógica do capitalismo tece o *socius* como o textual de um conjunto particular de relações. O poder e a legitimação, nesse quadro, são assegurados pela negação da trama e a transformação/deslocamento dela em uma legibilidade "natural". Poderíamos ver esse sentido geral da leitura e da escritura em funcionamento, por exemplo, quando Marx pede ao/à trabalhador/a que entenda (leia?) o casaco que ele/a produz como tendo mais significação do que o que ele tem em si mesmo.

O *capital* é uma escritura que não devemos ler apenas em termos de produção de objetos de uso – poucos para nós (até porque não nos é dado dinheiro bastante para comprarmos mais) e muitos para outros. Lendo os *arquivos* do capitalismo, Marx produz a crítica não da política cultural, mas da econômica – portanto uma crítica da economia política, do economismo político.

No contexto pós-colonial global atual, nosso modelo deve ser o de uma crítica da cultura política, do culturalismo político, cujo veículo é a escritura de histórias legíveis, seja do discurso dominante, seja das histórias alternativas. Acho que poderia ser útil inscrever o poder em Marx deste modo:

> O poder é o nome que se atribui a uma complexa situação estratégica – as relações sociais de produção – formando uma sociedade particular, onde "sociedade" é uma abreviatura para a dominância de um(uns) modelo(s) particular(es) de produção de valor.

O modo mais proveitoso de se pensar o valor é como algo "simples e sem conteúdo", que deve ser pressuposto como o nome do que é produzido pelo corpo/mente humanos – uma coisa que não é pura forma, não pode aparecer por si mesma e é imediatamente codificada. Como sugeriram Gayle Rubin de um lado, e Gilles Deleuze e Félix Guattari de outro, de modos bem diferentes, essa operação de codificação não é apenas econômica, ela pode ser entendida também nos campos marcados pelo gênero e pelo colonialismo. Não é preciso manter estrita fidelidade à narrativa da evolução dos modos de produção como o único léxico de legibilidade, nem ao pressuposto de que a análise de classes é o único instrumento de legibilidade. (Tanto quanto a estratégia para lidar com o sexismo dos marxistas não me parece muito diferente da estratégia para lidar com o sexismo dos não marxistas ou antimarxistas.)

Apesar disso, esse pensamento contraintuitivo do valor não nos levará a imaginar que podemos nós mesmos escapar dos códigos inscrevendo o real. Somos obrigados a trabalhar dentro de narrativas da história, e inclusive a acreditar nelas. De fato, é mais fácil acreditar nas paixões históricas de Marx do que em sua delicadeza metodológica, e muitos de nós sentem que rotular uma delas de ideologia e outra de ciência só se justifica, de forma provisória, em situações de cálculo político.

No celebrado posfácio à segunda edição do *Capital I*, Marx nos oferece uma narrativa histórica: ele argumenta que a Alemanha foi incapaz de desenvolver a disciplina da Economia Política porque de certa forma, no final do século XVIII e início do XIX, ela não participou dos primeiros estágios de desenvolvimento do capitalismo industrial. Portanto a Alemanha não teve genuínos economistas políticos que fossem os ideólogos do capitalismo industrial. Quando os filósofos alemães falavam de economia política, eles produziam um bizarro *Mischmasch der Kenntnisse* – uma confusão de saberes.

O desenvolvimento histórico peculiar da sociedade alemã (no qual o modo de produção capitalista só amadureceu depois que seu caráter antagonístico já havia sido revelado), embora tenha excluído qualquer desenvolvimento original da economia "burguesa" lá, *não excluiu sua crítica*. Até onde essa crítica pode ser representada por uma classe, ela só pode representar (*vertreten*) a classe cujo objetivo histórico é a ruína do modo de produção capitalista e a abolição final de todas as classes – o *proletariado*.

A posição implícita no trabalho do grupo de historiadores de "estudos subalternos" é que, na medida em que as colônias não foram o teatro do desenvolvimento da diferenciação industrial-capitalista de classes, se os intelectuais pós-coloniais se mantiverem estritamente no discurso de análise de classes e de luta de classes, eles poderão produzir um *Mischmasch der Kenntnisse*. O desenvolvimento histórico peculiar da sociedade colonial, entretanto, não exclui a crítica da análise de classes como uma imposição normativa de um instrumento de leitura. Até onde essa crítica representa um grupo com um nome, é o subalterno.

Parece óbvio para alguns de nós que esta *mulher* não emancipada, no espaço descolonizado, estando duplamente deslocada nele, é o veículo apropriado para a crítica de uma pura e simples análise de classes. Separada do centro do feminismo, esta figura, a figura da mulher da classe subalterna, é singular e solitária.

A relação dessa figura com a produção acadêmica é complexa. Em primeiro lugar, ela é um objeto de conhecimento; em segundo, à maneira do informante nativo, sujeito de histórias orais, essa figura é considerada incapaz de desenvolver estratégias em relação a nós; por fim, a figura da mulher de classe subalterna é um sujeito/objeto imaginado no campo da literatura.

Há, entretanto, uma quarta figuração mais insidiosa, feita por meio da obliteração das diferenças entre essa figura subalterna e a mulher nativa de elite. A partir disso, reivindica-se a subjetividade de uma história alternativa como se ela ainda não estivesse legível, história essa que só é escrita no sentido mais amplo que mencionei antes.

Essa quarta figuração é o que se chama de uma "colonial diaspórica". Quem ou o que ela é? A personagem central de *The Hunt* [A caçada], de Mahasweta Devi, negocia um espaço que pode, não apenas em termos históricos, mas filosóficos, ser acessível a ela.

Todos sabemos que o mundo foi dividido em três, no modelo dos três grandes Estados, em meados dos anos 1940, quando o neocolonialismo começou. Também sabemos que, durante o período imediatamente anterior à conquista e consolidação territorial do monopólio capitalista, uma classe de funcionários/intelligentsia foi frequentemente produzida e funcionou como para-choque entre os administradores externos e o território administrado. Esses eram os "sujeitos coloniais", formados, com diferentes graus de sucesso, em geral, embora não de modo invariável, a partir da elite nativa.

Na descolonização, essa é a "classe" (como indiquei antes, as formações de classe nas colônias não são exatamente como as da metrópole) que se torna a "burguesia nacional". É ela quem forja "identidades nacionais" por métodos que não podem romper formalmente com o sistema de representação que ofereceram a eles uma episteme prévia: a de ser um para-choque "nacional" entre o administrador e a administração.

Boa parte da repetição dessa episteme colonial na pós-colonialidade assumida como ruptura virá à cena na história de Mahasweta. Por ora, deixe-nos apreender o fato de que a descolonização representa seriamente uma ruptura para o colonizado. Seria contraintuitivo apontar suas negociações repetitivas. Mas são exatamente essas imagens contraintuitivas que devem ser fixadas quando se diz que a história está sendo refeita, e uma ruptura é facilmente declarada por causa da intuição de liberdade que uma independência meramente política traz para uma determinada classe. Fixar essas imagens nos permitirá perceber que o neocolonialismo é uma repetição deslocada de muitas das velhas linhas traçadas pelo colonialismo.

Isso nos permitirá também perceber que as estórias (ou histórias) do mundo pós-colonial não são necessariamente as mesmas que surgem na "colonização interna" – ou seja, no modo como os países metropolitanos discriminam em seu meio os grupos não emancipados.

A diaspórica pós-colonial pode levar vantagem (na maioria das vezes sem saber, devo acrescentar) da tendência em combinar as duas narrativas na metrópole. Assim, essa informante muitas vezes inocente, identificada e bem-vinda como a agente de uma história alternativa, pode ser o lugar de um quiasma, ou seja, do cruzamento de uma dupla contradição: em casa, a representante do sistema de produção da burguesia nacional; fora dela, a tendência a representar o neocolonialismo pela semiótica da "colonização interna".

Jogo nesse campo quiasmático um fenômeno que menciono com frequência: a transformação do neocolonialismo em transnacionalismo no início dos anos 1970 por meio da computadorização das grandes transações comerciais internacionais. É claro que as mudanças no modo de produção de valor não acarretam mudanças fundamentais na constituição do sujeito. Mas é surpreendente perceber com que elegância os estratagemas mudam naquela arena que se preocupa com a codificação produção-sujeito: a política cultural. E as universidades, os jornais, os institutos, as palestras, as séries publicadas pelos editores estão totalmente envolvidas nisso.

Tendo firme em mente a previsibilidade do aparato cultural na sociedade transnacional, pode-se dizer que a transformação em transnacionalismo trouxe à academia euro-americana um terceiro-mundismo mais suave e mais benevolente. Isso com certeza foi um *ricorso* da abordagem basicamente conservadora das ciências sociais que acompanhou o desmantelamento inicial dos velhos impérios.

É nesse novo contexto que o diaspórico pós-colonial pode ter o papel de um ideólogo. Essa "pessoa" (embora estejamos nomeando aqui apenas uma posição do sujeito), pertencente a uma elite basicamente colaboracionista, dificilmente pode se tornar, por diversas razões, o objeto de inquestionável benevolência como habitante do novo Terceiro Mundo. Ela/ele estará mais à vontade produzindo e simulando o efeito de um mundo mais antigo constituído pelas narrativas legitimadas de uma especificidade e de uma continuidade cultural e étnica, tudo isso alimentando uma identidade nacional meio descosida – uma espécie de "alucinação retrospectiva".

Isso produz um "outro" confortável para a pós-modernidade transnacional, caracterizado por uma "atividade de nível básico", por "discursos emergentes". A crítica radical pode voltar sua atenção para esse hiper-real Terceiro Mundo para encontrar, em nome de uma história alternativa, um espaço fechado que rejeita a pós-modernidade.

Na verdade, a maior parte das áreas pós-coloniais tem acesso, por meio de uma classe específica, à sociedade da telemática inscrita pelo transnacionalismo microeletrônico. E com certeza o discurso da especificidade cultural e da diferença embalado para o consumo transnacional é frequentemente desenvolvido por essa classe específica. O que é dissimulado por esse quadro apenas esboçado é a tremenda complexidade do espaço pós-colonial, em especial o espaço da mulher.

Como devo continuar repetindo, refazer a história é uma grande tarefa, e não devemos tomar o entusiasmo ou a convicção como únicas garantias. Para enfatizar esse ponto, utilizarei o modo confessional, para dar a vocês um pouco da sensação do que *se parece* com experimentar a liberdade oferecida pela independência política em seu momento histórico específico.

Minha geração acadêmica na Índia, que se aproxima dos 50 anos agora, era criança no tempo da independência indiana, ao contrário das "crianças da meia-noite" que nasceram com a independência e serviram para Salman Rushdie como símbolos da confusão de uma nova nação que se vê apenas como uma ruptura, como um nascimento monstruoso.

Essas crianças de classe média se tornaram professores de colégios e universidades, trabalhadores culturais, funcionários do governo, ativistas políticos, donas de casa com um pé no movimento feminista, nas profissões e nas artes. Surpreendentemente, conheço poucos executivos ou cientistas. Nossa infância e adolescência foram marcadas por uma queda fatal que teve de ser reorganizada como uma marcha triunfal.

Não éramos adultos o suficiente para analisar, e com certeza algumas vezes para saber, os detalhes do cenário da herança do liberalismo do século XIX, no qual o álibi nacionalista para a descolonização tinha sido cuidadosamente fabricado. Não podíamos saber então, embora isso estivesse sendo incutido em nós, que o povo não estava se comportando como uma nação, que a dúbia euforia de 1947, a divisão e a violência pobremente (toscamente) administradas, estavam agora se tornando uma espécie de *Jawaharlavisadayoga* – a pena de Jawaharlal, para fora da qual um tipo diferente de motorista dirigiria o automóvel nacional, em direção a um espaço transformado, novo, chamado União Indiana.

Estava acima de nosso alcance *entender* que a grandeza de um compromisso "nacional" internacionalista com uma esquerda necessariamente furtiva sob o imperialismo – o não dividido Partido Comunista da Índia – estava apenas em romper, essencialmente, com a política eleitoral de "se inserir nas brechas".

De qualquer forma, nossa geração acadêmica humanista pôde sofrer a melancolia política dessa mudança – escrevemos ensaios em nossas revistas estudantis quando Gandhi foi assassinado. Ainda assim tínhamos, na curiosa lógica das crianças, quase estabelecido que as "revoltas separatistas" (entre hindus e muçulmanos na independência), a exemplo da Fome de 1943 (produzida de maneira artificial pelo governo britânico para alimentar seus soldados durante a Segunda Guerra Mundial), marcavam um passado que nosso presente trazia vigorosamente de volta.

Em outras palavras, como crianças e adolescentes de classe média, minha geração acadêmica foi jogada no espaço de refazer a história, negociando uma nova história. Essa é a posição de sujeito das crianças da burguesia nacional na descolonização. A imaginação adolescente pôde ser convencida de que as lembranças perturbadoras do passado eram nada mais do que cinzas que a fênix deixa para trás quando voa pelos ares renascida. Fomos marcados por essa estrutura de desculpas (geradora de alegorias de nacionalismo ainda não estudadas), até que, como todo mundo, percebemos que, em termos de fundamentalismo religioso como formação social, toda ruptura declarada com o passado é sempre também uma repetição.

Os executivos e cientistas em potencial daquela geração realizaram a primeira grande evasão de cérebros para os Estados Unidos. Se, como crianças e adolescentes, eles sofreram as mesmas contradições que mencionei, eles as entenderam, penso eu, mais em termos de promessas não cumpridas.

Essas pessoas, a maior parte homens, "se deram bem" nos Estados Unidos. Na maioria dos casos, não se preocuparam com as lutas dos anos 1960 e 1970 nesse país. Muito trabalhadores, ambiciosos e espertos, eles foram ascendendo de classe social e receberam alguns dos benefícios de lutas das quais não participaram.

Como a única comunidade de cor (embora, como sujeito colonial, eles se identificassem basicamente com os brancos) nos Estados Unidos que não tinha uma história de opressão nas costas, eles foram muitas vezes usados no mercado de trabalho regulado pela Ação Afirmativa[1] em lugar de negros, hispânicos e "asiático-americanos" (cidadãos de extração chinesa e japonesa).

A constituição da comunidade indiana está mudando com rapidez, e começa a assumir muitas das dimensões da classe trabalhadora pequeno-burguesa da diáspora indiana no afro-Caribe e na Grã-Bretanha. Não se pode deixar de dizer, creio, que a primeira geração de indo-americanos, entrando agora na universidade, buscando, muitas vezes com inocência, suas "raízes" e sua "herança" (seguindo uma rota determinada pela colonização interna), são os filhos das pessoas que descrevi. Alguns desses jovens, mulheres e homens, darão sem dúvida certa autenticidade confessional às histórias alternativas terceiro-mundistas nos próximos anos. (Seria mais interessante para eles intervir na colonização interna *na Índia*, mas essa discussão está fora do que se propõe este ensaio.)

As fontes da tremenda vitalidade da cultura subcontinental *britânica* das classes mais baixas – a rigor distinta da comunidade acadêmica indiana na Grã-Bretanha – se encontram na espécie de religião "caseira" sectária que tem sido a força da consciência subalterna no subcontinente. As crianças dessa comunidade (subcontinentais britânicos de classe baixa) estão agora produzindo a *indy pop music*, ou a *Punjabi new wave*, que podem ser comparadas em sua política de origem ao jazz ou ao soul nos

Estados Unidos. Esses grupos aparecem hoje em dia nas revistas de funk e nos suplementos dominicais dos jornais diários, listados no *City Lights*, representados no teatro e no cinema políticos.

A maioria hindu dos indo-americanos é, de uma maneira estranha, fundamentalista. A chamada religião upanishádica, da qual eles promovem o fundamento, é uma versão do hinduísmo semitizado construído no século XIX, cujo mais espantoso feito foi a coexistência com um politeísmo lido como alegoria pessoal. Seria bobagem negar a energia emancipatória dessa inovação em seu tempo. Na América contemporânea, porém, essa força emancipatória está canalizada para a recodificação da entrada na grande abstração racional de um "Nós, o Povo" constitucional.

É como se os indo-americanos adultos cultos estivessem engajados na propagação de uma fantasmática herança cultural hindu como a outra face da participação na fantasia da terra da oportunidade, de uma sociedade livre regulada pela lei e pelo mandato popular. A diaspórica pós--colonial como informante nativa encontra aí um espaço corroborativo e protetor em seu esforço de refazer a história. Esse grupo, privilegiado na Índia como os Indianos Não Residentes (INR), consegue angariar recursos, assim como convites para dar opinião sobre a herança espiritual indiana.

Esse sistema de representação cultural e autorrepresentação é o campo semiótico americano de cidadania e etnicidade. As fantasias culturais de origem dos "grupos étnicos" proeminentes nos Estados Unidos (incluindo os ingleses) e sua repercussão em seus países de origem são bem conhecidas (Israel, Irlanda, Polônia e Cuba são quatro outros exemplos). Todos esses grupos (com exceção dos ingleses) tiveram uma história variada de opressão que dá um sentido de urgência a essas fantasias. No caso indiano, essa exportação-importação foi bem-sucedida pelas razões que tentei demonstrar.

Agora, se se volta à melancólica história dos anos de independência, cujas sombras caíram sobre minha infância, então se começa a ver que a heterogeneidade nativa em termos culturais, comunais (religiosos) e de classe foi introduzida no subcontinente apesar das esperanças unificadoras que permitiam a existência da variedade, baseada naqueles diversos conceitos-metáforas: nacionalismo, secularismo, internacionalismo, culturalismo.

Qualquer discussão extensa sobre refazer a história na descolonização deve levar em conta a perigosa fragilidade e tenacidade desses conceitos-metáforas. Em resumo, é possível dizer que uma opção e talvez um modo de resistência a eles igualmente frágil apenas podem surgir por meio da aceitação estratégica do potencial centrífugo da pluralidade e heterogeneidade nativa do subcontinente.

Apesar disso, a heterogeneidade é um recurso elusivo e ambivalente (exceto no "parlamento" metropolitano ou no espaço acadêmico), como o passado recente na Índia, e com certeza no mundo, demonstrou. Sua manipulação direta com fins eleitorais ou diplomáticos constitui uma devastação (já a manipulação puramente comercial pode levar a uma dinâmica "cultura pública").

É apenas em situações como essa que os trabalhadores culturais institucionalmente estabelecidos têm a obrigação de tentar fazer previsões. Essas intervenções escrupulosas são na verdade nossa única contribuição para o projeto de refazer a história ou de sustentar vozes sempre mutantes sob a perspectiva alternativa. Em certo sentido, nosso objetivo é fazer com que as pessoas estejam prontas para ouvir. E, apesar de seu modo indireto, de ser enlouquecedoramente devagar, e de sempre se correr o risco da demagogia e da coerção misturado com a crédula vaidade e com os interesses de classe do professor e do aluno, é ainda apenas a educação institucionalizada nas ciências humanas que pode fazer com que, a longo prazo e coletivamente, as pessoas queiram escutar. Até onde sei, a única chance de se refazer (a disciplina da) história está nesse nada glamouroso, e muitas vezes tedioso, registro.

Portanto, proponho o estabelecimento e restabelecimento persistentes, a repetida consolidação do não feito, de uma estratégia de educação e pedagogia de sala de aula preocupada com soluções provisórias para oposições como secular e não secular, nacional e subalterno, nacional e internacional, cultural e sociopolítico, por meio da provocação de sua cumplicidade.

Tal estratégia de estratégias deve falar "de dentro" das narrativas emancipatórias dominantes, mesmo quando se distanciar destas. Ela deve se negar resolutamente a oferecer fantasmáticas contranarrativas nativistas hegemônicas, que respeitam de modo implícito o regulamento histórico de quem tem "permissão para narrar". O novo álibi culturalista, trabalhando com uma indústria de cultura basicamente elitista, insistindo na continuidade de uma tradição nativa intocada pela ocidentalização, cujos fracassos ele pode ajudar a encobrir, legitima exatamente o que reivindica combater.

Gostaria de continuar agora enfatizando a educação técnica na Índia contemporânea e sugerindo algumas alternativas. Essa discussão poderia ser pertinente se, ao se falar em "refazer a história", tivéssemos a Índia como seu espaço de *encenação*. O fato de que ela não é pertinente aqui deve nos lembrar de que nosso trabalho, tão justo, se situa ainda dentro de um "debate paroquial de descanonização". Continuando então no(s) sistema(s) de representação negociado(s) pela colonização interna, deixe-me apenas frisar que o tipo de pedagogia "de previsões" que apontei está, apesar de tudo, teimosamente sempre por acontecer.

Este espaço peculiar, de um futuro que não é um "futuro do presente", pode ser habitado por figuras paralógicas. Muitas vezes analisei essas figuras paralógicas, sobretudo as mulheres. Apontei neste ensaio por que a mulher subalterna parece particularmente significativa dentro dos temas pós-coloniais. Dentro desse quadro, olharei, portanto, para o caso paralógico literário, que reescreve etnicidade e lê (e se apropria do) estupro – no sentido de leitura e escritura que indiquei antes.

Lerei *The Hunt*, de Mahasweta Devi. Nas primeiras páginas, sugeri que a negação da pós-colonialidade em nome de um culturalismo nativista etnicista é uma espécie de colaboração com o neocolonialismo, sobretudo em sua instância benevolente. Em contraste com essa visão, a história de Mahasweta torna visível a sugestão de que o pós-colonial negocia com as estruturas de violência e violação que o produziram.

A história não pode voltar atrás ou ser apagada com base na nostalgia. Refazer a história envolve uma negociação com as estruturas que produziram o indivíduo como agente da história. Em *The Hunt*, a figura para essa negociação é a reescritura da etnicidade e a reapropriação do estupro. E o nome do agente desse refazer é Mary Oraon.

Uma ressalva sobre a questão da figura. Não digo que se deve ler Mary como representante do pós-colonial ou como exemplo de uma prática correta diretamente imitável. Estou falando, sim, da lógica de sua figuração, da mecânica da fabricação da figura chamada Mary. Lerei a fabricação da narrativa desse modo.

Nossa maneira habitual de ler envolve os personagens e a trama. Muitas vezes denominamos nossa leitura de "política" quando lemos esses dois itens como, grosso modo, alegóricos. Minha leitura da figuração de Maria e sua história não deixa de se relacionar com essas práticas, mas tenta levar em conta que a linha entre estética e política não é nem firme nem exata.

Mary Oraon. O nome Oraon designa uma das maiores das cerca de trezentas tribos da Índia. Em hindi, a linguagem nacional, os tribais são chamados *adivasis* (habitantes originais). Em inglês, eles são chamados coletivamente de tribos "reguladas", por causa das sanções especiais (respeitadas ao mesmo tempo que burladas) escritas para eles na Constituição indiana. Junto com as "castas reguladas" – as castas hindus mais baixas (os sem casta, os párias) –, esses habitantes originais são os subalternos oficiais da República da Índia. Tanto na linguagem do governo quanto na dos ativistas políticos, eles são os scts. Eles estão fora das sete religiões listadas no hino nacional indiano: hinduísmo, budismo, sikhismo, jainismo, zoroastrismo, o islã e a cristandade.

Esta então é Mary, simplesmente Oraon, simplesmente identificada com sua tribo. Mas ela foi batizada como Maria; é descendente de tribais convertidos ao cristianismo por missionários. Seu pai foi um fazendeiro branco que violou sua mãe antes de deixar a Índia e ir para a Austrália. Se pensarmos no pós-colonial, em termos figurativos, como a criança fruto de um estupro, a elaboração de Mary é, de modo literal, sua figuração. Ela não é uma tribal de verdade.

Mary, empregada em uma casa da casta hindu, é e não é cristã. Todas as categorias apropriadas estão misturadas na pós-colonialidade. Sua mãe deixou de ser cristã quando um hindu, na independente e secular Índia rural, não a contratou por medo de contaminação da casta. Mary se casará com um muçulmano. Essa negociabilidade de "religiões" é bem diferente das regras oficiais secularistas do pós-Iluminismo, devastada pelo comunalismo violento de seu passado.

Não é apenas o secularismo, como é definido pela cultura do imperialismo, que está sendo questionado aqui. A reinscrição da pós-colonialidade como o produto de uma violação permitida põe o "tribal" militante no lugar do intelectual burguês como sua figuração representativa.

Todo detalhe nessa figuração oscila entre o "literal" e o "metafórico". A admiração pela coragem do branco, por exemplo, faz parte do repertório subalterno. Jalim, o namorado de Mary, discute, em sua insistência em se casar com ela, mais do que uma mera coabitação. "Sim, há algo de verdadeiro em Maria: a força do sangue australiano." Ela mesma afirma isso por meio de uma raiva impessoal contra sua mãe que pode fornecer um texto para ser decodificado: "Quando você vir uma filha branca, mate-a logo. Assim não há problemas." "E se ela tivesse te matado?", pergunta um dos rapazes da tribo. "Eu não teria existido."

Descrevendo o universo interior de sua personagem, diz Mahasweta:

Ela teria se rebelado se eles lhe tivessem imposto as duras injunções de sua sociedade. Ela está infeliz por eles não terem feito isso. Em seu íntimo, há um desejo de ser parte dos Oraons. Ela teria ficado muito feliz se, quando tinha 13 ou 14 anos, algum bravo jovem Oraon a tivesse forçado ao casamento.

Mahasweta toma cuidado para não enquadrar esse universo no automarginalizante projeto étnico do isolamento ou da expressão de uma voz-consciência semitribal. A origem desse cenário e desses sentimentos são um ou dois filmes hindus que Mary viu. A superação de barreiras de casta e de credo por meio do amor é um dos temas básicos da enormemente produtiva indústria cinematográfica hindu.

A descrição do cotidiano de Mary como uma ponte entre o "mundo externo" (representado pela obscura cidade rural de Tohri) e o espaço fechado de Kuruda (a pequena comunidade às margens da qual os membros da tribo vivem) é orquestrada para legitimar empiricamente Mary Oraon como o nome da mulher trabalhadora, pós-colonial. Passarei por cima desse texto tão rico para focalizá-lo no momento em que, "de repente, um dia, o trem para, e o coletor Singh desce com o filho de Prasadji. A vida de Mary se perturba; uma tempestade se forma na existência calma e pobre de Kuruda".

O trem não para mais em Kuruda como o fazia na Índia britânica, quando os fazendeiros brancos viviam lá. Ele é uma metonímia recorrente para o projeto unificador do imperialismo territorial, o "colonialismo" do qual Mary é a pós-colonial.

"Coletor" – um medíocre coletor de impostos sob o Raj britânico – pode ser um nome próprio ou um honorífico descritivo. O homem atua com o que Lukács chamaria de "tipicalidade". Ele violenta a terra vendendo as florestas de Sal da área, enganando os pequenos proprietários de terra com um preço reduzido. Ele violenta a tribo empregando-a em um trabalho assalariado com alto nível de exploração e os distrai com quantidades de licor e um travestimento da chamada mercantilizada cultura de massas ocidental. Na verdade, a história das silenciosas florestas de Sal é também uma metonímia histórica articulada com cuidado.

A ecologia da árvore de Sal está intrinsecamente ligada à economia comunal pré-capitalista e às relações sociais das tribos. Sua transformação no capital colonial constante se deu por meio da imposição e da

264

produção de elaboradas relações sociais entre o fazendeiro branco e o empregado tribal.

A transformação da cultura do imperialismo na pós-colonialidade foi representada pelas figuras de indianos incompetentes, mas de boa índole, vivendo nos cantos e brechas dos grandes casarões de fazenda. O legado real do texto econômico imperialista, a trajetória necessária do grande burguês à pequena manipulação social do pequeno-burguês sob a descolonização, é o desprezível coletor Singh, que remobiliza a floresta de Sal em um capital constante e os membros da tribo em um capital variável sem inseri-los na troca generalizada de mercadorias. Marx descreveu isso cem anos atrás como "o modo de exploração do capital em seu modo de produção".

Mary Oraon, a quase-membro da tribo, a quase-indiana, é a quase-consciente, quase-idêntica agente que denotaria essa contínua narrativa de exploração. Tampouco focalizarei esse aspecto da história. Para nossos objetivos presentes, devo me concentrar na apropriação por Maria da estrutura do estupro, como se fosse um quase-homem. Para essa perspectiva, o aspecto importante do coletor Singh é seu esforço em violentar Mary sexualmente e suas várias trocas relacionadas com ela. A resolução narrativa dessa sequência acontece no dia e na noite do Festival de Primavera dos Oraons.

Mary, como crítica alerta e vigilante do que é violentar a terra e o povo, reescreve o festival, transforma-o de jogo de caça em caçada. Ela leva o festival à crise – literaliza a metáfora – para ser capaz de atuar nele. A versão "autêntica" das tribos monumentaliza o passado. Lá, a divisão sexual das atividades está intacta. Os homens *sabem*. As mulheres disfarçam.

> Elas (as mulheres) não sabem por que caçam. Os homens sabem. Eles estiveram jogando esse jogo por milhares de milhões de luas. Houve um tempo em que existiam animais na floresta, a vida era selvagem, o jogo da caça tinha significado. Agora, a floresta está vazia, a vida está gasta e drenada, o jogo da caça não tem mais sentido. Só o prazer do dia é real.

Se para os homens o ritual da caçada parece uma *metáfora* funcional, para as mulheres, autorizadas a cada doze anos a participarem da caçada, o ritual é encenado como uma *catacrese*, uma analogia sem um polo histórico ou literal acessível, na retórica clássica uma metáfora abusiva. Mary desfaz essa oposição de gênero. Ela dinamicamente literaliza a catacrese ritual da caçada negociando com a estrutura do estupro – tanto quanto da violação – e se apropria dela como de uma arma.

Para ela, a floresta *ainda abriga* um animal, e a realidade do prazer do dia é tão "real" quanto "cheia de significado". Como ela opera isso? Através do festival, que reescreve para ela o Coletor como o Animal, e o legitima como presa.

Alguns anos atrás, escrevendo sobre *Jane Eyre*, descrevi a cena em que Jane encontra pela primeira vez Bertha Mason como uma situação que tornava indeterminada a diferença entre o humano e o animal, de modo que a narrativa podia mover Jane da letra para o espírito da lei. Isso não é um fazer indeterminado, mas o contrário.

Mas vamos ver como algo semelhante ocorre no presente texto. Mary está voltando do trabalho; o monótono da música do festival está no ar, quando o Coletor a acua no caminho deserto.

> Primeiro, Mary ficou com medo. Depois de um tempo lutando, Mary conseguiu se livrar das garras dele. Longas costeletas, longos cabelos, calças de poliéster, sapatos pontudos, uma camisa vermelho-escura. Sob o fundo musical das canções de primavera, Mary pensou que ele era um animal. A-ni-mal. As sílabas ecoam em sua cabeça. De repente, Mary sorri.

Mary marca um encontro com ele, pretendendo matá-lo, mas ela *não pode* matá-lo sem a ajuda do poder inscrito ou do ritual. Há, mais uma vez, uma negociação e uma transformação.

As mulheres da tribo, em seu piquenique depois da caçada, estão naquele momento se embebedando do licor doado pelo Coletor. Para seu encontro clandestino com Mary, ele traz "licor importado". Isso substitui a música do festival e Mary começa a beber. "Sim, o rosto está começando a se parecer com o dos animais caçados." Sem dúvida, Mary transforma esse rosto. Ela

> o acaricia, lhe dá mordidas amorosas nos lábios. Há fogo nos olhos do Coletor, sua boca está aberta, seus lábios molhados de saliva, seus dentes brilhando. Mary fica olhando, olhando, o rosto se torna, se torna o quê? Sim, se torna um animal.

Não se tem certeza de quem faz a próxima pergunta: "Agora me toma?" Nesse momento de indeterminação, Mary se apropria do estupro. Ela segura o Coletor e o faz deitar-se. O facão de cortar cana se transforma no falo da violação. O assassinato da besta ritual é também uma punição pela violação do povo, da terra, e ainda um retorno, deslocado historicamente, da violação de seu nascimento: "Mary levanta e abaixa o facão, levanta-o, abaixa-o."

Cada detalhe se enche de "significação". Violando, Mary se sente sexualmente repleta. Isso é uma negociação com o falo, e não apenas como se ela fingisse ser homem. Antes do assassinato, dançando, "ela abraça Budhni (uma velha mulher da tribo), e diz 'vou me casar com você depois de jogar o jogo da caça. Aí eu serei o marido, e você, a mulher'". Depois de voltar do assassinato, "ela beija Budhni sem lavar sua boca".

Muito mais pode ser dito sobre a articulação de Mahasweta da pós-colonial estratégica e negociadora na figura da subalterna de gênero. Não farei mais do que comentar seu uso da palavra *bonno*, que traduzi como "selvagem" na seguinte passagem: "Uma grande sede dança em seu sangue. Coletor, Coletor, estou quase lá. O Coletor a quer muito. Com quanta violência pode o Coletor querê-la? Quantos graus Fahrenheit? Seu sangue será tão selvagem quanto o de Mary? Tão ousado?"

Que sangue está sendo chamado de "selvagem" aqui? O sangue dos membros da tribo que duelaram na floresta (a palavra *bonno* literalmente significa "da floresta"?) Ou o sangue do australiano violador? (em seu raio de significação, *bonno* também quer dizer "bruto"?) Um grupo de burguesas feministas, professoras, intelectuais, orgulhosas de sua própria etnicidade, acharam que a palavra só podia significar a volta de Mary à autenticidade tribal. Mas a ênfase de Mahasweta bem poderia recair no fato de que a selvageria do sangue seja tanto de Mary quanto dos Oraons, ou de ninguém simplesmente.

Espero que esteja claro que a questão de que apenas os membros da tribo indiana podem falar como membros da tribo indiana para membros dessa mesma tribo tenta provavelmente tornar invisível a mecânica da produção da *enunciação*. Nesse sentido, por exemplo, o posicionamento de Gayatri Spivak sobre o tribal indiano pode ser, no melhor dos casos, uma situação catártica.

Em vez disso, prestem atenção ao seguinte ponto: minha situação contratual como uma pós-colonial me permite ver reivindicações pela subjetividade das histórias alternativas acontecendo de um modo que não é muito analisado. Uma pedagogia literária, com uma seleção cuidadosa de textos, pode ao menos preparar outro espaço que torne visíveis as lacunas dos slogans do Iluminismo europeu – nacionalismo, internacionalismo, secularismo, culturalismo, baluartes do nativismo – sem participar em sua destruição.

Isso, em sentido estrito, é pedagogia des(cons)trutiva. Como todo bom ensino em ciências humanas, é esperançoso e ilimitado. Pressupõe e espera um futuro de solidariedade completa e portanto cuida do "presente". No mais estrito senso, então, (para)lógico, morfogenético, fazendo surgir novas maneiras de leitura e escritura, é um ensino *em seu sentido mais profundo*, sem inovação teleológica terminal. Seu "presente" é um campo de codificação de valor no sentido de "valor" que é logicamente (mas não necessariamente de modo cronológico) prioritário em relação ao econômico; neste caso, o político, o econômico e o afetivo estão profundamente interligados.

Refazer a história é uma persistente crítica, sem glamour nenhum, eliminando oposições binárias e continuidades que sempre emergem no suposto relato do real. A política cultural da repetição está sendo encenada com o gestual da política da ruptura estratégica, necessária, tendo em vista a independência política que é o requisito mínimo para a "descolonização".

Enquanto isso acontece, gerações como "a minha própria" (posso ouvir o murmúrio purista contra este "essencialismo" por parte de minhas amigas teoricamente corretas), indecisas quanto à transição, e grupos como "o *meu próprio*" (de novo!), de diaspóricos circulando em um quadro marcado pela "colonização interna", devem pôr mais um item na pauta de discussões: a insistência em esquecer os privilégios da elite pós-colonial em um mundo neocolonial.

TEXTO ORIGINALMENTE PUBLICADO SOB O TÍTULO "WHO CLAIMS ALTERITY?", IN *REMAKING HISTORY*, BARBARA KRUGER E PHIL MARIANI (EDS.), SEATTLE: BAY PRESS, 1989, P. 269-92. TRADUÇÃO DE PATRICIA SILVEIRA DE FARIAS IN *TENDÊNCIAS E IMPASSES: O FEMINISMO COMO CRÍTICA DA CULTURA*, HELOISA BUARQUE DE HOLLANDA (ORG.), RIO DE JANEIRO: ROCCO, 1994.

NOTAS

1 N.T.: Política implementada a partir dos movimentos sociais dos anos 1960 nos Estados Unidos, que garante uma percentagem do mercado de trabalho às chamadas minorias.

Outras mulheres negras podem ajudar uma mulher negra nessa jornada rumo ao empoderamento pessoal, mas a responsabilidade última sobre as autodefinições e autoavaliações está dentro da própria mulher como indivíduo.

Patricia Hill Collins

Pensamento feminista negro: o poder da autodefinição

Patricia Hill Collins

"PARA SOBREVIVER, aqueles de nós para quem a opressão é tão americana quanto uma torta de maçã sempre tiveram de permanecer vigilantes", afirma a poeta negra e feminista Audre Lorde.[1] Essa "vigilância" gera uma consciência dual nas mulheres afro-americanas, ou seja, as mulheres negras familiarizam-se "com a linguagem e as atitudes do opressor, chegando a adotá-las certas vezes para ter alguma ilusão de proteção",[2] ao mesmo tempo que escondem um ponto de vista autodefinido dos olhos curiosos dos grupos dominantes. Ella Surrey, uma trabalhadora doméstica idosa e negra, resume a energia necessária para manter autodefinições independentes de forma expressiva: "Sempre fomos os melhores atores do mundo (...). Acho que somos muito mais espertas do que eles, pois sabemos que temos de jogar o jogo. Sempre tivemos de viver duas vidas – uma para eles e uma para nós mesmas."[3, 4]

Por trás da máscara de um comportamento conformado imposto às mulheres afro-americanas, há muito tempo existem atos de resistência, tanto organizados quanto anônimos.[5] Apesar das tensões ligadas ao trabalho doméstico, Judith Rollins[6] afirma que as trabalhadoras domésticas que ela entrevistou aparentaram ter mantido um "notável senso de auto-valor". "De modo habilidoso", elas "desviaram esses ataques psicológicos sobre sua personalidade, sua vida adulta, sua dignidade, essas tentativas de induzi-las a aceitar os termos de seus empregadores que as definiam como inferiores."[7] Bonnie Thornton Dill[8] descobriu em seu estudo que as trabalhadoras domésticas não deixavam seus empregadores maltratá-las. Como uma entrevistada declarou:

> Quando eu saía para o trabalho (...) minha mãe me dizia: "Não deixe ninguém tirar vantagem de você. Defenda seus direitos e faça o trabalho direito. Se eles não respeitarem seus direitos, exija que eles te tratem direito. E se eles não tratarem, então você larga o emprego."[9]

Jacqueline Bobo[10] conta que as mulheres negras norte-americanas que participaram de seu estudo e que viram o filme *A cor púrpura* não eram consumidoras passivas das imagens controladoras sobre a condição de mulher negra. Ao contrário, essas mulheres elaboraram identidades criadas para empoderá-las. Em 1905, período de intensa repressão racial, a educadora Fannie Barrier Williams viu as mulheres afro-americanas não como vítimas indefesas, mas como resistentes dotadas de muita força de vontade: "Como ela é pensada com maldade, prejudicada em todos os aspectos, ela está sempre fazendo algo que tenha mérito e crédito, algo que não se espera dela."[11] Williams via a mulher negra como "irrepreensível. Ela é insultada, mas mantém a cabeça erguida; ela é desprezada, mas orgulhosamente exige respeito (...). A garota mais interessante desse país é a garota de cor."[12]

Resistir por fazer algo que "não é esperado" não poderia ter ocorrido sem a antiga rejeição das mulheres negras às *mammies*,[13] às matriarcas e a outras imagens controladoras. Quando combinados, esses atos individuais de resistência sugerem que existe uma consciência coletiva e característica das mulheres negras. Essa consciência estava presente no discurso de Maria Stewart em 1831, ao aconselhar as "filhas da África": "Acordem! Levantem! Não durmam mais nem fiquem em estado de torpor, mas diferenciem-se. Mostrem para o mundo que vocês são dotadas de características nobres e elevadas."[14] Essa consciência está presente na visão de mundo de Johnny Mae Fields, uma trabalhadora de fábrica da Carolina do Norte com poucas oportunidades de resistência. A sra. Field anuncia com ironia: "Se eles me mandam fazer alguma coisa e eu sei que não vou fazer, não conto para eles. Eu apenas continuo e não faço."[15]

Nessa consciência autodefinida e coletiva das mulheres negras, o silêncio não deve ser interpretado como submissão. Em 1925, a autora Marita

Bonner convincentemente descreveu como a consciência permaneceu a única esfera de liberdade disponível a ela no confinamento sufocante tanto de seu mundo negro de classe média quanto da sociedade branca racista:

> Então – sendo uma mulher – você pode esperar. Você deve sentar tranquilamente sem um tostão. Não empapada – e pesada como se seus pés estivessem fundidos no ferro de sua alma. Não desperdiçando força em gestos enervantes como se duzentos anos de laços e chicotes realmente tivessem te levado à incerteza nervosa. Mas quieta, quieta. Como Buda – pardo como eu – se sentou inteiramente à vontade, completamente seguro de si, imóvel e sabendo (...), imóvel do lado de fora. Mas e do lado de dentro?[16]

Intelectuais negras dos Estados Unidos exploraram por muito tempo esse espaço privado e oculto da consciência da mulher negra, das ideias "interiores" que permitem às mulheres negras aguentar e, em muitos casos, transcender o confinamento das opressões de raça, classe, gênero e sexualidade que se intersecionam. De que maneira as mulheres afro-americanas, como grupo, conseguiram encontrar a força para se opor à nossa objetificação como "as mulas do mundo" ("*de mule uh de world*")?[17] Como conseguimos justificar as vozes de resistência de Audre Lorde, Ella Surrey, Maria Stewart, Fannie Barrier Williams e Marita Bonner? Que base serviu de sustentação para que Sojourner Truth pudesse perguntar "Não sou eu uma mulher?". As vozes dessas mulheres afro-americanas não são de vítimas, mas de sobreviventes. Suas ideias e ações não só sugerem que existe um ponto de vista autodefinido e de grupo de mulheres negras, mas que sua presença foi essencial para a sobrevivência das mulheres negras norte-americanas.

"Um sistema de opressão", afirma a ativista feminista negra Pauli Murray, "extrai muito de sua força da aquiescência de suas vítimas, que aceitaram a imagem dominante de si mesmas e são paralisadas por um sentimento de desamparo."[18] As ideias e ações das mulheres negras norte-americanas forçam a repensar o conceito de hegemonia, a noção de que a objetificação da mulher negra como o outro é tão completa que nos tornamos participantes voluntárias em nossa própria opressão.

A maior parte das mulheres afro-americanas simplesmente não se define como *mammies*, matriarcas, mães sob proteção de políticas de bem-estar, mulas ou mulheres sexualmente denegridas. A matriz da dominação nas quais essas imagens controladoras estão enraizadas é muito menos coesa ou uniforme do que se imagina.

Mulheres afro-americanas concebem tais imagens controladoras não como mensagens simbólicas desencarnadas, mas como ideias designadas a conferir significado a nossas vidas cotidianas.[19] As experiências de mulheres negras no trabalho e na família criam condições para que as contradições entre as experiências do dia a dia e as imagens controladoras da condição de mulher negra se tornem visíveis. Ver as contradições nas ideologias faz com que elas se abram para a desmistificação. Assim como Sojourner Truth desconstruiu o termo *mulher* ao usar suas próprias experiências vividas para desafiá-lo, as mulheres afro-americanas comuns fazem a mesma coisa de várias maneiras. Aquelas poucas Maria Stewarts, Sojourner Truths, Ella Surreys ou Johnny Mae Fields de quem ouvimos falar podem representar menos uma afirmação sobre a existência das ideias das mulheres negras do que uma reflexão sobre a supressão de suas ideias. Como Nancy White, uma moradora do interior, aponta: "Eu gostaria de dizer o que penso. Mas não faço isso com frequência porque a maioria das pessoas não liga para o que eu falo."[20] Como Marita Bonner, muitas mulheres negras permanecem imóveis por fora... mas e por dentro?

ENCONTRANDO UMA VOZ: ENTRANDO EM ACORDO COM CONTRADIÇÕES

"Ser capaz de usar toda a extensão da própria voz para expressar a totalidade do ser é uma luta recorrente na tradição das [mulheres negras] escritoras", defende a feminista negra e crítica literária Barbara Christian.[21] As mulheres afro-americanas com certeza expressaram nossas vozes individuais. As mulheres negras dos Estados Unidos geralmente foram descritas como oradoras francas e altivas, uma consequência das expectativas que tanto homens quanto mulheres partilham na sociedade civil negra. Mas, apesar dessa tradição, a questão mais abrangente de encontrar uma voz para expressar um ponto de vista coletivo e autodefinido das mulheres negras permanece o tema principal no pensamento feminista negro.

Não é surpreendente que esse tema da autodefinição deva preocupar as mulheres afro-americanas. As vidas das mulheres negras são uma série de negociações que almejam à reconciliação das contradições que separam nossas próprias imagens do eu, definidas internamente, como mulheres afro-americanas, de nossa objetificação como o outro.

A luta de viver duas vidas, uma para "eles e outra para nós mesmas",[22] cria uma tensão peculiar para construir autodefinições independentes dentro de um contexto em que a condição de mulher negra permanece rotineiramente depreciada. Como Karla Holloway aponta:

> A realidade do racismo e do sexismo significa que devemos configurar nossas realidades privadas para incluir uma conscientização sobre o que nossa imagem pública pode significar para os outros. Isso não é paranoia. Isso significa estar preparada.[23]

Muito do melhor pensamento feminista negro reflete esse esforço de encontrar uma voz coletiva e autodefinida e expressar um ponto de vista *womanist*[24] completamente articulado.[25] Audre Lorde observa que "neste país em que a diferença racial cria uma constante distorção de visão, ainda que tácita, as mulheres negras sempre foram, por um lado, altamente visíveis e, por outro, foram tornadas invisíveis por meio da despersonalização do racismo".[26] Lorde também aponta que a "visibilidade que nos faz mais vulneráveis" – aquela que acompanha ser negro – "também é fonte de nossa maior força".[27] A categoria de "mulher negra" torna todas as mulheres negras dos Estados Unidos especialmente visíveis e abertas à objetificação das mulheres negras como categoria. Esse tratamento de grupo potencialmente torna cada mulher afro-americana invisível como um ser humano por inteiro. Mas, de modo paradoxal, ser tratado como um outro invisível põe as mulheres negras dos Estados Unidos em uma posição de *outsider*-incluído (*outsider-within*), o que estimulou a criatividade de muitas delas.

Para as mulheres consideradas individualmente, resolver contradições dessa magnitude requer uma força interior considerável. Ao descrever o desenvolvimento de sua própria identidade racial, Pauli Murray lembra:

> Minha própria autoestima era esquiva e difícil de sustentar. Eu não era inteiramente livre da ideia dominante de que tenho de me mostrar merecedora dos direitos que os brancos já dão por certos. Esse condicionamento psicológico combinado com medo reduziu minha capacidade de resistir à injustiça racial.[28]

A busca de Murray era por conhecimento construído,[29] um tipo de saber essencial para resolver contradições. Para aprender a falar "com uma voz única e autêntica, as mulheres devem 'pular fora' das estruturas e sistemas dados pelas autoridades e criar suas próprias estruturas".[30] Ao contrário das imagens controladoras desenvolvidas para mulheres brancas de classe média, as imagens controladoras aplicadas às mulheres negras são tão uniformemente negativas que praticamente forçam à resistência. Para as mulheres negras dos Estados Unidos, o conhecimento construído do eu emerge da luta para substituir imagens controladoras por conhecimento autodefinido considerado pessoalmente importante, de ordinário, um conhecimento essencial à sobrevivência das mulheres negras.[31]

ESPAÇOS SEGUROS E O VIR-A-TER VOZ

Se a dominação pode ser inevitável como fato social, é improvável que ela permaneça hegemônica como uma ideologia no interior dos espaços sociais em que as mulheres negras falam com liberdade. Esse domínio de um discurso mais ou menos seguro, mesmo que restrito, é uma condição necessária para a resistência das mulheres negras. Famílias estendidas, igrejas e organizações da comunidade afro-americana são espaços importantes nos quais o discurso seguro potencialmente pode ocorrer. Sondra O'Neale descreve o funcionamento desses espaços de mulheres negras:

> Para além da máscara, no gueto da comunidade das mulheres negras, em sua família e, mais importante, em sua psique, existe e sempre existiu outro mundo, um mundo no qual ela funciona – às vezes em sofrimento, porém mais frequentemente com alegria genuína... – ao fazer as coisas que mulheres negras "normais" fazem.[32]

Esses espaços são não apenas seguros – eles formam os lugares primordiais para resistir à objetificação como o outro. Nesses espaços, as mulheres negras

> observam as imagens femininas de uma cultura "mais ampla", percebem que esses modelos são, na melhor das hipóteses, inadequados e, na pior das hipóteses, destrutivos para elas e entregam-se à tarefa de

fabricar a si próprias de acordo com os papéis das mulheres negras historicamente dominantes em suas próprias comunidades.[33]

Ao fazer avançar o empoderamento das mulheres negras por meio da autodefinição, esses espaços seguros ajudam as mulheres negras a resistir à ideologia dominante disseminada não apenas fora da sociedade civil negra, mas dentro das instituições afro-americanas.

Esses lugares institucionais nos quais as mulheres negras constroem autodefinições independentes refletem a natureza dialética da opressão e do ativismo. Escolas, a mídia impressa e os meios de comunicação, agências governamentais e outras instituições do ramo da informação reproduzem as imagens controladoras da condição de mulher negra. Em resposta, as mulheres negras se utilizam tradicionalmente das redes familiares e das instituições da comunidade negra como espaços para se opor a tais imagens. Por um lado, essas instituições da comunidade negra têm sido de importância vital para o desenvolvimento de estratégias de resistência. No contexto de segregação racial arraigada que persistiu nos Estados Unidos durante a década de 1960, a vasta maioria das mulheres negras não tinha acesso a outras formas de organização política.

Por outro lado, muitas das mesmas instituições da sociedade civil negra também perpetuaram ideologias racistas, sexistas, elitistas e homofóbicas. Esse mesmo período de dessegregação total da sociedade dos Estados Unidos estimulou uma dessegregação paralela no interior da sociedade civil negra, na qual mulheres, pessoas da classe trabalhadora, lésbicas, gays, bissexuais e indivíduos transgêneros e outras subpopulações anteriormente subjugadas começaram a falar de forma franca.

O resultado desse contexto político em modificação é uma realidade muito mais complexa do que aquela de uma todo-poderosa maioria branca objetificando as mulheres negras com uma comunidade negra unificada desafiando com obstinação essas agressões externas. Nunca existiu uma cultura de resistência uniforme e homogênea entre os negros norte-americanos – e essa cultura tampouco existe hoje. De qualquer modo, pode-se dizer que os negros norte-americanos compartilharam de uma agenda política e cultural comum, experimentada e expressada por eles de maneiras diferentes na condição de coletividade heterogênea. Em termos históricos, a sobrevivência dependeu de permanecer unidos e, de muitas maneiras, de ter como objetivo minimizar as diferenças entre si. Em épocas mais recentes, em uma economia política em transformação na qual a sobrevivência parece ser um problema menor para muitos negros norte-americanos, o espaço para expressar tais diferenças passa agora a existir. O próprio feminismo negro tem sido central para a criação desse espaço, em grande parte por meio das reivindicações das mulheres negras por autodefinição. De forma geral, nós mulheres afro-americanas nos encontramos em uma teia de relações transversais, cada uma apresentando combinações variadas de imagens controladoras e autodefinições das mulheres negras.

Assim, a complexidade histórica desses arranjos institucionais da segregação racial e da política heterogênea da comunidade negra afetou profundamente a consciência das mulheres negras e sua articulação em um ponto de vista autodefinido. Dado esse contexto, quais têm sido alguns desses espaços seguros importantes, em que a conscientização das mulheres negras é alimentada? Onde as mulheres afro-americanas falaram individualmente de maneira livre, contribuindo para a criação de um ponto de vista autodefinido e coletivo? Além do mais, quão "seguros" são esses espaços agora?

O RELACIONAMENTO DAS MULHERES NEGRAS UMAS COM AS OUTRAS

Tradicionalmente, os esforços das mulheres negras dos Estados Unidos para construir vozes individuais e coletivas aconteceram em ao menos três lugares seguros. Um desses lugares envolve o relacionamento das mulheres negras umas com as outras. Em alguns casos, tais como em amizades e interações familiares, esses relacionamentos são informais, são atividades privadas entre indivíduos. Em outros, como foi o caso durante a escravidão,[34] laços organizacionais mais formais nutriram poderosas comunidades de mulheres negras em igrejas negras[35] ou em organizações de mulheres negras.[36] Na condição de mães, filhas, irmãs e amigas, muitas mulheres afro-americanas afirmam umas às outras.[37]

A relação mãe/filha é fundamental entre as mulheres negras. Inúmeras mães negras empoderaram suas filhas ao transmitir o conhecimento do dia a dia, essencial para a sobrevivência das mulheres afro-americanas.[38] Filhas negras identificam a profunda influência que suas mães tiveram em suas vidas.[39] Mães e figuras maternas emergem como personagens centrais em autobiografias como *Eu sei por que o pássaro canta na gaiola*, de Maya Angelou,[40] *Sweet Summer* [Verão doce], de Bebe Moore Campbell,[41] *Lemon Swamp and Other Places* [Lemon Swamp e outros lugares], de Mamie Garvin Fields e Karen Fields,[42] e *A Taste of Power* [Sabor de poder], de Elaine Brown.[43] Alice Walker atribui a confiança que tem em si mesma à sua mãe. Ao descrever esse relacionamento, Mary Helen Washington aponta que Walker "nunca duvidou de seu poder de julgamento porque sua mãe pressupunha que ele funcionava bem; ela nunca questionou o direito de seguir sua inclinação intelectual porque sua mãe implicitamente a autorizava a fazê-lo".[44] Ao dar à sua filha um cartão da biblioteca, a mãe de Walker mostrou que sabia o valor de uma mente livre.

No conforto das conversas cotidianas, por meio de conversas sérias e do humor e na condição de irmãs e amigas, as mulheres afro-americanas afirmam a humanidade umas das outras, afirmam sua excepcionalidade e seu direito de existir. A ficção das mulheres negras – como o conto "The Johnson Girls" [As garotas Johnson], de Toni Cade Bambara,[45] e os romances *Sula*, *O olho mais azul* e *Amada*,[46] de Toni Morrison, assim como o romance blockbuster *Falando de amor*, de Terry McMillan[47] – constitui um espaço importante no qual as amizades das mulheres negras são levadas a sério. Em um diálogo com outras quatro mulheres negras, Evelynn Hammonds descreve essa relação especial que mulheres negras podem ter umas com as outras: "Eu acho que na maior parte das vezes você precisa estar lá para ter a experiência. Eu sempre rio quando estou com outras mulheres negras. Acho que nosso humor vem de um reconhecimento compartilhado de quem todas nós somos nesse mundo."[48]

Esse reconhecimento compartilhado ocorre muitas vezes entre mulheres afro-americanas que não se conhecem, mas que veem a necessidade de valorizar a condição de mulher negra. Maria Golden descreve seus esforços em 1968 para frequentar a faculdade que era "localizada (...) nos confortáveis arredores do noroeste de Washington, circundados pelos (...) gramados bem cuidados da classe alta da cidade". Para entrar nesse mundo, Golden pegava o ônibus para o centro da cidade com "trabalhadoras domésticas negras que iam até o final da linha para limpar a casa de matronas de meia-idade e brancas". Golden descreve a reação de suas companheiras viajantes diante do fato dela estar frequentando uma universidade:

Elas me olhavam com orgulho, aprovando os livros no meu colo (...). Eu aceitava o encorajamento delas e odiava os Estados Unidos por nunca permitir que elas fossem egoístas ou gananciosas, que sentissem o forte impulso da ambição (...) Elas apostaram sua raiva, lapidada brilhantemente em uma suave armadura de sobrevivência. O espírito daquelas mulheres sentava comigo em todas as aulas a que eu assistia.[49]

Minha decisão de seguir com meu doutorado foi estimulada por uma experiência parecida. Em 1978, ministrei um seminário em um instituto nacional de verão para professores e funcionários das escolas. Depois de meu workshop em Chicago, uma participante negra mais velha sussurrou para mim: "Querida, estou realmente orgulhosa de você. Algumas pessoas não querem ver você lá em cima [na frente da sala de aula], mas você pertence a esse lugar. Volte para a escola e termine seu doutorado e então eles não poderão te dizer nada!" Desse dia em diante, eu agradeço a ela e tento fazer o mesmo para outras mulheres. Ao conversar com mulheres afro-americanas, descobri que muitas de nós tiveram experiências parecidas.

O fato de que as mulheres negras sejam as únicas a realmente ouvirem umas às outras é significante, em particular dada a importância da voz na vida das mulheres negras. Ao identificar o valor das amizades das mulheres negras, Karla Holloway descreve como as mulheres apoiavam umas às outras em seu clube do livro:

> Os eventos que compartilhávamos entre nós tinham sempre um estopim parecido – quando alguém, um professor ou diretor de uma escola infantil, um vendedor de loja, uma equipe médica, tinha nos tratado como se não tivéssemos noção de nós mesmas, como se não tivéssemos habilidade de perceber qualquer uma das bobagens que eles estavam jogando por nossa goela, ou como se não tivéssemos adquirido o poder adulto de fazer escolhas na vida de nossos filhos.[50]

Essas mulheres descreveram momentos catárticos quando, de maneiras criativas, elas responderam a tais agressões transformando-as em outra coisa. Cada uma sabia que apenas outra mulher negra poderia entender completamente como era se sentir tratada daquela maneira e de responder na mesma moeda.

Audre Lorde descreve a importância que a expressão da voz individual pode ter para a autoafirmação no contexto coletivo das comunidades das mulheres negras: "É claro que tenho medo, porque a transformação do silêncio em linguagem e em ação é um ato de autorrevelação, e isso sempre parece muito perigoso."[51] Alguém pode escrever para um público sem nome e sem rosto, mas o ato de usar a própria voz requer um ouvinte, e assim se estabelece uma conexão. Para mulheres afro-americanas, o ouvinte mais capacitado a romper a invisibilidade criada pela objetificação da mulher negra é outra mulher negra. Esse processo de confiança mútua pode parecer perigoso porque só mulheres negras sabem o que é ser mulher negra. Mas se não ouvirmos umas às outras, então quem irá ouvir?

Escritoras negras lideraram o caminho para o reconhecimento da importância das amizades das mulheres negras entre si. Mary Helen Washington destaca que uma característica distintiva da literatura de mulheres negras é tratar de mulheres afro-americanas. As mulheres conversam umas com as outras e "suas amizades com outras mulheres – mães, irmãs, avós, amigas, amantes – são vitais para seu crescimento e bem-estar".[52] O significado dado aos relacionamentos entre mulheres negras transcende a escrita das mulheres negras norte-americanas. Por exemplo, o romance *Changes* [Mudanças], da autora ganesa Ama Ata Aidoo,[53] usa a amizade entre duas profissionais africanas para explorar os desafios que as mulheres profissionais enfrentam nas sociedades africanas contemporâneas. Na ficção escrita por mulheres negras dos Estados Unidos, essa ênfase nos relacionamentos entre mulheres negras é tão impressionante que a romancista Gayl Jones sugere que as escritoras selecionem temas diferentes daqueles escolhidos pelos escritores. No trabalho de muitos escritores negros, as relações significativas são aquelas que envolvem a confrontação com indivíduos fora da família e da comunidade. Mas, entre as escritoras negras, relacionamentos dentro da família e da comunidade, entre homens e mulheres, e entre mulheres, são tratados como complexos e significativos.[54]

Escritoras e cineastas negras dos Estados Unidos exploraram vários dos temas que dizem respeito aos relacionamentos entre mulheres negras. Um deles trata das dificuldades que as mulheres afro-americanas podem ter ao afirmar umas às outras em uma sociedade que deprecia as mulheres negras como grupo. Ainda que por motivos diferentes, a falta de habilidade das mães em ajudarem suas filhas a compreender a condição de mulher negra caracteriza as relações de mãe e filha no romance *O olho mais azul*, de Toni Morrison, e no filme *Ganhando espaço*. Outro tema trata de como os relacionamentos entre as mulheres negras podem servir de apoio e renovação. Relacionamentos como aqueles entre Celie e Shug no romance *A cor púrpura* de Alice Walker, entre irmãs no filme *Alimento da alma*, entre as quatro mulheres em *Falando de amor* e entre mulheres em uma família estendida no filme *Filhas do pó* – todos mostram casos nos quais mulheres negras ajudam umas às outras a crescer de alguma maneira. Outro tema discute como relacionamentos entre mulheres negras podem controlar e reprimir. A relação de Audre Lorde com sua mãe em sua autobiografia *Zami*[55] e da adolescente negra Alma com sua mãe autoritária no filme *Alma's Rainbow* [O arco-íris de Alma] ilustram maneiras em que mulheres negras com algum tipo de poder, nesses casos aquele da autoridade materna, podem suprimir outra mulher. Talvez seja Ntozake Shange quem melhor resume a importância que as mulheres negras podem ter umas para as outras ao resistir a condições opressoras. Shange dá a seguinte razão de por que ela escreve: "Quando eu morrer, não serei culpada por ter deixado uma geração de garotas para trás pensando que ninguém além delas mesmas se preocupa com sua saúde emocional."[56]

A TRADIÇÃO DO BLUES DAS MULHERES NEGRAS

A música afro-americana fornece um segundo lugar no qual mulheres negras passaram a ter voz.[57] "A arte é especial por causa de sua capacidade de influenciar sentimentos e também conhecimento", sugere Angela Davis.[58] Davis afirma que o grupo dominante falhou em compreender a função social da música de modo geral e, em particular, em entender o papel central que a música teve em todos aspectos da vida na sociedade africana ocidental. Como resultado, "as pessoas negras foram capazes de criar uma comunidade estética de resistência com sua música, o que por sua vez encorajou e nutriu uma comunidade política de luta ativa por liberdade".[59] *Spirituals*,[60] blues, jazz, rhythm and blues, hip-hop progressivo, todos fazem parte de uma "luta contínua e de uma só voz estética e política".[61]

Os padrões de comunicação que derivam da cultura africana mantêm a integridade individual e a voz pessoal dele ou dela, mas o fazem no contexto de atividade de grupo.[62] Na música, um efeito desse modo oral do discurso é que, em vez de ser sufocada pela atividade do grupo ou ser equiparada à especialização, a individualidade de fato floresce em um contexto de grupo.[63] "Há alguma coisa tão penetrante na música que sua alma capta a mensagem. Não importa qual problema uma pessoa enfrente, a música pode sempre ajudar a enfrentá-lo", afirma Mahalia Jackson.[64] "Uma música tem de fazer alguma coisa por mim, assim como para as pessoas que a ouvem. Não consigo cantar uma música que não tenha uma mensagem, se ela não tiver uma força capaz de te levantar."[65]

A tradição do blues é uma parte essencial da música afro-americana.[66] A cantora de blues Alberta Hunter explica a importância do blues como forma de lidar com a dor: "Para mim, o blues é quase religioso (...) quase sagrado – quando cantamos o blues, estamos cantando diretamente de nossos corações (...) de nossos sentimentos."[67] A habilidade das pessoas negras em aguentar e até transcender os problemas sem ignorá-los significa que os problemas não irão nos destruir.[68]

Tradicionalmente, o blues assumiu uma função similar na cultura oral afro-americana àquela assumida pela mídia impressa para uma cultura branca baseada em imagens. O blues não era apenas entretenimento – era uma maneira de solidificar a comunidade e de comentar sobre o tecido social da vida da classe trabalhadora negra nos Estados Unidos. Sherley Anne Williams afirma que "os discos de blues de cada década explicam algo sobre a base filosófica de nossas vidas como pessoas negras. Se não entendemos isso como os assim chamados intelectuais, então realmente não entendemos nada sobre nós mesmos".[69] Para mulheres afro-americanas, o blues parecia estar em todos os lugares. Mahalia Jackson descreve sua onipresença durante sua infância em Nova Orleans:

> Os cantores brancos famosos – como Caruso –, você poderia ouvi-los quando fosse a uma casa de pessoas brancas, mas você ouviria blues na casa das pessoas de cor. Você não podia deixar de ouvir blues – ouvia tudo através das paredes finas que separavam as casas – através de janelas abertas – para cima e para baixo nas ruas dos bairros das pessoas de cor – todos ouviam blues muito alto.[70]

Mulheres negras foram centrais para manter, transformar e recriar as tradições do blues da cultura afro-americana.[71] Michele Russell afirma:

"O blues, acima de tudo, é um idioma familiar para mulheres negras e mesmo a parte mais importante de sua vida."[72] O blues ocupou um lugar especial na música das mulheres negras na condição de espaço para a expressão de suas autodefinições. A cantora de blues se esforça para criar uma atmosfera na qual a análise pode ter espaço e, mesmo assim, essa atmosfera é intensamente pessoal e individualista. Quando mulheres negras cantam o blues, nós cantamos nosso próprio blues personalizado e individualista, expressando ao mesmo tempo o blues coletivo das mulheres afro-americanas.

A análise de Michele Russell[73] da música de cinco cantoras negras de blues demonstra como suas letras podem ser vistas como expressão do ponto de vista das mulheres negras. Russell afirma que o trabalho de Bessie Smith, Bessie Jackson, Billie Holiday, Nina Simone e Esther Phillips ajudam as mulheres negras a serem "donas de seu próprio passado, presente e futuro". Para Russell, essas mulheres são o que são principalmente porque "o conteúdo de suas mensagens, combinado com a forma de sua expressão, fazem-nas assim".[74]

A música dos cantores de blues da década de 1920 – quase exclusivamente mulheres – marca o registro escrito inicial dessa dimensão da cultura oral dos negros dos Estados Unidos. As músicas em si eram originalmente cantadas em pequenas comunidades, nas quais as fronteiras que distinguem cantor e público, pergunta e resposta e pensamento e ação eram fluidas e permeáveis. Apesar do controle das gravadoras, os discos eram feitos exclusivamente para o "mercado racial" dos afro-americanos e, portanto, tinham os consumidores negros como alvo. Como a instrução não era acessível para um grande número de mulheres negras, esses discos representaram os primeiros documentos permanentes que exploram um ponto de vista das mulheres negras de classe trabalhadora que até então tinha sido acessível às mulheres negras apenas em contextos locais. As músicas podem ser vistas como poesia, como expressões de mulheres negras comuns, rearticuladas pelas tradições orais negras.

As letras cantadas por muitas das cantoras negras de blues desafiam as imagens controladoras definidas externamente usadas para justificar a objetificação das mulheres negras como o outro. As músicas de Ma Rainey, apelidada de "Rainha do Blues" e a primeira grande cantora de blues a ser gravada, validou as tradições intelectuais feministas negras expressadas por mulheres negras da classe trabalhadora. Em contraste com a ingenui-

284

dade da maior parte da música popular branca do mesmo período, Ma Rainey e suas contemporâneas cantam sobre mulheres maduras e sexuais. Por exemplo, a música "Mean Tight Mama", de Sara Martin, rejeita o culto da verdadeira feminilidade e suas imagens de beleza aprisionadoras:

> *Now my hair is nappy and I don't wear no clothes of silk*
> *Now my hair is nappy and I don't wear no clothes of silk*
> *But the cow that's black and ugly has often got the sweetest milk.*[75]

A música "Get It, Bring It, and Put It Right Here", de Bessie Smith – assim como as palavras de Maria Stewart –, aconselha as mulheres negras a ter um espírito de independência. Ela canta sobre seu homem:

> *I've had a man for fifteen years, give him his room and his board*
> *Once he was like a Cadillac, now he's like an old worn-out Ford.*
> *He never brought me a lousy dime, and put it in my hand*
> *Oh, there'll be some changes from now on, according to my plan.*
> *He's got to get it, bring it, and put it right here*
> *Or else he's gonna keep it out there.*
> *If he must steal it, beg it, or borrow it somewhere*
> *Long as he gets it, I don't care.*[76]

Algumas vezes os textos das cantoras negras de blues ganham formas abertamente políticas. Billie Holiday gravou "Strange Fruit" em 1939, no final de uma década marcada pela agitação racial:

> *Southern trees bear a strange fruit, blood on the leaves and blood at the root*
> *Black body swinging in the Southern breeze, strange fruit hanging*
> *   [from the poplar trees.*
> *Pastoral scene of the gallant South, the bulging eyes and the twisted mouth*
> *Scent of magnolia sweet and fresh, and the sudden smell of burning flesh!*
> *Here is a fruit for the crows to pluck, for the rain to gather, for the wind to*
> *suck, for the sun to rot, for a tree to drop,*
> *Here is a strange and bitter crop.*[77]

Com uma interpretação poderosa dessas letras, Billie Holiday demonstrou uma conexão direta com o ativismo político antilinchamento de Ida Wells-

-Barnett e de outras feministas negras mais conhecidas. A música de Holiday fala do passado para tratar de temas que jogam luz sobre o presente.

Apesar da contribuição do blues de mulheres negras como um dos espaços em que mulheres negras comuns tinham voz, devemos levar em conta as advertências de Ann duCille[78] contra uma tendência na crítica cultural contemporânea negra em ver o blues por lentes idealizadas. duCille argumenta que enquanto rainhas negras do blues como Bessie Smith e Ma Rainey cantavam sobre sexo e sexualidade com uma franqueza surpreendente para sua época, elas raramente poderiam fazê-lo em seus próprios termos. Apesar do fato de que, no auge da era do blues clássico, centenas de mulheres tiveram a oportunidade de gravar seus trabalhos, elas o fizeram para gravadoras controladas por homens brancos. Ao mesmo tempo, os negros de classe média que estavam engajados em uma renascença cultural na década de 1920 geralmente viam esse tipo de música como antitético aos objetivos de seu movimento cultural. O blues de mulheres negras com frequência era designado por cultura "baixa".[79] Assim, enquanto parece que as cantoras negras de blues da década de 1920 cantavam livremente sobre temas sexuais explícitos, elas o faziam em um complicado contexto de políticas de raça, classe e gênero.

Além disso, duCille aponta que identificar o blues como o lugar "autêntico" para a voz das mulheres negras divide a experiência negra em dois grupos aparentemente opostos: as mulheres negras "letradas" da classe média e as cantoras negras de blues da classe trabalhadora. Considerar as cantoras de blues como mais "autênticas" relega as escritoras negras e aquelas que as estudavam a uma categoria de negritude menos autêntica. duCille explora como a ficção de duas escritoras negras de classe média, Jessie Fauset e Nella Larsen, oferecia uma crítica social mais complexa do que aquela transmitida pelas cantoras de blues. A discussão de duCille não é com as próprias cantoras de blues, e sim como tais espaços aparentemente seguros do blues das mulheres negras são vistos no contexto da crítica cultural negra contemporânea. De qualquer modo, mantendo suas ressalvas em mente, é importante lembrar que, apesar de suas apropriações contemporâneas, para a vasta maioria das mulheres negras da classe trabalhadora, o espaço do blues das mulheres negras foi importante por muito tempo e continua a ser até hoje.[80] Onde mais poderiam mulheres negras da classe trabalhadora dizer em público coisas que elas compartilhavam há muito tempo entre si em particular?

AS VOZES DAS ESCRITORAS NEGRAS

Durante o verão de 1944, Pauli Murray, recém-graduada na faculdade de Direito, voltou para seu apartamento na Califórnia e encontrou a seguinte nota anônima da "Associação dos Proprietários de Crocker Street", pregada em sua porta:

> Nós (...) gostaríamos de informá-la que o apartamento que você ocupa hoje (...) é restrito somente à raça branca ou caucasiana (...). Nós pretendemos apoiar essas restrições e, assim, pedimos que você libere o apartamento mencionado acima (...) em sete dias.[81]

A resposta de Murray foi escrever. Ela lembra: "Eu estava aprendendo que a expressão criativa é uma parte integral do equipamento necessário a serviço de uma causa convincente; é uma outra forma de ativismo. As palavras jorravam de minha máquina de escrever."[82]

Apesar da existência de uma tradição de mulheres negras escritoras,[83] ela estava disponível primordialmente para mulheres com educação formal. Negado o acesso à instrução que permitia que elas lessem livros e romances, assim como o tempo para fazê-lo, as mulheres negras da classe trabalhadora lutaram para encontrar uma voz pública. Daí o significado do blues e de outras dimensões das tradições orais negras em sua vida. Nesse contexto de segmentação de classe, encontrar uma escrita feita por mulheres negras capaz de transcender as divisões entre a tradição oral e a tradição escrita é algo digno de nota. Sob esse aspecto, o trabalho de Alice Childress[84] permanece exemplar por não se encaixar nem apenas na tradição do blues das mulheres negras nem na igualmente importante tradição das escritoras negras. Childress criou o personagem ficcional de Mildred, uma trabalhadora doméstica negra. Por meio de curtos monólogos com sua amiga Marge, Mildred fala abertamente sobre uma série de assuntos. Os 62 monólogos de Mildred, cada um de duas ou três páginas de extensão, constituem afirmações provocativas da teoria feminista negra de Childress.[85] Tome-se, por exemplo, a versão que Mildred dá a Marge do que ela respondeu a seu chefe depois de ouvir, em um almoço com amigos dele, sua própria descrição como quase-membro da família:

Eu *não* sou de modo algum igual a alguém da família! A família come na sala de jantar e eu como na cozinha. Sua mãe pega a toalha de mesa de renda para a visita e seu filho se diverte com seus amigos no salão, sua filha tira a soneca da tarde no sofá da sala de estar e o cachorro dorme no seu tapete de cetim (...), então você pode ver que eu não sou exatamente *igual* a alguém da família.[86]

Nessa passagem, Childress cria uma versão ficcional daquilo que muitas trabalhadoras domésticas negras quiseram dizer alguma vez ou outra. Ela também desenvolve uma crítica mordaz de como a imagem da *mammy* foi usada para justificar o mau tratamento das mulheres negras.

Antecipando a criação da personagem de Blanche por Barbara Neely, as ideias de Mildred com certeza soam verdadeiras. Mas a Mildred de Childress também ilustra o uso criativo da escrita das mulheres negras direcionado não só a mulheres negras instruídas, mas também a uma comunidade mais abrangente de mulheres negras. A personagem de Mildred apareceu pela primeira vez em uma série de conversas originalmente publicadas no jornal de Paul Robeson, *Freedom*, sob o título de "Conversations from Life" [Conversas da vida]. Elas continuaram no *Baltimore Afro-American* como "Here's Mildred" [Aqui está a Mildred]. Como muitos leitores de Childress eram as próprias trabalhadoras domésticas, as afirmações ousadas de Mildred ressoavam nas vozes silenciadas de muitas dessas leitoras. Além disso, a identidade de Mildred como uma trabalhadora doméstica negra e a forma de publicação desses relatos ficcionais ilustram uma prática cada vez mais rara na produção intelectual negra – um autor negro escrevendo para um público afro-americano de classe média, usando um meio controlado por pessoas negras.[87, 88]

Desde os anos 1970, o aumento da alfabetização entre os afro-americanos propiciou novas oportunidades para as mulheres negras dos Estados Unidos expandirem o uso da escolaridade e da literatura para lugares institucionais de resistência mais visíveis. Uma comunidade de escritoras negras emergiu a partir de 1970, na qual as mulheres afro-americanas se engajavam em diálogos entre si para explorar assuntos antes considerados tabus. A crítica literária do feminismo negro documentou o espaço intelectual e pessoal criado para mulheres afro-americanas nesse corpo emergente de ideias.[89] As maneiras pelas quais muitas escritoras negras se embasaram em antigos temas e abordagens da tradição do blues de mulheres negras[90] e de escritoras negras do passado[91] são especialmente notáveis.

QUÃO "SEGUROS" SÃO OS ESPAÇOS SEGUROS?

Em termos históricos, os espaços seguros eram "seguros" porque representavam lugares nos quais as mulheres negras podiam analisar assuntos que as preocupavam livremente. Por definição, tais espaços se tornam menos "seguros" se compartilhados com aqueles que não são negros e mulheres. Os espaços seguros das mulheres negras nunca foram pensados para ser um modo de vida. Ao contrário, eles constituem um mecanismo entre muitos, desenhado para promover o empoderamento das mulheres negras e aumentar nossa habilidade de participar de projetos de justiça social. Como estratégia, os espaços seguros se apoiam em práticas de exclusão, mas seu propósito geral certamente tem em vista uma sociedade mais justa e inclusiva. Como o trabalho das cantoras negras de blues e das escritoras negras sugere, muitas das ideias geradas nesses espaços encontraram uma boa recepção fora das comunidades de mulheres negras. Mas como as mulheres negras poderiam gerar esse tipo de compreensão sobre as realidades das mulheres negras sem antes conversarem entre si?

Desde os anos 1970, as mulheres negras dos Estados Unidos foram incorporadas de maneira desigual em escolas, empregos, bairros e em outras instituições sociais que historicamente as excluíram. Como resultado, houve maior estratificação de classe entre as mulheres afro-americanas do que em qualquer outro período do passado. Nesses novos cenários de dessegregação, um novo desafio consiste em construir "espaços seguros" que não se tornem estigmatizados como "separatistas". Nós mulheres negras dos Estados Unidos integramos empresas e faculdades, e encontramos novas formas de racismo e sexismo que requerem respostas igualmente inovadoras. Uma nova retórica de cegueira para a cor que reproduz desigualdades sociais ao tratar as pessoas da mesma maneira[92] torna muito mais difícil de manter espaços seguros. Qualquer grupo que se organize em torno de seus próprios interesses corre o risco de ser rotulado de "separatista", "essencialista" e antidemocrático. Esse ataque prolongado às chamadas identidades políticas contribui para suprimir os grupos historicamente oprimidos que almejam elaborar agendas políticas independentes em torno de identidades de raça, gênero, classe e/ou sexualidade.

Nesse contexto, nós mulheres afro-americanas somos cada vez mais questionadas sobre por que queremos nos "separar" dos homens negros e sobre por que o feminismo não pode falar por todas as mulheres, incluindo também a nós. Em essência, esses questionamentos desafiam a necessidade de comunidades características de mulheres negras como entidades *políticas*. Organizações de mulheres negras voltadas à culinária, às unhas, aos locais em que se pode encontrar uma boa babá e aos outros tópicos apolíticos que recebem pouca atenção. Mas como podem as mulheres negras resistir como uma coletividade a opressões intersecionais como as que lhes afetam sem se organizarem em grupo? Como as mulheres negras norte-americanas identificam os assuntos específicos associados às imagens controladoras da condição de mulher negra sem espaços seguros nos quais possam conversar livremente?

Uma das razões pelas quais espaços seguros são tão ameaçadores para aqueles que se sentem excluídos e rotineiramente castigados por eles é que espaços seguros estão livres da vigilância de grupos mais poderosos. Esses espaços ao mesmo tempo retiram as mulheres negras da vigilância e fomentam condições para autodefinições independentes por parte das mulheres negras. Quando institucionalizadas, essas autodefinições se tornam fundamentais para desenvolver pontos de vista feministas negros politizados. Assim, é muito mais do que a simples expressão da voz que está em jogo aqui.

Um contexto mais amplo que almeja suprimir a fala política entre as afro-americanas, entre outros, afetou a organização de espaços historicamente seguros na sociedade civil negra. Todas as relações entre mulheres negras no interior das famílias e no interior de organizações da comunidade negra precisam lidar com a nova realidade e com a retórica que caracteriza uma dessegregação racial e de gênero que ainda não se completou no contexto de relações de classe cada vez mais antagônicas.

A tradição do blues na música das mulheres negras também permanece sob ataque, de acordo com essas novas condições sociais. Fundamentalmente, as cantoras negras de blues inspiraram-se em tradições de luta para produzir uma "arte progressista". Essa arte era emancipatória porque fundiu pensamento, sentimento e ação e ajudou as mulheres negras a, entre outras coisas, verem seu mundo de forma diferente e a agir para mudá-lo. Em épocas mais recentes, a mercantilização do blues e sua transformação em *crossover music*[93] comercializável praticamente rompeu seus estreitos laços com as tradições orais afro-americanas. Uma controvérsia considerável envolve a questão de como os diversos gêneros da música negra contemporânea devem ser abordados. Como Angela Davis observa:

> Alguns dos *superstars* da cultura da música popular atual são inquestionavelmente gênios musicais, mas eles distorceram a tradição da música negra ao desenvolver suas formas brilhantemente ao mesmo tempo que ignoraram seu conteúdo de luta e liberdade.[94]

A crítica literária Sondra O'Neale sugere que processos similares de despolitização podem estar afetando a escrita das mulheres negras. "Onde estão as Angela Davis, as Ida Wells e as Daisy Bates da literatura negra feminista?", ela pergunta.[95]

Músicos, escritores, críticos culturais e intelectuais afro-americanos contemporâneos atuam no contexto de uma política econômica dramaticamente diversa de qualquer outra geração anterior. Ainda precisaremos ver se o pensamento especializado produzido por pensadoras feministas negras contemporâneas em espaços institucionais muito distintos é capaz de criar espaços seguros que poderão levar as mulheres afro-americanas ainda mais longe.

CONSCIÊNCIA COMO UMA ESFERA DE LIBERDADE

Tradicionalmente, quando tomadas em conjunto, as relações das mulheres negras umas com as outras, a tradição do blues das mulheres negras e o trabalho de escritoras negras criaram o contexto para se produzir alternativas às imagens dominantes da condição de mulher negra. Esses locais ofereceram espaços seguros que alimentaram o pensamento comum e especializado da mulher afro-americana. Neles, as intelectuais negras podiam construir ideias e experiências que eram impregnadas com novo significado na vida cotidiana. Esses novos significados ofereceram às mulheres afro-americanas ferramentas potencialmente poderosas para resistir às imagens controladoras da condição da mulher negra. Longe de ser uma preocupação secundária para produzir modificações sociais, desafiar as imagens controladoras e substituí-las por um ponto de vista das mulheres negras foi um componente essencial para a resistência a opressões que se intersecionam.[96] Quais foram algumas das ideias importantes que se desenvolveram nesses espaços seguros? Além disso, quão úteis são essas ideias para responder ao contexto social fortemente modificado que confronta as mulheres negras dos Estados Unidos?

A IMPORTÂNCIA DA AUTODEFINIÇÃO

"Grupos negros que buscam inspiração em filosofias brancas deveriam levar a fonte em consideração. Saiba quem está tocando a música antes que você dance", adverte a poeta Nikki Giovanni.[97] Seu conselho é pertinente sobretudo às mulheres afro-americanas. Giovanni sugere:

> Nós, mulheres negras, somos o único grupo intacto no Ocidente. E qualquer um pode ver que somos bastante instáveis. Nós somos (...) o único grupo que deriva sua identidade de si mesmo. Eu acho que isso tem sido um tanto inconsciente, mas nos medimos por nós mesmas e acho que essa é uma prática que não podemos nos dar ao luxo de perder.[98]

Quando a própria sobrevivência das mulheres negras está em jogo, criar autodefinições independentes se torna essencial.

A questão da jornada que parte da opressão internalizada na direção de uma "mente livre" de uma consciência autodefinida e *womanist* tem sido um tema de destaque nos trabalhos das escritoras negras dos Estados Unidos. A autora Alexis De Veaux nota que há uma "grande exploração do eu no trabalho das mulheres. É o eu na relação com um outro íntimo, com a comunidade, com a nação e com o mundo".[99] Longe de ser uma preocupação narcisista ou trivial, o ato de colocar o eu no centro da análise é fundamental para entender uma série de outras relações. De Veaux continua: "Você tem de entender qual é seu lugar como indivíduo e o lugar da pessoa que é próxima a você. Você tem de entender o espaço entre vocês antes que possa entender grupos mais complexos ou maiores."[100]

Em suas músicas de blues, as mulheres negras também ressaltaram a importância da autodefinição como parte da jornada que sai da vitimização na direção de uma "mente livre". A análise de Sherley Anne Williams sobre a afirmação do eu no blues dá uma contribuição fundamental para entender o blues como um texto de uma mulher negra. Ao discutir as raízes do blues na literatura negra, Williams menciona: "A afirmação da individualidade e a asserção implícita – como ação e não como mera afirmação verbal – do eu é uma dimensão importante do blues."[101]

A afirmação do eu geralmente vem no final de uma música, depois da descrição ou da análise de uma situação problemática. Essa afirmação do eu é com frequência a única solução para aquele problema ou para aquela situação. O clássico blues "Four Women", de Nina Simone,[102] ilustra esse uso do blues para afirmar o eu. Simone canta sobre três mulheres negras cujas experiências tipificam imagens controladoras: Tia Sarah, a mula, cujas costas estão curvadas por uma vida de trabalho duro; Sweet Thing, a prostituta negra que pertencerá a quem tiver dinheiro para comprá-la; e Saffronia, a mulata cuja mãe negra foi estuprada tarde da noite. Simone explora a objetificação das mulheres negras como o outro ao invocar a dor que essas três mulheres sentem de fato. Mas Peaches, a quarta mulher, é uma figura especialmente poderosa porque ela está brava. "Eu ando terrivelmente amarga esses dias", Peaches grita, "porque meus pais eram escravos." Essas palavras e os sentimentos que elas evocam demonstram sua crescente conscientização e a autodefinição da situação que ela encontrou. Elas não oferecem aos ouvintes tristeza ou remorso, mas uma raiva que leva à ação. É a esse tipo de individualidade que Williams se refere – não aquele das conversas, mas o das autodefinições que promovem ação.

Enquanto o tema da jornada também aparece no trabalho de homens negros, as escritoras e musicistas afro-americanas exploram essa jornada na direção da liberdade de maneiras caracteristicamente femininas.[103] Apesar de algumas vezes abrangerem temas políticos e sociais, as jornadas das mulheres negras basicamente assumem formas pessoais e psicológicas e raras vezes refletem a liberdade de movimento dos homens negros que "saltavam" em trens, "caíam na estrada"[104] ou tinham outros modos de viajar fisicamente para encontrar uma esfera indefinível livre da opressão racial. Em vez disso, as jornadas das mulheres negras com frequência envolviam "a transformação do silêncio em linguagem e ação".[105] Tipicamente ligadas aos filhos e/ou à comunidade, as personagens ficcionais negras, sobretudo aquelas criadas antes dos anos 1990, buscam autodefinições dentro de fronteiras geográficas estreitas. Mesmo que as limitações físicas confinem a busca da heroína a uma área específica, "formar relações pessoais complexas dá profundidade à busca de sua identidade apesar da extensão geográfica".[106] Em sua busca por autodefinição e pelo poder da mente livre, as heroínas negras podem permanecer "imóveis do lado de fora (...), mas e do lado de dentro?".

Dadas as limitações físicas da mobilidade das mulheres negras, a conceituação do eu que tem sido parte das autodefinições das mulheres negras é característica. O eu não é definido pelo aumento de autonomia ganho pela separação dos outros. Ao contrário, o eu é encontrado no contexto da família e da comunidade – como Paule Marshall descreve: "A habilidade de reconhecer a continuidade de alguém em relação a uma comunidade maior."[107] Ao ser responsável pelos outros, as mulheres afro-americanas desenvolvem eus mais inteiramente humanos e menos objetificados. Sonia Sanchez aponta para essa versão do eu ao afirmar: "Devemos avançar em relação ao passado sempre focando no 'eu pessoal' porque existe um eu mais abrangente. Existe um 'eu' das pessoas negras."[108] Ao invés de definir o eu em oposição aos outros, a conectividade entre indivíduos permite que as mulheres negras possam ter autodefinições mais profundas e mais significativas.[109]

Essa jornada em direção à autodefinição tem um significado político. Como observa Mary Helen Washington, as mulheres negras que lutam para "forjar uma identidade maior do que aquela que a sociedade as forçaria a ter (...) estão cientes e conscientes, e essa própria consciência é poderosa".[110] A identidade não é só objetivo, mas antes o ponto de partida no processo da autodefinição. Nesse processo, a jornada das mulheres negras passa à compreensão de como nossas vidas pessoais têm sido fundamentalmente moldadas por opressões de raça, gênero, sexualidade e classe que se intersecionam. A afirmação de Peaches, "Eu ando terrivelmente amarga nesses dias porque meus pais eram escravos", ilustra essa transformação.

Essa expressão particular da jornada rumo à autodefinição oferece um desafio poderoso às imagens controladoras e definidas externamente das mulheres afro-norte-americanas. Substituir imagens negativas por positivas também pode ser problemático se a função dos estereótipos como imagens controladoras continuar a não ser reconhecida. A entrevista de John Gwaltney[111] com Nancy White, uma mulher negra de 73 anos, sugere que as mulheres negras comuns podem estar plenamente cientes do poder dessas imagens controladoras. Para Nancy White, a diferença entre as imagens controladoras aplicadas às afro-americanas e às mulheres brancas é de grau, não de tipo:

> Minha mãe costumava dizer que a mulher negra é a mula do homem branco e a mulher branca é seu cachorro. Mas ela disse aquilo para dizer isto: nós fazemos o trabalho pesado e apanhamos se o fizermos bem ou não. Mas a mulher branca é mais próxima do mestre e ele faz agrados em sua cabeça e a deixa dormir na casa, mas ele não vai tratar nem uma nem outra como se estivesse lidando com uma pessoa.[112]

Embora ambos os grupos sejam objetificados de diferentes maneiras, as imagens funcionam para desumanizar e controlar os dois grupos. Visto sob essa luz, a longo prazo faz pouco sentido para as mulheres negras trocar um conjunto de imagens controladoras por outro, mesmo que estereótipos positivos tragam um tratamento melhor a curto prazo.

A insistência nas autodefinições das mulheres negras reformula o diálogo inteiro. De um diálogo que protesta contra a exatidão técnica de uma imagem – isto é, refuta a tese do matriarcado negro – para outro que reforça a dinâmica de poder subjacente ao próprio processo de definição em si. Ao insistir na autodefinição, as mulheres negras questionam não só o que tem sido dito sobre as mulheres afro-americanas, mas também a credibilidade e as intenções daqueles que têm o poder de definir. Quando nós, mulheres negras, nos definimos, claramente rejeitamos o pressuposto de que aqueles em posição que lhes garante autoridade para interpretar nossa realidade têm legitimidade para tanto. Mesmo sem levar em conta o conteúdo real das autodefinições das mulheres negras, o ato de insistir na autodefinição da mulher negra valida o poder das mulheres negras como sujeitos humanos.

AUTOVALORIZAÇÃO E RESPEITO

A autodefinição responde à dinâmica de poder envolvida na rejeição das imagens controladoras e definidas externamente da condição de mulher negra. Em contraste, o tema da autovalorização das mulheres negras se dirige ao conteúdo real dessas autodefinições. Muitas das imagens controladoras aplicadas às mulheres afro-americanas são na verdade representações distorcidas daqueles aspectos de nosso comportamento que ameaçam os arranjos de poder existentes.[113] Por exemplo, mães fortes são ameaçadoras porque contradizem as definições dominantes de feminilidade. Ridicularizar mães negras fortes e assertivas, rotulando-as de matriarcas, reflete um esforço para controlar uma dimensão do comportamento das mulheres negras que ameaça o *status quo*. Mulheres afro-americanas que valorizam aquelas características estereotipadas da condição de mulher negra, ridicularizadas e difamadas na cultura e na mídia popular, desafiam algumas das ideias básicas inerentes a uma ideologia da dominação.

A ênfase que pensadoras feministas negras deram ao respeito ilustra o significado da autovalorização. Em uma sociedade na qual ninguém é obrigado a respeitar as mulheres afro-americanas, há muito tempo advertimos umas às outras para ter autorrespeito e exigir respeito dos outros. Vindas de diversas fontes, as vozes das mulheres negras refletem essa demanda por respeito. Katie Cannon[114] sugere que a ética negra *womanist* abrange três dimensões básicas: "dignidade invisível", "graça silenciosa" e "coragem não declarada" – todas qualidades essenciais para a autovalorização e o autorrespeito. A crítica feminista negra Claudia Tate[115] conta que a questão da autoestima é tão primordial na escrita das mulheres negras que merece atenção especial. Tate defende que o que as escritoras parecem estar dizendo é: "As mulheres devem assumir a responsabilidade por fortalecer sua autoestima ao aprender a amar e apreciar a si mesmas."[116] Sua análise decerto é corroborada pelos comentários de Alice Walker para um público de mulheres. Walker adverte:

> Por favor, lembrem-se, especialmente nesses tempos de pensamento em grupo e em coro sobre o que é certo, que ninguém que é seu amigo (ou parente) exige seu silêncio ou nega seu direito de crescer e de ser percebida como alguém que desabrochou completamente, como vocês estão destinadas a desabrochar. Ou quem deprecia de qualquer modo os dons que você trabalha para trazer ao mundo.[117]

O direito de ser negra *e* mulher *e* respeitada permeia as conversas cotidianas entre as mulheres afro-americanas. Ao descrever a importância que o autorrespeito tem para ela, Sara Brooks, uma senhora idosa e trabalhadora doméstica, nota: "Eu posso não ter tanto quanto você, eu posso não ter a mesma educação que você teve, mas ainda assim, se eu conduzo minha vida como uma pessoa decente, eu sou tão boa quanto qualquer um."[118]

O respeito dos outros – sobretudo dos homens negros – tem sido um tema recorrente na escrita das mulheres negras. Ao descrever as coisas que uma mulher quer da vida, Marita Bonner, uma mulher de classe média, enumera: "Uma carreira tão fixa e tão calmamente brilhante quanto a estrela Polar. A única coisa verdadeira que o dinheiro pode comprar. Tempo (...). E, é claro, um marido que você possa admirar sem ter de se depreciar."[119] A crença das mulheres negras no respeito também emerge nos trabalhos de diversas cantoras negras de blues. Uma das declarações populares mais conhecidas de exigência de autorrespeito e de respeito dos outros por parte das mulheres negras é encontrada na versão de Aretha Franklin (1967) de "Respect", de Otis Redding. Aretha canta para seu homem:

> *What you want? Baby I got it.*
> *What you need? You know I got it.*
> *All I'm asking for is a little respect when you come home.*[120]

Mesmo que a letra possa ser cantada por qualquer um, ela tem um significado especial quando cantada por Aretha da forma que ela canta. Em certo nível, a música funciona como metáfora para a condição das mulheres afro-americanas em uma sociedade racista. Mas o fato de Aretha ser uma *mulher* negra confere à música um significado mais profundo. Na tradição do blues, o público de mulheres afro-americanas ouve "nós" mulheres negras, mesmo que Aretha cante "eu" na condição de cantora de blues. Sherley Anne Williams descreve o poder do blues de Aretha:

> Aretha pegou o ponto, mas também tinha alguma coisa na forma como Aretha caracterizou o respeito como algo que se obtém com força, grande esforço e custo. E quando ela chega ao ponto de soletrar a palavra "respeito", nós simplesmente sabíamos que essa irmã não estava brincando quanto a obter Respeito e mantê-lo.[121]

June Jordan sugere que essa ênfase no respeito está entrelaçada a uma política feminista negra específica. Para Jordan, um "feminismo negro moralmente defensável" pode ser verificado nas maneiras pelas quais as mulheres negras dos Estados Unidos apresentam-se aos outros e nas maneiras pelas quais nós mulheres negras tratamos pessoas diferentes de nós. Enquanto o autorrespeito é essencial, o respeito pelos outros é a chave. "Na condição de feminista negra", afirma Jordan, "não podem esperar de mim respeito pelo que alguém chama de amor-próprio se esse conceito de amor-próprio requer meu suicídio em algum nível."[122]

AUTOCONFIANÇA E INDEPENDÊNCIA

Em seu ensaio de 1831, a pensadora feminista negra Maria Stewart não só encorajou a autodefinição e a autovalorização de mulheres negras, mas também relacionou a autoconfiança de mulheres negras com questões de sobrevivência:

> Nós nunca tivemos uma oportunidade para mostrar nossos talentos e, por isso, o mundo pensa que não sabemos nada (...). Tenham o espírito da independência. Os americanos o têm – por que vocês não deveriam ter? Tenham o espírito de homens, fortes e empreendedores, destemidos e audaciosos: exijam seus direitos e privilégios (...) vocês podem morrer se fizerem a tentativa, mas nós certamente morreremos se vocês não tentarem.[123]

Seja por escolha ou por circunstância, as mulheres afro-americanas "tiveram o espírito da independência", foram autoconfiantes e encorajaram umas às outras a valorizar essa visão da condição de mulher que claramente desafia as noções dominantes de feminilidade.[124] Essas crenças encontraram grande apoio entre as mulheres afro-americanas. Por exemplo, no estudo de Gloria Joseph[125] sobre as relações entre mães e filhas negras, quando perguntadas sobre o que admiravam em suas mães, as mulheres relataram a independência e a capacidade de suas mães de se sustentarem diante das dificuldades. As participantes dos estudos de Lena Wright Myers[126] sobre as capacidades de adaptação das mulheres negras respeitavam mulheres que eram autoconfiantes e que tinham recursos. Autobiografias de mulheres negras como *Unbought and Unbossed* [Não comprada e sem chefes], de Shirley Chisholm,[127] e *Eu sei por que o pássaro canta na gaiola*, de Maya Angelou,[128] exemplificam a autoavaliação das mulheres negras sobre a autoconfiança. Como explica Nancy White, uma trabalhadora doméstica negra de idade, de forma convincente: "A maior parte das mulheres negras pode ser seu próprio chefe, então é isso que elas são."[129]

Os trabalhos de cantoras de blues de destaque também tratam da importância da autoconfiança e da independência para mulheres afro-americanas. Em sua clássica música "God Bless the Child", Billie Holiday canta:

The strong gets more, while the weak ones fade,
Empty pockets don't ever make the grade;
Mama may have, Papa may have,
But God bless the child that got his own![130]

Nessa música melancólica, Billie Holiday faz uma análise perspicaz da necessidade de autonomia e autoconfiança. "Dinheiro, você tem muitos amigos aparecendo na sua porta", ela proclama. Mas "quando você se vai e a gastança termina, eles não voltam nunca mais". Nessas passagens, Holiday exorta as mulheres negras a se tornarem financeiramente independentes porque ter seu "próprio dinheiro" permite às mulheres escolherem seus relacionamentos.

A ligação da autossuficiência econômica como uma dimensão fundamental da autoconfiança com a exigência de respeito permeia o pensamento feminista negro. Por exemplo, em "Respect", quando Aretha canta "Seus beijos são mais doces do que o mel, mas adivinhe só, meu dinheiro também é", ela exige respeito com base em sua autoconfiança econômica. Talvez essa conexão entre respeito, autoconfiança e afirmação seja mais bem resumida por Nancy White, que declara: "Existem muito poucas mulheres negras que podem ser mantidas pelos maridos por interesse econômico até a morte, porque podemos fazer por nós mesmas e o fazemos em um instante!"[131]

EU, MUDANÇA E EMPODERAMENTO PESSOAL

"As ferramentas do senhor jamais vão destruir a própria casa do senhor. Elas podem nos permitir vencê-lo temporariamente em seu próprio jogo, mas nunca nos permitirão realizar uma mudança genuína."[132] Nessa passagem, Audre Lorde explora como autodefinições independentes empoderam mulheres negras a produzir mudança social. Ao lutar por perspectivas *womanist* autodefinidas que rejeitam as imagens do "senhor", nós mulheres afro-americanas mudamos a nós mesmas. Uma massa crítica de indivíduos com uma consciência modificada pode por sua vez promover o empoderamento coletivo das mulheres negras. Uma consciência transformada encoraja as pessoas a mudar as condições de sua vida.

Nikki Giovanni ilumina essas conexões entre eu, mudança e empoderamento pessoal. Ela adverte que as pessoas raramente são incapazes, não importa quão severas sejam as restrições em nossa vida: "Nós temos de viver no mundo real. Se não gostamos do mundo em que estamos vivendo, que o transformemos. E se não podemos transformá-lo, transformemos a nós mesmos. Nós podemos fazer alguma coisa."[133] Giovanni reconhece que a mudança efetiva ocorre por meio da ação. As múltiplas estratégias de resistência que as mulheres negras utilizaram, tais como sair do trabalho na agricultura no período pós-emancipação para voltar sua mão de obra para suas famílias, ostensivamente se conformar com os rituais de submissão do trabalho doméstico, protestar contra o viés masculino nas organizações afro-americanas ou criar a arte progressista do blues das mulheres negras – todas representam ações desenhadas para possibilitar a mudança. Aqui encontramos o eu conectado e o empoderamento individual que vem da mudança no contexto da comunidade.

Mas a mudança também pode ocorrer no espaço privado e pessoal da consciência de uma mulher individual. Igualmente basilar, esse tipo de mudança é também pessoalmente empoderador. Qualquer mulher negra individual que é forçada a permanecer "imóvel do lado de dentro" pode desenvolver o "lado de dentro" de uma consciência modificada como esfera de liberdade. É essencial se tornar pessoalmente empoderado por meio do autoconhecimento, mesmo em condições que limitam severamente a habilidade de agir. Na literatura das mulheres negras

> esse tipo de mudança (...) ocorre porque a heroína reconhece e, mais importante ainda, respeita sua falta de habilidade para modificar a situação (...) Isso não significa supor que ela é completamente circunscrita por suas limitações. Ao contrário, ela aprende a ultrapassar antigas barreiras, mas apenas como resultado direto de saber onde elas estão. Portanto, ela ensina a suas leitoras algo muito importante sobre

como construir uma vida significativa em meio ao caos e às contingências, armadas com nada além do que seu intelecto e suas emoções.

Nessa passagem, Claudia Tate demonstra o significado da rearticulação, isto é, de redefinir realidades sociais ao combinar ideias familiares de novas maneiras.[134] Mas "rearticulação" não significa reconciliar a ética *womanist* com a tipicamente oposta ética "masculinista" e eurocêntrica. Ao contrário, como afirma Chezia Thompson Cager, a rearticulação "confronta-as na tradição de 'nomear como poder' ao revelá-las muito cuidadosamente".[135] Nomear a vida cotidiana ao aplicar a linguagem a experiências do dia a dia a impregna com o novo significado de uma consciência *womanist*. Nomear se torna um modo de transcender as limitações das opressões que se intersecionam.

A literatura das mulheres negras contém muitos exemplos de como mulheres negras individuais se tornam pessoalmente empoderadas por uma consciência transformada. Barbara Christian defende que as heroínas da literatura de mulheres negras dos anos 1940, tais como Lutie Johnson em *The Street* [A rua], de Ann Petry,[136] e Cleo Judson em *The Living Is Easy* [A vida é fácil], de Dorothy West,[137] são derrotadas não somente pela realidade social, mas por sua "falta de autoconhecimento". Em contraste, as heroínas dos anos 1950 até o presente representam uma mudança significativa na direção do autoconhecimento como uma esfera de liberdade. Christian data a mudança a partir de *Maud Martha*, de Gwendolyn Brooks,[138] e afirma: "Porque Maud Martha constrói seus próprios padrões, ela consegue transformar aquela 'vida pequena' em algo muito maior apesar dos limites dados a ela (...). [Ela] não aparece nem oprimida nem triunfante."[139]

De acordo com muitas escritoras afro-americanas, não importa quão oprimida uma mulher individualmente possa ser, o poder de salvar o eu está dentro do eu. Outras mulheres negras podem ajudar uma mulher negra nessa jornada rumo ao empoderamento pessoal, mas a responsabilidade última sobre as autodefinições e autoavaliações está dentro da própria mulher como indivíduo. Uma mulher individual pode usar múltiplas estratégias em sua busca do conhecimento construído de uma voz independente. Como Celie em *A cor púrpura* de Alice Walker, algumas mulheres escrevem livremente entre si. Sexual, física e emocionalmente abusada, Celie escreve cartas para Deus quando ninguém mais a escuta.

O ato de adquirir uma voz por meio da escrita, de quebrar o silêncio com a linguagem, finalmente a leva à ação de conversar com os outros. Outras mulheres falam livremente entre si. Em *Seus olhos viam Deus*, Janie conta sua história para uma boa amiga, um dos principais exemplos do processo de rearticulação essencial para o pensamento feminista negro.[140] *For Colored Girls Who Have Considered Suicide, When the Rainbow Is Enuf*, de Ntozake Shange,[141] também capta essa jornada rumo à autodefinição, à autovalorização e a um eu empoderado. No final da peça, as mulheres se reúnem em torno de uma mulher que fala sobre a dor que sentiu ao ver seus filhos serem mortos. Elas ouvem até que ela diz: "Eu encontrei Deus em mim mesma e eu a amei ferozmente." Ao expressar sua habilidade de definir a si mesma como alguém de valor, essas palavras aproximaram as mulheres. Elas tocaram umas às outras como parte de uma comunidade de mulheres negras que curam um membro com dor, mas só depois de ela ter dado o primeiro passo de querer ser curada, de querer fazer a jornada para encontrar a voz do empoderamento.

A CONSCIÊNCIA DAS MULHERES NEGRAS AINDA IMPORTA?

Apesar da persistência dessas quatro ideias sobre a consciência – a importância da autodefinição, o significado da autovalorização e do respeito, a necessidade de autoconfiança e independência e a centralidade de um eu transformado para o empoderamento pessoal –, esses temas não encontram um lugar de destaque em boa parte do pensamento feminista negro norte-americano dentro da academia. Infelizmente, as intelectuais negras na academia são pressionadas a escrever para públicos acadêmicos, a maioria dos quais permanece resistente a incluir mulheres negras norte-americanas como estudantes, professoras universitárias e administradoras. Não importa o quão interessados na produção intelectual das mulheres negras sejam os públicos acadêmicos formados por homens e mulheres brancos, altamente educados e de classe média – suas preocupações diferem claramente das preocupações da maioria das mulheres negras norte-americanas.

Apesar desse contexto, muitas intelectuais negras dentro da academia ainda exploram o tema da consciência, mas o fazem de maneiras novas e que frequentemente adquirem muita importância. Tome-se, por exemplo, o livro *Compelled to Crime: The Gender Entrapment of Battered Black Women* [Compelidas ao crime: o aprisionamento de gênero das mulheres negras], da criminologista Beth Richie.[142] Por meio de entrevistas com mulheres nas prisões, Richie desenvolve uma tese inovadora: aquelas mulheres negras que foram autoconfiantes e independentes quando crianças e que, portanto, se imaginavam como mulheres negras fortes, tinham *maior* probabilidade de ser agredidas do que aquelas que não eram assim. Essa é uma combinação curiosa à primeira vista – as mais autoconfiantes ao mesmo tempo se valorizam menos. A explicação de Richie é reveladora. As mulheres negras fortes viam a si mesmas como pessoalmente fracassadas se buscassem ajuda. Em contraste, aquelas mulheres que não carregavam o peso dessa imagem aparentemente positiva da condição de mulher negra achavam mais fácil pedir ajuda. O estudo de Richie aponta para o significado das definições externas de todos os tipos. Ao dar atenção à heterogeneidade entre as mulheres negras, seu trabalho abre espaço para que novas autovalorizações possam aparecer – autovalorizações que não precisam estar ligadas às imagens de mulheres negras fortes.

A crescente atenção da academia para garotas negras adolescentes deveria revelar novas reações a opressões intersecionais entre uma população que amadureceu sob novas condições sociais. Nessa tradição, *Sugar in the Raw* [Açúcar bruto],[143] que contém as quinze entrevistas publicadas por Rebecca Carroll entre as mais de cinquenta que ela fez com garotas negras norte-americanas, dá uma boa ideia sobre a consciência das garotas negras de hoje. Apesar dos elementos da cultura popular negra que as bombardeiam com imagens de mulheres sexualizadas e a infinidade de *hoochies*[144] que povoam os clipes de música, muitas das garotas mostraram uma maturidade impressionante. Tome-se, por exemplo, as reflexões de Kristen, de dezoito anos, sobre seus esforços de autovalorização provocados por sua paixão por um garoto negro que parecia não notar sua existência:

> Era óbvio e evidente que a maior parte, senão todos, os garotos negros de minha escola não queriam nada com as garotas negras, o que era meio traumatizante. Você não consegue realmente sair de uma experiência como essa sem sentir que existe algo errado com você. No final das contas, eu acabei achando que tinha alguma coisa errada com ele, mas foi um inferno até chegar a essa conclusão.[145]

A crescente atenção dada pela literatura influenciada pelos estudos feministas negros ao sofrimento das mulheres negras em relacionamentos marcados por toda sorte de abusos e às preocupações específicas das adolescentes negras parece desenhada para criar um novo espaço político e intelectual para as jornadas "infernais" que muitas mulheres negras ainda enfrentam. Ao menos nesse momento histórico, a necessidade de formar um front unido parece menos importante do que explorar as várias formas pelas quais as mulheres negras individualmente são empoderadas ou não empoderadas, mesmo dentro dos espaços supostamente seguros. A consciência ainda importa, mas se torna uma consciência que reconhece as complexidades das relações transversais de raça, gênero, classe e sexualidade.

Entrelaçada a esses esforços históricos e contemporâneos de autodefinição está a busca para sair do silêncio em direção à linguagem e, em seguida, à ação individual e em grupo. Nessa busca, a persistência é um requerimento fundamental para enfrentar a jornada. A persistência das mulheres negras é fomentada pela forte crença de que ser negra e mulher é algo valorizado e digno de respeito. Na música "A Change Is Gonna Come", Aretha Franklin (1967) expressa esse sentimento de perseverança apesar das contrariedades. Ela canta que houve tempos em que pensou que não duraria muito. Ela canta sobre como foi uma "jornada árdua até o final" para encontrar a força para seguir adiante. Mas apesar das dificuldades, Aretha "sabe" que "uma mudança está por vir".

As lutas individuais para desenvolver uma consciência transformada ou a persistência de grupo necessária para transformar instituições sociais – ambas são ações que realizam mudanças que empoderam as mulheres afro-americanas. Ao persistir na jornada rumo à autodefinição, somos modificadas como indivíduos. Quando conectados à ação de grupo, nossos esforços individuais ganham novo significado. Como nossas ações individuais mudam o mundo em que nós apenas existimos para outro no qual temos algum controle, elas nos permitem enxergar a vida cotidiana como um processo e, portanto, passível de mudança. Talvez seja por isso que tantas mulheres afro-americanas conseguiram persistir e "encontrar um caminho onde não havia saída". Talvez elas conhecessem o poder da autodefinição.

TEXTO ORIGINALMENTE PUBLICADO SOB O TÍTULO "THE POWER OF SELF DEFINITION" IN *BLACK FEMINIST THOUGHT: KNOWLEDGE, CONSCIOUSNESS, AND THE POLITICS OF EMPOWERMENT*, NOVA YORK/LONDRES: ROUTLEDGE, 1990, P. 97-122. TRADUÇÃO DE NATÁLIA LUCHINI IN *PENSAMENTO FEMINISTA NEGRO: CONHECIMENTO, CONSCIÊNCIA E A POLÍTICA DO EMPODERAMENTO*, SEMINÁRIO MARIA DE LOURDES NASCIMENTO, SÃO PAULO: CEBRAP, 2013. REVISÃO DA TRADUÇÃO DE BIANCA TAVOLARI.

NOTAS

1   Audre Lorde, "Idade, raça, classe e gênero: mulheres redefinindo a diferença". Neste livro, p. 239.

2   Idem.

3   John Langston Gwaltney, *Drylongso, A Self-Portrait of Black America*, Nova York: Vintage, 1980, p. 238 e 240.

4   O tema da dupla consciência tem uma longa história nos estudos negros norte-americanos. O caráter de proximidade das relações raciais nos Estados Unidos, em que os negros entravam em embates rotineiros com os brancos na condição de subordinados, estimulou a questão. Para uma discussão desse tema, ver a análise de Paul Gilroy (1993) sobre William E.B. Du Bois. É interessante que, ao discutir a primeira edição de *Black Feminist Thought*, Gilroy tenha ficado surpreso por eu não ter mencionado Du Bois, o que deu a impressão errônea de que eu desconhecia a importância de Du Bois para a dupla consciência.

5   Angela Y. Davis, *Women, Race and Class*, Nova York: Random House, 1981; e, *Women, Culture, and Politics*, Nova York: Random House, 1989; Rosalyn Terborg-Penn, "Black Women in Resistance: A Cross-Cultural Perspective", in Gary Y. Okhiro (ed.), *Resistance: Studies in African, Caribbean and Afro-American History*, Amherst: University of Massachusetts Press, 1986, p. 188-209; Darlene Clark Hine, "Rape and the Inner Lives of Black Women in the Middle West: Preliminary Thoughts on the Culture of Dissemblance", *Signs*, vol. 14, nº 4, 1989, p. 912-20; Bernice McNair Barnett, "Invisible Southern Black Women Leaders in the Civil Rights Movement: The Triple Constraints of Gender, Race, and Class", *Gender and Society*, vol. 7, nº 2, 1993, p. 162-82.

6   Judith Rollins, *Between Women, Domestics and Their Employers*, Philadelphia: Temple University Press, 1985.

7   Ibid., p. 212.

8   Bonnie Thornton Dill, "'Making Your Job Good Yourself': Domestic Service and the Construction of Personal Dignity", in Ann Bookman e Sandra Morgen (eds.), *Women and the Politics of Empowerment*, Philadelphia: Temple University Press, 1998, p. 33-52.

9   Ibid., p. 41.

10   Jacqueline Bobo, *Black Women as Cultural Readers*, Nova York: Columbia University Press, 1995.

11   Fannie Barrier Williams, "The Colored Girl", in Mary Helen Washington (ed.), *Invented Lives: Narratives of Black Women 1860-1960*, Garden City, Nova York: Anchor, 1987, p. 150-159.

12   Idem.

13   N.R.: *Mammy* pode ser traduzido literalmente por "mamãe" ou "mãezinha", mas tem um sentido ofensivo específico. O termo designava as amas ou criadas negras e era principalmente utilizado no Sul dos Estados Unidos.

14   Marilyn Richardson (ed.), *Maria W. Stewart, America's First Black Woman Political Writer*, Bloomington: Indiana University Press, 1987, p. 141.

15   Victoria Byerly, *Hard Times Cotton Mills Girls*, Ithaca, Nova York: Cornell University Press, 1986, p. 141.

16   Marita O. Bonner, "On Being Young – A Woman – and Colored", in Joyce Flynn e Joyce Occomy Stricklin (eds.), *Frye Street and Environs: The Collected Works of Marita Bonner*, Boston: Beacon, 1987, p. 7.

17   N.R.: A referência vem do romance *Their Eyes Were Watching God* [Seus olhos viam Deus], de Zora Neale Hurston. A personagem Nanny utiliza essa expressão para caracterizar as mulheres negras: "Honey, de white man is de ruler of everything as fur as Ah been able tuh find out. Maybe it's some place way off in de ocean where de black man is in power, but we don't know nothin' but what we see. So de white man throw down de load and tell de nigger man tuh pick it up. He pick it up because he have to, but he don't tote it. He hand it to his womenfolks. *De nigger woman is de mule uh de world so fur as Ah can see.*"

18 Pauli Murray, *Song in a Weary Throat: An American Pilgrimage*, Nova York: Harper and Row, 1987, p. 106.
19 James C. Scott, *Weapons of the Weak: Everyday Forms of Peasant Resistance*, New Haven: Yale University Press, 1985.
20 John Langston Gwaltney, op. cit., p. 156.
21 Barbara Christian, *Black Feminist Criticism, Perspectives on Black Women Writers*, Nova York: Pergamon, 1985, p. 172.
22 John Langston Gwaltney, op. cit., p. 240.
23 Karla Holloway, "The Body Politic", in *Codes of Conduct: Race, Ethics, and the Color of Our Character*, New Brunswick: Rutgers University Press, 1995, p. 15-71; 36.
24 N.R.T.: *Womanism* é um termo criado pela escritora Alice Walker e utilizado pela primeira vez em seu romance *In Search of Our Mother's Garden: Womanist Prose*, de 1983. A expressão pretende se diferenciar de um feminismo associado a mulheres brancas de classe média e incluir a questão racial para se referir a mulheres negras.
25 Patricia Hill Collins, *Fighting Words: Black Women and the Search for Justice*, Minneapolis: University of Minnesota Press, 1998, p. 61-65.
26 Audre Lorde, *Sister Outsider, Trumansberg*, Nova York: Crossing Press, 1984, p. 42.
27 Idem.
28 Pauli Murray, op. cit., p. 106.
29 Mary Field Belenky et al., *Women's Ways of Knowing*, Nova York: Basic Books, 1986.
30 Ibid., p. 134.
31 Belenky et al., op. cit., sugerem que alcançar o conhecimento construído requer autorreflexão e distanciamento das situações habituais, seja ele psicológico e/ou físico. Para mulheres intelectuais negras, ser *outsiders* incluídas (*outsiders within*) pode proporcionar o distanciamento e um ângulo de visão sobre o familiar que podem ser usados para "encontrar uma voz" ou para criar conhecimento construído. Belenky et al. descrevem esse processo no que diz respeito a indivíduos. Sugiro que um argumento parecido pode ser aplicado para mulheres negras como um grupo. Eles também contam que as mulheres usam a metáfora da voz repetidas vezes para retratar seu desenvolvimento intelectual e ético: "A tendência das mulheres de embasar suas premissas epistemológicas em metáforas que sugerem os atos de falar e de escutar está em conflito com as metáforas visuais (tal como equiparar o conhecimento à iluminação, o saber com a visão e a verdade com a luz) que cientistas e filósofos usam de forma mais frequente para expressar seus pensamentos" (Belenky et al., op. cit., p. 16). Essa ênfase da cultura feminina na voz corresponde à importância da comunicação oral na cultura afro-americana (Ben Sidran, *Black Talk*, Nova York: Da Capo Press, 1971; Geneva Smitherman, *Talkin and Testifyin: The Language of Black America*, Boston: Houghton Mifflin, 1977). Quando aplicada às tradições intelectuais das mulheres negras, essa metáfora de encontrar uma voz permanece útil em diversos casos. No entanto, ela continua falha como uma metáfora para o empoderamento das mulheres negras. Eu discuto essa contradição de forma mais detalhada em *Fighting Words* (Patricia Hill Collins, op. cit., p. 44-76).
32 Sondra O'Neale, "Inhibiting Midwives, Usurping Creators: The Struggling Emergence of Black Women in American Fiction", in *Feminist Studies/Critical Studies*, Teresa de Lauretis (ed.), Bloomington: Indiana University Press, 1986, p. 139-156.
33 Idem.
34 Deborah Gray, *White, Ar'n't I a Woman? Female Slaves in the Plantation South*, Nova York: W.W. Norton, 1985.
35 Cheryl Townsend Gilkes, "'Together and in Harness': Women's Traditions in the Sanctified Church", Signs, vol. 10, vol. 4, 1985, p. 678-99; Evelyn Brooks Higginbotham, *Righteous Discontent: The Women's Movement in the Black Baptist Church, 1880-1920*, Cambridge: Harvard University Press, 1993.
36 Paula Giddings, *In Search of Sisterhood: Delta Sigma Theta and the Challenge of the Black Sorority Movement*, Nova York: William Morrow, 1988; Johnnetta B. Cole, *Conversations: Straight Talk with America's Sister President*, Nova York: Anchor, 1993; Beverly Guy-Sheftall, "A Black Feminist Perspective on Transforming the Academy: The Case of Spelman College", in Stanlie M. James e Abena P.A. Busia (eds.), *Theorizing Black Feminisms: The Visionary Pragmatism of Black Women*, Nova York: Routledge, 1993, p. 77-89.

37 Lena Wright Myers, *Black Women: Do They Cope Better?*, Englewood Cliffs: Prentice-Hall, 1980.

38 Gloria Joseph, "Black Mothers and Daughters: Their Roles and Functions in American Society", in Gloria Joseph e Jill Lewis (eds.), *Common Differences*, Garden City, Nova York: Anchor, 1981, p. 75-126; Patricia Hill Collins, "The Meaning of Motherhood in Black Culture and Black Mother/Daughter Relationships", *Sage: A Scholarly Journal on Black Woman*, vol. 4, nº 2, 1987, p. 4-11.

39 Patricia Bell-Scott et al. (eds.), *Double Stitch: Black Women Write About Mothers and Daughters*, Boston: Beacon Press, 1991.

40 Maya Angelou, *I Know Why the Caged Bird Sings*, Nova York: Bantam, 1969.

41 Bebe Moore Campbell, *Sweet Summer: Growing Up with and without My Dad*, Nova York: Putnam, 1989.

42 Mamie Garvin Fields e Karen Fields, *Lemon Swamp and Other Places: A Caroline Memoir*, Nova York, Simon & Schuster, 1983.

43 Elaine Brown, *A Taste of Power: A Black Woman's Story*, Nova York: Pantheon, 1992.

44 Mary Helen Washington, "I Sign My Mother's Name: Alice Walker, Dorothy West and Paule Marshall", in Ruth Perry e Martine Watson Broronley (eds.) *Mothering the Mind: Twelve Studies of Writers and Their Silent Partners*, Nova York: Holmes & Meier, 1984, p. 143-163; 145.

45 Toni Cade Bambara, *Gorilla, My Love*, Nova York: Vintage, 1981.

46 Toni Morrison, *The Bluest Eye*, Nova York: Pocket Books, 1970; *Sula*, Nova York: Random House, 1974; *Beloved*, Nova York: Random House, 1987.

47 Terry McMillan, *Waiting to Exhale*, Nova York: Viking, 1992.

48 Cheryl Clarke et al., "Conversations and Questions: Black Women on Black Women Writers", *Conditions: Nine*, vol. 3, nº 3, 1983, p. 88-137; 114.

49 Marita Golden, *Migrations of the Heart*, Nova York: Ballantine, 1983, p. 21.

50 Karla Holloway, "The Body Politic", op. cit., p. 15-71; 31.

51 Audre Lorde, op. cit., p. 42.

52 Mary Hellen Washington (ed.), *Invented Lives: Narratives of Black Women 1860-1960*, Garden City, Nova York: Anchor, 1987, p. xxi.

53 Ama Ata Aidoo, *Changes: A Love Story*, Nova York: Feminist Press, 1991.

54 Claudia Tate, *Black Women Writers at Work*, Nova York: Continuum Publishing, 1983, p. 92.

55 Audre Lorde, *Zami, A New Spelling of My Name*, Trumansberg, Nova York: Crossing Press, 1982.

56 Ntozake Shange, *For Colored Girls Who Have Considered Suicide/ When the Rainbow Is Enuf*, Nova York: Macmillan, 1975, p. 162.

57 Irene V. Jackson, "Black Women and Music: From Africa to the New World", in Filomina Chioma Steady (ed.), *The Black Woman Cross-Culturally*, Cambridge: Schenkman, 1981, p. 383-401.

58 Angela Davis, *Women, Culture, and Politics*, op. cit., p. 200.

59 Ibid., p. 201.

60 N.R.T.: Canto religioso dos negros norte-americanos, em especial dos estados do Sul.

61 Angela Davis, op. cit., p. 201.

62 Geneva Smitherman, op. cit.; Thomas Kochman, *Black and White Styles in Conflict*, Chicago: University of Chicago Press, 1981; Molefi Kete Asante, *The Afrocentric Idea*, Philadelphia: Temple University Press, 1987; Katie Cannon, *Black Womanist Ethics*, Atlanta: Scholars Press, 1988.

63 Sidran, op. cit., sugere que conseguir seu próprio "som" ou sua própria voz é um elemento chave da música negra. O teólogo negro James Cone também escreveu sobre música negra como portadora dos valores da cultura afro-americana. Cone ressalta que a música negra é uma "música de unidade. Ela une a alegria e o sofrimento, o amor e o ódio, a esperança e o desespero do povo negro (...) A música negra é unificadora porque ela confronta o individual com a verdade da existência negra e afirma que ser negro só é possível em um contexto de comunidade. A música negra é funcional. Seus propósitos e objetivos estão diretamente relacionados à consciência da comunidade negra" (James H. Cone, *The Spirituals and the Blues: An Interpretation*, Nova York: Seabury Press, 1972, p. 5). Note a orientação "ambos/e" (*both/and orientation*) da descrição de Cone, uma análise que rejeita o pensamento binário das sociedades ocidentais.

64 Mahalia Jackson, "Singing of Good Tidings and Freedom", in Milton C. Sernett (ed.), *Afro-American Religious History*, Durham: Duke University Press, 1985, p. 446-457; 454.

65 Ibid., p. 446.

66 As mulheres negras participaram de todas as formas de música negra, mas foram especialmente centrais na música vocal como *spirituals*, o gospel e o blues (Irene V. Jackson, op. cit.). Meu foco está no blues em razão de sua associação com a tradição secular das mulheres negras e por causa da atenção que ele recebeu dentro da análise feminista negra (ver, por exemplo, Angela Davis, *Blues Legacies and Black Feminism*, Nova York: Vintage, 1998). Apesar de ser um fenômeno mais recente, a música gospel também é "uma tradição musical feminina e negra" (Irene V. Jackson, op. cit.). Com raízes na igreja urbana popular e negra, as letras de músicas gospel também poderiam ser analisadas.

67 Daphne Duval Harrison, "Black Women in the Blues Tradition", in Sharon Harley e Rosalyn Terborg-Penn (ed.s), *The Afro-American Woman: Struggles and Images*, Port Washington, Nova York: Kennikat Press, 1978, p. 58-63.

68 James Cone, op. cit.

69 Claudia Tate, op. cit., p. 208.

70 Mahalia Jackson, op. cit., p. 447.

71 Daphne Duval Harrison, op. cit.; Michele Russell, "Slave Codes and Liner Notes", in Gloria T. Hull, Patricia Bell Scott e Barbara Smith (eds.), *But Some of Us Are Brave*, Old Westbury, Nova York: Feminist Press, 1982, p.129-140; Angela Davis, op. cit.

72 Michele Russell, op. cit., p. 130.

73 Idem.

74 Idem.

75 "Agora meu cabelo é encaracolado e eu não uso mais roupa de seda/ Agora meu cabelo é encaracolado e eu não uso mais roupas de seda/ Mas a vaca que é preta e feia com frequência tem o leite mais doce." N.R.: O termo *nappy* é derivado de *nap* e faz referência à forma bagunçada do cabelo depois de uma soneca. A expressão ganha um sentido específico e depreciativo quando associada aos negros. Cabelo enrolado, encaracolado ou a expressão brasileira "pixaim" seriam equivalentes próximos. (Daphne Duval Harrison, op. cit., p. 69).

76 "Eu tive um homem por quinze anos, dei a ele quarto e comida/ Antes ele era como um Cadillac, agora ele é como um velho Ford desgastado/ Ele nunca trouxe nem um tostão qualquer ou colocou-o em minha mão/ Oh, vão acontecer algumas mudanças daqui para a frente, de acordo com meu plano./ Ele tem de conseguir, trazer e colocar bem aqui/ Ou então ele vai continuar lá fora./ Se ele precisar roubar, mendigar ou emprestar de algum lugar/ Contanto que ele consiga, eu não ligo." (Michele Russell, op. cit., p. 133).

77 "As árvores do Sul produzem uma fruta estranha, sangue nas folhas e sangue nas raízes/ Corpo negro balançando na brisa do Sul, estranha fruta pendurada nos álamos/ Cena pastoril do Sul valente, olhos inchados e boca torcida/ Perfume de magnólia doce e fresca, e o repentino cheiro de carne queimando!/ Essa é uma fruta para os corvos despedaçarem, para a chuva recolher, para o vento sugar, para o sol apodrecer, para uma árvore derrubar/ Essa é uma colheita estranha e amarga." (*Billie Holiday Anthology/Lady Sings the Blues*, Ojai, CA: Creative Concepts Publishing, 1976, p. 111).

78 Ann duCille, "Blue Notes on Black Sexuality: Sex and the Texts of the Twenties and Thirties", in John C. Fout e Maura Shaw Tantillo, (eds.), *American Sexual Politics: Sex, Gender, and Race Since the Civil War*, Chicago: University of Chicago Press, 1993, p. 193-219.

79 Angela Davis, *Blues Legacies and Black Feminism*, op. cit., p. xii-xiii.

80 Idem.

81 Pauli Murray, op. cit., p. 253.

82 Ibid., p. 225.

83 Barbara Christian, op. cit.; Hazel Carby, *Reconstructing Womanhood: The Emergence of the Afro-American Woman Novelist*, Nova York: Oxford University Press, 1987.

84 Alice Childress, Like One of the Family: Conversations from a Domestic's Life, Boston: Beacon Press, [1956] 1986.

85 Trudier Harris, "Introduction", in Alice Childress, *Like One of the Family: Conversations from a Domestic's Life*, Boston: Beacon Press, 1986, p. xi-xxxviii.

86 Alice Childress, op. cit., p. 2.

87 Trudier Harris, op. cit.

88 Infelizmente, Alice Childress é uma das muitas escritoras afro-americanas cuja obra permanece sem o devido reconhecimento. Nascida na Carolina do Sul em 1920, bisneta de um escravo, Childress não apenas escreveu livros e contos, mas também era ativa no teatro negro de Nova York. Apesar das conversas de Mildred terem sido publicadas em livro pela primeira vez em 1956 por uma editora pequena, essa importante coleção das obras de Alice Childress foi virtualmente negligenciada por duas décadas. Em 1986, a crítica literária Trudier Harris analisou a coleção e conseguiu republicá-la sob o título *Like One of the Family*, que também é o título do primeiro texto no volume.

89 Mary Helen Washington (ed.), *Midnight Birds*, Garden City, Nova York: Anchor, 1980; Id., "Teaching Black-Eyed Susans: An Approach to the Study of Black Women Writers", in Gloria T. Hull, Patricia Bell Scott e Barbara Smith (ed.) *But Some of Us Are Brave*, Old Westbury, Nova York: Feminist Press, 1982, p. 208-217; Claudia Tate, op. cit.; Barbara Christian, op. cit.; Sondra O'Neale, op. cit., 1986.

90 Sherley A. Williams, "The Blues Roots of Afro-American Poetry", in Michael S. Harper e Robert B. Steptoe (eds.), *Chant of Saints: A Gathering of Afro-American Literature, Art and Scholarship*, Urbana: University of Illinois Press, 1979, p.123-135.

91 Katie G. Cannon, op. cit.

92 Kimberlé Williams Crenshaw, "Color Blindness, History, and the Law", in Wahneema Lubiano (ed.),*The House That Race Built*, Nova York: Pantheon, 1997, p. 280-288.

93 N.R.T.: O adjetivo *crossover* geralmente é utilizado para designar canções que se tornam muito populares por misturarem gêneros musicais. Mas há também um sentido específico para tratar da música negra: *crossover* se refere à diluição de qualidades características da música negra como forma de adaptação ao gosto das massas. As letras e os sons são atenuados e regravados por outros cantores.

94 Angela Davis, op. cit., p. 208.

95 Sondra O'Neale, op. cit., p. 144.

96 Chezia Thompson-Cager, "Ntozake Shange's Sassafras, Cypress and Indigo: Resistance and Mythical Women of Power", *NWSA Journal* vol. 1, n° 4, 1989, p. 589-601.

97 Nikki Giovanni, *Gemini*, Nova York: Penguin, p. 126.

98 Ibid., p. 144.

99 Alexis DeVeaux apud Claudia Tate, op. cit., p. 54.

100 Idem.

101 Sherley A. Williams, op. cit., p. 130.

102 Nina Simone, *Backlash*, Portugal: Movieplay Portuguesa Recording, 1985.

103 Chezia Thompson-Cager, op. cit.

104 N.R.T.: A autora faz referência aqui à imagem do trem, presente em diversas letras de blues, e ao clássico "Hit the Road Jack", de Ray Charles.

105 Audre Lorde, op. cit., p. 40.

106 Claudia Tate, op. cit., p. xxi.

107 Mary Helen Washington, "I Sign My Mother's Name: Alice Walker, Dorothy West and Paule Marshall", op. cit., p. 143-163; 159.

108 Claudia Tate, op. cit., p. 134.

109 A literatura acadêmica negra norte-americana analisou essa conceituação do eu em comunidades africanas e afro-americanas. Ver Smitherman (1977), Asante (1987) e Brown (1989). Para análises feministas do desenvolvimento do eu das mulheres como um processo característico, ver especialmente a discussão de Evelyn Keller (1985) sobre autonomia dinâmica e sobre como ela se relaciona com relações de dominação. Uma discussão fascinante sobre o eu fragmentado pode ser encontrada na análise de Gloria Wekker (1997) sobre a ação das mulheres afro-surinamesas.

110 Mary Helen Washington, *Midnight Birds*, op. cit., p. xv.

111 John Langton Gwaltney, op. cit.

112 Nancy White apud John Gwaltney, op. cit., p. 148.

113 Cheryl Townsend Gilkes, "From Slavery to Social Welfare: Racism and the Control of Black Women", in Amy Swerdlow e Hanna Lessinger (eds.), *Class, Race, and Sex: The Dynamics of Control*, Boston: G. K. Hall, 1983, p. 288-300; Deborah Gray White, op. cit.

114 Katie G. Cannon, op. cit.

115 Claudia Tate, op. cit.

116 Ibid., p. xxiii.

117 Alice Walker, *In Search of Our Mother's Gardens*, Nova York: Harcourt Brace Jovanovich, 1983, p. 36.

118 Thordis Simonsen (ed.), *You May Plow Here: The Narrative of Sara Brooks*, Nova York: Touchstone, 1986, p. 132.

119 Marita O. Bonner, op. cit., p. 3.

120 "O que você quer? Baby, eu tenho./ Do que você precisa? Você sabe que eu tenho./ Tudo que estou pedindo é um pouco de respeito quando você chega em casa." (Aretha Franklin, *I Never Loved a Man the Way I Love You*, Atlantic Recording Corp, 1967).

121 Sherley Anne Williams, op. cit., p. 124.

122 June Jordan, *Civil Wars*, Boston: Beacon Press, 1981, p. 144.

123 Marilyn Richardson, op. cit., p. 38.

124 Filomina Chioma Steady, "African Feminism: A Worldwide Perspective", in Sharon Harley e Andrea Benton Rushing (eds.), *Women in Africa and the African Diaspora*, Washington: Howard University Press, 1987, p. 3-24.

125 Gloria Joseph, op. cit.

126 Lena Wright Myers, op. cit.

127 Shirley Chisholm, *Unbought and Unbossed*, Nova York: Avon, 1970.

128 Maya Angelou, op. cit.

129 John Langston Gwaltney, op. cit., p. 149.

130 "O mais forte consegue mais enquanto os fracos desvanecem/ Bolsos vazios nunca satisfazem; Mamãe pode ter, o Papai pode ter,/ Mas Deus abençoe a criança que tem o seu." (*Billie Holiday Anthology*, op. cit., p. 12).

131 John Langston Gwaltney, op. cit., p. 149.

132 Audre Lorde, op. cit., p. 112.

133 Nikki Giovanni apud Claudia Tate, op. cit, p. 68.

134 Michael Omi e Howard Winant, *Racial Formation in the United States: From the 1960s to the 1990s*, 2nd ed., Nova York: Routledge, 1994, p. 163.

135 Chezia Thompson-Cager, op. cit., p. 590.

136 Ann Petry, *The Street*, Boston: Houghton Mifflin Harcourt, 1946.

137 Dorothy West, *The Living is Easy*, Nova York: The Feminist Press, [1948] 1975.

138 Gwendolyn Brooks, *Maud Martha*, Boston: Atlantic Press, 1953.

139 Barbara Christian, op. cit., p. 176.

140 Zora Neale Hurston, *Their Eyes Were Watching God*, Greenwich: Fawcett, [1937] 1969.

141 Ntozake Shange, op. cit.

142 Beth E. Richie, *Compelled to Crime: The Gender Entrapment of Battered Black Women*, Nova York: Routledge, 1996.

143 Rebecca Carroll, *Sugar in the Raw: Voices of Young Black Girls in America*, Nova York: Crown Trade, 1997.

144 N.R.T.: *Hoochie* é uma gíria utilizada para se referir de forma depreciativa a mulheres que usam roupas curtas, muita maquiagem e que se expõem de maneira promíscua.

145 Rebecca Carroll, op. cit., p. 131-132.

Enegrecer o movimento feminista brasileiro significa, concretamente, demarcar e instituir na agenda do movimento de mulheres o peso que a questão racial tem na configuração, por exemplo, das políticas demográficas, na caracterização da questão da violência contra a mulher pela introdução do conceito de violência racial como aspecto determinante das formas de violência sofridas por metade da população feminina do país, que não é branca.

Sueli Carneiro

Enegrecer o feminismo: a situação da mulher negra na América Latina a partir de uma perspectiva de gênero

Sueli Carneiro

NO BRASIL E NA AMÉRICA LATINA, a violação colonial perpetrada pelos senhores brancos contra as mulheres negras e indígenas e a miscigenação daí resultante está na origem de todas as construções de nossa identidade nacional, estruturando o decantado mito da democracia racial latino-americana, que no Brasil chegou até as últimas consequências. A violência sexual colonial é, também, o "cimento" de todas as hierarquias de gênero e raça presentes em nossas sociedades, configurando aquilo que Angela Gilliam define como "a grande teoria do esperma em nossa formação nacional", por meio da qual, segundo a autora: "O papel da mulher negra é negado na formação da cultura nacional; a desigualdade entre homens e mulheres é erotizada; e a violência sexual contra as mulheres negras foi convertida em um romance."[1]

O que poderia ser considerado como história ou reminiscências do período colonial permanece, entretanto, vivo no imaginário social e adquire novos contornos e funções em uma ordem social supostamente democrática, que mantém intactas as relações de gênero segundo a cor ou a raça instituídas no período da escravidão. As mulheres negras tiveram uma experiência histórica diferenciada que o discurso clássico sobre a opressão da mulher não tem reconhecido, assim como não tem dado conta da diferença qualitativa que o efeito da opressão sofrida teve e ainda tem na identidade feminina dessas mulheres.

Quando falamos do mito da fragilidade feminina, que justificou historicamente a proteção paternalista dos homens sobre as mulheres, de que mulheres estamos falando? Nós, mulheres negras, fazemos parte de um contingente de mulheres, provavelmente majoritário, que nunca reconheceram em si mesmas esse mito, porque nunca fomos tratadas como frágeis. Fazemos parte de um contingente de mulheres que trabalharam durante séculos como escravas nas lavouras ou nas ruas, como vendedoras, quituteiras, prostitutas... Mulheres que não entenderam nada quando as feministas disseram que as mulheres deveriam ganhar as ruas e trabalhar. Fazemos parte de um contingente de mulheres com identidade de objeto. Ontem, a serviço de frágeis sinhazinhas e de senhores de engenho tarados.

São suficientemente conhecidas as condições históricas nas Américas que construíram a relação de coisificação dos negros em geral e das mulheres negras em particular. Sabemos, também, que em todo esse contexto de conquista e dominação, a apropriação social das mulheres do grupo derrotado é um dos momentos emblemáticos de afirmação de superioridade do vencedor. Hoje, empregadas domésticas de mulheres liberadas e dondocas, ou de mulatas tipo exportação.

Quando falamos em romper com o mito da rainha do lar, da musa idolatrada dos poetas, de que mulheres estamos falando? As mulheres negras fazem parte de um contingente de mulheres que não são rainhas de nada, que são retratadas como antimusas da sociedade brasileira, porque o modelo estético de mulher é a mulher branca. Quando falamos em garantir as mesmas oportunidades para homens e mulheres no mercado de trabalho, estamos garantindo emprego para que tipo de mulher? Fazemos parte de um contingente de mulheres para as quais os anúncios de emprego destacam a frase: "Exige-se boa aparência."

Quando falamos que a mulher é um subproduto do homem, posto que foi feita da costela de Adão, de que mulher estamos falando? Fazemos parte de um contingente de mulheres originárias de uma cultura que não tem Adão. Originárias de uma cultura violada, folclorizada e marginalizada, tratada como coisa primitiva, coisa do diabo, esse também um alienígena para a nossa cultura. Fazemos parte de um contingente de mulheres ignoradas pelo sistema de saúde em sua especialidade, porque o mito da democracia racial presente em todas nós torna desnecessário o registro da cor dos pacientes nos formulários da rede pública, informação que seria indispensável para avaliarmos as condições de saúde das mulheres negras no Brasil, pois sabemos, por dados de outros países, que as mulheres brancas e negras apresentam diferenças significativas em termos de saúde.

Portanto, para nós se impõe uma perspectiva feminista na qual o gênero seja uma variável teórica, mas, como afirmam Linda Alcoff e Elizabeth Potter, trata-se de uma perspectiva que não "pode ser separada de outros eixos de opressão"; e que não "é possível em uma única análise. (...) Se o feminismo deve liberar as mulheres, deve enfrentar virtualmente todas as formas de opressão".[2] A partir desse ponto de vista, é possível afirmar que um feminismo negro, construído no contexto de sociedades multirraciais, pluriculturais e racistas – como são as sociedades latino-americanas – tem como principal eixo articulador o racismo e seu impacto sobre as relações de gênero, uma vez que ele determina a própria hierarquia de gênero em nossas sociedades.

Em geral, a unidade na luta das mulheres nas sociedades não depende apenas de nossa capacidade de superar as desigualdades geradas pela histórica hegemonia masculina, mas exige também a superação de ideologias complementares desse sistema de opressão, como é o caso do racismo. O racismo estabelece a inferioridade social dos segmentos negros da população em geral e das mulheres negras em especial, operando ademais como fator de divisão na luta das mulheres pelos privilégios que se instituem para as mulheres brancas. Nessa perspectiva, a luta das mulheres negras contra a opressão de gênero e de raça vem desenhando novos contornos para a ação política feminista e antirracista, enriquecendo tanto a discussão da questão racial como a questão de gênero na sociedade brasileira.

Esse novo olhar feminista e antirracista, ao integrar em si tanto as tradições de luta do movimento negro como a tradição de luta do movimento de mulheres, afirma essa nova identidade política decorrente da condição específica do ser mulher negra. O atual movimento de mulheres negras, ao trazer para a cena política as contradições resultantes da articulação das variáveis de raça, classe e gênero, promove a síntese das bandeiras de luta historicamente levantadas pelos movimento negro e de mulheres do país, enegrecendo, de um lado, as reivindicações das mulheres, tornando-as assim mais representativas do conjunto das mulheres brasileiras, e, por outro lado, promovendo a feminização das propostas e reivindicações do movimento negro.

Enegrecer o movimento feminista brasileiro significa, concretamente, demarcar e instituir na agenda do movimento de mulheres o peso que a questão racial tem na configuração, por exemplo, das políticas demográficas, na caracterização da questão da violência contra a mulher pela introdução do conceito de violência racial como aspecto determinante das formas de violência sofridas por metade da população feminina do país, que não é branca; introduzir a discussão sobre as doenças étnicas/raciais ou as doenças com maior incidência sobre a população negra como questões fundamentais na formulação de políticas públicas na área de saúde; instituir a crítica aos mecanismos de seleção no mercado de trabalho como a "boa aparência", que mantém as desigualdades e os privilégios entre as mulheres brancas e negras.

Tem-se, ainda, estudado e atuado politicamente sobre os aspectos éticos e eugênicos assinalados pelos avanços das pesquisas nas áreas de biotecnologia, em particular da engenharia genética. Um exemplo concreto refere-se, por exemplo, às questões de saúde e de população. Se historicamente as práticas genocidas, tais como a violência policial, o extermínio de crianças e a ausência de políticas sociais que assegurem o exercício dos direitos básicos de cidadania têm sido objetos prioritários da ação política dos movimentos negros, os problemas apontados atualmente pelos temas de saúde e de população nos situam em um quadro talvez ainda mais alarmante em relação aos processos de genocídio do povo negro no Brasil.

Portanto, esse novo contexto de redução populacional, fruto da esterilização maciça – aliada tanto à progressão da AIDS quanto ao uso da droga entre nossa população – e das novas biotecnologias, em particular a engenharia genética, com as possibilidades que ela oferece de práticas eugênicas, constitui novo e alarmante desafio contra o qual o conjunto do movimento negro precisa atuar.

A importância dessas questões para as populações consideradas descartáveis, como são os negros, e o crescente interesse dos organismos internacionais pelo controle do crescimento dessas populações levaram o movimento de mulheres negras a desenvolver uma perspectiva internacionalista de luta. Essa nova visão está promovendo a diversificação das temáticas, com o desenvolvimento de novos acordos e associações e a ampliação da cooperação interétnica. Cresce ente as mulheres negras a consciência de que o processo de globalização, determinado pela ordem neoliberal que, entre outras coisas, acentua o processo de feminização da pobreza, evidencia a necessidade de articulação e intervenção da sociedade civil em nível mundial. Essa nova consciência tem nos levado ao desenvolvimento de ações regionais no âmbito da América Latina, do Caribe, e com as mulheres negras dos países do Primeiro Mundo, além da participação crescente nos fóruns internacionais, nos quais governos e sociedade civil se defrontam e definem a inserção dos povos terceiro-mundistas no terceiro milênio.

Essa intervenção internacional, em especial nas conferências mundiais convocadas pela ONU a partir da década de 1990, tem nos permitido ampliar o debate sobre a questão racial em nível nacional e internacional e sensibilizar movimentos, governos e a própria ONU para a inclusão da perspectiva antirracista e de respeito à diversidade em todos os seus temas. A partir dessa perspectiva, atuamos junto à Conferência Internacional sobre População e Desenvolvimento, realizada no Cairo, em 1994, onde as mulheres negras atuaram a partir da ideia de que "em tempos de difusão do conceito de populações supérfluas, liberdade reprodutiva é essencial para as etnias discriminadas para barrar as políticas controladoras e racistas".

Assim, também estivemos em Viena, na Conferência de Direitos Humanos, em 1993, da qual saiu o compromisso sugerido pelo governo brasileiro de realização de uma conferência mundial sobre racismo e outra sobre imigração, antes do ano 2000.[3] Atuamos no processo de preparação da Conferência de Pequim (1995), durante o qual foi realizado um conjunto de ações pelas quais é possível medir o crescimento da temática racial no movimento de mulheres do Brasil e no mundo. Vale destacar que a Conferência de Viena assumiu que os direitos da mulher são direitos humanos, o que está consubstanciado na Declaração e no Programa de Ação de Viena, documentos que dão grande destaque à questão da mulher e pregam sua plena participação, em condições de igualdade, na vida política, civil, econômica, social e cultural nos níveis nacional, regional e internacional, e a erradicação de todas as formas de discriminação sexual, considerando-as objetivos prioritários da comunidade internacional.

Se a Declaração de Viena avança na compreensão da universalidade dos direitos humanos das mulheres, para nós mulheres não brancas era fundamental uma referência explícita à violação dos direitos da mulher baseada na discriminação racial. Entendíamos que a Conferência de Pequim deveria fazer uma referência explícita à opressão sofrida por um contingente significativo de mulheres em função da origem étnica ou racial.

Essas conferências mundiais se tornaram espaços importantes no processo de reorganização global depois da queda do muro de Berlim e constituem hoje fóruns de recomendações de políticas públicas para o mundo.

O movimento feminista internacional tem operado nesses fóruns como o lobby mais eficiente entre os segmentos discriminados do mundo. Isso explica o avanço da Conferência de Direitos Humanos de Viena em relação às questões da mulher, assim como os avanços registrados na Conferência do Cairo e na Conferência das Nações Unidas sobre Meio Ambiente e Desenvolvimento (ECO 92), realizada no Rio de Janeiro em 1992. Nos esforços desenvolvidos pelas mulheres na Conferência de Pequim, um dos resultados foi que o Brasil, pela primeira vez na diplomacia internacional, obstruiu uma reunião do G-77, grupo dos países em desenvolvimento do qual faz parte, para discordar sobre a retirada do termo étnico-racial do Artigo 32 da declaração da conferência, questão inegociável para as mulheres negras do Brasil e dos países do Norte. A firmeza da posição brasileira assegurou que a redação final do Artigo 32 afirmasse a necessidade de

> intensificar os esforços para garantir o exercício, em igualdade de condições, de todos os direitos humanos e liberdades fundamentais para todas as mulheres e meninas que enfrentam múltiplas barreiras para seu fortalecimento e avanços, em virtude de fatores como raça, idade, língua, origem étnica, cultura, religião (...).[4]

O próximo passo será a monitoração desses acordos por parte de nossos governos.

ALGUMAS CONCLUSÕES

A origem branca e ocidental do feminismo estabeleceu sua hegemonia na equação das diferenças de gênero e tem determinado que as mulheres não brancas e pobres, de todas as partes do mundo, lutem para integrar em seu ideário as especificidades raciais, étnicas, culturais, religiosas e de classe social. Até onde as mulheres brancas avançaram nessas questões? As alternativas de esquerda, de direita e de centro se constroem a partir desses paradigmas instituídos pelo feminismo que, segundo Lélia Gonzalez, apresentam dois tipos de dificuldades para as mulheres negras:

por um lado, a inclinação eurocentrista do feminismo brasileiro constitui um eixo articulador a mais da democracia racial e do ideal de branqueamento, ao omitir o caráter central da questão da raça nas hierarquias de gênero e ao universalizar os valores de uma cultura particular (a ocidental) para o conjunto das mulheres, sem mediá-los na base da interação entre brancos e não brancos; por outro lado, revela um distanciamento da realidade vivida pela mulher negra ao negar "toda uma história feita de resistência e de lutas, em que essa mulher tem sido protagonista graças à dinâmica de uma memória cultural ancestral (que nada tem a ver com o eurocentrismo desse tipo de feminismo)".[5]

Nesse contexto, quais seriam os novos conteúdos que as mulheres negras poderiam aportar à cena política para além do "toque de cor" nas propostas de gênero? A feminista negra norte-americana Patricia Hill Collins argumenta que o pensamento feminista negro seria

> (...) um conjunto de experiências e ideias compartilhadas por mulheres afro-americanas, que oferece um ângulo particular de visão de si, da comunidade e da sociedade (...), que envolve interpretações teóricas da realidade das mulheres negras por aquelas que a vivem (...).[6]

A partir dessa visão, Collins elege alguns "temas fundamentais que caracterizariam o ponto de vista feminista negro".[7] Entre eles, se destacam: o legado de uma história de luta, a natureza interconectada de raça, gênero e classe e o combate aos estereótipos ou "imagens de autoridade".

Acompanhando o pensamento de Patricia Hill Collins, Luiza Helena de Bairros usa como paradigma a imagem da empregada doméstica como elemento de análise da condição de marginalização da mulher negra e, a partir dela, busca encontrar especificidades capazes de rearticular os pontos colocados pela feminista norte-americana. Conclui, então, que

> essa marginalidade peculiar é o que estimula um ponto de vista especial da mulher negra, (permitindo) uma visão distinta das contradições nas ações e ideologia do grupo dominante. (...) A grande tarefa é potencializá-la afirmativamente através da reflexão e da ação política.[8]

O poeta negro Aimé Cesaire disse que "as duas maneiras de perder-se são: por segregação, sendo enquadrado na particularidade, ou por diluição no universal".[9] A utopia que hoje perseguimos consiste em buscar um atalho entre uma negritude redutora da dimensão humana e a universalidade ocidental hegemônica que anula a diversidade. Ser negro sem ser somente negro, ser mulher sem ser somente mulher, ser mulher negra sem ser somente mulher negra. Alcançar a igualdade de direitos é converter-se em um ser humano pleno e cheio de possibilidades e oportunidades para além de sua condição de raça e de gênero. Esse é o sentido final dessa luta.

Acredito que, nessa década, as mulheres negras brasileiras encontraram seu caminho de autodeterminação política, soltaram suas vozes, brigaram por espaço e representação e se fizeram presentes em todos os espaços de importância para o avanço da questão da mulher brasileira hoje. Foi sua temática a que mais cresceu politicamente no movimento de mulheres do Brasil, integrando, espera-se que definitivamente, a questão racial no movimento de mulheres. O que impulsiona essa luta é a crença

> na possibilidade de construção de um modelo civilizatório humano, fraterno e solidário, tendo como base os valores expressos pela luta antirracista, feminista e ecológica, assumidos pelas mulheres negras de todos os continentes, pertencentes que somos à mesma comunidade de destinos.

Pela construção de uma sociedade multirracial e pluricultural, onde a diferença seja vivida como equivalência e não mais como inferioridade.

TEXTO ORIGINALMENTE PUBLICADO EM *RACISMOS CONTEMPORÂNEOS*, RIO DE JANEIRO: TAKANO EDITORA, 2003, P. 49-58.

NOTAS

1 Angela Gilliam, *Anais do Seminário Internacional Multiculturalismo e racismo: o papel da ação afirmativa nos estados democráticos contemporâneos*, Ministério da Justiça, Secretaria Nacional de Direitos Humanos, Brasília, 1996, p. 54.
2 Linda Alcoff e Elizabeth Potter, *Feminist Epistemologies*, Nova York: Routledge, 1993, p. 3-4.
3 N.E.: A Conferência Mundial contra o Racismo, Discriminação Racial, Xenofobia e Formas Conexas de Intolerância ocorreu em Durban, na África do Sul, entre os dias 31 de agosto e 8 de setembro de 2001.
4 Declaração de Pequim, Quarta Conferência Mundial sobre as Mulheres: Ação para Igualdade, Desenvolvimento e Paz, 1995.

5   Luiza Helena de Bairros, "Lembrando Lélia Gonzalez", in Jurema Werneck, Maisa Mendonça e Evelyn C. White (orgs.), *O livro da saúde das mulheres negras: nossos passos vêm de longe*, Rio de Janeiro, Criola/Pallas, 2000.

6   Patricia Hill Collins apud Bairros, op. cit.

7   Idem.

8   Luiza Helena de Bairros, op. cit.

9   Aimé Cesaire, Carta de Aimé Cesaire para Maurice Thorez, 24 de outubro de 1956, publicado em *Black Revolution*, Paris: Demopolis, 2010.

Sou sem cultura porque, como uma feminista, desafio as crenças culturais/religiosas coletivas de origem masculina dos indo-hispânicos e anglos, entretanto, tenho cultura porque estou participando da criação de outra cultura, uma nova história para explicar o mundo e nossa participação nele, um novo sistema de valores com imagens e símbolos.

Gloria Anzaldúa

La conciencia de la mestiza /
Rumo a uma nova consciência

Gloria Anzaldúa

Por la mujer de mi raza hablará el espíritu[1]

JOSÉ VASCONCELOS, filósofo mexicano, vislumbrou *una raza mestiza, una mezcla de razas afines, una raza de color – la primera raza síntesis del globo.* Chamou-a de raça cósmica, *la raza cósmica,* uma quinta raça, abarcando as quatro raças principais do mundo.[2] Em oposição à teoria da raça ariana pura e à política de pureza racial praticada pela América branca, sua teoria é de inclusão. Na confluência de duas ou mais cadeias genéticas, com os cromossomos constantemente ultrapassando fronteiras, essa mistura de raças, em vez de resultar em um ser inferior, gera uma prole híbrida, uma espécie mutável, mais maleável, com uma rica carga genética. A partir dessa "transpolinização" racial, ideológica, cultural e biológica, uma consciência outra está em formação – uma nova consciência *mestiza, una conciencia de mujer.* Uma consciência das fronteiras.

Una lucha de fronteras / Uma luta de fronteiras

Porque eu, uma *mestiza,*
continuamente saio de uma cultura para outra,
porque eu estou em todas as culturas ao mesmo tempo,
alma entre dos mundos, *tres, cuatro,*

me zumba la cabeza con lo contradictorio.
Estoy norteada por todas las voces que me hablan
simultáneamente.

A ambivalência proveniente do choque de vozes resulta em estados mentais e emocionais de perplexidade. A contenda interior resulta em insegurança e indecisão. A personalidade dupla ou múltipla da *mestiza* é assolada por uma inquietude psíquica.

Em um estado constante de *nepantilismo* mental, uma palavra asteca que significa partido ao meio, *la mestiza* é um produto da transferência de valores culturais e espirituais de um grupo para outro. Ser tricultural, monolíngue, bilíngue ou multilíngue, falando um patoá e em um estado de transição constante, a *mestiza* se depara com o dilema das raças híbridas: a que coletividade pertence a filha de uma mãe de pele escura?

El choque de un alma atrapada entre el mundo del espíritu y el mundo de la técnica a veces la deja entullada. Nascida em uma cultura, posicionada entre duas culturas, estendendo-se sobre todas as três culturas e seus sistemas de valores, *la mestiza* enfrenta uma luta de carne, uma luta de fronteiras, uma guerra interior. Como todas as pessoas, percebemos a versão da realidade que nossa cultura comunica. Como outros/as que vivem em mais de uma cultura, recebemos mensagens múltiplas, muitas vezes contrárias. O encontro de duas estruturas referenciais[3] consistentes, mas em geral incompatíveis, causa um choque, uma colisão cultural.

Dentro de nós e dentro de *la cultura chicana*, crenças arraigadas da cultura branca atacam crenças arraigadas da cultura mexicana, e ambas atacam crenças arraigadas da cultura indígena. De forma subconsciente, vemos um ataque contra nós e nossas crenças como uma ameaça e tentamos bloqueá-lo com um posicionamento contrário.

Contudo, não é suficiente se posicionar na margem oposta do rio, gritando perguntas, desafiando convenções patriarcais, brancas. Um ponto de vista contrário nos prende em um duelo entre opressor e oprimido; fechadas/os em um combate mortal, como polícia e bandido, ambos são reduzidos a um denominador comum de violência. O "contraposicionamento" refuta os pontos de vista e as crenças da cultura dominante e, por isso, é orgulhosamente desafiador. Toda reação é limitada por aquilo contra o qual se está reagindo, e a que se subordina, porque o "contraposicionamento" brota de um problema com autoridade – tanto externa como interna –, representa um passo em direção à liberação da dominação cultural. Entretanto, não é um meio de vida. A uma determinada altura, em nosso caminho rumo a uma nova consciência, teremos de deixar a margem oposta, com o corte entre os dois combatentes mortais cicatrizado de alguma forma, a fim de que estejamos nas duas margens ao mesmo tempo e, ao mesmo tempo, enxerguemos tudo com olhos de serpente e de águia. Ou talvez decidamos nos desvencilhar da cultura dominante, apagá-la por completo, como uma causa perdida, e cruzemos a fronteira em direção a um território novo e separado. Ou podemos trilhar outra rota. As possibilidades são inúmeras, assim que tenhamos decidido agir, em vez de apenas reagir.

TOLERÂNCIA À AMBIGUIDADE

Essas inúmeras possibilidades deixam *la mestiza* à deriva em mares desconhecidos. Ao perceber informações e pontos de vista conflitantes, ela passa por uma submersão de suas fronteiras psicológicas. Descobre que não pode manter conceitos ou ideias dentro de limites rígidos. As fronteiras e os muros que devem manter ideias indesejáveis do lado de fora são hábitos e padrões de comportamento arraigados; esses hábitos e padrões são os inimigos internos. Rigidez significa morte. Apenas se mantendo flexível é que ela consegue estender a psique horizontal e verticalmente. *La mestiza* tem de se mover constantemente para fora das formações cristalizadas – do hábito; para fora do pensamento convergente, do raciocínio analítico que tende a usar a racionalidade em direção a um objetivo único (um modo ocidental); para um pensamento divergente,[4] caracterizado por um movimento que se afasta de padrões e objetivos estabelecidos, rumo a uma perspectiva mais ampla, que inclui em vez de excluir.

A nova *mestiza* enfrenta tudo isso desenvolvendo uma tolerância às contradições, uma tolerância às ambiguidades. Aprende a ser uma índia na cultura mexicana, a ser mexicana de um ponto de vista anglo-americano. Aprende a equilibrar as culturas. Tem uma personalidade plural, opera em um modo pluralístico – nada é posto de lado, o bom, o ruim e o feio, nada é rejeitado, nada é abandonado. Não apenas sustenta contradições, como também transforma a ambivalência em outra coisa.

Ela pode ser jogada para fora da ambivalência por um acontecimento emocional intenso e em geral doloroso, que inverte ou resolve a ambivalência. Não estou certa exatamente de que maneira. Trata-se de uma atividade que acontece de modo subconsciente, feita pela alma. Aquele fulcro ou ponto específico, aquela junção onde se situa a *mestiza*, é onde os fenômenos tendem a colidir. É onde ocorre a possibilidade de unir tudo o que está separado. Essa união não é mera junção de pedaços partidos ou separados. Muito menos se trata de um equilíbrio entre forças opostas. Ao tentar elaborar uma síntese, o eu adiciona um terceiro elemento que é maior do que a soma de suas partes separadas. Esse terceiro elemento é uma nova consciência – uma consciência *mestiza* – e, apesar de ser uma fonte de dor intensa, sua energia provém de um movimento criativo contínuo que segue quebrando o aspecto unitário de cada novo paradigma.

En unas pocas centúrias, o futuro pertencerá à *mestiza*. Porque o futuro depende da quebra de paradigmas, depende da combinação de duas ou mais culturas. Criando um novo *mythos* – ou seja, uma mudança na forma como percebemos a realidade, na forma como nos vemos e nas formas como nos comportamos –, *la mestiza* cria uma nova consciência.

O trabalho da consciência *mestiza* é o de desmontar a dualidade sujeito-objeto que a mantém prisioneira, e o de mostrar na carne e através de imagens em seu trabalho de que maneira a dualidade pode ser transcendida. A resposta para o problema entre a raça branca e a de cor, entre homens e mulheres, reside na cicatrização da divisão que se origina nos próprios fundamentos de nossa vida, nossa cultura, nossas línguas, nossos pensamentos. Extirpar de forma massiva qualquer pensamento dualista no indivíduo e na consciência coletiva representa o início de uma longa luta, que poderá, com a melhor das esperanças, trazer o fim do estupro, da violência, da guerra.

La encrucijada/ A encruzilhada

Uma galinha está sendo sacrificada
   em uma encruzilhada, um simples monte de terra
Um templo de lama para *Exu*,
   Yoruba deus da indeterminação,
que abençoa sua escolha por um caminho.
   Ela inicia sua jornada.

Su cuerpo es una bocacalle. La mestiza deixou de ser o bode expiatório para se tornar a sacerdotisa-mor nas encruzilhadas.

Como *mestiza*, eu não tenho país, minha terra natal me despejou; no entanto, todos os países são meus porque sou a irmã ou a amante em potencial de todas as mulheres. (Como uma lésbica, não tenho raça, meu próprio povo me rejeita; mas sou de todas as raças porque a queer[5] em mim existe em todas as raças.) *Sou sem cultura porque, como uma feminista, desafio as crenças culturais/religiosas coletivas de origem masculina dos indo-hispânicos e anglos;[6] entretanto, tenho cultura porque estou participando da criação de outra cultura, uma nova história para explicar o mundo e nossa participação nele, um novo sistema de valores com imagens e símbolos que nos conectam um/a ao/à outro/a e ao planeta. Soy un amasamiento*, sou um ato de juntar e unir que não apenas produz uma criatura tanto da luz como da escuridão, mas também uma criatura que questiona as definições de luz e de escuro e lhes dá novos significados.

Somos o povo que salta no escuro, somos o povo no colo dos deuses. Em nossa própria carne, a (r)evolução resolve o choque de culturas. Enlouquece-nos constantemente, mas, se o centro se mantiver, teremos feito algum tipo de avanço evolutivo. *Nuestra alma el trabajo*, a obra, o grande trabalho alquímico; *mestizaje* espiritual, uma "morfogênese",[7] um desdobramento inevitável. Tornamo-nos o movimento acelerado da serpente.

Indígena como o milho, também como o milho a *mestiza* é um produto híbrido, desenhado para sobreviver nas mais variadas condições. Como uma espiga de milho – um órgão feminino produtor de semente –, a *mestiza* é tenaz, firmemente amarrada às cascas de sua cultura. Agarra-se ao sabugo como os grãos; com caules grossos e raízes fortes, ela se prende à terra – ela sobreviverá à encruzilhada.

Lavando y remojando el maíz en agua de cal, despojando el pellejo. Moliendo, mixteando, amasando, haciendo tortillas de masa.[8] Ela mergulha o milho no óxido de cálcio, ele incha, fica macio. Com um rolo de pedra sobre *metate*, ela tritura o milho várias vezes. Mistura e molda a massa, transforma as bolas de massa em *tortillas*.

Somos a rocha porosa no *metate* de pedra
agachadas no chão.

Somos o rolo compressor, *el maíz y agua,*
la masa harina. Somos el amasijo.
Somos lo molido en el metate.
Somos o *comal* fervente,
a *tortilla* quente, a boca faminta.
Somos a rocha bruta.
Somos o movimento de moer,
a poção misturada, *somos el molcajete.*
Somos o pilão, o *comino, ajo, pimienta,*
Somos o *chile colorado,*
o broto verde que rompe a rocha.
Nós persistiremos.

EL CAMINO DE LA MESTIZA / O CAMINHO DA *MESTIZA*

Pega no meio de uma contração repentina, a respiração cortada e o espaço vazio, a mulher marrom para, olha em direção ao céu. Decide descer, escavando seu caminho ao longo das raízes das árvores. Peneirando os ossos, sacode-os para ver se há algum tutano neles. Então, leva a terra à sua fronte, à sua língua, pega alguns ossos, deixa o resto em seus túmulos.

Examina sua mochila, fica com seu diário e sua agenda, joga fora os mapas do metrô. As moedas são pesadas e são as próximas a ser descartadas, em seguida as notas de um dólar flutuam no ar. Mantém sua faca, o abridor de latas e o lápis de sobrancelha. Põe ossos, pedaços de casca de árvore, *hierbas*, penas de águia, couro de cobra, gravador, a matraca e o tambor em sua mochila e parte para se tornar a completa *tolteca*.[9]

Seu primeiro passo é fazer um inventário. *Despojando, desgranando, quitando paja.* Exatamente o que ela herdou de seus ancestrais? Esse peso nas costas – qual a bagagem de sua mãe índia, qual a bagagem de seu pai espanhol, qual a bagagem dos anglos?

Pero es difícil diferenciar entre *lo heredado, lo adquirido, lo impuesto.* Ela põe a história em uma peneira, separa as mentiras, observa as forças das quais nós como raça, como mulheres, temos sido parte. *Luego bota lo que no vale, los desmientos, los desencuentros, el embrutecimiento. Aguarda el juicio, hondo y enraizado, de la gente antigua.* Esse passo representa uma ruptura consciente com todas as tradições opressivas de todas as culturas e religiões. Ela comunica essa ruptura, documenta a luta. Reinterpreta a história e, usando novos símbolos, dá forma a novos mitos. Adota novas perspectivas sobre as mulheres de pele escura, mulheres e queers. Fortalece sua tolerância (e intolerância) à ambiguidade. Ela está disposta a compartilhar, a se tornar vulnerável às formas estrangeiras de ver e de pensar. Abre mão de todas as noções de segurança, do familiar. Desconstrói, constrói. Torna-se uma *nahual*,[10] capaz de se transformar em uma árvore, em um coiote, em outra pessoa. Aprende a transformar o pequeno "eu" no "eu" total. *Se hace moldeadora de su alma. Según la concepción que tiene de si misma, así será.*

Que no se nos olvide los hombres

Tu no sirves pa' nada –
não serves pra nada.
Eres pura vieja.

"Você é nada mais do que uma mulher" quer dizer que você é defeituosa. Seu oposto é ser *un macho*. O significado moderno da palavra "machismo", assim como seu conceito, é, na verdade, uma invenção dos anglos. Para homens como meu pai, ser "macho" significava ser forte o bastante para proteger e sustentar minha mãe e nós, ainda sendo capaz de demonstrar amor. O macho de hoje tem dúvidas sobre sua capacidade de alimentar e proteger sua família. Seu "machismo" é uma adaptação à opressão, à pobreza e à baixa autoestima. É resultado da dominação masculina hierárquica. Os anglos, sentindo-se inadequados, inferiores e sem poder, deslocam ou transferem esses sentimentos para os chicanos, envergonhando-os. No mundo gringo,[11] o chicano sofre de uma humildade e de uma autonegação excessivas, vergonha de si mesmo e autodepreciação. Entre os latinos, ele sofre de uma sensação de inadequação linguística e seu consequente desconforto; com os índios americanos, ele sofre de uma amnésia racial que ignora nosso sangue comum, e de culpa, porque sua parte espanhola tomou suas terras e os oprimiu. Ele tem uma *hubris* compensatória excessiva quando está entre os mexicanos do outro lado. Encobre um sentimento profundo de vergonha racial.

A perda de um sentido de dignidade e respeito no macho gera um machismo falso que o leva a diminuir as mulheres e até a brutalizá-las. Com seu comportamento sexista coexiste um amor pela mãe, que tem precedência sobre o amor por todas as outras. Filho devotado, porco chauvinista. Para lavar a vergonha de seus atos, de seu próprio ser, e para lidar com o bruto no espelho, ele se entrega à bebida, às drogas e às brigas.

Apesar de "entendermos" as origens do ódio e do medo masculinos, e a subsequente violência contra as mulheres, nós não desculpamos, não perdoamos e não iremos mais tolerar. Dos homens de nossa raça exigimos admissão/reconhecimento/revelação/testemunho de que eles nos ferem, nos violam, têm medo de nós e de nosso poder. Precisamos que digam que vão começar a eliminar suas formas dolorosas de nos diminuir. Porém, mais do que palavras, exigimos ações. Dizemos a eles: iremos adquirir poderes iguais aos seus e aos daqueles que nos humilharam.

É imperativo que as *mestizas* apoiem umas às outras no processo de mudança dos elementos sexistas na cultura índio-mexicana. Enquanto as mulheres forem diminuídas, o/a índio/a e o/a negro/a em todos/as nós são diminuídos/as. A luta da *mestiza* é, acima de tudo, uma luta feminista. Enquanto *los hombres* pensarem que têm de *chingar mujeres* e uns aos outros para serem homens, enquanto forem ensinados que são superiores e, portanto, culturalmente favorecidos em relação a *la mujer*, enquanto ser uma *vieja* for motivo de escárnio, não poderá haver uma cura real de nossa psique. Estamos no meio do caminho – temos tanto amor à mãe, à boa mãe. O primeiro passo é desaprender a dicotomia *puta/virgen* e enxergar *coatlapopeuh-Coatlicue*[12] na mãe, *Guadalupe*.

A ternura, um sinal de vulnerabilidade, é tão temida que é despejada nas mulheres junto à violência e a golpes verbais. Os homens, ainda mais do que as mulheres, estão acorrentados a papéis de gênero. As mulheres, ao menos, tiveram a coragem de romper com a sujeição. Apenas os homens gays tiveram a coragem de se expor à mulher dentro deles e desafiar o modelo corrente de masculinidade. Tenho encontrado pouquíssimos homens heterossexuais educados e amáveis – os primeiros de uma nova estirpe –, mas estão confusos e enredados em comportamentos sexistas que ainda não conseguiram erradicar. Precisamos de uma nova masculinidade e o novo homem precisa de um movimento.

Confundir os homens que se desviam da norma geral com o homem, o opressor, é uma grave injustiça. *Asombra pensar que nos hemos quedado en* ese *pozo oscuro donde el mundo encierra a las lesbianas. Asombra pensar que hemos, como femenistas y lesbianas, cerrado nuestros corazónes a los hombres, a nuestros hermanos los jotos, desheredados y marginales como nosostros.* Por serem os/as maiores cruzadores/as de fronteiras, os/as homossexuais têm laços fortes com os queers brancos, negros, asiáticos, ameríndios, latinos, e com os queers na Itália, na Austrália e no resto do planeta. Somos oriundos de todas as cores, todas as classes, todas as raças, todas as épocas. Nosso papel é o de conectar as pessoas entre si – os/as negros/as com os/as judeus/ias com os/as índios/as com os/as asiáticos/as com os/as brancos/as com os/as extraterrestres. Isso é transferir ideias e informação de uma cultura para outra. Homossexuais de cor têm mais conhecimento de outras culturas, já que sempre estiveram na linha de frente (apesar de, muitas vezes, no armário) de todas as lutas pela liberação nesse país; têm sofrido mais injustiças e têm sobrevivido a todas, apesar das dificuldades. Os chicanos precisam reconhecer as contribuições artísticas e políticas dos seus queers. Povo, escute o que sua *jotería*[13] está dizendo.

O *mestizo* e o *queer* existem nessa época e nesse ponto do *continuum* evolucionário com um objetivo. Somos uma mistura que prova que todo sangue é intricadamente ligado entre si, e que somos crias de almas similares.

Somos una gente

Hay tantíssimas fronteras
que dividen a la gente,
pero por cada frontera
existe también un puente.
(Gina Valdés)

LEALDADES DIVIDIDAS. Muitas mulheres e homens de cor não querem ter nenhuma relação com pessoas brancas. Custa muito tempo e energia explicar às mulheres brancas de classe média que não há problema em querermos ter "bens", nunca tendo tido móveis bons em nosso chão batido nem "luxos" como máquinas de lavar. Muitas acreditam que os/as brancos/as devem ajudar seu povo a se livrar, primeiro, do ódio e do medo raciais. Eu, por mim, escolho usar minhas energias como mediadora. Acredito que precisamos permitir que os/as brancos/as sejam nossos/as aliados/as. Através de nossa literatura, arte, *corridos* e contos populares, temos de compartilhar nossa história com elas/eles, para que, quando organizarem comitês de ajuda aos navajos ou aos agricultores chicanos ou a *los nicaragüenses*, não rejeitem algumas pessoas por causa de seus medos e ignorância raciais. Elas/eles entenderão que não estão nos ajudando, mas seguindo nossa liderança.

Individualmente, mas também como uma entidade racial, precisamos verbalizar nossas necessidades. Temos de dizer à sociedade branca: precisamos que vocês aceitem o fato de que os/as chicanos/as são diferentes, que reconheçam a forma como nos negam e rejeitam. Precisamos que vocês admitam o fato de que nos viam como seres inferiores, que roubaram nossas terras, nossa humanidade, nosso amor-próprio. Precisamos que vocês nos compensem em público: que digam que, para compensar seus próprios defeitos, vocês lutam para terem poder sobre nós, vocês apagam nossa história e nossa experiência, porque lhes fazem sentir culpados – preferem esquecer seus atos de brutalidade. Que digam que se separam das minorias, que nos desconhecem, que suas consciências duplas separam partes de vocês, transferindo o lado "negativo" para nós. (Onde há perseguição às minorias, há projeção de sombras. Onde há violência e guerra, há repressão da sombra.) Que digam que têm medo de nós, que, para se distanciarem de nós, usam máscaras de desprezo. Que admitam que o México é seu outro, que ele existe na sombra desse país, que somos irrevogavelmente ligados a ele. Gringos, aceitem o duplo de suas psiques. Ao aceitarem de volta suas sombras coletivas, a divisão intracultural será cicatrizada. E, por fim, digam-nos o que precisam de nós.

POR TUAS FACES VERDADEIRAS NÓS TE CONHECEREMOS

Sou visível – vejam esse rosto índio –; no entanto, sou invisível. Tanto lhes deixo cegos com meu nariz adunco como sou seu ponto cego. Mas existo, nós existimos. Gostariam de acreditar que eu fui derretida no caldeirão. Mas não fui, nós não fomos.

A cultura branca dominante está nos matando devagar com sua ignorância. Ao nos destituir de qualquer autodeterminação, deixou-nos fracas/os e vazias/os. Como um povo, temos resistido e ocupado posições, mas nunca nos foi permitido desenvolver-nos sem restrições – nunca nos foi permitido sermos nós mesmas/os por completo. Os brancos no poder querem que nós, povos de cor, construamos barricadas atrás dos muros separados de nossas tribos, de maneira que possam nos apanhar um de cada vez com suas armas escondidas; de maneira que possam caiar e distorcer a história. A ignorância divide as pessoas, cria preconceitos. Um povo mal-informado é um povo subjugado.

Antes que as/os chicanas/os e as/os trabalhadoras/es ilegais e as/os mexicanas/os do outro lado possam se unir, antes que as/os chicanas/os possam se unir a americanas/os nativas/os e de outros grupos, precisamos conhecer a história de suas lutas e elas/es precisam conhecer a nossa. Nossas mães, nossas irmãs e irmãos, os rapazes que ficam nas esquinas, as crianças nos parques, todos nós devemos conhecer nossa linhagem indígena, nossa *mestisaje*-afro, nossa história de resistência.

Temos de estender nossa história ao imigrante *mexicano* e às/aos recém-chegadas/os. Os 80 milhões de *mexicanos* e as/os latinas/os da América Central e do Sul precisam conhecer nossas lutas. Cada uma/um de nós precisa conhecer fatos básicos sobre a Nicarágua, o Chile e o resto da América Latina. O movimento latinista (chicanas/os, porto-riquenhas/os, cubanas/os e outros povos de língua espanhola trabalhando juntos para combater a discriminação racial no mercado) é bom, mas não é suficiente. A não ser uma cultura comum, não teremos nada que nos una. Precisamos nos encontrar em bases comuns mais amplas.

A luta é interior: chicano, *índio*, ameríndio, *mojado*, *mexicano*, imigrante latino, os anglos no poder, classe trabalhadora de anglos, negros, asiáticos – nossas psiques parecem-se com as cidades fronteiriças e são povoadas pelas mesmas pessoas. A luta sempre foi interior, e se dá em terrenos exteriores. Devemos adquirir consciência de nossa situação antes de podermos efetuar mudanças internas, que, por sua vez, devem preceder as mudanças na sociedade. Nada acontece no mundo "real" a menos que aconteça primeiro nas imagens em nossas mentes.

El Día de la Chicana

Não serei humilhada novamente.
Nem me humilharei.

Sou possuída por uma visão: que nós chicanas e chicanos recuperamos ou revelamos nossas faces verdadeiras, nossa dignidade e amor-próprio. É uma visão de validação.

Enxergando a chicana de forma nova, sob a perspectiva de sua história, busco uma exoneração, uma visão através das ficções da supremacia branca, uma visão de nós mesmas/os em nossas aparências verdadeiras, e não como a personalidade racial falsa que nos foi imposta e que nos impusemos. Busco nosso rosto de mulher, nossos traços verdadeiros, o positivo e o negativo vistos com clareza, livres dos preconceitos da dominação masculina. Busco imagens novas de identidade, novas crenças sobre nós mesmas/os, com nossa humanidade e valor não mais sendo questionados.

> *Estamos viviendo en la noche da la Raza, un tiempo cuando el trabajo se hace a lo quieto, en lo oscuro. El día cuando aceptamos tal y como somos y para en donde vamos y porque – ese día será el día de la Raza. Yo tengo el conpromiso de expresar mi visión, mi sensibilidad, mi percepción de la revalidación de la gente mexicana, su mérito, estimación, honra, aprecio, y validez.*

No dia 2 de dezembro, quando meu sol entra na primeira casa, celebro *el Día de la Chicana y el Chicano*. Nesse dia, limpo meus altares, acendo minha vela *coatlalopeuh*, queimo sálvia e copal, tomo *el baño para espantar basura*, varro minha casa. Nesse dia, desnudo minha alma, faço-me vulnerável a amigas/os e família, expressando meus sentimentos. Nesse dia, afirmo quem nós somos.

Nesse dia, olho dentro de nossos conflitos e de nosso temperamento racial basicamente introvertido. Identifico nossas necessidades e verbalizo-as. Reconheço que o "eu" e a raça têm sido feridos. Reconheço a necessidade de cuidar de nossas individualidades, de nosso "eu" racial. Nesse dia, reúno as partes espalhadas e rejeitadas de *la gente mexicana* e tomo-as em meus braços. *Todas las partes de nosotros valen.*

Nesse dia, digo "sim, todo o seu povo nos fere quando nos rejeita. A rejeição nos destitui de valor próprio; nossa vulnerabilidade nos expõe à humilhação. A falta que vocês percebem é de nossa identidade inata. Ficamos envergonhadas/os de precisarmos de sua aprovação, de precisarmos de sua aceitação. Não podemos mais camuflar nossas necessidades, não podemos mais deixar que defesas e cercas cresçam ao nosso redor. Não podemos mais nos retirar. Sucumbir à fúria e olhar para vocês com desprezo é um ato de violência e desprezo contra nós mesmas/os. Não podemos mais pôr a culpa em vocês, tampouco rejeitar as partes brancas, as partes masculinas, as partes patológicas, as partes queers, as partes vulneráveis. Aqui estamos, sem armas e de braços abertos, trazendo apenas nossa mágica. Vamos tentar da nossa maneira, da maneira *mestiza*, da maneira chicana, da maneira da mulher."

Nesse dia, busco nossa dignidade essencial como um povo, um povo com um propósito – pertencer a, e contribuir com, algo maior do que nosso *pueblo*. Nesse dia, busco recuperar e reformar minha identidade espiritual. *¡Anímate! Raza, a celebrar el día de la Chicana.*

El retorno

Todos os movimentos são realizados em seis estágios,
e o sétimo traz o retorno.
(I Ching)[14]

Tanto tiempo sin verte casa mía,
mi cuna, mi hondo nido de la huerta.
("Soledad")[15]

Na margem do rio, observo a serpente que se arqueia e se enrosca, uma serpente presa à cerca onde a foz do rio Grande desemboca no golfo.

Voltei. *Tanto dolor me costó el alejamiento.* Protejo meus olhos e olho para cima. O bico ossudo de um falcão sobrevoa devagar minha cabeça, examinando-me como uma carniça em potencial. Em seu rastro, um pequeno pássaro bate suas asas, nadando, esporadicamente, como um peixe. À distância, a via expressa e o desespero do tráfego que parece uma porca irritada. O repentino puxão em minhas entranhas, *la tierra, los aguaceros.* Minha terra, *el viento soplando la arena, el lagartijo debajo de un nopalito. Me acuerdo como era antes. Una región desértica de vasta llanuras, costeras de baja altura, de escasa lluvia, de chaparrales formados por mesquites y huizaches.* Se olhar com muito esforço, posso quase ver os pais espanhóis, que eram chamados de "os cavaleiros de Cristo", entrando por esse vale, montados em seus burros, posso ver o choque de culturas começar.

Tierra natal. Esse é meu lar, as pequenas cidades do vale, *los pueblitos* com galinheiros e bodes em cercados de galhos de arbustos (*mesquite*). *En las colonias* do outro lado da estrada, carros velhos se enfileiram nos jardins das casas ornamentadas de lavandas e cravos-rosa – o que chamamos, com constrangimento, de arquitetura chicana. Perdi os programas de TV em que os apresentadores falam em espanhol e inglês, e em que são dados prêmios na categoria música *Tex-Mex*. Deixei de ver os cemitérios mexicanos florescendo com flores artificiais, os campos de aloe vera e pimenta vermelha, fileiras de cana de açúcar, de milho pendurado nos talos, a nuvem de *polvareda* nas estradas de terra, deixadas por uma veloz camionete, *el sabor de tamales de rez y venado.* Perdi *la yegua colorada* roendo o portão de madeira de seu estábulo, o cheiro de carne de cavalo nos currais de Carito. *He hecho menos las noches calientes sin aire, noches de linternas y lechuzas* fazendo buracos na noite.

Ainda sinto o velho desespero quando olho para as casas de sobras de madeira, sem pintura, dilapidadas, consistindo, em sua maioria, de alumínio ondulado. Algumas das pessoas mais pobres nos Estados Unidos vivem no vale do Baixo Rio Grande, uma terra árida e semiárida, com lavoura irrigada, sol e calor intensos, pomares de frutas cítricas próximos a chaparrais e cactos. Atravesso pela escola primária, onde estudei há muito tempo, que continuava segregada até recentemente. Lembro como as/os professoras/es brancas/os costumavam nos punir por sermos mexicanas/os.

Como amo esse trágico vale do Sul do Texas, como Ricardo Sánchez costuma chamá-lo; essa fronteira entre Nueces e o rio Grande. Essa terra sobreviveu à posse e ao mau uso por cinco países: Espanha, México, a República do Texas, os Estados Unidos, a Confederação, e os Estados Unidos de novo. Sobreviveu às contendas de sangue entre estadunidenses e mexicanos, linchamentos, incêndios, estupros, saques.

Hoje, vejo o vale ainda lutando para sobreviver. Não sei se ele vai conseguir, mas jamais será como me recordo dele. A depressão nas fronteiras, desencadeada pela desvalorização do peso em 1982, no México, resultou no fechamento de centenas de negócios locais. Muitas pessoas perderam suas casas, carros, terras. Antes de 1982, os comerciantes dos Estados Unidos prosperavam nas vendas a varejo para mexicanas/os que cruzavam a fronteira para comprar mantimentos, roupas e utensílios.

Enquanto as mercadorias no lado dos Estados Unidos ficaram dez, cem, mil vezes mais caras para as/os compradoras/es mexicanas/os, no lado mexicano ficaram dez, cem, mil vezes mais baratas para as/os americanas/os. Porque o vale é altamente dependente da agricultura e do varejo mexicanos, tem as maiores taxas de desemprego de toda a região fronteiriça; o vale foi a região atingida mais duramente.[16]

"Tem sido um ano ruim para o milho", diz meu irmão, Nune. Enquanto ele fala, lembro de meu pai esquadrinhando o céu, com esperança de uma chuva que pusesse fim à seca, examinando o céu, dia após dia, enquanto o milho definhava no pé. Meu pai morreu há 29 anos, e trabalhou até a morte. A expectativa de vida de um agricultor mexicano é de 56 anos – ele viveu 38. Fico chocada por estar mais velha do que ele. Eu também vasculho o céu, procurando chuva. Como os antigos, adoro a chuva e a deusa do milho, mas, ao contrário de meu pai, recuperei seus nomes. Agora, oferece-se pela chuva (irrigação) não um sacrifício de sangue, mas de dinheiro.

"A agricultura vai mal", diz meu irmão. "De 2 mil a 3 mil fazendeiros de pequeno e grande porte foram à falência nesse país no último ano. Seis anos atrás, o milho estava cotado a US$ 8,00 cada 45 kg", ele continua. "Esse ano, está cotado a US$ 3,90 cada 45 kg." E, penso comigo, considerando a inflação, não plantar nada nos coloca na frente.

Vou até o quintal, presto atenção a *los rosales de mamá*. Ela quer que eu a ajude a podar as roseiras, retirar o tapete de grama que as está sufocando. *Mamagrande Ramona también tenía rosales.* Aqui, toda/o mexicana/o cultiva flores. Se não têm um pedaço de chão, usam pneus de carros, jarros, latas, caixas de sapatos. Rosas são as flores preferidas das/os mexicanas/os. Penso, tão simbólico – com espinhos e tudo.

Sim, o chicano e a chicana sempre cuidaram de cultivar coisas e a terra. Mais uma vez, vejo nós quatro, crianças, descendo do ônibus escolar, vestindo nossa roupa de trabalho, caminhando para o campo com Papí e Mamí, nós seis nos curvando em direção ao chão. Abaixo de nossos pés, sob a terra, estão as sementes de melão. Nós as cobrimos com pratos de papel, colocando *terremotes* em cima das folhas para que não sejam levadas pelo vento. Os pratos protegem as sementes do frio. No dia seguinte, ou no outro, removemos os pratos, expomos os pequeninos brotos verdes aos elementos. Eles sobrevivem e crescem, dão frutos centenas de vezes maiores do que as sementes. Nós os regamos e capinamos. Colhemo-

-los. As vinhas secam, estragam, desaparecem com o arado. Crescimento, morte, deterioração, nascimento. O solo é preparado infinitas vezes, fecundado, arado. Uma constante mudança de formas, *renacimientos de la tierra madre.*

> Esta terra foi mexicana uma vez
> foi indígena sempre
> e é.
> E será novamente.

TEXTO ORIGINALMENTE PUBLICADO SOB O TÍTULO "LA CONSCIENCIA DE LA MESTIZA / TOWARDS A NEW COUNSCIOUSNESS" IN *BORDERLANDS/ LA FRONTERA: THE NEW MESTIZA*, SÃO FRANCISCO: AUNT LUTE BOOKS, 1987. TRADUÇÃO DE ANA CECÍLIA ACIOLI LIMA. REVISÃO DE SUSANA BORNÉO FUNCK, *REVISTA ESTUDOS FEMINISTAS*, VOL. 3, N° 3, 2005, P. 704-719.

NOTAS

1 Essa é minha própria adaptação da ideia de José Vasconcelos, *La Raza Cósmica: Misión de La Raza Ibero-Americana*, México: Aguilar S.A. de Ediciones, 1961.
2 José Vasconcelos, op. cit.
3 Arthur Koestler criou o termo "bissociação" (*biociation*). Ver Albert Rothenberg, *The Creative Process in Art, Science, and Other Fields*, Chicago: University of Chicago Press, 1979, p. 12.
4 Em parte, minhas definições de pensamento "convergente" e "divergente" foram inspiradas por Albert Rothenberg, op. cit., p. 12-13.
5 N.T.: A palavra inglesa queer, ao longo da história, tem sido usada de diversas maneiras: para se referir a algo estranho ou a traços negativos de uma pessoa, como a loucura ou qualquer deficiência. Na atualidade, além de ter se tornado um sinônimo de homossexualidade, tem sido reapropriada também por outras minorias, a fim de esvaziá-la de sua carga semântica historicamente negativa, passando a denotar e a ressaltar os aspectos positivos de todas as formas de diferenças. Continuarei usando a palavra em inglês, por falta de termo similar na língua portuguesa.
6 N.E.: A tradução optou por manter a palavra anglo para designar, como no original em inglês, a pessoa branca nos Estados Unidos que não tem nenhuma origem ligada aos países de origem hispânica da América Latina.
7 Aqui, tomo emprestada a teoria do químico Ilya Prigogine sobre "estruturas dissipáveis" (*dissipative structures*). Prigogine descobriu que as substâncias não interagem de maneira previsível como a ciência ensinava, mas sim de maneiras diferentes e flutuantes, para produzirem estruturas novas e mais complexas, uma espécie de nascimento, ao qual chamou de "morfogênese", que cria inovações imprevisíveis (Harold Gillian, "Searching for a New World View", *This World*, jan 1981, p. 23).
8 N.T.: *Tortillas de masa harina*: existem dois tipos de *tortillas* de milho, a macia e uniforme, feita em uma prensa apropriada e, normalmente, vendida nas fábricas de *tortillas* ou em supermercados, e as *gorditas*, feitas misturando-se a massa com gordura animal ou vegetal ou manteiga (minha mãe às vezes coloca pedaços de bacon ou *chicharrones*).
9 Gina Valdés, *Puentes y Fronteras: Coplas Chicanas*, Los Angeles, CA: Castle Lithograph, 1982, p. 2.

10   N.E.: Palavra comum na literatura etnográfica do México, *nahual* deriva de *naualli* e significa feiticeiro(a) capaz de transformar sua forma física.

11   N.E.: Gringo, assim como no original, é palavra utilizada em muitos países da América Latina para se referir às pessoas dos Estados Unidos ou de outros países de língua inglesa.

12   N.E.: Neste livro, Gloria Anzaldúa propõe que o nome Guadalupe (da Virgem de Guadalupe, muito popular no México) tem como origem a palavra indígena *Coatlalopeuh*, que ela traduz como "Ela que domina as serpentes". *Coatlicue* é uma deusa de origem asteca. Esse sincretismo, assim como a imagem clássica da Virgem de Guadalupe, de cor acentuadamente morena, datada do século XVI, contribuiu muito para a construção de uma identidade mestiça mexicana.

13   N.E.: *Jotería* é termo usado para se referir à comunidade queer de origem latina.

14   Richard Wilhelm, *The I Ching or the Book of Changes*, Cary F. Baynes (trad.), Princeton: Princeton University Press, 1959, p. 98.

15   "Soledad" é cantada pelo grupo Haciendo Punto en Otro Son.

16   Dos 22 municípios da fronteira, nos quatro estados fronteiriços, o município de Hidalgo (chamado assim em homenagem ao Padre Hidalgo, que foi assassinado em 1810, depois de incitar a revolta do México contra o domínio espanhol, sob a bandeira de *la Virgen de Guadalupe*) é, entre todos da nação, o mais atingido pela pobreza, assim como o maior abrigo (ao lado de Imperial, na Califórnia) para agricultores migrantes. Foi ali que nasci e me criei. Fico perplexa ao ver que tanto Hidalgo como eu sobrevivemos.

A categoria de *Amefrica-nidade* incorpora todo um processo histórico de intensa e dinâmica cultura (adaptação, resistência, isto é, referenciada em modelos como: a Jamaica e o akan, seu modelo dominante; o Brasil e seus modelos ioruba, banto e ewe-fon. Em conseqüência, ela nos encaminha no sentido da construção de toda uma identidade étnica. Desnecessário dizer que a categoria de *Amefrica-nidade* está intimamente relacionada àquelas de pan-africanismo.

Lélia Gonzalez

A categoria político-cultural da *Amefricanidade*

Lélia Gonzalez

ESTE TEXTO RESULTA de uma reflexão que vem se estruturando em outros escritos que o antecederam[1] e que se enraíza na retomada de uma ideia de Betty Milan desenvolvida por M.D. Magno.[2] Trata-se de um olhar novo e criativo no enfoque da formação histórico-cultural do Brasil que, por razões de ordem geográfica e, sobretudo, de ordem do inconsciente, não vem a ser o que em geral se afirma: um país cujas formações do inconsciente são exclusivamente europeias, brancas. Ao contrário, ele é uma América Africana cuja latinidade, por inexistente, teve trocado o *t* pelo *d* para, aí sim, ter seu nome assumido com todas as letras: *Améfrica Ladina* (não é por acaso que a *neurose cultural* brasileira tem no *racismo* seu sintoma por excelência). Nesse contexto, todos os brasileiros (e não apenas os "pretos" e os "pardos" do IBGE) são *ladino-amefricanos*. Para um bom entendimento das artimanhas do racismo aqui caracterizado, vale a pena recordar a categoria freudiana de *denegação* (*Verneinung*): "Processo pelo qual o indivíduo, embora formulando um de seus desejos, pensamentos ou sentimentos, até aí recalcado, continua a defender-se dele, negando que lhe pertença."[3] Como denegação de nossa *ladino-amefricanidade*, o racismo "à brasileira" se volta justamente contra aqueles que são seu testemunho vivo (os negros), ao mesmo tempo que diz não fazer isso ("democracia racial" brasileira).

Para entender melhor essa questão, em uma perspectiva lacaniana, é recomendável a leitura do texto brilhante de M.D. Magno.[4]

Graças a um contato crescente com manifestações culturais negras de outros países do continente americano, tenho tido a oportunidade de observar certas similaridades que lembram nosso país, no que se refere aos falares. É certo que a presença negra na região caribenha (aqui entendida não apenas como a América insular, mas incluindo a costa atlântica da América Central e o norte da América do Sul) modificou o espanhol, o inglês e o francês falados na região (quanto ao holandês, por desconhecimento, nada posso dizer). Ou seja, aquilo que chamo de "pretoguês", e que nada mais é do que a marca de africanização do português falado no Brasil (nunca esquecendo que o colonizador chamava os escravos africanos de "pretos" e os nascidos no Brasil de "crioulos"), é facilmente constatável sobretudo no espanhol da região caribenha. O caráter tonal e rítmico das línguas africanas trazidas para o Novo Mundo, além da ausência de certas consoantes (como o *l* ou o *r*, por exemplo), aponta para um aspecto pouco explorado da influência negra na formação histórico-cultural do continente como um todo (e isso sem falar nos dialetos "crioulos" do Caribe). Similaridades ainda mais evidentes são constatáveis se nosso olhar se volta para as músicas, as danças, os sistemas de crenças etc. Desnecessário dizer o quanto tudo isso é encoberto pelo véu ideológico do branqueamento e recalcado por classificações eurocêntricas do tipo "cultura popular" e "folclore nacional", que minimizam a importância da contribuição negra.

Outro aspecto, e bem inconsciente, do que estamos abordando diz respeito a outra categoria freudiana, a de *objeto parcial* (*Partialobjekt*), que é assim definida:

> Tipo de objetos visados pelas pulsões parciais, sem que tal implique que uma pessoa, em seu conjunto, seja tomada como objeto de amor. Trata-se sobretudo de partes do corpo, reais ou fantasmadas (...), e de seus equivalentes simbólicos. Até uma pessoa pode identificar-se ou ser identificada com um objeto parcial.[5]

Pois bem. Pelo menos no que se refere ao Brasil, que se atente não apenas para toda uma literatura (Jorge Amado, por exemplo), como também para as manifestações das fantasias sexuais brasileiras. Elas se concentram no objeto parcial, por excelência, de nossa cultura: a bunda. Recorrendo ao dicionário Aurélio, pode-se constatar que essa palavra se inscreve no vocabulário de uma língua africana, o quimbundo (*mbunda*), que muito influenciou nossos falares. Além disso, vale ressaltar que os *bundos* constituem uma etnia banto de Angola que, além do supracitado quimbundo, falam outras línguas: bunda e ambundo. Se atentarmos para o fato de que Luanda foi um dos maiores portos de exportação de escravos para a América... Em consequência, além de certos modismos (refiro-me, por exemplo, ao biquíni "fio dental") que buscam evidenciar esse objeto parcial, note-se que o termo deu origem a muitos outros em nosso "pretoguês". Por essa razão, gosto de fazer um trocadilho, afirmando que o português, o lusitano, "não fala nem diz bunda" (do verbo desbundar).

Essas e muitas outras marcas que evidenciam a presença negra na construção cultural do continente americano levaram a se pensar a necessidade da elaboração de uma categoria que não se restringisse apenas ao caso brasileiro e que, efetuando uma abordagem mais ampla, levasse em consideração as exigências sobre a categoria de *Amefricanidade*.

RACISMOS, COLONIALISMO, IMPERIALISMO E SEUS EFEITOS

Sabemos que o colonialismo europeu, nos termos com que hoje o definimos, configura-se no decorrer da segunda metade do século XIX. Nesse mesmo período, o racismo se constituía como a "ciência" da superioridade eurocristã (branca e patriarcal), na medida em que se estruturava o *modelo ariano* de explicação[6] que viria a ser não apenas o referencial das classificações triádicas do evolucionismo positivista das nascentes ciências do homem, como ainda hoje direciona o olhar da produção acadêmica ocidental. Vale notar que tal processo se desenvolveu no terreno fértil de toda uma tradição etnocêntrico pré-colonialista (século XV-século XIX), que considerava absurdas, supersticiosas ou exóticas as manifestações culturais dos povos "selvagens",[7] daí a "naturalidade" com que a violência etnocida e destruidora das forças do pré-colonialismo europeu se fez abater sobre esses povos. No decurso da segunda metade do século XIX, a Europa transformaria tudo isso em uma tarefa de explicação racional dos (a partir de então) "costumes primitivos", em uma questão de racionalidade administrativa de suas colônias. Agora, diante da resistência dos colonizados, a violência assumirá novos contornos, mais sofisticados; chegando, às vezes, a não parecer violência, mas "verdadeira superioridade". Os textos de um Frantz Fanon ou de um Albert Memmi demonstram os efeitos de alienação que a eficácia da dominação colonial exerceria sobre os colonizados.

Quando analisamos a estratégia utilizada pelos países europeus em suas colônias, verificamos que o racismo desempenha um papel fundamental na internalização da "superioridade" do colonizador pelos colonizados. E ele apresenta, pelo menos, duas faces que só se diferenciam como táticas que visam ao mesmo objetivo: exploração/opressão. Refiro-me, no caso, ao que comumente é conhecido como *racismo aberto* e *racismo disfarçado*. O primeiro, característico das sociedades de origem anglo-saxônica, germânica ou holandesa, estabelece que negra é a pessoa que tenha tido antepassados negros ("sangue negro nas veias"). De acordo com essa articulação ideológica, miscigenação é algo impensável (embora o estupro e a exploração sexual da mulher negra sempre tenham ocorrido), na medida em que o grupo branco pretende manter sua "pureza" e reafirmar sua "superioridade". Em consequência, a única solução, assumida de maneira explícita como a mais coerente, é a segregação dos grupos não brancos. A África do Sul, com sua doutrina do desenvolvimento "igual" mas separado, com seu apartheid, é o modelo acabado desse tipo de teoria e práticas racistas. Já no caso das sociedades de origem latina, temos o racismo disfarçado ou, como eu o classifico, *racismo por denegação*. Aqui, prevalecem as "teorias" da miscigenação, da assimilação e da "democracia racial". A chamada América Latina que, na verdade, é muito mais ameríndia e *amefricana* do que outra coisa, apresenta-se como o melhor exemplo de racismo por denegação. Sobretudo nos países de colonização luso-espanhola, onde as pouquíssimas exceções (como a Nicarágua e seu *Estatuto de Autonomía para las Regiones de la Costa Atlántica*) confirmam a regra. Por isso mesmo, creio ser importante voltar nosso olhar para a formação histórica dos países ibéricos.[8] Trata-se de uma reflexão que nos permite compreender como esse tipo específico de racismo pode se desenvolver para se constituir na forma mais eficaz de alienação dos discriminados do que a anterior.

A formação histórica de Espanha e Portugal se deu no decorrer de uma luta plurissecular (a Reconquista), contra a presença de invasores que se diferenciavam não apenas pela religião que professavam (Islã); afinal, as tropas que invadiram a Ibéria em 1771 não eram majoritariamente negras (6.700 mouros para trezentos árabes), como eram comandadas pelo negro general ("Gabel") Tariq ibn Ziyad (a corruptela do termo Gavel Tárik resultou em Gibraltar, palavra que passou a nomear o estreito até então conhecido como Colunas de Hércules). Por outro lado, sabemos que não apenas os soldados, como também o ouro do reino negro de Gana (África ocidental), tiveram muito a ver com as conquistas moura da Ibéria (ou Al-Andulus). Vale notar, ainda, que as duas últimas dinastias que governaram Al-Andulus procediam da África ocidental: a dos almorávidas e a dos almóadas. Foi sob o reinado destes últimos que nasceu, em Córdova (1126), o mais eminente filósofo do mundo islâmico, o aristotélico Averróes.[9] Desnecessário dizer que, tanto do ponto de vista racial quanto civilizacional, a presença moura deixou profundas marcas nas sociedades ibéricas (como, de resto, na França, na Itália etc.). Daí se entende por que o racismo de negação tem, na América Latina, um lugar privilegiado de expressão, na medida em que a Espanha e Portugal adquiriram uma sólida experiência quanto aos processos mais eficazes de articulação das relações raciais.[10]

Sabemos que as sociedades ibéricas se estruturaram a partir de um modelo rigidamente hierárquico, onde tudo e todos tinham seu lugar determinado (até mesmo o tipo de tratamento nominal obedecia às regras impostas pela legislação hierárquica). Como grupos étnicos diferentes e dominados, mouros e judeus eram sujeitos a um violento controle social e político. As sociedades que vieram a constituir a chamada América Latina foram as herdeiras históricas das ideologias de classificação social (racial e sexual) e das técnicas jurídico-administrativas das metrópoles ibéricas. Racialmente estratificadas, dispensaram formas abertas de segregação, uma vez que as hierarquias garantem a superioridade dos brancos como grupos dominantes.[11] A expressão do humorista Millôr Fernandes, ao afirmar que "no Brasil não existe racismo porque o negro reconhece seu lugar", sintetiza o que acabamos de expor.[12]

Por isso mesmo, a afirmação de que todos são iguais perante a lei assume um caráter nitidamente formalista em nossas sociedades. O racismo latino-americano é bastante sofisticado para manter negros e índios na condição de segmentos subordinados no interior das classes mais exploradas, graças à sua forma ideológica mais eficaz: a ideologia do branqueamento. Veiculada pelos meios de comunicação de massa e pelos aparelhos ideológicos tradicionais, ela reproduz e perpetua a crença de que as classificações e os valores do Ocidente são os únicos verdadeiros e universais. Uma vez estabelecido, o mito da superioridade branca demonstra sua eficácia pelos efeitos de estilhaçamento, de fragmentação da identidade racial que ele produz: o desejo de embranquecer (de "limpar o sangue", como se diz no Brasil) é internalizado, com a simultânea negação da própria raça, da própria cultura.[13]

Retomando outra forma de racismo, a segregação explícita, constata-se que seus efeitos sobre os grupos discriminados, ao contrário do racismo por denegação, reforça a identidade racial dos mesmos. Na verdade, a identidade racial própria é facilmente percebida por qualquer criança desses grupos. No caso das crianças negras, elas crescem sabendo que o são e sem se envergonharem disso, o que lhes permite desenvolver outras formas de percepção no interior da sociedade onde vivem (nesse sentido, a literatura negro-feminina dos Estados Unidos é uma fonte de riqueza; e Alice Walker é um belo exemplo disso). Que se atente, no caso, para os quadros jovens dos movimentos de liberação da África do Sul e da Namíbia. Ou, então, para o fato de o Movimento Negro dos Estados Unidos ter conseguido conquistas sociais e políticas muito mais amplas do que o mn da Colômbia, do Peru ou do Brasil, por exemplo. Por aí se entende, também, por que Marcus Garvey, esse extraordinário jamaicano e legítimo descendente de Nanny,[14] tenha sido um dos mais bem-sucedidos ativistas do pan-africanismo ou, ainda, por que o jovem guianense Walter Rodney tenha produzido uma das análises mais contundentes contra o colonialismo-imperialismo, demonstrando *Como a Europa subdesenvolveu a África* e, por isso mesmo, tenha sido assassinado na capital de seu país, a 13 de junho de 1980.[15] Por tudo isso, bem sabemos das razões de outros assassínios, como o de Malcolm X ou o de Martin Luther King Jr.

A produção científica dos negros desses países de nosso continente tem se caracterizado pelo avanço, autonomia, inovação, diversificação e credibilidade nacional e internacional; o que nos remete a um espírito de profunda determinação, em virtude dos obstáculos impostos pelo racismo dominante. Mas, como já dissemos, é justamente a consciência objetiva desse racismo sem disfarces e o conhecimento direto de suas práticas cruéis que despertam esse empenho, no sentido de resgate e afirmação da humanidade e competência de todo um grupo étnico considerado inferior. A dureza dos sistemas fez com que a comunidade negra se unisse e lutasse, em diferentes níveis, contra todas as formas de opressão racista.

Já em nossas sociedades de racismo por denegação, o processo é diferente, como também foi dito. Aqui, a força da cultura apresenta-se como a melhor forma de resistência. O que não significa que vozes solitárias não se ergam, efetuando análises/denúncias do sistema vigente. Foram os efeitos execráveis do assimilacionismo francês que levaram o psiquiatra martiniquenho Frantz Fanon a produzir suas análises magistrais sobre as relações socioeconômicas e psicológicas entre o colonizador/colonizado.[16] No caso brasileiro, temos a figura do honorável (título recebido em conferência internacional do mundo negro, em 1987) Abdias do Nascimento, cuja rica produção (análise/denúncia, teatro, poesia e pintura) não é reconhecida por muitos de seus irmãos e absolutamente ignorada pela intelectualidade "branca" do país (acusam-no de sectarismo ou de "racista às avessas"; o que, logicamente, pressupõe um "racismo às direitas"). É interessante notar que tanto um Fanon quanto um Nascimento só foram reconhecidos e valorizados internacionalmente e não em seus países de origem. (Fanon só mereceu as homenagens de seu país depois de sua morte prematura; daí ter expressado, em seu leito de morte, o desejo de ser sepultado na Argélia.) Desnecessário ressaltar a dor e a solidão desses irmãos, desses exemplos de efetiva militância negra.

Todavia, em minha perspectiva, uma grande contradição permanece quando se trata das formas político-ideológicas de luta e de resistência negra no Novo Mundo. Continuamos passivos diante da postura político-ideológica da potência imperialista dominante da região: os Estados Unidos. Foi também, por esse caminho, que comecei a refletir sobre a categoria de *Amefricanidade*.

O Brasil (país de maior população negra do continente) e a região caribenha apresentam grandes similaridades no que diz respeito à africanização do continente. No entanto, quando se trata dos Estados Unidos, sabemos que os africanos escravizados sofreram uma duríssima repressão em face da tentativa de conservação de suas manifestações culturais (tinham a mão amputada caso tocassem atabaque, por exemplo). O puritanismo do colonizador anglo-americano, preocupado com a "verdadeira fé", forçou-os à conversão e à evangelização, ou seja, ao esquecimento de suas *raízes* africanas (o comovente texto de Alex Haley revela-nos todo o significado desse processo). Mas a resistência cultural se manteve clandestinamente, sobretudo em comunidades da Carolina do Sul. E as reinterpretações, as recriações culturais dos negros daquele país ocorreram fundamentalmente no interior das igrejas do protestantismo cristão. A Guerra de Secessão trouxe-lhes a abolição do escravismo e, com ela, a Ku Klux Klan, a segregação e o não direito à cidadania. As lutas heroicas desse povo discriminado culminaram com o Movimento pelos Direitos Civis, que comoveu o mundo inteiro e que inspirou negros de outros lugares a também se organizarem e lutarem por seus direitos.

Minoria ativa e criadora, vitoriosa em suas principais reivindicações, a coletividade negra dos Estados Unidos aceitou e rejeitou uma série de termos de autoidentificação: *"colored"*, *"negro"*, *"black"*, *"afro-american"*, *"african-american"*. Foram esses dois últimos dois termos que nos chamaram a atenção para a contradição neles existente.

A CATEGORIA DE *AMEFRICANIDADE*

Os termos *afro-american* (afro-americano) e *african-american* (africano--americano) remetem-nos a uma primeira reflexão: a de que só existiriam negros nos Estados Unidos e não em todo o continente. E uma outra, que aponta para a reprodução inconsciente da posição imperialista dos Estados Unidos, que afirmam ser "A AMÉRICA". Afinal, o que dizer dos países da AMÉRICA do Sul, Central, insular e do Norte? Por que considerar o Caribe como algo separado, se foi ali, justamente, que se iniciou a história dessa AMÉRICA? É interessante observar alguém que sai do Brasil, por exemplo, dizer que está indo para "a América". E que *todos nós*, de qualquer região do continente, efetuamos a mesma reprodução, perpetuamos o imperialismo dos Estados Unidos, chamando seus habitantes de "americanos". E nós, o que somos, asiáticos?

Quanto a nós, negros, como podemos atingir uma consciência efetiva de nós mesmos, como descendentes de africanos, se permanecemos prisioneiros, "cativos de uma linguagem racista"? Por isso mesmo, em contraposição aos termos supracitados, eu proponho o de *amefricanos* ("*amefricans*") para designar a *todos nós*.[17]

As implicações políticas e culturais da categoria de *Amefricanidade* ("*Amefricanity*"), são, de fato, democráticas; exatamente porque o próprio termo nos permite ultrapassar as limitações de caráter territorial, linguístico e ideológico, abrindo novas perspectivas para um entendimento mais profundo dessa parte do mundo onde ela se manifesta: *a* AMÉRICA como um todo (Sul, Central, Norte e insular). Para além de seu caráter puramente geográfico, a categoria de *Amefricanidade* incorpora todo um processo histórico de intensa dinâmica cultural (adaptação, resistência, isto é, referenciada em modelos como: a Jamaica e o akan, seu modelo dominante; o Brasil e seus modelos ioruba, banto e ewe-fon. Em consequência, ela nos encaminha no sentido da construção de toda uma identidade étnica. Desnecessário dizer que a categoria de *Amefricanidade* está intimamente relacionada àquelas de pan-africanismo, negritude, afrocentricidade etc.

Seu valor metodológico, a meu ver, está no fato de permitir a possibilidade de resgatar uma *unidade específica*, historicamente forjada no interior de diferentes sociedades que se formaram em uma determinada parte do mundo. Portanto, a Améfrica, como sistema etnogeográfico de referência, é uma criação nossa e de nossos antepassados do continente em que vivemos, inspirados em modelos africanos. Por conseguinte, o termo *amefricanas/amefricanos* designa toda uma descendência: não apenas a dos africanos trazidos pelo tráfico negreiro, como a daqueles que chegaram à América muito antes de Colombo. Tanto ontem como hoje, *amefricanos* oriundos dos mais diferentes países têm desempenhado um papel crucial na elaboração dessa *Amefricanidade* que identifica, na diáspora, uma experiência histórica comum que exige ser devidamente conhecida e pesquisada com atenção. Embora pertençamos a diferentes sociedades do continente, sabemos que o sistema de dominação é o mesmo em todas elas, ou seja: o *racismo*, essa elaboração fria e extrema em todos os níveis de pensamento, assim com parte e parcela das mais diferentes instituições dessas sociedades.

Como já foi visto no início deste trabalho, o racismo estabelece uma hierarquia racial e cultural que opõe a "superioridade" branco-ocidental à "inferioridade" negro-africana. A África é o continente "obscuro", sem uma história própria (Hegel); por isso, a razão é branca, enquanto a emoção é negra. Assim, dada sua "natureza sub-humana", a exploração socioeconômica dos *amefricanos* por todo o continente é considerada "natural". Mas, graças aos trabalhos de *autores africanos e americanos* – Cheikh Anta Diop, Théophile Obenga, Amílcar Cabral, Kwame Nkrumah, W.E.B. Dubois, Chancellor Williams, George James, Yosef Ben-Jochannan, Ivan Van Sertima, Frantz Fanon, Walter Rodney, Abdias do Nascimento e tantos outros –, sabemos o quanto a violência do racismo e de suas práticas despojaram-nos de nosso legado histórico, de nossa dignidade, de nossa história e de nossa contribuição para o avanço da humanidade nos níveis filosófico, científico, artístico e religioso; o quanto a história dos povos africanos sofreu uma mudança brutal com a violenta investida europeia, que não cessou de subdesenvolver a África (Rodney); e como o tráfico negreiro trouxe milhões de africanos para o Novo Mundo...

Partindo de uma perspectiva histórica e cultural, é importante reconhecer que a experiência *amefricana* diferenciou-se daquela dos africanos que permaneceram em seu próprio continente. Ao adotarem a autodesignação de afro/africano-americanos, nossos irmãos dos Estados Unidos também caracterizam a *denegação* de toda essa rica experiência vivida no Novo Mundo e da consequente criação da Améfrica. Além disso, existe o fato concreto dos nossos irmãos da África não os considerarem como verdadeiros africanos. O esquecimento ativo de uma história pontuada pelo sofrimento, pela humilhação, pela exploração e pelo etnocídio aponta para uma perda de identidade própria, logo reafirmada alhures (o que é compreensível, em face das pressões raciais no próprio país). Mas acontece que não se pode deixar de levar em conta a heroica resistência e a criatividade na luta contra a escravização, o extermínio, a exploração, a opressão e a humilhação. Justamente porque, como descendentes de africanos, tivemos na *herança africana* sempre a grande fonte retificadora de nossas forças. Por tudo isso, como *americanos*, temos nossas contribuições específicas para o mundo pan-africano. Assumindo nossa *Amefricanidade*, podemos ultrapassar uma visão idealizada, imaginária ou mitificada da África e, ao mesmo tempo, voltar nosso olhar para a realidade em que vivem *todos os amefricanos* do continente.

"Toda linguagem é epistêmica. Nossa linguagem deve contribuir para o entendimento de nossa realidade. Uma linguagem revolucionária não deve embriagar, não pode levar à confusão", ensina Molefi Kete Asante, criador da perspectiva afrocentrada. Então, quando ocorre a autodesignação de afro/africano-americano, o real dá lugar ao imaginário e a confusão se estabelece (afro/africano-*americanos*, afro/africano-*colombianos*, afro/africano-*peruanos* e por aí afora); assim como uma espécie de hierarquia: os afro/africano-*americanos* ocupando o primeiro plano, ao passo que os *garífunas* da América Central ou os "índios" da República Dominicana, por exemplo, situam-se no último (afinal, eles nem sabem que são afro/africanos...) E fica a pergunta: o que pensam os afro/africano-*africanos*?

350

Vale notar que, em sua ansiedade de ver a África em tudo, muito de nossos irmãos dos Estados Unidos que agora descobrem a riqueza da criatividade cultural baiana (como muitos latinos de nosso país) acorrem em massa para Salvador, buscando descobrir "sobrevivências" de culturas africanas. E o engano se dá em um duplo aspecto: a visão evolucionista (e eurocêntrica) com relação às "sobrevivências" e a cegueira diante da explosão criadora de algo desconhecido, nossa *Amefricanidade*. Por tudo isso, e muito mais, acredito que politicamente é muito mais democrático, culturalmente muito mais realista e logicamente muito mais coerente identificar-nos a partir da categoria de *Amefricanidade* e nos designarmos *amefricanos:* de Cuba, do Haiti, do Brasil, da República Dominicana, dos Estados Unidos e de todos os outros países do continente.

"Uma ideologia de libertação deve encontrar sua experiência em nós mesmos; ela não pode ser externa a nós e imposta por outros que não nós próprios; deve ser derivada de nossa experiência histórica e cultural particular."[18] Então, por que não abandonar as reproduções de um imperialismo que massacra não apenas os povos do continente, mas de muitas outras partes do mundo, e reafirmar a particularidade de nossa experiência na América como um todo, sem nunca perder a consciência de nossa dívida e dos profundos laços que temos com a África?

Num momento em que se estreitam as relações entre os descendentes de africanos em todo o continente, em que nós, *amefricanos*, mais do que nunca, constatamos as grandes similaridades que nos unem, a proposta de M.K. Asante me parece da maior atualidade. Sobretudo se pensarmos naqueles que, em um passado mais ou menos recente, deram seu testemunho de luta e de sacrifício, abrindo caminhos e perspectivas para que, hoje, possamos levar adiante o que eles iniciaram. Daí minha insistência em relação à categoria de *Amefricanidade*, que floresceu e se estruturou no decorrer dos séculos que marcam nossa presença no continente.

Já na época escravista, ela se manifestava nas revoltas, na elaboração de estratégias de resistência cultural, no desenvolvimento de formas alternativas de organização social livre, cuja expressão concreta se encontra nos *quilombos, cimarrones, cumbes, palenques, marronages* e *maroon societies*, espraiadas pelas mais diferentes paragens de todo o continente.[19] E mesmo antes, na chamada América pré-colombiana, ela já se manifestava, marcando decisivamente a cultura dos olmecas, por exemplo.[20] Reconhecê-la é, em última instância, reconhecer um gigantesco trabalho de dinâmica cultural que não nos leva para o outro lado do Atlântico, mas que nos traz de lá e nos transforma no que somos hoje: amefricanos.²¹

TEXTO ORIGINALMENTE PUBLICADO EM *REVISTA TEMPO BRASILEIRO*, RIO DE JANEIRO, 1992/1993, P. 69-82.

NOTAS

1 Ver Lélia Gonzalez, "Racismo e sexismo na cultura brasileira", in *Movimentos sociais urbanos, minorias étnicas e outros estudos*, Brasília: Anpocs, 1983 (*Ciências Sociais Hoje*, n° 2); Id., "Por um feminismo afro-latino-americano", *Revista Isis*, jul 1988; Id., "Nanny: pilar da *Amefricanidade*", *Revista Humanidades*, n° 17, Brasília: Editora da UnB, 1988; Id., "A Socio-Historic Study of South American Christianity: The Brazilian Case", First Pan-African Christian Churches Conference, Atlanta: International Theological Center, 17-23 jul 1988.
2 M.D. Magno, *Améfrica Ladina: introdução a uma abertura*, Rio de Janeiro: Colégio Freudiano do Rio de Janeiro, 1981.
3 Ver Jean-Bertrand Pontalis e Jean Laplanche, *Vocabulário da psicanálise*, Santos: Livraria Martins Fontes, 1970.
4 Ver M.D. Magno, op. cit.
5 Ver Jean-Bertrand Pontalis e Jean Laplanche, op. cit.
6 Ver Martin Bernal, *Black Athena*, New Brunswick: Rutgers University Press, 1987.
7 Ver Gérard Leclerc, *Anthropologie et colonialisme*, Paris: Fayard, 1972.
8 Ver Lélia Gonzalez, "Nanny: pilar da *Amefricanidade*", op. cit.
9 Wayne B. Chandler, "The Moor: Light of Europe's Dark Age", in Ivan Van Sertima (org.), *African Presence in Early Europe*, 3rd ed., New Brunswick-Oxford: Transaction Books, 1987.
10 Ver Lélia Gonzalez, "Nanny, pilar da Amefricanidade", op. cit.
11 Ver Roberto DaMatta, *Relativizando: uma introdução à antropologia*, 4ª ed., Petrópolis: Vozes, 1984.
12 Ver Lélia Gonzalez, "Nanny, pilar da Amefricanidade", op. cit.
13 Ver Lélia Gonzalez, "Por um feminismo afrolatinoamericano", op. cit.
14 Ver Walter Rodney, *How Europe Underdeveloped Africa*, 2nd ed., Washington: Howard University Press, 1974.
15 Tive a honra de conhecê-lo e receber seu estímulo, em um seminário promovido pela Universidade da Califórnia em Los Angeles, em 1979.
16 Ver Frantz Fanon, *Os condenados da terra*, 2ª ed., Rio de Janeiro: Civilização Brasileira, 1979; e *Pele negra, máscaras brancas*, Salvador: Fator, 1983, coleção *Outra gente*.
17 Ver Lélia Gonzalez, "A Socio-Historic Study of South American Christianity: The Brazilian Case", op. cit.
18 Ver Molefi K. Asante, *Afrocentricity*, Trenton: Africa World Press, 1988, p. 31.
19 Ver Elisa Larkin Nascimento, *Pan-africanismo na América do Sul: emergência de uma rebelião negra*, Petrópolis: Vozes, 1981.
20 Ver Ivan Van Sertima, *They Came Before Columbus: The African Presence in Ancient America*, Nova York: Random House, 1976.
21 Este trabalho é dedicado a Marie-Claude e Shawna, irmãs e companheiras amefricanas, que muito me incentivaram no desenvolvimento da ideia em questão. É também uma homenagem ao honorável Abdias do Nascimento.

novas interpelações

Ninguém resiste à colonialidade dos gêneros sozinho. Somente é possível resistir a ela com o entendimento do mundo e com uma vivência que é compartilhada e consegue entender as próprias ações – garantindo certo reconhecimento. As comunidades, e não os indivíduos, possibilitam o fazer; as pessoas produzem junto de outras, nunca em isolamento.

María Lugones

Rumo a um feminismo decolonial

María Lugones

NO LIVRO *Heterosexualism and the Colonial/Modem Gender System*,[1] proponho uma leitura da relação entre colonizador e colonizado no que se refere a gênero, raça e sexualidade. Eu não queria acrescentar mais uma leitura de gênero e de raça nas já conhecidas relações coloniais; minha intenção era fazer uma releitura da modernidade colonial capitalista. Isso porque a imposição colonial dos gêneros atravessa questões ecológicas, econômicas, governamentais, atravessa relações com o mundo dos espíritos, o conhecimento, bem como as práticas diárias que nos ensinam ou a cuidar do mundo ou a destruí-lo. Proponho esse quadro não como uma abstração da experiência vivida, mas como os óculos que nos permitem enxergar o que está escondido dos nossos entendimentos sobre raça e gênero e a relação de ambos com a heteronormatividade.

A modernidade organiza o mundo ontologicamente em categorias atômicas, homogêneas e separáveis. A crítica das mulheres de cor[2] e do Terceiro Mundo ao feminismo universalista coloca como central o fato de que a intersecção de raça, classe, sexualidade e gênero extrapola as categorias da modernidade. Se *mulher* e *negra* são categorias homogêneas, atômicas, separáveis, sua intersecção nos mostra a falta de mulheres negras; ver mulheres não brancas é extrapolar essa lógica categórica. Analisando o sistema moderno, colonial e de gênero, acredito eu, conseguimos produzir uma teoria mais profunda sobre a lógica opressora da modernidade colonial, o uso de dicotomias hierárquicas e de uma lógica categorizante. Quero enfatizar, ainda, a centralidade dessa lógica de categorias, dicotomias e hierarquia para o pensamento moderno, colonial e capitalista sobre raça, gênero e sexualidade. Dessa maneira, consigo procurar por organizações sociais que resistem à modernidade capitalista e que estão em atrito com essa lógica. Seguindo Juan Ricardo Aparicio e Mario Blaser,[3] chamo de *não modernas* essas formas de organização do social, do cosmológico, do econômico e do espiritual. Assim como esses autores, uso o termo "não moderno" para lembrar que tais formas não são pré-modernas; o aparato da modernidade opera para reduzi-las a formas pré-modernas. Assim, conhecimentos, relações e valores não modernos e práticas ecológicas, econômicas e espirituais são formados em uma constante tensão com a lógica dicotômica, hierárquica e categorizante.

A COLONIALIDADE DOS GÊNEROS

Acredito que a hierarquia dicotômica entre seres humanos e não humanos é a dicotomia central da modernidade colonial. Começando com a colonização das Américas e do Caribe, uma distinção hierárquica e dicotômica entre humanos e não humanos foi imposta sobre os colonizados, a serviço dos interesses do homem ocidental – e ela foi acompanhada por outras distinções que obedeciam à mesma lógica, como aquela entre homens e mulheres. Esse tipo de diferenciação se tornou uma marca da humanidade e da civilização. Somente homens e mulheres civilizados são humanos; povos indígenas das Américas e escravos africanos eram classificados como não humanos – animais, incontrolavelmente sexuais e selvagens. O homem europeu, burguês, colono, moderno foi transformado em sujeito/agente, próprio para governar, para a vida pública, um ser civilizado, heterossexual, cristão, um ser da mente e da razão. A mulher europeia burguesa não era entendida como um complemento desse homem, e sim como alguém que reproduzia a humanidade e o capital por meio da sua pureza sexual, passividade e domesticidade – sempre a serviço do homem branco, europeu, burguês. A imposição dessas hierarquias dicotômicas foi costurada à historicidade das relações, inclusive a das relações íntimas. Neste artigo, quero entender como podemos pensar sobre resistências íntimas e diárias à diferença colonial. Quando penso sobre intimidade, não estou falando exclusivamente ou mesmo principalmente de relações sexuais; estou pensando no entrelaçado da vida social que acontece entre pessoas que não estão assumindo papéis representativos ou oficiais.

Começo, então, com a necessidade de entender que os colonizados se tornaram sujeitos em situações coloniais, na primeira modernidade, nas tensões criadas pela imposição brutal de um sistema moderno, colonial e de gênero. Sob a imposição de uma estrutura de gênero, os burgueses brancos europeus eram civilizados; eles eram seres humanos completos. A dicotomia hierárquica como uma marca de humanidade também se tornou uma ferramenta normativa de condenação dos colonizados. Os comportamentos e as personalidades/almas das pessoas colonizadas eram julgadas como bestiais e, consequentemente, não atribuídas de gênero, promíscuas, grotescamente sexuais e pecaminosas. Apesar de, nesse momento, o entendimento sobre sexo ainda não ser dismórfico, os animais já eram diferenciados entre machos e fêmeas. O macho, perfeito; e a fêmea, a inversão e a deformação do macho.[4] Hermafroditas, sodomitas, viragos e os colonizados eram todos entendidos como aberrações que distorciam a perfeição masculina.

A missão civilizatória, incluindo a conversão ao cristianismo, estava presente na concepção ideológica da conquista e da colonização. Julgar os povos colonizados como deficientes do ponto de vista da civilização justificava crueldades sem tamanho. Quando pensamos no macho colonizado não humano, precisamos lembrar da perspectiva civilizatória, de um entendimento normativo do "homem" como o ser humano por excelência; fêmeas eram vistas de acordo com o entendimento normativo de "mulher" como a inversão dos homens.[5] Desse ponto de vista, as pessoas colonizadas se tornaram machos e fêmeas; machos se tornaram não-humanos-como-não-homens, e fêmeas colonizadas se tornaram não-humanas-como-não-mulheres. Consequentemente, as fêmeas colonizadas nunca foram entendidas como faltantes, porque elas não eram comparáveis aos homens, sendo transformadas em viragos. Os homens colonizados não eram entendidos como faltantes, porque não eram comparáveis às mulheres – o que é entendido como "feminização do homem" colonizado parece mais um gesto de humilhação, atribuindo a eles uma passividade sexual representada pela constante ameaça de estupro. Essa tensão entre hipersexualidade e passividade sexual define um dos domínios da subjetividade masculina do colonizado.

É importante notar que, normalmente, quando cientistas sociais investigam sociedades colonizadas, a procura de distinção sexual e de certa construção da diferença entre os gêneros se dá na observação das tarefas executadas por cada sexo. Dessa maneira, eles reafirmam uma inseparabilidade entre sexo e gênero característica das primeiras análises feministas. Estudos mais recentes têm introduzido a ideia de que os gêneros podem ser o que constrói os sexos. Mas, inicialmente, a ideia era de que o sexo produzia o gênero. Usualmente, eles se tornavam uma coisa só: onde você vê sexo, vê gênero, e vice-versa. Porém, se eu estiver certa sobre a colonialidade dos gêneros, na distinção entre o humano e o não humano, o sexo deveria ficar sozinho. O gênero e o sexo não poderiam ser inseparavelmente ligados e racializados. O dimorfismo sexual se tornou a base do entendimento dicotômico dos gêneros, uma característica humana. É possível dizer que o sexo que estava sozinho na bestialização do colonizado era, no fim das contas, atribuído de gênero. Mas o importante para mim é destacar que o sexo foi pensado para estar sozinho na caracterização do colonizado. Esse me parece ser bom ponto de entrada para uma pesquisa que encara a colonialidade de maneira séria e que tem como objetivo estudar a historicidade e o significado da relação entre sexo e gênero.

A "missão civilizatória" colonial foi a máscara eufemística do acesso brutal aos corpos das pessoas pela exploração inimaginável, violenta violação sexual, controle da reprodução e um horror sistemático (ao dar pessoas vivas para cachorros comerem e ao fazer bolsas e chapéus com as vaginas de mulheres indígenas brutalmente assassinadas, por exemplo). A missão civilizatória usou a dicotomia hierárquica dos gêneros como uma forma de julgamento, apesar da realização dos gêneros dicotômicos pelos colonizados não ser relevante para esse julgamento normativo – transformar os colonizados em seres humanos não era o objetivo dos colonizadores. A dificuldade de imaginar esse objetivo pode ser facilmente percebida, quando vemos que tal transformação, dos colonizados em homens e mulheres, não seria uma transformação identitária, mas uma mudança de natureza. Mas virar os colonizados uns contra os outros fazia parte do repertório de justificativas para os abusos que aconteciam. A confissão cristã, o pecado e a divisão maniqueísta entre o bem e o mal serviram para marcar a sexualidade feminina como má – fêmeas colonizadas eram relacionadas ao diabo.

O projeto de transformação civilizatória justificou a colonização da memória, e, junto dela, a do entendimento das pessoas sobre si mesmas, sobre suas relações intersubjetivas, suas relações com o mundo espiritual, com a terra, com a matéria da sua concepção sobre a realidade, a identidade, e a organização social, ecológica e cosmológica. À medida que o cristianismo se tornou o instrumento mais poderoso dessa transformação, a normatividade que conectava os gêneros e a civilização passou a funcionar como uma forma de apagamento dos laços comunitários, das práticas ecológicas, do conhecimento sobre agricultura, produção de utensílios, sobre o cosmos, e não apenas pela transformação e pelo controle sobre as práticas sexuais e reprodutivas. Conseguimos começar a enxergar a ligação entre a introdução colonizadora do conceito instrumental moderno de natureza, ideia central ao capitalismo, e a introdução também colonizadora do conceito moderno de gênero; e vê-las em suas ramificações impressionantes, macabras e pesadas. Também podemos perceber, na visão que venho apresentando sobre a imposição de um sistema moderno e colonizador de gênero, a prática de desumanização constitutiva da colonialidade do ser. A ideia que tenho de uma colonialidade do ser que é relacionada com tais processos de desumanização vem do trabalho de Nelson Maldonado-Torres.[6]

Eu uso o termo *colonialidade* seguindo a análise de Aníbal Quijano sobre o sistema capitalista mundial de poder em relação à "colonialidade do poder" e à modernidade, duas esferas inseparáveis no funcionamento desse sistema. A análise do autor nos fornece um entendimento histórico da inseparabilidade dos processos de racialização e a exploração capitalista,[7] constituinte do sistema capitalista de poder e ancorada na colonização das Américas. Quando penso na colonialidade dos gêneros, eu torno complexo esse entendimento do sistema capitalista global de poder, ao mesmo tempo que critico seu entendimento de gênero apenas no que se refere ao acesso sexual às mulheres.[8] Uso o termo *colonialidade* para nomear não apenas uma forma de classificar pessoas através de uma colonialidade do poder e dos gêneros, mas também para pensar sobre o processo ativo de redução das pessoas, a desumanização que as qualificam para a classificação, o processo de subjetivação, a tentativa de transformar o colonizado em menos que humano. Aqui existe um contraste forte com o processo de conversão que constitui a missão evangelizadora cristã.

TEORIZANDO RESISTÊNCIAS/DECOLONIZANDO OS GÊNEROS

A consequência semântica da colonialidade dos gêneros é que a categoria "mulher colonizada" é vazia: nenhuma mulher é colonizada; nenhuma fêmea colonizada é mulher. Portanto, a resposta colonial para a pergunta de Sojourner Truth é definitivamente "não".[9] Diferentemente da colonização, a colonialidade dos gêneros ainda está conosco; ela está na intersecção gênero/classe/raça como o construto central do sistema mundial capitalista de poder. Pensar sobre a colonialidade dos gêneros nos permite ver os seres históricos apenas de maneira unilateral – como oprimidos. Uma vez que não existem mulheres colonizadas, sugiro que nosso foco incida sobre os seres que resistem à colonialidade dos gêneros pelas "diferenças coloniais". Esses seres são, como sugeri, apenas parcialmente entendidos como oprimidos, como construídos por meio da colonialidade dos gêneros. A ideia não é buscar uma construção não colonizada dos gêneros em organizações indígenas da sociedade. Isso não existe; o "gênero" não se afasta da modernidade colonial. A resistência à colonialidade dos gêneros é, portanto, historicamente complexa.

Quando penso que sou uma teórica da resistência, não é porque acredito que a resistência seja o fim ou o objetivo da luta política, mas porque ela é o começo, é a sua possibilidade de acontecer. Estou interessada no movimento de libertação subjetivo/intersubjetivo, que é adaptativa e criativamente opositivo. A resistência é a tensão entre a subjetivação (a formação/informação do sujeito) e a subjetividade ativa, o senso mínimo de agência necessário para que a relação oprimir → ← resistir seja ativa, sem recorrer ao senso máximo de agência da subjetividade moderna.[10]

A subjetividade resistente costuma se expressar infrapoliticamente, em vez de fazê-lo em políticas estatais, o que costuma abrir espaço para contestações públicas. Legitimidade, autoridade, voz, sentidos e visibilidade são negadas à subjetividade resistente. A infrapolítica marca um olhar para dentro, na política de resistência, rumo à libertação. Ela mostra o poder das comunidades oprimidas na construção de significados de resistência e de pessoas resistentes à constituição de significados e à organização social pelo poder. Em nossas existências colonizadas, atribuídas de gênero e oprimidas, somos também algo diferente daquilo que a hegemonia nos faz ser – essa é uma conquista infrapolítica. Se estamos terminados, completamente construídos através e por mecanismos micro e macro e pelas circulações do poder, a "liberação" perde muito do seu significado ou deixa de ser um assunto intersubjetivo. A própria possibilidade de uma identidade baseada na política[11] e o projeto de decolonialidade perdem sua base humana.

À medida que passo metodologicamente dos feminismos de mulheres de cor para um feminismo decolonial, começo a pensar no feminismo a partir de sua origem e da diferença colonial, com forte ênfase no seu solo, na sua intersubjetividade historicizada e encarnada. Mais do que respondendo, estou, aqui, formulando a questão da *relação* entre resistência (ou a resposta resistente à colonialidade dos gêneros) e decolonialidade.[12] Ainda assim, minha intenção é entender a resistência à colonialidade dos gêneros sob a perspectiva da diferença colonial.

Decolonizar os gêneros é necessariamente uma práxis. Trata-se de transformar uma crítica da opressão de gênero – racializada, colonial, capitalista e heterossexista – em uma mudança viva da sociedade; colocar o teórico no meio das pessoas em um entendimento histórico, humano, subjetivo/intersubjetivo da relação oprimir → ← resistir na intersecção de sistemas complexos de opressão. Em grande medida, essa práxis tem que estar de acordo com as subjetividades e intersubjetividades que constroem e são construídas pela "situação" e precisa incluir um "aprender" sobre os povos. Além disso, o feminismo não nos dá apenas uma análise sobre a opressão das mulheres. Ele vai além da opressão, fornecendo materiais que permitem que as mulheres entendam sua situação sem sucumbir a ela. Aqui, começo a organizar uma maneira de entender a opressão das mulheres que foram subalternizadas por meio da combinação de processos de racialização, colonização, exploração capitalista e imposição da heterossexualidade. Meu objetivo é focar na esfera subjetiva-intersubjetiva para revelar que as opressões desagregadoras desmontam o salto subjetivo-intersubjetivo da agência das mulheres colonizadas. Eu chamo a análise dessa opressão racializada, capitalista e de gênero de "colonialidade dos gêneros"; a possibilidade de superar a colonialidade dos gêneros é o "feminismo decolonial".

A colonialidade dos gêneros me permite entender a imposição opressora como uma complexa interação de sistemas econômicos, raciais e atribuídos de gênero, na qual toda pessoa no encontro colonial pode ser entendida como um ser vivo, histórico e plenamente descrito. Nessa dinâmica, quero entender as pessoas que resistem como oprimidas pela construção colonizadora do lócus fraturado. Mas a colonialidade do gênero esconde quem resiste como um nativo, plenamente informado, de comunidades que sofrem ataques cataclísmicos. Assim, a colonialidade dos gêneros é apenas um ingrediente ativo na história das pessoas que resistem. Quando foco nas pessoas resistentes na dinâmica da diferença colonial, quero revelar o que está escondido.

O longo processo da colonialidade começa subjetiva e intersubjetivamente em um tenso encontro que forma a normatividade capitalista, moderna, colonial, e ao mesmo tempo se recusa a produzir para ela. O ponto crucial nesse encontro é que a sua construção subjetiva e intersubjetiva informa sobre a resistência aos agentes da dominação colonial. O sistema de poder global, capitalista, colonial, moderno, que Aníbal Quijano afirma começar no século XVI nas Américas e durar até hoje, não encontrou um mundo a ser formado, um mundo de mentes vazias e de animais em evolução.[13] Na verdade, ele encontrou seres complexos, atravessados por organizações culturais, políticas, econômicas e religiosas. Seres em relação complexa com o cosmos, com outros Eus, com a geração, a terra, os seres vivos, os inorgânicos, em produção; Eus cuja expressividade erótica, estética e linguística, cujos conhecimentos, noções sobre o espaço, esperas, práticas, instituições e formas de governo não estavam ali para serem simplesmente substituídas, e sim para serem conhecidas, entendidas e introduzidas em tensos, violentos e arriscados encontros, diálogos e negociações que nunca aconteceram.

Em vez disso, o processo de colonização inventou o colonizado e elaborou uma tentativa de redução completa deles a algo menos que humanos primitivos, possuídos pelo diabo, infantis, agressivamente sexuais e necessitados de transformação. O processo que quero seguir é o do oprimir → ← resistir no lócus fraturado da diferença colonial. Quero seguir sujeitos em colaborações e conflitos intersubjetivos, completamente entendidos como membros de sociedades nativas das Américas ou da África, à medida que eles recebem, respondem, resistem e se acomodam a invasores hostis que querem destituí-los de seus bens e desumanizá--los. A presença invasiva ativa certa brutalidade, de maneira atraente, arrogante, não comunicativa e poderosa, deixando pouco espaço para ajustes que preservem seu próprio senso de si, em comunidade e no mundo. Mas em vez de pensar no sucesso do sistema global, capitalista, colonial e na destruição que promove (de povos, conhecimentos, relações e economias), quero pensar nos processos de resistência continuada a ele que duram até hoje. Quero pensar ainda no colonizado não como simplesmente imaginado e construído pelo colonizador e pela colonialidade, de acordo com a imaginação colonial e as restrições da sua aventura capitalista, e sim como um ser que começa a habitar um lócus fraturado construído duplamente, que percebe o mundo duplamente, relaciona-se duplamente, onde os "lados" estão em tensão e o próprio conflito ativamente informa a subjetividade do Eu colonizado em relações múltiplas.[14]

O sistema de gêneros é hierárquica e racialmente diferenciado; e a diferenciação racial nega a humanidade e consequentemente o gênero ao colonizado.[15] Irene Silverblatt, Carolyn Dean, Maria Esther Pozo, Pamela Calla, Nina Laurie, Sylvia Marcos, Paula Gunn Allen, Leslie Marmon Silko, Felipe Guamán Poma de Ayala e Oyèrónké Oyěwùmí,[16] entre outros, permitem-me afirmar que o gênero é uma imposição colonial, não apenas na medida em que se impõe sobre a vida – como se vive de acordo com cosmologias incompatíveis com a lógica moderna das dicotomias –, mas também no sentido em que vivências de mundos entendidos, construídos e alinhados com tais cosmologias provocam o Eu-entre-outros à resistência com e em tensão extrema com a diferença colonial.

O longo processo de subjetificação do colonizado na direção da adoção/ internalização da dicotomia homens/mulheres como construção social normativa – uma marca civilizatória, de cidadania, de integração na sociedade civil – foi e é constantemente renovado. Ele é marcado na carne, repetidas vezes, por respostas opositoras baseadas em uma longa história de respostas opositoras e vividas como sensatas em sociedades alternativas e resistentes na diferença colonial. Trata-se de um movimento rumo a uma coalizão que nos impulsiona a conhecer uns aos outros como seres que são dotados de relações, de sociabilidades alternativas, e baseados em vivências da diferença colonial atravessadas por tensões e criatividades.

Minha investigação enfatiza a historicidade da relação oprimir → ← resistir e, consequentemente, enfatiza as resistências vividas e concretas à colonialidade de gênero. Particularmente, quero ressaltar a necessidade de se manter uma leitura múltipla do Eu resistente relacional. Essa é uma consequência da imposição colonial dos gêneros, nós vemos a dicotomia de gênero operando normativamente na construção da sociedade e nos processos coloniais de subjetivação opressora. Mas, se vamos elaborar outra construção de um Eu relacional, precisamos colocar entre parênteses o sistema dicotômico humano/não humano, colonial, de gênero, que é formado pela dicotomia hierárquica homem/ mulher para europeus colonizadores + colonizados não atribuídos de gênero, não humanos. Como vemos em Oyèrónké Oyěwùmí,[17] uma leitura colonizada dos ioruba leva a dicotomia hierárquica para aquela sociedade, apagando a realidade da imposição colonial de um sistema de gênero opressor múltiplo. Assim, é necessário que sejamos muito cuidadosos com o uso dos termos *mulher* e *homem*, e que os coloquemos entre parênteses, quando necessário, para entrelaçar a lógica do lócus fraturado, sem causar o desaparecimento das forças sociais que existem ligadas às respostas resistentes. Se apenas costurarmos as categorias homem e mulher no tecido que constitui o Eu que resiste, apagaremos a própria resistência. Somente entre parênteses conseguimos observar a lógica distinta que organiza a sociedade nas respostas resistentes. Assim, a percepção e a habitação múltipla, a fratura do lócus, a dupla ou múltipla consciência são constituídas em parte por essa diferença lógica. O lócus fraturado inclui a dicotomia hierárquica que forma a subjetivação do colonizado. Mas o lócus é rompido pela presença resistente, a subjetividade ativa do colonizado contra a invasão colonial do Eu comunal – quando habita essa subjetividade. Conseguimos ver aqui o espelhamento da multiplicidade das mulheres de cor nos seus feminismos.

Eu disse, anteriormente, que estou seguindo a distinção entre moderno e não moderno feita por Aparicio e Blaser.[18] Eles deixam evidente a importância dessa distinção, à medida que nos falam sobre a tentativa da modernidade de controlar, pela negação, o desafio da existência de outros mundos com princípios ontológicos diferentes. Ela nega a existência dessas outras possibilidades roubando sua validade e contemporaneidade. Essa negação é a colonialidade, que emerge como constituinte da modernidade. A diferença entre o moderno e não moderno se torna – do ponto de vista da modernidade – uma diferença colonial, uma relação hierárquica na qual o não moderno é subordinado ao moderno. Mas a exterioridade da modernidade não é pré-moderna. É importante entender que certa forma de ver o mundo pode pensar de maneira fundamentalmente crítica a lógica "categórica"/essencialista da modernidade, a dicotomia entre homem e mulher, e mesmo o dimorfismo entre machos e fêmeas, isso tudo sem conseguir ver a colonialidade ou a diferença colonial. Tal visão de mundo pode não representar, e talvez até exclua a possibilidade de resistência ao sistema moderno, colonial e de gênero, e à colonialidade dos gêneros, porque ela não consegue perceber o mundo se multiplicando por meio de um lócus fraturado na diferença colonial.

Pensando em uma metodologia da decolonialidade, passo a ler a sociedade com base nas cosmologias que a informam, em vez de começar com uma leitura atribuída de gênero das cosmologias que informam e formam percepções, mobilidades, incorporações e relações. O caminho que recomendo é muito diferente daquele que aloca o gênero na esfera social. Essa mudança nos permite entender a organização da sociedade de uma maneira reveladora sobre as perturbações profundas da imposição de um gênero ao Eu relacional. Traduzir termos como *koshskalaka*, *chachawarmi*, e *urin*[19] para o vocabulário dos gêneros, para uma concepção dicotômica, heterossexual, racializada e hierárquica que dá sentido às diferenças de gênero, é exercitar a colonialidade da língua – e, assim, a possibilidade de se articular uma resistência à colonialidade de gênero é apagada.

Em uma conversa com Filomena Miranda, perguntei sobre a relação entre as palavras aymara *qamaña* e *utjaña*, ambas traduzidas como "viver". Sua complexa resposta relacionava a palavra *utjaña* à *uta*, que significa viver em comunidade na terra comunal. Ela me disse que não é possível ter *qamaña* sem *utjaña*. Para ela, aqueles que não tem *utjaña* são *waccha* e muitos se tornam *misti*. Apesar de viver a maior parte do tempo em La Paz, longe das suas terras comunais, Filomena Miranda ainda tem *utjaña*, o que agora a chama para participar do governo; no próximo ano, ela vai governar junto da irmã. Sua irmã vai substituir seu pai e, assim, será duas vezes *chacha*, já que sua comunidade é *chacha* assim como seu *pai*; Filomena será *chacha* e *warmi*, já que vai governar no lugar de sua mãe, em uma comunidade *chacha*. Minha questão é que traduzir *chacha* e *warmi* como "homem" e "mulher" é uma violência contra a relação comunal expressa na ideia de *utjaña*. Filomena traduz *chachawarmi* para o espanhol como "opostos complementares". A nova constituição boliviana, o governo Morales e os movimentos indígenas dos Abya Yala mostram comprometimento com a filosofia da *suma qamaña* (usualmente traduzida como "viver bem"). A relação entre *qamaña* e *utjaña* aponta a importância da complementaridade e sua inseparabilidade do florescer comunal na constante produção do balanço cósmico. *Chachawarmi* não é separável em significado ou prática de *utjaña*; eles são como um. A destruição de *chachawarmi* não é compatível com *suma qamaña*.[20]

Eu não estou propondo que não vejamos a imposição das dicotomias humano/não humano, homem/mulher, macho/fêmea na construção das nossas vidas diárias, porque isso não é possível. E fazê-lo seria esconder a colonialidade dos gêneros, o que apagaria a própria possibilidade de perceber – ver – a vivência em tensão da diferença colonial e as respostas que vêm desse lugar. À medida que aponto a colonialidade na tradução de *chachawarmi* para homem/mulher, eu estou ciente dos usos de "homem" e "mulher" na vida cotidiana de comunidades bolivarianas, inclusive nos discursos inter-raciais. O sucesso da complexa norma de gênero introduzida com a colonização, e que constitui a colonialidade dos gêneros, transformou essa tradução colonial em uma questão diária, mas a resistência à colonialidade de gênero também é vivida lingusticamente na tensão das feridas coloniais. O apagamento político e a tensão vivida do *linguagismo* – do movimento entre formas de viver em relação com a linguagem – entre *chachawarmi* e homem/mulher formam certa lealdade à colonialidade dos gêneros, à medida que apaga uma história de resistência à diferença colonial. A *utjaña* de Filomena não é uma vida no passado, mas uma vida em um modo *chachawarmi* de viver. A possibilidade da *utjaña* hoje em dia depende, em parte, das vidas vividas na tensão da linguagem na diferença colonial.

A DIFERENÇA COLONIAL

Walter Mignolo começa seu *Local Histories/Global Designs* nos dizendo que "o tópico principal desse livro é a diferença colonial na formação e transformação do sistema mundial moderno/colonial".[21] À medida que a ideia de "diferença colonial" atravessa o trabalho de Mignolo, seu significado se abre. A diferença colonial não é definida nesta obra. De fato, a disposição definidora não dialoga com a introdução do autor sobre o conceito. Assim, trago algumas citações do trabalho de Mignolo, mas não o faço como uma apresentação da sua definição de "diferença colonial". Estas citações guiam minhas elaborações sobre formas de resistência à colonialidade dos gêneros na diferença colonial, considerando a complexidade da sua obra.

> **A diferença colonial é o espaço onde a colonialidade do poder é acionada.**[22]
>
> Uma vez que a colonialidade do poder é introduzida à análise, a "diferença colonial" se torna visível, e as rupturas epistemológicas na crítica eurocêntrica ao eurocentrismo são separadas das críticas ao eurocentrismo ancoradas na diferença colonial (...).[23]

Nos preparamos para ouvir essas afirmações. É possível olhar para o passado colonial, como um observador, e enxergar os nativos negociando a introdução das crenças e práticas estrangeiras, assim como negociando sua atribuição a posições inferiores e a um entendimento deles mesmos como poluentes e sujos. Evidentemente, enxegar isso é não ver a colonialidade. Trata-se, na verdade, de ver as pessoas – qualquer uma – colocadas em circunstâncias difíceis com a missão de ocupar posições humilhantes que as tornam nojentas aos olhos de outras que são socialmente superiores. Ver a colonialidade é conseguir perceber a poderosa redução de seres humanos a animais, a seres inferiores por natureza, num entendimento esquizoide da realidade que cria as dicotomias humano/natureza, humano/não humano, e, assim, impõe uma ontologia e uma cosmologia que, em seu poder e constituição, desautoriza toda a humanidade, toda possibilidade de entendimento e de comunicação humana, para desumanizar os seres. Ver a colonialidade é conseguir perceber o *jaqi*, a persona, o ser que está em um mundo de significados sem dicotomias, e também a besta, as duas partes reais, as duas competindo para sobreviver, sob a influência de diferentes poderes. Assim, ver a colonialidade é revelar a própria degradação que nos dá duas rendições da vida e um ser tornado possível através delas. A única possibilidade de tal ser está na sua plena habitação dessa fratura, dessa ferida, em que o sentido é contraditório e dessa contraditoriedade novos sentidos aparecem.

> [A diferença colonial] é o espaço onde histórias *locais* que inventam e implementam os desígnios globais encontram histórias *locais*, o espaço onde tais designs precisam ser adaptados, adotados, rejeitados ou ignorados.[24]

> [A diferença colonial] é, finalmente, a localização física e imaginária onde a colonialidade do poder está em funcionamento no confronto entre dois tipos de histórias locais alocadas em espaços e tempos diferentes ao redor do mundo. Se a cosmologia ocidental é o ponto de referência historicamente inevitável, os múltiplos confrontos entre dois tipos de histórias locais desafiam as dicotomias. Cosmologias cristã e de nativo-americanos; cristã e ameríndias; cristã e islâmica; cristã e confucionista; entre outras, só acionam dicotomias se observadas uma por vez, mas não se comparadas a partir de uma configuração geo-histórica localizada no sistema mundial moderno/colonial.[25]

Assim, esse não é um assunto do passado; mas uma questão da geopolítica do conhecimento. Trata-se da questão de como criamos um feminismo que considera os desígnios globais relacionados a qual energia mulheres e homens racializados devem ter para que, apagando a diferença colonial, usem essa energia para a destruição dos mundos de significado das nossas próprias possibilidades. Nossas possibilidades estão na comunalidade, não na subordinação; elas não estão na paridade com nossos superiores, na hierarquia que constitui a colonialidade. Essa construção do ser humano é viciada repetidamente na sua relação íntima com a violência.

> A diferença colonial cria as condições para situações dialógicas em que uma enunciação fraturada é acionada de uma perspectiva subalterna, como resposta para o discurso e a perspectiva hegemônicos.[26]

> Transcender a diferença colonial só é possível de uma perspectiva de subalternidade, de decolonização e, consequentemente, de um novo terreno epistemológico em que o pensamento marginal funciona.[27]

Eu vejo esses dois parágrafos em um tensionamento, precisamente porque se o diálogo é para acontecer com o homem moderno, sua ocupação da diferença colonial envolve sua redenção mas também sua autodestruição. O diálogo não é apenas possível na diferença colonial, mas necessário para aqueles que resistem à desumanização em locais diferentes e interligados. Então, a transcendência só é possível sob a perspectiva da subalternidade, mas na direção de uma novidade do ser-sendo.

> O pensamento marginal (...) é uma consequência lógica da diferença colonial (...). [O] lócus fraturado da enunciação a partir de uma perspectiva subalterna define o pensamento marginal como uma resposta à diferença colonial.[28]

> É também o espaço onde a restituição do conhecimento subalterno está acontecendo e onde o pensamento está emergindo.[29]

> As diferenças coloniais, ao redor do planeta, são as casas onde epistemologias marginais moram.[30]

Proponho um pensamento marginal feminista, em que a liminaridade da margem é um solo, um espaço, uma fronteira – para usar um termo de Gloria Anzaldúa –, e não apenas uma divisão, uma repetição infinita de hierarquias dicotômicas entre espectros humanos desalmados.

Frequentemente, na obra de Mignolo, a diferença colonial é aplicada a esferas diferentes daquela da subjetividade/intersubjetividade. Mas quando ele a usa para caracterizar o "pensamento marginal", quando faz uma leitura de Anzaldúa, ele propõe que ela acione essa ideia. Ao fazer isso, ele entende o lócus da autora como fraturado. A leitura que quero fazer vê a colonialidade dos gêneros e a rejeição, a resistência e a resposta; e se adapta, sempre concretamente, às suas negociações.

LENDO O LÓCUS FRATURADO

O que proponho com esse trabalho rumo a um feminismo decolonial é que enxerguemos uns aos outros como resistentes à colonialidade dos gêneros na diferença colonial, sem necessariamente sermos íntimos do mundo dos significados onde a resistência à colonialidade surge. A tarefa da feminista decolonial começa por ver a diferença colonial, resistindo enfaticamente a seu próprio hábito epistemológico de apagá-la. Ao vê-la, ela enxerga o mundo com novos olhos, e então deve abandonar seu encantamento com a "mulher", com o universal, e começar a aprender sobre outros e outras que também resistem à diferença colonial.[31] Contra a leitura social-científica objetificadora, essa visão tenta entender os sujeitos, sua subjetividade ativa, enfatizada à medida em que busca os lócus fraturados na resistência contra a colonialidade do gênero no ponto de partida da coalisão. Quando pensamos no ponto de partida da coalisão por conta de um lócus fraturado comum, as histórias de resistência na diferença colonial são o lugar onde precisamos *morar*, aprendendo uns sobre os outros e outras. A colonialidade dos gêneros é percebida como exercícios concretos de poder intrinsicamente relacionados, alguns corpo-a-corpo, alguns jurídicos, alguns dentro de um cômodo onde fêmeas-bestiais-mulheres-não-civilizadas são forçadas a tecer dia e noite, outros no confessionário. As diferenças na concretude e no caráter intrínseco do poder em circulação não são entendidos como níveis de generalidade; as subjetividades atribuídas de corpo e a esfera institucional são igualmente concretas.

À medida que a colonialidade se infiltra em todos os aspectos da vida por meio da circulação do poder no nível do corpo, do trabalho, da lei, na imposição de impostos e no aparecimento de desapropriações de propriedade e terras, sua lógica e eficácia são enfrentadas por pessoas diferentes cujos corpos, Eus relacionais, e relações com o mundo espiritual não seguem a lógica do capital. A lógica seguida por elas não é contraposta pela lógica do poder. Os movimentos desses corpos e dessas relações não se repetem; eles não se tornam estáticos e ossificados. Tudo e todos continuam a responder ao poder, e respondem, muitas vezes, de maneira resistente – nem sempre um desafio aberto, apesar de algumas vezes o ser –, e de formas que podem ou não ser benéficas para o capital, mas que não são parte de sua lógica. A partir do lócus fraturado, o movimento sucede na retenção de formas criativas de pensar, comportar-se e se relacionar, que são antitéticas à lógica do capital. O sujeito, as relações, as bases e as possibilidades são continuamente transformadas, encarnando uma trama desde o lócus fraturado que constitui uma recriação criativa, povoada. Adaptar, rejeitar, adotar, ignorar e integrar nunca são apenas formas isoladas de resistência, por serem sempre performadas por um sujeito ativo complexamente construído na sua habitação da diferença colonial com um lócus fraturado. Quero enxergar a multiplicidade nessa fratura: tanto a imposição da colonialidade dos gêneros quanto a resposta resistente de um subalterno senso de si, do social, do Eu relacional, do cosmos, todos baseados em uma memória povoada. Sem essa multiplicidade em tensão, conseguimos ver a colonialidade dos gêneros apenas como uma conquista ou um congelamento da memória, um entendimento ossificado do Eu relacional de um senso pré-colonial da sociedade. Parte do que vejo é esse movimento tensionado, as pessoas se movendo: a tensão entre a desumanização e a paralisia da colonialidade do ser, e a atividade criativa do ser-sendo.

Ninguém resiste à colonialidade dos gêneros sozinho. Somente é possível resistir a ela com o entendimento do mundo e com uma vivência que é compartilhada e consegue entender as próprias ações – garantindo certo reconhecimento. As comunidades, e não os indivíduos, possibilitam o fazer; as pessoas produzem junto de outras, nunca em isolamento. O boca a boca, a passagem de mão em mão das práticas vividas, dos valores, crenças, ontologias, espaços-tempo e cosmologias constituem as pessoas. A produção da vida diária, na qual existimos, produz nossos Eus, à medida que nos provem vestimentas, comida, economias e ecologias, gestos, ritmos, hábitats, e noções de espaço e tempo; todos produtos significativos para nós. Mas é importante destacar que esses caminhos não são apenas diferentes: eles afirmam um ideal da vida acima do lucro, de um comunalismo acima do individualismo, de um "estar" em vez do empreendimento; seres em relação em vez de separados dicotomicamente repetidas vezes em fragmentos hierárquica e violentamente ordenados. Essas formas de ser, de dar valor e de acreditar se estabeleceram como parte da reposta resistente à colonialidade.

Finalmente, estou interessada em uma ética da coalisão-em-processo em termos de um ser-sendo e um ser-sendo relacional que estende e interconecta seu solo povoado.[32] Consigo pensar no Eu relacional como uma resposta à colonialidade dos gêneros na diferença colonial a partir de um lócus fraturado, apoiado em uma fonte alternativa comunal de sentido que torna possível elaborar respostas. A direção da possibilidade de fortalecimento da afirmação e alternativa do Eu relacional não está no repensar da relação com o opressor no ponto de vista do oprimido, e sim no aprofundamento da lógica da diferença e da multiplicidade e da coalisão no ponto de vista da diferença.[33] A ênfase está em manter a multiplicidade na ponta da redução – não na manutenção de um "produto" híbrido, que esconde a diferença colonial –, nas tensas elaborações de mais de uma lógica, que não devem ser sintetizadas mas transcendidas. Entre as lógicas acionadas estão várias que encontram a lógica da opressão: muitas diferenças coloniais, mas uma lógica da opressão. *As repostas a partir dos lócus fragmentados podem estar criativamente em coalizão*, uma forma de pensar uma possibilidade de coalizão que leva em consideração a lógica da decolonialidade, e a lógica da coalizão das feministas de cor: a consciência opositora de um erótico social[34] que assume as diferenças que tornam o ser-sendo criativo, que permite encenações totalmente desafiadoras da lógica das dicotomias.[35] A lógica da coalizão desafia a das dicotomias; as diferenças nunca são vistas em relação às dicotomias, mas a lógica tem como oposição a lógica do poder. A multiplicidade nunca é reduzida.

Considero esse um começo, mas um começo que confirma um conceito importante de Maldonado-Torres, o de "virada decolonial". As questões se multiplicam, e as repostas são difíceis. Elas exigem que coloquemos, mais uma vez, certa ênfase em metodologias que funcionem nas nossas vidas; a responsabilidade é a maior possível. Como aprendemos uns sobre os outros? Como fazemos isso sem machucar uns aos outros, mas com a coragem de acolher os entrelaçamentos da vida diária que podem até revelar certas traições? Como cruzamos fronteiras sem nos tornarmos conquistadores? Com quem devemos fazer esse trabalho? A teoria aqui é imediatamente prática. Minha própria vida – a maneira como gasto meu tempo, como vejo o mundo, como cultivo certos pesares – é impulsionada por uma raiva intensa e direcionada pelo amor que Lorde, Sandoval e Perez nos mostram.[36] Como praticamos uns com os outros certa maneira de entrar em conversas na diferença colonial? Como sabemos quando estamos fazendo isso?

Será que aquelas entre nós que rejeitaram a oferta feita, repetidas vezes, por mulheres brancas em grupos de autoconsciência, em conferências, oficinas e encontros dos programas de estudos sobre mulheres, não viram a oferta como um fechar de portas para a coalizão que realmente nos incluiria? Será que não sentimos uma sensação calmante, plena e substancial de reconhecimento quando perguntamos: "Que 'Nós' é esse de que vocês falam, mulheres brancas?" Será que não rejeitamos a oferta a partir do lugar de Sojourner Truth e estamos prontas para rejeitar a resposta delas? Será que não rejeitamos a oferta na diferença colonial, certas de que para elas existia apenas uma mulher, apenas uma realidade? Será que já não nos conhecemos como diversas videntes na diferença colonial, concentradas em uma coalizão que nem começa nem termina com essa oferta? Estamos nos movendo em um tempo de encruzilhadas, de enxergarmos umas às outras na diferença colonial construindo um novo sujeito de uma nova geopolítica feminista de saber e amar.

TEXTO ORIGINALMENTE PUBLICADO SOB O TÍTULO "TOWARD A DECOLONIAL FEMINISM", REVISTA *HYPATIA*, VOL. 25, Nº 4, OREGON: UNIVERSITY OF OREGON, 2010, P. 742-749. TRADUÇÃO DE PÊ MOREIRA.

NOTAS

1 María Lugones, "Heterosexualism and the colonial/modern gender system", in *Hypatia*, vol. 22, nº 1, Oregon: University of Oregon, 2007, p. 186-209.
2 N.T.: A tradução de *colored women* por "mulheres de cor" deve-se à melhor aproximação do termo original em inglês, significando mulheres não brancas.
3 Juan Ricardo Aparicio e Mario Blaser apresentam essa análise e a relação entre conhecimento e práticas políticas que focam em pesquisas politicamente comprometidas em comunidades indígenas nas Américas – incluindo acadêmicos e ativistas, pessoas de dentro e de fora das comunidades – em seu próximo trabalho. Essa é uma contribuição importante para entendermos processos descoloniais e libertários de produção de conhecimento.
4 Desde o século XVIII a visão ocidental dominante "é a de que existem dois sexos estáveis, incomensuráveis e opostos, e que as vidas política, econômica e cultural de homens e mulheres, seus papéis de gênero, são de alguma forma baseadas nesses 'fatos'." (Thomas

Laqueur, *Making Sex: Body and Gender from the Greeks to Freud*, Cambridge e Londres: Harvard University Press, 1992, p. 6.) Thomas Laqueur também fala sobre como, historicamente, as diferenciações dos gêneros precederam as dos sexos. O que ele chama de "modelo unisexual" vai da Grécia Antiga ao final do século XVIII (e além): um mundo em que pelo menos dois gêneros correspondem a apenas um sexo, onde os limites entre macho e fêmea são de gradação e não de tipo. Ele nos fala também que a longevidade desse modelo unisexual está na sua ligação com o poder. "Em um mundo esmagadoramente masculino, o modelo unisexual organizava o que já estava massivamente evidente na cultura: o homem é a medida de todas as coisas, e a mulher não existe como uma categoria ontologicamente distinta." (Ibid., p. 62) Laqueur resume a questão da perfeição dizendo que para Aristóteles e para a "longa tradição fundamentada em seu pensamento, as substâncias geradoras são elementos intermutáveis na economia de um corpo unissexual cuja forma mais elevada é a masculina." (Ibid., p. 42)

5   Existe uma tensão entre o entendimento da procriação central ao modelo unissexual e o *advocacy* cristão pela virgindade. Em vez de entender o sexo relacionado com a produção de atrito que leva ao orgasmo, Santo Agostinho o vê em relação à queda; o sexo cristão ideal acontece sem paixão. (Thomas Laqueur, op. cit., p. 59-60). As consequências para a colonialidade dos gêneros são evidentes, já que os bestiais machos e fêmeas colonizados são vistos como excessivamente sexuais.

6   Nelson Maldonado-Torres, *Against war: Views from the Underside of Modernity*, Durham: Duke University Press, 2008.

7   Aníbal Quijano entende a colonialidade do poder como a forma específica assumida pela dominação e exploração na constituição do sistema capitalista mundial de poder. "Colonialidade" se refere à classificação da população mundial em termos de raças – a racialização das relações entre colonizadores e colonizados; a configuração de um novo sistema de exploração que organiza em apenas uma estrutura todas as formas de controle do trabalho em torno da hegemonia do capital, em que o trabalho é racializado (o trabalho assalariado, assim como a escravidão, a servidão e as pequenas produções em *commodities*, todas se tornaram formas de produção racializadas; todas novas formas ao serem constituídas a serviço do capitalismo); o eurocentrismo como o novo modo de produção e controle da subjetividade; um novo sistema de controle da autoridade coletiva em torno da hegemonia de estados-nação que exclui populações racializadas quando as classifica como inferiores. Ver Aníbal Quijano em: "Colonialidad, modernidad/racialidad", *Perú Indígena*, vol. 13, n° 29, 1991, p. 11-29; "Modernity, Identity, and Utopia in Latin America", in John ichaelJosé (eds.), *The Postmodenism Debate in Latin America*, Durham: Duke University Press, 1995; e "Americanity as a Concept, or the Americas in the Modern World-system", *International Social Science Journal*, n° 134, 1992, p. 549-557.

8   Para a minha discussão sobre o entendimento de Quijano da relação entre colonialidade e sexo/gênero, ver María Lugones, "Heterosexualism and the Colonial/Modern Gender System", *Hypatia* vol. 22, n° 1, 2007.

9   "Ain't I a Woman?", discurso na Women's Convention em Akron, Ohio, 29/05/185l. N.E.: Soujouner Truth, nascida por volta de 1797, foi uma abolicionista afro-americana, também ativista dos direitos das mulheres. Ex-escrava, ficou conhecida por seus discursos, o mais conhecido deles, de 1851, foi marcado pela pergunta "Ain't I a Woman?". Morreu em 1883.

10   Em "Street Walker Theorizing", in María Lugones (ed.), *Pilgrimages/Peregrinajes: Theorizing Coalition Against Multiple Oppression*, Lanham: Rowman & Littlefield Publishers, 2003, eu introduzo o conceito de "subjetividade ativa" para capturar um senso mínimo de agência das pessoas que resistem a múltiplas opressões, cujas subjetividades também múltiplas são reduzidas a agência nenhuma por noções hegemônicas, coloniais e atribuídas de raça e gênero. É seu pertencimento a comunidades impuras que dá vida à sua agência.

11   Walter Mignolo, *Local Histories/Global Designs: Coloniality, Subaltern Knowledges and Border Thinking*, Princeton: Princeton University Press, 2000.

12   Falar sobre como a colonialidade dos gêneros é formada ao mesmo tempo que forma a colonialidade do poder, do conhecimento, do ser, da natureza e da língua, está fora do escopo deste trabalho, mas certamente dentro do projeto com o qual estou comprometida. Elas são crucialmente inseparáveis. A colonialidade do conhecimento, por exemplo, é atribuída de

gênero, e ninguém que a entendeu o fez sem a compreensão de que ela é atribuída de gênero. Mas quero talvez me precipitar e dizer que não existe decolonialidade sem uma decolonialidade dos gêneros. A imposição colonial moderna de um sistema opressor, racialmente diferenciado, hierárquico e de gênero espalhado repetidas vezes pela lógica moderna das dicotomias não pode ser caracterizada como uma circulação do poder que organiza a esfera doméstica em oposição ao domínio público da autoridade, e a esfera do trabalho assalariado (e o acesso e controle da biologia sexual e reprodutiva) em oposição ao conhecimento e à intersubjetividade cognitiva/epistêmica, ou a natureza em oposição à cultura.

13 Aníbal Quijano, "Modernity, Identity, and utopia in Latin America", op. cit.

14 Uma reflexão mais aprofundada na relação entre interseccionalidade e pureza categórica: o conceito de interseccionalidade se tornou essencial aos feminismos de mulheres de cor nos Estados Unidos. Não é possível ver, localizar ou tratar de mulheres de cor (mulheres estadunidenses, latinas, asiáticas, chicanas, afroamericanas, indígenas) no sistema legal dos Estados Unidos e em boa parte da vida institucional do país. Quando pensamos nas categorias dominantes, como "mulher", "negra", "pobre", elas não estão articuladas de tal maneira que inclua pessoas que são mulheres negras e pobres. A intersecção de "mulher" e "negro" revela uma ausência de mulheres negras. Isso acontece porque a lógica moderna categórica constrói categorias homogêneas, atômicas, separáveis e elaboradas em termos dicotômicos. Essa construção vem da presença penetrante de dicotomias hierárquicas na lógica da modernidade e nas instituições modernas. A relação entre pureza categórica e dicotomias hierárquicas funciona da seguinte maneira: cada categoria hegemônica, separável, atômica é caracterizada em relação à integrante superior da dicotomia. Assim, "mulher" diz respeito a mulheres brancas; "negros" diz respeito a homens negros. Quando se tenta entender as mulheres na intersecção de raça, classe e gênero, mulheres não brancas, negras, mestiças, indígenas, asiáticas, são seres impossíveis. Elas são impossíveis porque não são nem mulheres europeias burguesas, nem machos indígenas. A interseccionalidade é importante quando mostra as falhas das instituições no que diz respeito à inclusão da discriminação ou opressão de mulheres de cor. Mas quero pensar nas suas presenças como oprimidas e resistentes. Por isso, passei a falar da colonialidade de gênero na e a partir da diferença colonial, para que pudéssemos perceber e entender o lócus fraturado de mulheres colonizadas e agentes fluentes em culturas nativas.

15 Concordo com Oyeronke Oyewumi, que faz uma afirmação parecida sobre a colonização dos Iorubas (Oyeronke Oyewumi, *The Invention of Women: Making African Sense of Western Gender Discourses*, Minneapolis: University of Minnesota Press, 1997). Mas torno complexa a afirmacão, à medida que entendo tanto o gênero quanto o sexo como imposições coloniais. A organização da sociedade em termos de gênero é hierárquica e dicotômica, e essa organização em termos de sexo é dimórfica e liga o macho ao homem, para marcar uma falta. O mesmo é válido para as fêmeas. Assim, mesoamericanos que não entendiam sexo de maneira dimórfica e separável mas em dualismos fluidos, tornaram-se machos ou fêmeas. Linda Alcoff vê as contribuições do esperma e do óvulo no ato reprodutivo como, de certa maneira, causadoras da divisãosexual e em gêneros. Mas essa contribuição é consideravelmente compatível também com a intersexualidade. De "fornece o óvulo" ou "fornece o esperma" até um ato particular de concepção não quer dizer que quem fornece o esperma seja macho ou homem, nem que quem fornece o óvulo seja fêmea ou mulher. Mas nada sobre o significado de macho ou homem apontaria inequivocadamente para um fornecedor de esperma que seja marcadamente intersexuado como um homem macho, exceto, de novo, em uma questão de lógica normativa. Se a dicotomia de gênero ocidental moderna está conceitualmente amarrada à distinção sexual dimórfica, e a produção de esperma é a condição necessária e suficiente da masculinidade, então é óbvio que o doador de esperma é macho e um homem. As características hormonais e das gônadas são notoriamente insuficientes para determinar gêneros. Pense na perversa confusão de prender mulheres transexuais em presídios masculinos, para sentir um pouco dessa percepção arraigada na linguagem e na consciência populares. N.E.: Oyeronke Oyewumi é pesquisadora feminista nigeriana, nascida em 1957.

16 Irene Silverblatt, *Taller de historia oral Andina. La Mujer Andina en la historia*, Chukiyawu:Ediciones del THOA, 1990; Irene Silverblatt, *Moon, Sun, and Witches*, Princeton:

PrincetonUniversity Press, 1998; Carolyn Dean, "Andean Androgyny and the Making of Men", in Cecilia Klein (ed.), *Gender in pre-Hispanic America*, Washington: Dumbarton Oaks, 2001; María Esther Pozo e Jhonny Ledezma, "Génera: trabajo agrícola y tierra en Raqaypampa", in Nina Laurie e María Esther Pozo (ed.), *Las displicencias de género en los cruces del siglo pasado al nuevo milenio en los Andes*, Cochabmnba, Bolivia: CESU-UMSS, 2006; Pamela Calla e Nina Laurie, "Desarrollo, poscolonialismo y teoría geográfica política", in Nina Laurie e María Esther Pozo (ed.), op. cit.; Sylvia Marcos, *Taken from the Lips: Gender and Eros in Mesoamerican Religions*, Leiden e Boston: Brill, 2006; Paula Gunn Allen, *The Sacred Hoop: Recovering the Feminine in American Indian Traditions*, Boston: Beacon Press, 1992; Leslie Marmon Silko, *Ceremony*, Nova York: Penguin Books, 2006; Felipe Guaman Poma de Ayala, *The First New Chronicle and Good Government: On the History of the World and the Incas up to 1615*, Austin: University of Texas Press, 2009; Oyeronke Oyewumi, op. cit.

17 Ver nota 14.

18 Juan Ricardo Aparicio e Mario Blaser, "La 'Ciudad Letrada' y la insurrección de saberessubyugados en America Latina" [manuscrito não publicado].

19 N.E.: Termos da cosmovisão indígena e/ou andina.

20 É importante que eu não faça uma "tradução" aqui. Fazê-lo ajudaria você entender o que querodizer, mas não completamente, já que não consigo dizer o que quero se traduzir esses termos.Então, se eu não os traduzo e você fica com a impressão de que entendeu menos, ou nãoentendeu nada, acho que você consegue entender melhor agora, porque isso funciona comoum exemplo do pensar na diferença colonial.

21 Walter Mignolo, op. cit., p. 9.

22 Ibid., p. ix.

23 Ibid., p. 37.

24 Ibid., p. 9.

25 Ibid., p. 9.

26 Ibid., p. 10.

27 Ibid., p. 45.

28 Ibid., p. 10.

29 Ibid., p. 9.

30 Ibid., p. 37.

31 Aprender sobre as histórias uns dos outros é um importante ingrediente para o entendimentodas profundas coalisões entre mulheres de cor estadunidenses. Aqui, estou dando uma "nova virada" para esse aprendizado.

32 Audre Lorde, *Sister outsider: Essays and Speeches*, Berkeley: The Crossing Press, 2007.

33 Idem.

34 Chela Sandoval, *Methodology of the Opressed*, Minneapoli: University of Minnesota Press, 2000.

35 Audre Lorde, op. cit.

36 Audre Lorde, op. cit.; Chela Sandoval, op. cit.; e Emma Pérez, *The Decolonial Imaginary: Writing Chicanas into History*, Bloomington: Indiana University Press, 1999.

Uma perspectiva feminista nos ensina a iniciar nossa reconstrução do comum pela superação desse estado de esquecimento. Nenhuma comunidade é possível se não nos recusarmos a basear nossas vidas e a sua reprodução no sofrimento de outras pessoas, se não nos recusarmos a enxergar o "nós" separado "deles".

Silvia Federici

O feminismo e a política dos comuns

Silvia Federici

"Nossa ideia de quem são as pessoas comuns do mundo: seres humanos com corpos, necessidades, desejos, cuja tradição mais essencial é a de produzir e reproduzir a vida de maneira cooperativa; cooperação que tem, há muito, acontecido sob condições de sofrimento e separação – cada pessoa separada das demais, da natureza e da riqueza comum que criamos no decorrer de diferentes gerações."
The Emergency Exit Collective, *The Great Eight Masters and the Six Billion Commoners*[1]

"A invisibilização do trabalho de subsistência das mulheres e da contribuição dos comuns para a sobrevivência concreta das pessoas por meio da idealização desses trabalhos não só se parecem como também têm raízes comuns... De certa forma, as mulheres são tratadas como os comuns, e os comuns, como as mulheres."
Marie Mies e Veronika Bennholdt-Thomsen, *The Subsistence Perspective: Beyond the Globalized Economy*[2]

"A reprodução precede a produção social. Chegue nas mulheres, chegue na fundação."
Peter Linebaugh, *The Magna Carta Manifesto*[3]

INTRODUÇÃO: POR QUE COMUNS?

Pelo menos desde que os zapatistas tomaram o *zócalo*, em San Cristóbal de las Casas, em 31 de dezembro de 1993 para protestar contra a dissolução do sistema *ejidal* no México, o conceito de "comuns" ganhou popularidade na esquerda radical, internacionalmente e nos Estados Unidos, colocando-se como um ponto de encontro para anarquistas, marxistas, socialistas, ecologistas e eco-feministas.[4]

Existem razões importantes pelas quais essa ideia aparentemente arcaica chega ao centro da discussão política nos movimentos sociais contemporâneos. Duas se destacam. Por um lado, a morte do modelo estatista de revolução que moldou, por décadas, os esforços dos movimentos radicais em construir uma alternativa ao capitalismo. Por outro, a tentativa neoliberal de subordinar toda forma de vida e conhecimento a uma determinada lógica de mercado aguçou nossa consciência sobre os perigos de viver em um mundo onde não temos mais acesso não mediado por relações financeiras aos mares, às árvores e a outros animais. Os "novos cercamentos" tornaram visíveis um mundo de propriedades e relações comunais que pareciam estar extintas ou que já não eram valorizadas até uma ameaça privatizadora aparecer.[5] Ironicamente, os novos cercamentos ao mesmo tempo que demonstraram que um aspecto comunal não desapareceu, também iluminaram o fato de novas formas de cooperação social serem continuamente produzidas, inclusive em áreas da vida em que elas ainda não existiam, como na internet.

A ideia do comum/dos bens comuns, nesse contexto, oferece uma alternativa lógica e histórica às propriedades estatais e privadas – o Estado e o mercado – deixando espaço para rejeitarmos a ficção de que eles mutuamente excluem e exaurem nossas possibilidades políticas. Ela também tem a função ideológica de ser um conceito unificador que prevê a sociedade cooperativa que a esquerda radical se esforça para criar. Ainda assim, ambiguidades e diferenças significantes continuam presentes nas interpretações desse conceito – o que precisamos esclarecer, se queremos que o princípio dos comuns seja refletido em um projeto político coerente.[6]

O que, por exemplo, constitui o comum? Nós compartilhamos terra, água, ar, o espaço digital; nossos direitos adquiridos (como a aposentadoria) normalmente são descritos como comuns, bem como os idiomas, as bibliotecas e os produtos coletivos da cultura. Mas todos esses bens comuns são equivalentes de um ponto de vista político? Eles são compatíveis? Como fazemos para garantir que eles não projetem uma unidade que está sempre por ser construída? E, finalmente, devemos falar de "comuns", no plural, ou do "comum", como marxistas autonomistas propõem – entendendo o comum como as relações sociais típicas do modelo de produção pós-fordista?

Com essas questões em mente, neste ensaio, olho para a política dos comuns sob uma perspectiva feminista, em que "feminista" diz respeito a um ponto de vista moldado pela luta contra a discriminação sexual e por um melhor entendimento sobre o trabalho reprodutivo – que, parafraseando o comentário de Linebaugh citado, é a pedra sobre a qual a sociedade é construída e pela qual todo modelo de organização social deve ser testado. Essa intervenção é necessária, acredito eu, para que possamos definir melhor essas políticas e entender sob que condições o princípio do comum/dos bens comuns pode se tornar a fundação de um programa anticapitalista. Duas preocupações fazem essas tarefas serem especialmente importantes.

OS BENS COMUNS GLOBAIS, OS BENS COMUNS DO BANCO MUNDIAL

Primeiro, desde pelo menos o início dos anos 1990, a linguagem dos bens comuns é apropriada pelo Bando Mundial e as Nações Unidas e colocada a serviço da privatização. Sob o falso pretexto de proteger biodiversidades e conservar bens comuns globais, o Banco transformou florestas tropicais em reservas ecológicas, expulsou populações que por séculos tiraram sua subsistência delas, ao mesmo tempo que garantiu o acesso para pessoas que pudessem pagar por ele – com o ecoturismo, por exemplo.[7] As Nações Unidas, por sua vez, vêm revisando leis internacionais que regem o acesso aos oceanos, de tal maneira que passa a ser possível uma concentração do uso das águas marinhas em poucas mãos; mais uma vez em nome da preservação da herança comum da humanidade.[8]

O Banco Mundial e as Nações Unidas não são os únicos que subvertem a ideia de bens comuns para servir a interesses mercadológicos. Em resposta a diferentes motivações, uma revalorização dos bens comuns tem se tornado popular entre economistas e planejadores. A crescente produção acadêmica sobre o assunto e seus cognatos testemunham a favor dessa hipótese – o capital social, a economia de oferta, o altruísmo. Em 2009, o prêmio Nobel de Economia foi dado a uma líder desse campo, a cientista política Elinor Ostrom, o que serve também como reconhecimento oficial dessa tendência.[9]

Legisladores e planejadores do desenvolvimento social descobriram que, em condições propícias, a administração coletiva de recursos naturais pode ser mais eficiente e menos aberta a conflitos que a privatização, e os bens comuns podem facilmente ser lucrativos para o mercado.[10] Eles também entenderam que, levada ao extremo, a comoditização das relações sociais tem resultados autodestrutivos. A extensão da commodity a todas as partes do tecido social, promovida por modelos neoliberais, é um limite ideal para capitalistas ideológicos, mas ela é um projeto não apenas irrealizável como também indesejado do ponto de vista da reprodução a longo prazo do sistema capitalista. A acumulação capitalista depende estruturalmente da livre apropriação de enormes contingentes de mão de obra e recursos que precisam parecer externos ao mercado e à sua influência, como o trabalho doméstico não remunerado executado por mulheres, do qual empregadores dependem para a reprodução da força de trabalho.

Não é uma coincidência que muito antes da crise de 2008, diversos economistas e cientistas sociais alertaram que a mercantilização de todas as esferas da vida é prejudicial ao bom funcionamento do mercado, porque ele também depende da existência de relações não monetárias, como a confiança, em si e no outro, e a generosidade.[11] Resumidamente, o capital vem aprendendo sobre as virtudes do bem comum. Até mesmo a *The Economist*, publicação da economia capitalista do livre mercado por mais de 150 anos, na sua edição de 31 de julho de 2008, cuidadosamente se juntou ao coro:

> A economia dos "novos comuns", escreveu o jornal, ainda é jovem. É cedo demais para confiar nas suas hipóteses, mas ela pode ser uma forma útil de pensar sobre problemas com os quais legisladores precisam de toda a ajuda possível, como a administração da internet, a propriedade intelectual ou a poluição internacional.

Precisamos ser muito cuidadosos para não elaborar discursos sobre os bens comuns de tal maneira que a classe capitalista assolada pela crise possa se aproveitar deles para ressurgir, assumindo, por exemplo, o papel de guardiã ambiental do planeta.

QUE BENS COMUNS?

A segunda preocupação: se instituições internacionais aprenderam a mercantilizar bens comuns, como esses bens podem se tornar a fundação de uma economia não capitalista? Essa é uma pergunta que ainda não foi respondida. Com o trabalho de Peter Linebaugh, especialmente *The Magna Carta Manifesto*,[12] aprendemos que os bens comuns são as linhas que conectam a história da luta de classes com o nosso tempo – e de fato a luta por eles está em toda parte. O estado do Maine tem lutado para manter o acesso às suas áreas de pesca, que estão na mira de corporações; os moradores de Appalachia estão organizados para salvar suas montanhas ameaçadas pela mineração; movimentos por um código aberto e software livre estão se colocando contra a comoditização do conhecimento e vêm abrindo novos espaços de comunicação e cooperação. Temos ainda as várias atividades comunais e comunidades que as pessoas têm criado na América do Norte, o que Chris Carlsson descreveu em seu livro *Nowtopia*.[13] Como o autor mostra, muita criatividade é investida na produção de "bens comuns virtuais" e formas de sociabilidade que fogem da lógica do dinheiro e do mercado.

Ainda mais importante foi a criação de jardins urbanos, que se espalharam pelo país nas décadas de 1980 e 1990, especialmente graças à iniciativa de comunidades de imigrantes africanos, caribenhos e de migrantes vindos do sul dos Estados Unidos. Esses jardins abriram caminho para um processo de "rurbanização", que é indispensável se pretendemos retomar o controle sobre a produção dos nossos alimentos, bem como recuperar o meio ambiente e prover nossa subsistência. E esses espaços são bem mais que uma fonte de segurança alimentar: são centros de sociabilidade, de produção de conhecimento e troca cultural e intergeracional. Margarita Fernandez[14] diz que os jardins urbanos de Nova York "fortalecem a coesão da comunidade", porque são espaços em que as pessoas se encontram não apenas para trabalhar na terra, mas também para jogar cartas, celebrar casamentos, fazer chás de bebê e festas de aniversários.[15] Alguns deles têm parcerias com escolas locais onde são dadas aulas de educação ambiental para as crianças depois do horário escolar. Os jardins são "um meio para o transporte e o encontro de práticas culturais diversas" – de forma que práticas de agricultura africanas se misturam com as caribenhas, por exemplo.[16]

O aspecto mais significante dos jardins urbanos é que eles têm uma produção voltada para o consumo local, em vez de um propósito comercial. É isso que os diferencia de outros bens comuns reprodutivos que costumam produzir para o mercado, como nas áreas de pesca da Lobster Coast do Maine,[17] ou que são comprados nele, como fundos de terra para preservação de espaços abertos. O problema, entretanto, é que os jardins urbanos surgiram e continuam sendo iniciativas espontâneas e pequenas, e poucas foram as tentativas de movimentos estadunidenses de expandi-las e de transformar a luta por terra em uma pauta chave. De maneira mais geral, a esquerda não levantou a questão de como fazemos para juntar esses bens comuns que estão em constante diversificação, os quais defendemos e desenvolvemos e pelos quais lutamos, de maneira que eles possam formar um conjunto coesivo e fornecer a fundação para um novo modelo de produção.

A produção teórica de Michael Hardt e Antonio Negri em *Império*, *Multidão* e no recente *Commonwealth*[18] é um ponto fora dessa curva. Os autores discutem como uma sociedade construída sobre o princípio do "comum" já está em desenvolvimento, com base na informatização e "cognitivização" da produção. De acordo com essa teoria, à medida que a produção presumidamente se torna a produção de conhecimento, cultura e subjetividade, organizada na internet, um espaço e uma riqueza comuns são criados de tal maneira que escapam do problema de definir regras de inclusão e exclusão. O acesso e o uso multiplicam os recursos disponíveis na rede, em vez de subtraí-los, o que significa a possibilidade de uma sociedade construída sobre um princípio de abundância – a preocupação em como impedir uma "captura" pelo capital da riqueza produzida é o único obstáculo em questão nessa "multidão".

O que atrai nessa teoria é que ela não separa a formação do "comum" da organização do trabalho e da produção, mas a vê como imanente a eles. Seu limite está na forma como vê o comum; essa visão torna absoluto o trabalho de uma minoria com habilidades específicas, indisponíveis à maioria da população mundial. A teoria também ignora o fato de esse trabalho produzir commodities para o mercado e da comunicação/produção online depender de determinadas atividades econômicas – mineração, produção de microchips e terras raras – que, como estão organizadas hoje, são extremamente destrutivas, social e ecologicamente.[19] Ainda, com sua ênfase no conhecimento e na informação, essa teoria foge da

384

questão da reprodução da vida diária. Esse, na verdade, é um problema do pensamento sobre os bens comuns como um todo – a preocupação com as precondições formais para a existência desses bens é maior que a atenção com os requisitos materiais para a construção de uma economia comunal que permitiria resistirmos à dependência do trabalho assalariado e à subordinação a formas de relação capitalistas.

AS MULHERES E OS BENS COMUNS

É nesse contexto que uma perspectiva feminista sobre os bens comuns se faz importante. Tudo começa com o entendimento de que, como sujeitos primários do trabalho reprodutivo, historicamente e nos dias de hoje, as mulheres dependem do acesso a recursos naturais comuns mais do que homens, são mais prejudicadas por sua privatização e estão mais engajadas em defendê-los. Como escrevi em *Calibã e a bruxa*,[20] na primeira fase do desenvolvimento capitalista, as mulheres estavam na linha de frente das lutas contra o cercamento de terras tanto na Inglaterra como no "Novo Mundo" e foram as incansáveis defensoras das culturas comunais que a colonização europeia tentou destruir. No Peru, quando os conquistadores espanhóis tomaram o controle de povoados locais, as mulheres escaparam para as altas montanhas da região onde recriaram suas formas coletivas de vida que sobrevivem até hoje. Não surpreendentemente, nos séculos XVI e XVII, aconteceram os ataques mais violentos da história do mundo contra as mulheres: a perseguição de mulheres como bruxas. Hoje, diante do novo processo de acumulação primitiva, as mulheres são a principal força social de impedimento de uma completa comercialização da natureza, enquanto promovem o uso não capitalista da terra e formas de agricultura de subsistência. As mulheres são as agricultoras de subsistência do mundo. Na África, elas produzem 80% da comida consumida, mesmo com as tentativas do Banco Mundial e de outras agências de convencê-las a mudar suas atividades para culturas de rendimento. Nos anos 1990, em muitas cidades africanas, diante do aumento dos preços dos alimentos, elas se apropriaram de espaços em terras públicas e plantaram milho, feijão, mandioca "nas encostas de rodovias (...), em parques, no entorno de linhas ferroviárias" mudando o panorama urbano dessas cidades e rompendo, no processo, a separação entre cidade e campo.[21] Na Índia, nas Filipinas, e pela América Latina, as mulheres estão replantando árvores em florestas desmatadas, perseguindo madeireiros, fazendo bloqueios contra operações de mineração e a construção de barragens, além de liderarem a revolta contra a privatização da água.[22]

O outro lado da luta das mulheres pelo acesso direto aos meios de reprodução da vida é a formação no Terceiro Mundo, do Camboja ao Senegal, de associações de crédito que funcionam como comunidades monetárias.[23] Com diferentes nomes, os *tontines* – como são chamados em partes da África – são sistemas bancários autônomos, autoadministrados e criados por mulheres, baseados unicamente na confiança, que emprestam dinheiro a indivíduos ou grupos que não têm acesso a bancos. Nesse sentido, eles são completamente diferentes dos sistemas de microcrédito promovidos pelo Banco Mundial, que funcionam baseados numa combinação de policiamento e humilhação, chegando ao extremo de exibir em lugares públicos fotografias de mulheres que não conseguiram pagar os empréstimos, como acontece na Nigéria, por exemplo. Nessa dinâmica de cobrança, algumas mulheres já chegaram a cometer suicídio.[24]

As mulheres também impulsionaram o esforço para coletivizar o trabalho reprodutivo, tanto para economizarem nos custos da reprodução quanto para se protegerem da pobreza, da violência do Estado e de homens. Um exemplo marcante é o das *ollas comunes* – panelas comunitárias – que mulheres chilenas e peruanas criaram na década de 1980, quando, em um período de inflação alta, passaram a não conseguir comprar certos utensílios sozinhas.[25] Assim como as exigências de terras, ou a formação de *tontines*, essas práticas são a expressão de um mundo onde laços comunais ainda são fortes. Mas seria um erro considerá-las pré-políticas, "naturais", ou simplesmente um produto da "tradição".

Depois de repetidas fases de colonização, natureza e costumes não existem mais em nenhuma parte do mundo, exceto em lugares onde as pessoas lutaram para preservá-los e reinventá-los. Como aponta Leo Podlashuc em *Saving Women: Saving the Commons*,[26] hoje em dia, o comunalismo primário das mulheres leva à produção de uma nova realidade, moldando uma identidade coletiva, formando um contrapoder em suas casas e na comunidade e dando início a um processo de autovalorização e autodeterminação com o qual temos muito a aprender.

A primeira lição que podemos tirar dessas lutas é que tornar comuns os meios materiais de reprodução da vida é primário na criação de interesses coletivos e laços comunitários. Essa também é a frente de resistência contra uma vida de escravidão e a condição para a construção de espaços autônomos que minem os grilhões do capitalismo em nossas vidas. Sem dúvidas, as experiências que descrevi são modelos que não podem ser importados. Para nós, na América do Norte, a exigência e a comunalização dos meios de reprodução da vida devem, obrigatoriamente, acontecer de maneiras diferentes. Mas, juntando nossos esforços e nos reapropriando das riquezas que produzimos, nós também podemos começar a desligar nossa reprodução dos fluxos de *commodities* que, através do mercado internacional, são responsáveis pela desapropriação de milhões de pessoas ao redor do mundo. Nós podemos começar a desassociar nossas formas de sustento não apenas do mercado mundial, mas também da máquina de guerra e do sistema prisional que são pilares da economia estadunidense atual. Podemos ir além de uma solidariedade abstrata que tão usualmente caracteriza as relações no movimento e que limita nosso comprometimento, nossa capacidade de resistir e os riscos que estamos dispostas a correr.

Em um país onde a propriedade privada é defendida pelo maior arsenal de armas de fogo do mundo, e onde três séculos de escravidão produziram divisões profundas no corpo social, a recriação da noção de comum/bens comuns aparece como tarefa de enormes proporções que só chegará a ser bem-sucedida se passar por um longo processo de experimentações, coalizões e reparações. Apesar de essa tarefa agora parecer absolutamente complicada, ela é também a única saída que temos para expandir o espaço da nossa autonomia e para nos recusarmos a aceitar que a reprodução das nossas vidas aconteça às custas de outros comuns do mundo.

RECONSTRUÇÕES FEMINISTAS

Maria Mies expressa poderosamente a implicação presente nessa tarefa, quando aponta que a produção de bens comuns requer primeiro uma transformação profunda das nossas vidas diárias, para que possamos recombinar o que a divisão social do trabalho separou. A distância que está colocada entre a produção, a reprodução e o consumo nos leva a ignorar as condições sob as quais o que comemos, vestimos e usamos para trabalhar foram produzidos, seu custo social e ambiental, e o destino das populações sobre as quais descartamos o lixo que produzimos.[27] Nós precisamos superar esse estado de irresponsabilidade sobre as consequências das nossas ações que, por sua vez, são resultantes da forma destrutiva que está organizada a divisão social do trabalho no capitalismo; a produção das nossas vidas inevitavelmente se torna a produção da morte de outras pessoas. Mies afirma que a globalização piorou essa crise, expandindo as distâncias entre o que é produzido e o que é consumido e, consequentemente intensificando, apesar de uma aparente interconexão global aumentada, nossa cegueira para o sangue na comida que comemos, no petróleo que usamos, nas roupas que vestimos e nos computadores com os quais nos comunicamos.[28]

Uma perspectiva feminista nos ensina a iniciar nossa reconstrução do comum pela superação desse estado de esquecimento. Nenhuma comunidade é possível se não nos recusarmos a basear nossas vidas e a sua reprodução no sofrimento de outras pessoas, se não nos recusarmos a enxergar o "nós" separado "deles". O processo de tornar comum deve ser o de produzirmos a nós mesmos como sujeitos comuns. É assim que devemos entender o slogan "não há comuns sem comunidade". Mas "comunidade" não pode ser uma realidade guetificada, um grupo de pessoas unidas por interesses específicos que as separam das outras, como em comunidades religiosas ou étnicas; ela precisa ter como norte relações de qualidade, princípios de cooperação e responsabilidade das pessoas umas com as outras e com a terra, as florestas, os mares, os animais.

Certamente, a conquista dessa comunidade, como na coletivização dos nossos trabalhos diários de reprodução da vida, é apenas um começo. Ela não pode ser uma substituta para manifestações antiprivatização e para a reivindicação da nossa riqueza comum. Mas ainda assim trata-se de uma parte essencial da nossa educação para governos coletivos e para o reconhecimento da história como projeto coletivo, o que talvez seja a principal fatalidade da fase neoliberal do capitalismo.

Precisamos também incluir em nossa agenda política a comunalização do trabalho doméstico, trazendo de volta a rica tradição feminista que, nos Estados Unidos, vai dos experimentos socialistas utópicos (meados do século XIX) às tentativas do "feminismo materialista" (fim do século

XIX ao começo do XX) de reorganizar e socializar o trabalho doméstico, consequentemente, a casa e o bairro, pelo cuidado coletivo com as casas – tentativas que aconteceram até os anos 1920, quando a "ameaça vermelha" pôs um fim nelas.[29] Essas práticas e, ainda mais importante, a habilidade de feminismos passados de olhar para o trabalho reprodutivo como uma esfera importante da atividade humana, que merece ser revolucionada e não negada, precisam ser revisitadas e revalorizadas.

Uma razão crucial para a criação de formas coletivas de vida reside no fato de que a reprodução dos seres humanos é o trabalho mais intenso da terra e quase totalmente irredutível à mecanização. Não é possível mecanizar o cuidado com crianças, com doentes ou o trabalho psicológico necessário para recuperar nosso balanço físico e emocional. Apesar dos esforços de indústrias futuristas, nós não conseguimos robotizar o cuidado sem um custo terrível para as pessoas envolvidas. Ninguém aceitaria que robôs assumissem papéis de cuidadores, especialmente de crianças e de doentes. A divisão de responsabilidade e o trabalho coletivo, quando não são feitos às custas da saúde de seus provedores, são as únicas garantias de um cuidado adequado. Por séculos, a reprodução de seres humanos foi um processo coletivo. Era um trabalho de famílias estendidas e comunidades com as quais as pessoas podiam contar, especialmente em bairros proletários, e mesmo quando essas pessoas viviam sozinhas – assim a velhice não viria acompanhada da solidão e da dependência desoladoras nas quais muitos idosos vivem hoje em dia. É somente com o advento do capitalismo que essa reprodução passa a ser completamente privatizada, um processo que agora é levado a tal nível que nossas vidas são destruídas. Essa tendência precisa ser revertida, e o presente é o tempo propício para esse projeto.

À medida que a crise capitalista destrói os elementos básicos para reprodução da vida de milhões de pessoas ao redor do mundo, inclusive nos Estados Unidos, a reconstrução das nossas vidas diárias passa a ser possibilidade e necessidade. Assim como as greves, crises sociais/econômicas quebram o protocolo do trabalho assalariado e forçam na população novas formas de sociabilidade. Foi isso que aconteceu durante a Crise de 1929, quando um movimento de sem-tetos transformou trens de carga em comunidades, buscando certa liberdade na mobilidade e no nomadismo.[30] Nas interseções das linhas de trem, eles organizaram *comunidades sem-teto*, prefigurações, com suas regras de autogestão e solidariedade, do mundo comunista em que acreditavam.[31] Entretanto, com exceção de poucas Boxcar Berthas,[32] esse era predominantemente um mundo masculino, uma fraternidade de homens, que não podia se sustentar a longo prazo. Quando a crise econômica e a guerra acabaram, os sem-teto foram domesticados por duas poderosas engrenagens de fixação do poder da mão de obra: a família e a casa. Preocupado com a ameaça da recomposição da classe operária durante a crise, o capital estadunidense foi bem-sucedido na aplicação do princípio que até então caracterizava a organização da vida econômica: cooperação no momento da produção, separação e atomização no momento da reprodução. A casa da família atomizada e seriada, provida pela Levittown, combinada com seu apêndice umbilical, o carro, não apenas tornaram o trabalhador sedentário, como também puseram fim no tipo de comunidade de trabalhadores autônomos que as *comunidades sem-teto* representavam.[33] Hoje, à medida que milhões de casas e carros de cidadãos estadunidenses estão sendo tomados, e as desapropriações e o desemprego em massa estão de novo quebrando os pilares da disciplina capitalista de trabalho, novas bases comuns estão se formando, como as cidade-acampamentos que estão se espalhando pela costa do país. Dessa vez, entretanto, são as mulheres que precisam construir essas novas comunidades, de tal maneira que elas não sejam lugares de transição, zonas autônomas temporárias, mas que funcionem como fundação para novas formas de reprodução social.

Se a casa é o *oikos* em que a economia é construída, então são as mulheres, historicamente as trabalhadoras e prisioneiras do espaço doméstico, que devem reclamar as casas como o centro da vida coletiva, atravessado por múltiplas pessoas e formas de cooperação, provendo segurança sem isolamento e fixação, dando espaço para as trocas e a circulação de bens compartilhados e, sobretudo, fornecendo a fundação para formas coletivas de reprodução da vida. Como já sugerido anteriormente, podemos nos inspirar nos programas das feministas materialistas do século XIX que, certas de que a casa era um importante "componente espacial da opressão das mulheres", organizaram cozinhas comunais, lares cooperativos que clamavam por um controle dos trabalhadores sobre a reprodução das suas vidas.[34]

Esses objetivos são cruciais no presente. Acabar com o isolamento da vida doméstica não é apenas uma condição para suprirmos nossas necessidades mais básicas e aumentarmos nosso poder diante dos empregadores e do Estado. Como Massimo De Angelis nos lembra, essa é também uma proteção contra um desastre ecológico.[35] Não deve haver dúvida das consequências destrutivas da multiplicação "deseconômica" dos espólios reprodutivos e moradias fechadas em si mesmas, que chamamos de casa, que dissipam calor na atmosfera durante o inverno e nos expõem a um calor irremediável no verão. E, ainda, nós não temos como construir uma sociedade alternativa e um movimento autorreprodutivo forte sem redefinir nossas formas de reprodução da vida em uma dinâmica mais cooperativa e sem colocar um fim na separação entre pessoal e político, entre o ativismo político e a reprodução da vida diária.

Precisamos elucidar que não é para contribuir com a concepção naturalista de feminilidade que essa tarefa de comunalizar/coletivizar a reprodução da vida é dada às mulheres. Compreensivamente, muitas feministas enxergam essa possibilidade como um destino pior que a morte. Está esculpido profundamente na nossa consciência coletiva que as mulheres são bens comuns dos homens, uma fonte natural de riquezas e serviços a serem livremente apropriados por eles como o capitalismo se apropriou das riquezas da natureza. Mas, parafraseando Dolores Hayden, a reorganização do trabalho reprodutivo, e consequentemente a reorganização dos espaços doméstico e público, não é uma questão identitária; ela é uma questão de trabalho e, ainda, uma questão de poder e segurança.[36] Eu me lembro da experiência de mulheres do Movimento dos Trabalhadores Rurais Sem Terra (MST) brasileiro que, depois que sua comunidade ganhou o direito de continuar com as terras que haviam ocupado, insistiram que as novas casas fossem construídas de maneira combinada, para que o trabalho doméstico que era realizado ali continuasse sendo comunal – lavar roupas juntas, cozinhar juntas, dividir o trabalho com os homens, como fizeram ao longo da luta pela terra, para assim estarem prontas para socorrer umas às outras no caso de abusos por parte desses homens. Dizer que as mulheres deveriam liderar a coletivização do trabalho reprodutivo e doméstico não é naturalizar esses trabalhos como uma vocação feminina, e sim recusar o apagamento das experiências coletivas, o conhecimento e a luta das mulheres no que diz respeito justamente ao trabalho reprodutivo, cuja história é uma parte essencial da nossa resistência ao capitalismo. Reconectar com essa história é um passo crucial para as mulheres e os homens, tanto para que desfaçamos a arquitetura atribuída de gênero das nossas vidas quanto para reconstruir nossas casas e vidas como bens comuns.

TEXTO ORIGINALMENTE PUBLICADO SOB O TÍTULO "FEMINISM AND THE POLITICS OF THE COMMONS", IN *USES OF A WORLDWIND, MOVEMENT, MOVEMENTS, AND CONTEMPORARY RADICAL CURRENTS IN THE UNITED STATES*, CRAIG HUGHES, STEVIE PEACE E KEVIN VAN METER (EDS.) TEAM COLORS COLLECTIVE, OASKLAND: AK PRESS, 2010, P. 283–293. TRADUÇÃO DE PÊ MOREIRA.

NOTAS

1. The Emergency Exit Collective, *The Great Eight Masters and the Six Billion Commoners*, Bristol: May Day, 2008.
2. Maria Mies e Veronika Bennholdt-Thomsen, *The Subsistence Perspective: Beyond the Globalized Economy*, Londres: Zed Books, 1999.
3. Peter Linebaugh, *The Magna Carta Manifesto: Liberties and Commons for All*, Berkeley: University of California Press, 2007.
4. Uma fonte chave sobre políticas dos comuns e sua fundação teórica é o jornal eletrônico do Reino Unido *The Commoner*, que está entrando no seu 14º ano de publicação. Disponível em <www.commoner.org.uk>.
5. Um desses casos é a luta que acontece no Maine-EUA contra a apropriação das águas do estado pela Nestlé para a produção de garrafas d'água. Esse roubo, pela empresa, levaram as pessoas a ficar cientes da importância vital dessas águas e dos aquíferos de onde elas vêm, além de ter reconstituído um *status* de bem comum (Food and Water Watch Fact Sheet, jul 2009). Food and Water Watch é uma (autodescrita) "organização não lucrativa que trabalha para garantir água limpa e comida saudável nos Estados Unidos e ao redor do mundo".
6. Um lugar excelente para entrar em contato com as discussões atuais sobre os comuns é a edição de 5 dez 2009 do jornal *Turbulence. Ideas for Movement*. Disponível em <www.turbulence.org.uk>.
7. Para mais sobre esse assunto, ver o importante artigo "Who Pays for the Kyoto Protocol?", de Ana Isla, em que a autora descreve como a conservação da biodiversidade serviu ao Banco Mundial e a outras agências internacionais como pretexto para cercar florestas tropicais, com a justificativa de que elas representam "sumidouros de carbono" e "geradores de oxigênio". Ana Isla,"Who Pays for the Kyoto Protocol?", in Ariel Salleh (ed.), *Eco-Sufficiency and Global Justice*, Nova York, Londres: Palgrave Macmillan, 2009. Da mesma autora ver ainda "Enclosure and Microenterprise as Sustainable Development: The Case of the Canada-Costa Rico Debt-for-Nature Investment." *Canadian Journal of Development Studies*, vol. XXII, 2001, p. 935-943; e "Conservation as Enclosure: Sustainable Development and Biopiracy", in Costa Rica: An Ecofeminist Perspective [Manuscrito inédito], 2006.
8. A Convenção das Nações Unidas sobre as Leis do Mar, de novembro de 1994, estabelece o limite costeiro de mais de 320 km, que define uma Zona Econômica Exclusiva onde as nações podem explorar, administrar e preservar os recursos ali contidos, desde o produto da pesca até o petróleo – cuja extração e uso ela também regula. Sobre o desenvolvimento do conceito de "herança comum da humanidade" nas Nações Unidas, ver Susan J. Buck, *The Global Commons. An Introduction*, Washington: Island Press, 1998.
9. Como descrito na Wikipédia, o trabalho de Ostrom foca nos recursos comuns e "enfatiza como os seres humanos interagem com ecossistemas para manter a produção de recursos sustentáveis de longo prazo". Wikipédia, Elinor Ostrom, 9 jan 2010, p. 1. Ver Elinor Ostrom, *Governing the Commons. The Evolution of Institutions for Collective Action*, Cambridge: Cambridge University Press, 1990.

10 Para mais sobre esse assunto, ver Calestous Juma e J.B. Ojwang (ed.), *In Land We Trust. Environment, Private Property and Constitutional Change*, Londres: Zed Books, 1996, uma primeira dissertação sobre quão eficientes são as relações comunais de propriedades no contexto do desenvolvimento capitalista e seus esforços.

11 David Bollier, *Silent Theft: The Private Plunder of Our Common Wealth*, Nova York e Londres: Routledge, 2002, p. 36-39.

12 Peter Linebaugh, op. cit.

13 Chris Carlsson, *Nowtopia*, Oakland: AK Press, 2008.

14 Margarita Fernandez, "Cultivating Community, Food and Empowerment", projeto de curso [Manuscrito inédito], 2003, p. 23-26.

15 Ver Margarita Fernandez, 2003, op. cit., e um trabalho pioneiro e importante sobre jardins urbanos: Bill Weinberg e Peter Lamborn Wilson (ed.), *Avant Gardening: Ecological Struggle in the City & the World*, Brooklyn, Nova York: Autonomedia, 1999.

16 Idem.

17 As comunidades de pesca do Maine estão sendo ameaçadas com uma nova política de privatização justificada por um discurso de preservação e ironicamente chamada de "*catch shares*" ("pegar" e "dividir", respectivamente); N.T.: Este é um sistema já em funcionamento no Canadá e no Alaska, pelo qual governos locais estabelecem limites na quantidade de peixes que podem ser pescados, com cotas individuais calculadas a partir da quantidade de peixes que os barcos já pescaram no passado. Esse sistema já se mostrou desastroso para pescadores pequenos e independentes que rapidamente são forçados a vender sua cota para empresas maiores. Protestos contra a sua implementação vêm acontecendo nas comunidades de pescadores do Maine. Ver "Cash Shares or Share-Croppers?", *Fishermen's Voice*, vol. 14, n° 12, 2009.

18 Michael Hardt e Antonio Negri, *Empire*, Cambridge: Harvard University Press, 2000; *Multitudes*, Cambridge: Harvard University Press, 2004; *Commonwealth*, Cambridge: Harvard University Press, 2009.

19 É estimado, por exemplo, que 33 mil litros de água e de quinze à dezenove toneladas de material são necessários para a produção de um computador. (Ver Saral Sarkar, *Eco-Socialism or Eco- Capitalism?: A Critical Analysis of Humanity's Fundamental Choices*, Londres: Zed Books, 1999, p. 126). Ver também Elizabeth Dias, "First Blood Diamonds, Now Blood Computers?", 24 jul 2009. Dias fala de afirmações feitas pela Global Witness – uma organização de prevenção de conflitos sobre recursos – referentes ao comércio de minerais que está no coração da indústria de eletrônicos e alimenta a guerra civil na República Democrática do Congo. Disponível em <www.time./com/time/world/article/0,8599,1912594,00.html>.

20 Silvia Federici, *Caliban and the Witch: Women, The Body, and Primitive Accumulation*, Brooklyn, Nova York: Autonomedia, 2004. Ver também "Women, Land Struggles, and the Reconstruction of the Commons". Forthcoming in: Working USA. *The Journal of Labor and Society* (WUSA), #61, vol. XIV, n° 1, março, 2011, Wiley/Blackwell Publications; "Women, Land Struggles and Globalization: An International Perspective" *Journal of Asian and African Studies*, vol. 39, #1/2, jan/mar 2004; e "Women, Globalization, and the International Women's Movement", *Canadian Journal of Development Studies*, vol. XXII, 2001, p. 1025-1036.

21 Donald B. Freeman, "Survival Strategy or Business Training Ground? The Significance of Urban Agriculture for the Advancement of Women in African Cities", *African Studies Review*, vol. 36, n° 3, 1993, p. 1-22; Silvia Federici, "Witch-Hunting, Globalization and Feminist Solidarity in Africa Today", *Journal of International Women's Studies*, Edição especial: Women's Gender Activism in Africa. edição especial conjunta com Wagadu, vol. 10, n° 1, 2008, p. 29-35.

22 Vandana Shiva, *Staying Alive: Women, Ecology and Development*, Londres, Zed Books, 1989 e *Ecology and The Politics of Survival: Conflicts Over Natural Resources in India*, Nova Delhi/Londres: Sage Publications, 1991, p. 102-117, 274. Ver também *Earth Democracy: Justice, Sustainability, and Peace*, Cambridge: South End Press, 2005.

23 Leo Podlashuc, "Saving Women: Saving the Commons", in Ariel Salleh (ed.), op. cit.

24 Essa informação chegou a mim por Ousseina Alidou, diretora do Center for African Studies at Rutgers University (Nova Jersey).

25 Jo Fisher, *Out of the Shadows: Women, Resistance and Politics in South America*, Londres: Latin American Bureau, 1993; Carol Andreas, *When Women Rebel: The Rise of Popular Feminism in Peru*, Westport: Lawrence Hill & Company, 1985.

26 Ver nota 23.
27 Maria Mies e Veronika Bennholdt-Thomsen, "Defending, Reclaiming, and Reinventing the Commons", in *The Subsistence Perspective: Beyond the Globalized Economy*, Londres: Zed Books, 1999. Reimpresso in *Canadian Journal of Development Studies*, vol. XXII, 2001, p. 997-1024.
28 Idem.
29 Dolores Hayden, *The Grand Domestic Revolution*, Cambridge: MIT Press, 1981; e *Redesigning the American Dream: The Future of Housing, Work and Family Life*, Nova York: Norton and Company, 1986.
30 George Caffentzis, "Three Temporal Dimensions of Class Struggle", *Paper* apresentado no encontro anual ISA, ocorrido em San Diego, mar 2006.
31 Nels Anderson, *On Hobos and Homelessness*, Chicago: The University of Chicago Press, 1998; Todd DePastino, *Citizen Hobo*, Chicago: The University of Chicago Press, 2003; George Caffentzis, op. cit.
32 *Boxcar Bertha* é uma adaptação para o cinema, por Martin Scorsese em 1972, do livro *Sister of the Road*, de Ben Reitman – "uma autobiografia ficcionalizada da radical e transiente Bertha Thompson". Wikipédia, *Boxcar Bertha*, p. 1. Ver Ben Reitman, *Sister of the Road: The Autobiography of Boxcar Bertha*, Oakland: AK Press, 2002.
33 Dolores Hayden, *Redesigning the American Dream: The Future of Housing, Work and Family Life*, op. cit.
34 Dolores Hayden, *The Grand Domestic Revolution*, op. cit.
35 Massimo De Angelis, *The Beginning of History: Value Struggles and Global Capital*, Londres: Pluto Press, 2007; "The Commons and Social Justice" [Manuscrito inédito], 2009.
36 Dolores Hayden, *Redesigning the American Dream: The Future of Housing, Work and Family Life*, op. cit., p. 230.

Para reivindicar queer como uma palavra de contestação social que realmente inclua o aspecto sexual, precisamos de uma concepção de sexualidade que vá além dos equívocos nebulosos dos gêneros.

Teresa de Lauretis

Teoria queer, 20 anos depois: identidade, sexualidade e política

Teresa de Lauretis

PALAVRAS ATRAVESSAM FRONTEIRAS, assim como as pessoas. Algumas acham seu lugar em terras estrangeiras, onde encontram outras palavras parecidas com elas, fazem amigas e eventualmente passam a morar no novo país. Outras não são bem recebidas na nova língua e permanecem sempre turistas; têm uma aparência estranha, soam esquisitas e são geralmente suspeitas. A palavra *gender*, da língua inglesa, é um exemplo do primeiro caso: ela encontrou amigos e parentes na América Latina e em vários países europeus, nas palavras *género, gênero, genre*. Diferente de queer, que não passa de turista em países não anglófonos – ninguém sabe o que ela significa, ela não tem tradução e sua origem é incerta, mas com certeza estrangeira. As palavras, assim como as pessoas, têm histórias; e, quando viajam no tempo e no espaço, elas mudam.

A palavra queer tem uma longa história; ela existe na língua inglesa por mais de quatro séculos e todo esse tempo carregou denotações e conotações negativas: estranho, esquisito, excêntrico, de caráter dúbio ou questionável, vulgar[1] (nos romances de Dickens, Queer Street era o nome de uma parte de Londres onde as pessoas pobres, doentes e endividadas viviam). No último século, depois do notório julgamento e prisão de Oscar Wilde, a palavra queer foi particularmente associada com a homossexualidade, como estigma. Foi somente com o movimento de liberação gay dos anos 1970 que a palavra se tornou motivo de orgulho e uma marca de resistência política. Da mesma maneira que as palavras gay e lésbica, queer era uma contestação social, antes de ser identidade.

Nos Estados Unidos, nas décadas de 1960 e começo de 1970, o ativismo político chegou às universidades com os movimentos contraculturais (pela democracia,[2] pela liberdade de expressão, das mulheres, dos panteras negras) e os grandes protestos organizados por estudantes e professores contra a guerra no Vietnã e a invasão estadunidense do Camboja. Os estudantes se tornaram politizados e passaram a pedir por cursos que tratassem dos movimentos sociais que agitavam a esfera pública e ainda não eram considerados assuntos acadêmicos. Como as universidades públicas dos Estados Unidos seguem as regras do mercado capitalista, logo apareceram cursos de graduação voltados para os estudos sobre mulheres, cultura popular, sobre afro-americanos, povos indígenas, chicanos e latinos. Os estudos de gênero se desenvolveram mais tarde, em parte como crítica ao feminismo e à ênfase separatista nos estudos de mulheres; não é coincidência que as pesquisas sobre homens e masculinidades se tornaram preocupação central nos estudos de gênero. As investigações acadêmicas sobre gays e lésbicas entraram no currículo ainda mais tarde, especialmente por conta da preocupação nascente com a sexualidade; e a teoria queer ou estudos queer só apareceram em meados dos anos 1990.

Isso foi o que aconteceu nos Estados Unidos. Na Itália, França e outras universidades europeias, em que os *Women's Studies* nunca foram parte do currículo acadêmico, todas essas questões – feminismo, gênero, sexualidade e, num nível menor, raça e etnicidade – foram e ainda são tipicamente colocados debaixo do guarda-chuva dos "estudos de gênero". Hoje, olhando para trás, eles talvez sejam considerados os precursores da teoria queer, como pensa Javier Sáez, no livro *Teoría Queer y psicoanálisis*.[3]

Quando você pergunta para alguém "Quem é tal pessoa? De onde ela vem? Qual é a história dela? O que você sabe sobre ela?", seu interlocutor vai contar o que ele sabe, mas é impossível que consiga contar toda a história da pessoa. Eu vou contar, aqui, a minha versão sobre a teoria queer.

Eu inventei a expressão "teoria queer" em 1990, como tema de uma conferência que organizei na Universidade da Califórnia, em Santa Cruz. Para mim, naquele momento, teoria queer era um projeto crítico que tinha o objetivo de resistir à homogeneização cultural dos "estudos de gays e lésbicas" que estavam pela academia, tomados como um campo de estudo singular e unificado. O que não era o caso: homens gays e lésbicas tinham histórias diferentes, maneiras diferentes de se relacionar e práticas sexuais diferentes. As lésbicas não eram, naquele momento, o alvo principal das campanhas de marketing do "estilo de vida" gay (saunas abertas 24 horas por dia, cruzeiros e pacotes de viagem, moda, projetos imobiliários). Ainda mais importante: as lésbicas tinham uma relação forte, e por vezes conflituosa, com o movimento feminista. As questões raciais e étnicas, levantadas por muitos coletivos de mulheres lésbicas negras, chicanas e latinas, em sua crítica ao feminismo branco, moldaram os feminismos dos anos 1980 – e dos que vieram depois.

Minha ideia para a teoria queer era a de começar um diálogo crítico entre lésbicas e homens gays sobre sexualidade e nossos respectivos históricos sexuais. Eu queria que, juntos, quebrássemos os silêncios que tinham sido erguidos nos "estudos de gays e lésbicas" sobre questões da sexualidade e suas relações com gênero e raça (por exemplo, o silêncio em volta de relacionamentos inter-raciais e interétnicos). Na minha cabeça, as palavras teoria e queer juntavam em uma expressão o objetivo político da crítica social com o trabalho conceitual e especulativo envolvido na produção dos discursos. A teoria queer tinha a possibilidade de desenhar outro horizonte discursivo, outra maneira de pensar o aspecto sexual. Poderíamos, com ela, chegar a um entendimento melhor de especificidades e parcialidades ou mesmo das nossas respectivas histórias, assim como do que significa para nós, como grupo, algumas dificuldades comuns.[4]

Mesmo esse não sendo, definitivamente, o projeto de uma utopia, eu estava pensando essas práticas políticas e teóricas como compatíveis. Olhando para os caminhos atuais da teoria queer, eu já não estou mais tão certa dessa compatibilidade.

O diálogo que eu queria não aconteceu, apesar de alguns trabalhos individuais sobre sexualidades gays e lésbicas terem sido publicados, como o livro *Homos* de Leo Bersani[5] e o meu *A prática do amor*.[6] Durante os anos 1990, a alarmante epidemia de AIDS exigiu a atenção do movimento e da mídia. Os trabalhos de grupos como Act Up e Queer Nation tornaram visíveis a importância da prevenção por todos os setores da sociedade e aumentaram o raio das identidades sexuais não normativas.

É possível dizer que hoje uma identidade queer é mais radical que uma identidade lésbica ou gay, porque estas se tornaram respeitáveis e mesmo conservadoras – como na aspiração pelo casamento legal. Mas também é possível afirmar que o queer é apenas um gesto na direção de uma vaga antinormatividade ou identidade não convencional. Na Itália, por exemplo, a palavra *eteroqueer* é usada para falar de pessoas que parecem queer, que se vestem e se comportam de maneira que foge a heteronormatividade, mas são heterossexuais. Apesar disso, minha preocupação é outra.

Parece, para mim, que os termos empregados atualmente no ocidente para falar de identidades sexuais não normativas, LGBIT (T para *transgênero* ou *transexual*, tanto como uma marcação de gênero, como em *homem trans* ou *mulher trans*, quanto sem essa marcação, como em trans), têm privilegiado gêneros, em detrimento das sexualidades, ou identidades sociais, em vez de aspectos sexuais. Por "aspectos sexuais", quero dizer sexualidade em um sentido freudiano, a presença na psique individual de pulsões conflitantes, com seu caráter obstinado, e por vezes destrutivo, e as dificuldades que essas relações trazem para o Eu e para a esfera social. O termo queer atualmente, mesmo ainda carregando alguma coisa de sua conotação histórica de desvio sexual, passou a se apresentar como gênero-inclusivo, democrático, multicultural e multiespécie, o que o faz deixar o terreno das especificidades sexuais – o polimorfo perverso que Mario Mieli teorizou[7] nos visionários e radicais anos 1970.

Para reivindicar queer como uma palavra de contestação social que realmente inclua o aspecto sexual, precisamos de uma concepção de sexualidade que vá além dos equívocos nebulosos dos gêneros, assim como das preocupações médicas com certa funcionalidade reprodutiva. Acredito que seja necessária uma concepção nos termos das teorias de Freud sobre a sexualidade de pulsões parciais, mais facilmente percebida em suas evidentes manifestações infantis – sexualidade polimorfa, não reprodutiva, compulsiva e indisciplinada.

A sexualidade infantil se desenvolve em dois estágios sucessivos, o oral e o anal, que precedem o desenvolvimento dos órgãos sexuais e o início da produção púbere de determinados hormônios. É comum a ideia de que apenas este último momento realmente conta como sexualidade; o que significa dizer que ela é antes de tudo, e principalmente, genital. Mas essa visão popular e também médica é contrariada por algumas considerações óbvias. As manifestações infantis de prazer sexual, oral e anal, continuam inteiramente ativas durante a sexualidade adulta; inclusive, essas e outras pulsões parciais podem ser, na verdade, mais intensas que a atividade genital, como o são, por exemplo, no que a psicanálise chama de perversões e a psiquiatria agora chama de parafilias – fetichismo, exibicionismo, voyeurismo, pedofilia, zoofilia, necrofilia, coprofilia, urofilia. Claramente, dos comportamentos sexuais conhecidos, vários deles voltam aos prazeres infantis e produzem satisfação sexual independentemente de atividades genitais.

O termo parafilia foi adotado incidentalmente pelo *Manual de diagnóstico e estatística* da Associação Estadunidense de Psiquiatria (Diagnostic and Statistical Manual, DSM-III) em 1980. John Money acredita que o começo desse processo está na entrada da sexologia no sistema de justiça criminal, no final do século XIX, quando surgiu a psiquiatria forense.

> A psiquiatria forense pegou emprestado uma nomenclatura legal para a classificação de criminosos sexuais como desviantes e pervertidos. [Ela] também pegou do código criminal sua lista oficial de perversões. Eventualmente, os termos perversão e desvio foram substituídos por parafilia.[8]

A palavra parafilia pode soar mais neutra, menos "patalogizante" que perversão, mas ela ainda nomeia comportamentos sexuais considerados anormais. O que é normal não está disponível para ser questionado na justiça criminal e na psiquiatria forense. O próprio John Money, como aponta Paul B. Preciado, iniciou a prática do tratamento de crianças nascidas com órgãos genitais que a medicina considera indeterminados; tratando-os com cirurgia ou hormônios na tentativa de "normalizar" seus corpos em um corpo masculino ou feminino.[9]

A psicanálise, diferentemente da psiquiatria e psicologia, não se relaciona com a normalidade sexual. Inclusive, para Freud, a sexualidade é a dimensão mais perversa da vida humana, indo da perversão para a neurose e para a sublimação; ela é compulsiva, incontingente e incurável. Com a psicanálise, a teoria queer pode estender sua área de preocupações para todas as formas de comportamento sexual, não para esclarecê-los ou criminalizá-los, não para "proteger a sociedade" ou fazer uma manutenção da sociabilidade humana, mas para entender as possibilidades que existem nelas. Toda sociedade é atravessada por forças positivas e negativas. Enquanto teorizamos sociabilidades e conexões pessoais nas comunidades queer, em níveis locais e globais, não podemos ignorar os aspectos compulsivos, perversos, ingovernáveis da sexualidade que nos confronta na esfera pública, na família e dentro de nós. O problema é:

como podemos pensar uma sociabilidade queer feita de laços afetivos e, ao mesmo tempo, de pulsões antissociais? Como podemos pensar ao mesmo tempo, por exemplo, sobre casamentos entre pessoas do mesmo sexo e *barebacking* (uma prática masculina de sexo anal sem uso de camisinha), ou assassinatos em série e a busca por uma comunidade espiritual?

As teorias freudianas sobre a sexualidade propõem a presença de duas forças, duas pulsões, psíquicas contrárias, coexistindo e agindo juntas em diferentes combinações, em tempos diferentes, na vida psíquica de cada indivíduo. As pulsões de vida são energias psíquicas ligadas a objetos (pessoas, ideias, ideais) e, consequentemente, a conexões pessoais, vínculos sociais, criatividade (nesse caso, ele usa o termo platônico "eros": "o Eros dos poetas e dos filósofos"[10]). As pulsões de morte, por sua vez, são pura negatividade; elas são desligadas de qualquer objeto, inclusive da energia psíquica do ego (*Ich*), o que mina a coerência desse ego e, consequentemente, a coesão do aspecto social. Freud, com certeza, não era um otimista. Sua teoria não oferece soluções práticas – e nem era seu objetivo fazê-lo. Mas precisamente por ser especulativa, não sistemática, até mesmo contraditória, ela se mantém aberta ao novo. Por exemplo, à questão de gênero e sua relação complexa com a sexualidade.

A psicanálise, diferente da psicologia, não se preocupava com a questão de gênero. Mas recentemente, Jean Laplanche, psicanalista e professor de psicanálise na Universidade de Paris, e um dos leitores mais originais e próximos de Freud, fez uma introdução da questão na psicanálise e no contexto das suas próprias teorias de sedução primitiva. Em termos simples, Laplanche diz que a sexualidade não é inata ou presente no corpo desde o nascimento, ela vem dos adultos e é um efeito de sedução. Ela é implantada na criança recém-nascida – um ser sem linguagem (como a palavra em latim *in-fans* sugere) e inicialmente sem ego – pelas ações necessárias do cuidado materno, no alimentar, limpar, em pegar a criança no colo, pelas mensagens enigmáticas que as mães transmitem; enigmáticas não apenas porque o bebê não é capaz de traduzi-las, mas também porque elas estão imbuídas das fantasias sexuais (in)conscientes dos adultos, pais ou cuidadores. Intraduzíveis, esses significantes enigmáticos são submetidos a uma repressão primitiva e constituem o primeiro núcleo do inconsciente infantil, o inconsciente primitivo.

Traduções parciais acontecem à medida que a criança cresce e o ego é formado e se desenvolve, mas elas, ainda assim, deixam para trás resíduos não traduzidos que se alojam no aparato mental do indivíduo na forma de memórias não lembradas de excitações e prazeres corporais. Esses traços inconscientes de memórias funcionam, segundo Laplanche, "como uma lasca afiada na pele",[11] ou, poderíamos dizer, como um vírus em um computador: elas se mantêm vivas, apesar de indetectáveis, e são reativadas na sexualidade adulta, por vezes de maneiras que consideramos vergonhosas ou inaceitáveis. Desse lugar vêm os conflitos, morais ou neuróticos, que todos experimentamos em nossas vidas sexuais.

Diferentemente da sexualidade, o gênero é uma mensagem enviada e recebida no nível consciente ou pré-consciente. Apesar de ele também vir do outro, ser *designado* pelos pais e médicos, normalmente antes do nascimento, o gênero não é implantado no corpo físico; ele não é, como a sexualidade, o implante somático de uma excitação psicofísica particularmente insistente nas chamadas zonas erógenas. Sem sombra de dúvida, fantasias parentais conscientes e inconscientes têm parte – e eu acredito que ela seja bem grande – na identificação e desidentificação da criança com determinado gênero e, consequentemente, nas múltiplas articulações da identidade de gênero adulta. Mas tipicamente, social e legalmente, os gêneros são designados com base em uma anatomia sexual, de uma percepção adulta sobre ela, que é baseada na visibilidade do órgão genital externo. Quando é difícil dizer se um corpo infantil tem um pênis ou um clitóris comprido, ou quando aparece posteriormente uma discrepância entre órgãos internos e externos, as autoridades parentais e/ou médicas decidem em que gênero inscrever a criança e como modificar ou não o corpo de acordo com essa designação. A dimensão de construção social do gênero foi espetacularmente demonstrada no recente escândalo esportivo envolvendo a sul-africana intersexo Caster Semenya, medalhista olímpica que ganhou ouro na prova de 800 metros rasos.[12] Paradoxalmente, a melhor desconstrução de gênero é a própria existência da intersexualidade física "na natureza".

Voltando a Laplanche, a categoria gênero, como a categoria sexo (como disse Monique Wittig em 1980),[13] organiza-se pela lógica digital e binária do falo – com ou sem, macho ou fêmea, um ou zero; uma lógica que, com seu binarismo rígido e viés genital, apaga ou desautoriza a polimorfa e, sobretudo, *inconsciente* dimensão da sexualidade infantil iluminada por Freud. Ele sugere que o deslocamento de uma questão de identidade sexual para uma de gênero nos novos discursos pode ser marca de repressão (*refoulement*), repressão da sexualidade infantil e a sua substituição pelo gênero, como uma categoria mais palatável para o entendimento adulto de si mesmo. "Eu acredito que, mesmo hoje em dia, a sexualidade infantil é a coisa mais repugnante para a forma adulta de olhar o mundo. Nos 'hábitos ruins' estão as maiores dificuldades de aceitação [dos adultos]".[14] (Podemos pensar, como exemplo, no filme *La mala educación*, de Almodóvar, e o deboche sobre precisamente os hábitos ruins aprendidos na escola.)

A importância do trabalho de Laplanche para a teoria queer é que ele articula as relações de sexualidade e gênero como o encontro de três fatores: gênero, sexo (anatômico-fisiológico) e aspecto sexual – sexualidade no sentido freudiano do polimorfo-perverso, baseada na repressão, na fantasia e no inconsciente. Laplanche concorda com as pesquisas que dizem que as identidades de gênero são formadas antes das identidades sexuais, mas não com a conclusão de que os gêneros organizam as sexualidades.[15] Ele sugere, ao contrário, que como os gêneros são designados e adquiridos muito cedo, seus significados só se tornam claros para a criança com a apercepção do sexo, da diferença sexual anatômica e, consequentemente, com a entrada na lógica do complexo de castração. Muitas questões e dúvidas são levantadas a respeito da universalidade do complexo de castração, mas a lógica binária predominante na cultura ocidental ("*la logique du tiers exclu*") parece funcionar também em uma dimensão individual, se levarmos em consideração as memórias mais ou menos ligadas a esse complexo que vêm à tona em sessões de análise. Mas podemos levar essas memórias em consideração? Elas são memórias "reais"?

Laplanche fala também de algo que, vindo de um psicanalista, para mim parece excepcional: "O que o sexo e seu aspecto secular – o que pode ser entendido como o complexo de castração – tendem a reprimir é a sexualidade infantil. Reprimi-la é exatamente criá-la na sua repressão".[16] O que significa dizer que: não só a instituição social sexo-gênero, mas também o conceito psicanalítico do complexo de castração, *que a justifica e a reforça* (como seu "aspecto secular"), tem o efeito de reprimir ou limitar "*le sexual*", a sexualidade que foi a descoberta crucial de Freud – a sexualidade perversa, polimorfa, que é oral, anal, paragenital, não reprodutiva. Essa sexualidade que precede a apercepção das diferenças de sexo e de gênero e, consequentemente, não é limitada por ela – não é limitada por estar reprimida, inconsciente, fora do domínio do ego e, ainda assim, potencialmente reativáveis.

Laplanche diz que o complexo de castração, como o de Édipo ou o da morte do pai, são esquemas narrativos performados, códigos mítico-simbólicos transmitidos e modificados pela cultura, que ajudam "o pequeno ser humano a lidar – a ligar e simbolizar, ou mesmo traduzir – as mensagens enigmáticas e traumatizantes que vêm dos adultos";[17] eles ajudam a criança a encontrar um lugar na família, na comunidade, na sociedade; eles nos ajudam a historicizarmo-nos. Mas nada, segundo Laplanche, é menos sexual que o mito de Édipo ou a tragédia de Sófocles. Essas estruturas narrativas coletivas, e outras parecidas em culturas diferentes, não são inscritas no aparato psíquico no lado reprimido, como é comumente admitido, mas sim no lado repressivo (*non pas du côté du refoulé, mais du refoulant*), não no lado do aspecto sexual mas naquele que o reprime, abrindo espaço para a neurose surgir; ou, no melhor dos casos, no lado do que limita o aspecto sexual que o contém, o organiza e, finalmente, o dessexualiza, em nome das conexões pessoais, dos laços sociais, da família, da procriação, do futuro.

As noções psicanalíticas infames – da castração e do complexo de Édipo – são aliadas e não inimigas dos gêneros; elas são instrumentais na sua construção e afirmação – e reafirmação, quando necessário. O que bagunça as identidades de gênero são os hábitos ruins, as dimensões reprimidas e inconscientes do aspecto sexual. A desestabilização dos gêneros é o perverso no sexo – os aspectos infantis, vergonhosos, nojentos, "doentes", destrutivos e autodestrutivos da sexualidade, que a identidade pessoal raramente autoriza e o discurso político sobre gênero precisa apagar ou negar inteiramente. Isso acontece porque os gêneros precisam de aceitação e validação social, como conseguimos ver pelas próprias exigências de reconhecimento legal das novas e mutáveis identidades de gênero.

Os discursos sobre identidades de gênero e sexuais são políticos desde seu início, tanto disfarçadamente conservadores nos estudos "cientificamente neutros" de Money e Stoller quanto explicitamente contestatórios na crítica feminista dos gêneros como estrutura social opressiva que aparece nos anos 1960 e 1970. Esse entendimento crítico dos gêneros, alcançado no contexto de movimentos políticos de oposição e inicialmente radicais, foi a base de toda prática e discurso desconstrutivo dos gêneros que surgiram naquele momento. Hoje em dia temos identidades LGBITQ,[18] mas somos confrontados com o fato de que questões políticas que passam por identidades de gênero e sexuais, especialmente aquelas estigmatizadas como parafilias ou disfunções identitárias, estão encalhadas no aspecto sexual – na sexualidade, no sentido freudiano.

O mal-estar da civilização, como Freud percebeu, consiste num paradoxo fundacional: as instituições da sociedade civil, a família e a educação secular, junto com a religião, têm como função restringir ou controlar o aspecto sexual e canalizar sua energia para o cuidado com os laços sociais e o bem comum. O tabu do incesto é para produzir relações de parentesco e sociabilidade, o complexo de Édipo, para ligar conexões pessoais à reprodução física e social, o complexo de castração é para organizar os gêneros e garantir articulação sem movimentos bruscos do trabalho reprodutivo. O paradoxo é que a restrição, o que Freud chama de repressão (e mostra como o ego aplica a repressão psíquica de maneira mais efetiva que o estado aplica repressões políticas), também produz sexualidades como algo além do sexo, como sintoma, compulsão, agressão.

O impasse, a negatividade inerente nessa visão da sociedade humana está em conflito com as políticas de identidades – ou com qualquer política, se por política entendemos ações direcionadas ao alcance de um objetivo social, independentemente dele ser para o bem de todos ou de alguns. Esse estado conflituoso na relação entre sexualidade e política está no cerne do que chamei "equívocos de gênero", a confusão das categorias gênero e sexualidade. Acredito que ele também marque o atual debate nos Estados Unidos sobre as políticas antissociais da teoria queer.

"A tese antissocial na teoria queer"[19] foi primeiro associada à definição de sexo gay como "anticomunitário, autodestrutivo e anti-identitário", no livro *Homos* de Leo Bersani já citado; atualmente, entretanto, a teoria queer antissocial é identificada com o controverso livro de Lee Edelman chamado *No Future*.[20] Com o subtítulo "Teoria queer e a pulsão de morte", propõe que ser queer deveria colocar o indivíduo em uma posição ética contrária a um "futurismo reprodutivo" representado pela imagem midiatizada da criança. A criança representa as possibilidades do futuro, de um mundo melhor, da sobrevivência da espécie humana e da própria vida do planeta; sua antítese é o queer, especialmente o homem gay, o homossexual, macho não reprodutivo, representado culturalmente como narcisista, antissocial, mensageiro da morte. Edelman chama as pessoas queer a recusarem a ordem social heteronormativa em que violências e assassinatos são cometidos em nome das crianças e a, desafiadoramente, abraçar a identificação com a pulsão de morte como uma imagem para o desfazer das identidades e da própria ordem social. Para ele, sob uma perspectiva psicanalítica inspirada em Lacan, ser queer nomeia a negatividade da pulsão, o antissocial que está na sexualidade; em suas palavras: "a pulsão de morte que sempre comunica a ordem simbólica" como inerente em cada sujeito individual. Apesar de usar os termos de Lacan, e não de Freud, seu argumento parte do que já descrevi aqui como o paradoxo na visão freudiana da sociedade: o impedimento da civilização, o bloqueio do progresso que a própria civilização cria quando reprime aspectos sexuais. Excluído pelos laços sociais, o aspecto sexual permanece dentro do social, como um excesso indomável e incontinente, uma força conflituosa, desagregadora. Essa é a negatividade da pulsão de morte. E essa é a forma como, acredito eu, o livro liga a teoria queer e a pulsão de morte: primeiro, ele reclama a sexualidade na teoria queer; depois, ele empurra os limites conceituais do pensamento queer para além da zona de conforto do prazer.

A controvérsia apresentada em *No Future* elevou as expectativas políticas na comunidade queer. De um lado, alguns se engajam em práticas de uma utopia queer, imaginam ser queer como a possibilidade para um futuro melhor e coletivo, escrevem sobre um "otimismo queer" e como *"pensar* sobre sentir-se bem" no presente.[21] De outro, o livro *No Future* não é político o suficiente, e um "enquadramento mais explicitamente político do projeto antissocial" se faz necessário, um que articule as formas possíveis de uma "negatividade explicitamente política".[22] A frase "negatividade política" aponta outro equívoco: a política é em essência afirmativa, não negativa, especialmente quando ela é de oposição. Contestações políticas, oposições ou antagonismos são qualquer coisa menos antissociais; elas são o que constituem uma sociedade democrática. A sexualidade, o prazer e, principalmente, a pulsão de morte são antissociais ou contrassociais.

Podemos usar a questão que Judith Halberstam brevemente levanta sobre o livro *Homos* de Bersani para pensar o livro de Eldelman: é possível "identificar uma trajetória política em um projeto radicalmente não teleológico"?[23] Essa questão é tão relevante para no livro *No Future* quanto na teoria queer em geral. Como teoria que apresenta uma visão conceitual, crítica ou especulativa sobre o lugar da sexualidade no aspecto social, a teoria queer não apresenta nenhum programa de ação política. Uma política queer não teleológica não é impossível, mas para ela acontecer é preciso haver a tradução de um lugar para o outro, da abstração da teoria e da filosofia para um modelo de ação política concreto.

Eu não tenho essa tradução para a teoria queer, mas sei que ela tem precedentes; como foi apontado por Stuart Hall, Antonio Gramsci rearticulou, ou traduziu, conceitos marxistas como modo de produção ou forças e relações de produção; dos seus "níveis de abstração mais gerais" nas formulações de Marx para um nível de concretude e especificidade apropriado para uma conjuntura histórica particular. Os conceitos de Gramsci *foram elaborados* para operar em certo nível de concretude histórica, mas tomaram emprestada a produção de Marx e continuaram "a 'trabalhar dentro' do seu campo de referência"[24]

Em seu ensaio, Stuart Hall diz que o trabalho de Gramsci foi relevante tanto para a política dos trabalhadores de fábrica italianos no começo do século XX quanto "para o estudo de raça e etnia" nas últimas décadas do mesmo século. Sugerir que a teoria queer encontre também tradutores admiráveis como esse é o melhor que posso fazer para o "otimismo queer" – apesar de não ser otimista, apenas queer.

TEXTO ORIGINALMENTE ESCRITO PARA UMA AULA LECIONADA EM PUEBLA, MÉXICO, EM 2010, E PUBLICADO SOB O TÍTULO "TEORÍA QUEER, VEINTE AÑOS DESPUÉS: IDENTIDAD, SEXUALIDAD Y POLÍTICA", UNAM, MÉXICO, 2010, E POSTERIORMENTE NA REVISTA *MORA*, VOL. 21, Nº 2, BUENOS AIRES, 2015, P. 107-118. TRADUÇÃO DE PÊ MOREIRA.

NOTAS

1   Etimologia provável: da raiz *t(w)erk*, que chega na palavra alemã moderna *quer* (*qwer* em alemão antigo) e significa oblíquo, diagonal, inclinado; em dinamarquês, *dwars*; em inglês (*to*) *thwart*; em latim, *torcere*. *Teoría torcida* é o título de um livro publicado em Madri, em 1998, citado por Javier Sáez.
2   N.T.: O texto original usa o Students for a Democratic Society (SDS) como exemplo de movimento pela democracia; ele foi uma organização nacional de estudantes estadunidenses que representavam os ideais da nova esquerda do país na década de 1960.
3   Javier Sáez, Teoría Queer y psicoanálisis, Madri: Editorial Síntesis, 2004.
4   Teresa de Lauretis, "Queer Theory. Lesbian and Gay Sexualities: An Introduction", *differences* vol. 3, nº 2, 1991, p. xi. Essa edição especial reúne as contribuições para a conferência de Tomás Almaguer, Sue-Ellen Case, Julia Creet, Samuel R. Delany, Elizabeth Grosz, Earl Jackson, Ekua Omosupe e Jenny Terry.
5   Leo Bersani, *Homos*, Cambridge: Harvard University Press, 1995.
6   Teresa de Lauretis, *The Practice of Love: Lesbian Sexuality and Perverse Desire*, Bloomington: Indiana University Press, 1995.
7   Mario Mieli, *Elementi di critica omosessuale*, Paola Mieli e Gianni Rossi Barilli (ed.), Milão: Feltrinelli, 2002 [1977].
8   John Money, *The Lovemap Guidebook: A Definitive Statement*, Nova York: Continuum, 1999, p. 55. Agradeço a Timothy N. Koths, candidato em seleção para um programa de doutorado em

História da Consciência na Universidade da Califórnia, Santa Cruz, por compartilhar comigo essa referência.

9   Ver Paul B. Preciado, "'Technologiquement votre', Actes du colloque épistémologies du genre: regards d'hier, points de vue d'auhourd'hui", Paris: Conservatoire National des Arts et Métiers, jun 2005, p. 23-24.

10 Sigmund Freud, "Beyond the Pleasure Principle", *Standard Edition of the Complete Psychological Works Of Sigmund Freud*, vol. 18, 2001, p. 50.

11 Jean Laplanche, "Masochisme et théorie de la séduction généralisée", in *La révolution copernicienne inachevée: travaux 1967-1992*, Paris: Aubier, 1992.

12 Ver Ariel Levy, "Either/Or: Sports, Sex, and the case of Caster Semenya", *The New Yorker*, 30 nov 2009. Eu devo essa referência à Gloria Careaga Pérez, co-secretária geral da International Lesbian and Gay Association (ILGA), Associação Intenacional de Gays e Lésbicas.

13 Monique Wittig, "The Category of Sex," in *The Straight Mind and Other Essays*, Boston: Beacon Press, 1992, p. 1-8.

14 "Je crois que, même de nos jours, la sexualité infantile proprement dite est ce qui répugne le plus à la vision de l'adulte. Encore aujourd'hui, le plus difficilement accepté, ce sont les 'mauvaises habitudes', comme on dit." (Jean Laplanche, "Le genre, le sexe, le sexual", in *Sexual: La sexualité élargie au sens freudien: 2000-2006*, Paris: PUF, 2007, p. 157.)

15 Ver Ethel S. Person e Lionel Ovesey. "Psychoanalytic Theories of Gender Identity", *Journal of the American Academy of Psychoanalysis*, vol. 11, n° 2, p. 203-226.

16 "Ce que le sexe et son bras séculier, pourrait-on-dire, le complexe de castration, tendent à refouler, c'est le sexuel infantile. Le refouler, c'est-à-dire précisement le créer en le refoulant." (Jean Laplanche, "Le genre, le sexe, le sexual", op. cit., p. 173).

17 "Le petit sujet humain à traiter, c'est-à-dire à lier et symboliser, ou encore à traduire, les messages énigmatiques traumatisants qui lui viennent de l'autre adulte" (Jean Laplanche, "Le genre, le sexe, le sexual", op. cit., p. 212).

18 Sigla para lésbicas, gays, bissexuais, intersexo, transexuais, transgêneros e queer.

19 "A Tese Antissocial na Teoria Queer" [The Antisocial Thesis in Queer Theory] foi o título de um painel organizado por Robert Caserio para a Divisão de Estudos Gays em Linguagem e Literatura da Associação de Linguagem Moderna (MLA), em convenção da Associação no ano de 2005, em Washington, D.C. As posições de Robert Caserio e os demais integrantes do painel – Lee Edelman, Judith Halberstam, José Esteban Muñoz e Tim Dean – foram posteriormente publicadas com o mesmo título, sob a rubrica "Forum: Conference Debates", in *PMLA*, vol. 121, n° 3, 2006, p. 819-828.

20 Lee Edelman, *No Future: Queer Theory and the Death Drive*, Durham: Duke University Press, 2008, p. 25. "Ser queer nunca é uma questão de ser ou se tornar, mas de incorporar o que resta do real interno à ordem simbólica. Um nome para essa inominável sobra é, como é para Lacan, *jouissance... [j]ouissance* evoca a pulsão de morte que aparece como o vazio dentro e fora do sujeito, além das suas fantasias de autorrealização, além dos prazeres."

21 Por exemplo José Muñoz, *Cruising Utopia*, Nova York: New York University Press, 2009; e Michael D. Snediker, *Queer Optimism: Lyric Personhood and Other Felicitous Persuasions*, Minneapolis: University of Minnesota Press, 2008.

22 Judith Halberstam, "The Politics of Negativity in Recent Queer Theory", in "Forum: Conference Debates", op. cit., p. 824.

23 "Forum: Conference Debates", op. cit., p. 823.

24 Stuart Hall, "Gramsci's Relevance for the Study of Race and Ethnicity", in David Morley e Kuan-Hsing Chen (eds.), *Stuart Hall: Critical Dialogues in Cultural Studies*, Londres: Routledge, 1996, p. 414-415.

A "história da humanidade" se beneficiaria se fosse rebatizada como "história das tecnologias", e o sexo e o gênero considerados dispositivos inscritos em um sistema tecnológico complexo.

Paul B. Preciado

O que é a contrassexualidade?

Paul B. Preciado

A CONTRASSEXUALIDADE não é a criação de uma nova natureza, ao contrário, é mais o fim da Natureza como ordem que legítima a sujeição de certos corpos a outros. A contrassexualidade é, em primeiro lugar, uma análise crítica da diferença de gênero e de sexo, produto do contrato social heterocentrado cujas performatividades normativas foram inscritas nos corpos como verdades biológicas.[1] Em segundo lugar: a contrassexualidade aponta para a substituição desse contrato social que denominamos Natureza por um contrato contrassexual. No âmbito do contrato contrassexual, os corpos se reconhecem a si mesmos não como homens ou mulheres, e sim como corpos falantes, e reconhecem os outros corpos como falantes. Reconhecem em si mesmos a possibilidade de aceder a todas as práticas significantes, assim como a todas as posições de enunciação, enquanto sujeitos, que a história determinou como masculinas, femininas ou perversas. Por conseguinte, renunciam não só a uma identidade sexual fechada e determinada naturalmente, como também aos benefícios que poderiam obter da naturalização dos efeitos sociais, econômicos e jurídicos de suas práticas significantes.

A nova sociedade adota o nome de sociedade contrassexual por, pelo menos, duas razões. Uma, e de maneira negativa: a sociedade contrassexual se dedica à desconstrução sistemática da naturalização das práticas sexuais e do sistema de gênero. Outra, de maneira positiva: a sociedade contrassexual proclama a equivalência (e não a igualdade) de todos os corpos-sujeitos falantes que se comprometem com os termos do contrato contrassexual dedicado à busca do prazer-saber.

O nome contrassexualidade provém indiretamente de Michel Foucault, para quem a forma mais eficaz de resistência à produção disciplinar da sexualidade em nossas sociedades liberais não é a luta contra a proibição (como aquela proposta pelos movimentos de liberação sexual antirrepressivos dos anos setenta), e sim a contraprodutividade, isto é, a produção de formas de prazer-saber alternativas à sexualidade moderna. As práticas contrassexuais que aqui serão propostas devem ser compreendidas como tecnologias de resistência, dito de outra maneira, como formas de contradisciplina sexual.

A contrassexualidade é também uma teoria do corpo que se situa fora das oposições homem/mulher, masculino/feminino heterossexualidade/ homossexualidade. Ela define a sexualidade como tecnologia, e considera que os diferentes elementos do sistema sexo/gênero[2] denominados "homem", "mulher", "homossexual", "heterossexual", "transexual", bem como suas práticas e identidades sexuais, não passam de máquinas, produtos, instrumentos, aparelhos, truques, próteses, redes, aplicações, programas, conexões, fluxos de energia e de informação, interrupções e interruptores, chaves, equipamentos, formatos, acidentes, detritos, mecanismos, usos, desvios...

A contrassexualidade afirma que no princípio era o dildo. O dildo antecede ao pênis. É a origem do pênis. A contrassexualidade recorre à noção de "suplemento" tal como foi formulada por Jacques Derrida,[3] e identifica o dildo como o suplemento que produz aquilo que supostamente deve completar.

A contrassexualidade afirma que o desejo, a excitação sexual e o orgasmo não são nada além de produtos que dizem respeito a certa tecnologia sexual que identifica os órgãos reprodutivos como órgãos sexuais, em detrimento de uma sexualização do corpo em sua totalidade.

É hora de deixar de estudar e de descrever o sexo como parte da história natural das sociedades humanas. A "história da humanidade" se beneficiaria se fosse rebatizada como "história das tecnologias", e o sexo e o gênero considerados dispositivos inscritos em um sistema tecnológico complexo. Essa "história das tecnologias" mostra que "a Natureza Humana" não é senão um efeito de negociação permanente das fronteiras entre humano e animal, corpo e máquina,[4] mas também entre órgão e plástico.

A contrassexualidade dispensa a determinação de um passado absoluto no qual se situaria uma heterotopia lésbica (amazônica ou não, preexistente ou não à diferença sexual, justificada por certa superioridade biológica ou política, ou mesmo como resultado de uma segregação dos sexos) que seria uma espécie de utopia radical feminista separatista. Não precisamos de uma origem pura da dominação masculina e heterossexual para justificar a transformação radical dos sexos e dos gêneros. Não há razão histórica que poderia legitimar as mudanças em curso. A contrassexualidade *is the case*. Essa contingência histórica é o material tanto da contrassexualidade como da desconstrução. A contrassexualidade não fala de um mundo por vir; ao contrário, lê as marcas daquilo que já é o fim do corpo, tal como este foi definido pela modernidade.

A contrassexualidade joga sobre duas temporalidades. A primeira, uma temporalidade lenta na qual as instituições sexuais parecem nunca ter sofrido mudanças. Nela, as tecnologias sexuais se apresentam como fixas. Tomam emprestado o nome de "ordem simbólica", de "universais transculturais" ou, simplesmente, de "natureza". Toda tentativa para modificá-las seria julgada como uma forma de "psicose coletiva" ou como um "Apocalipse da Humanidade". Esse plano de temporalidade fixa é o fundamento metafísico de toda tecnologia sexual. Todo o trabalho da contrassexualidade está dirigido contra, opera e intervém nesse âmbito temporal. Mas há também uma temporalidade do acontecimento na qual cada fato escapa à causalidade linear. Uma temporalidade fractal constituída de múltiplos "agoras", que não podem ser o simples efeito da verdade natural da identidade sexual ou de uma ordem simbólica. Tal é o campo efetivo em que a contrassexualidade incorpora as tecnologias sexuais ao intervir diretamente sobre os corpos, sobre as identidades e sobre as práticas sexuais que destes derivam.

A contrassexualidade tem por objeto de estudo as transformações tecnológicas dos corpos sexuados e *generizados*. Ela não rejeita a hipótese das construções sociais ou psicológicas de gênero, mas as ressitua como mecanismos, estratégias e usos em um sistema tecnológico mais amplo. A contrassexualidade se inscreve na genealogia das análises da heterossexualidade como regime político de Monique Wittig, com a pesquisa dos dispositivos sexuais modernos conduzida por Foucault, com as análises da identidade performativa de Judith Butler e com a política do ciborgue de Donna Haraway. A contrassexualidade supõe que o sexo e a sexualidade (e não somente o gênero) devem ser compreendidos como tecnologias sociopolíticas complexas; que é necessário estabelecer conexões políticas e teóricas entre o estudo dos dispositivos e dos artefatos sexuais (tratados até aqui como anedotas de pouco interesse na história das tecnologias modernas) e os estudos sociopolíticos do sistema sexo/gênero.

Com a vontade de desnaturalizar e desmitificar as noções tradicionais de sexo e de gênero, a contrassexualidade tem como tarefa prioritária o estudo dos instrumentos e dos dispositivos sexuais e, portanto, das relações de sexo e de gênero que se estabelecem entre o corpo e a máquina.

DO SEXO COMO TECNOLOGIA BIOPOLÍTICA

O sexo, como órgão e prática, não é nem um lugar biológico preciso nem uma pulsão natural. O sexo é uma tecnologia de dominação heterossocial que reduz o corpo a zonas erógenas em função da distribuição assimétrica de poder entre os gêneros (feminino/masculino), fazendo coincidir certos afetos com determinados órgãos, certas sensações com determinadas reações anatômicas.

A natureza humana é um efeito da tecnologia social que reproduz nos corpos, nos espaços e nos discursos a equação natureza = heterossexualidade. O sistema heterossexual é um dispositivo social de produção de feminilidade e masculinidade que opera por divisão e fragmentação do corpo: recorta órgãos e gera zonas de alta intensidade sensitiva e motriz (visual, tátil, olfativa...) que depois identifica como centros naturais e anatômicos da diferença sexual.

Os papéis e as práticas sexuais, que naturalmente se atribuem aos gêneros masculino e feminino, são um conjunto arbitrário de regulações inscritas nos corpos que asseguram a exploração material de um sexo sobre o outro.[5] A diferença sexual é uma heterodivisão do corpo na qual a simetria não é possível. O processo de criação da diferença sexual é uma operação tecnológica de redução que consiste em extrair determinadas partes da totalidade do corpo e isolá-las para fazer delas significantes sexuais. Os homens e as mulheres são construções metonímicas do sistema heterossexual de produção e de reprodução que autoriza a sujeição das mulheres como força de trabalho sexual e como meio de reprodução. Essa exploração é estrutural, e os benefícios sexuais que os homens e as mulheres heterossexuais extraem dela, obrigam a reduzir a superfície erótica aos órgãos sexuais reprodutivos e a privilegiar o pênis como o único centro mecânico de produção de impulso sexual.

O sistema sexo/gênero é um sistema de escritura. O corpo é um texto socialmente construído, um arquivo orgânico da história da humanidade como história da produção-reprodução sexual, na qual certos códigos se naturalizam, outros ficam elípticos e outros são sistematicamente eliminados ou riscados. A (heteros)sexualidade, longe de surgir espontaneamente de cada corpo recém-nascido, deve se reinscrever ou se reinstruir através de operações constantes de repetição e de recitação dos códigos (masculino e feminino) socialmente investidos como naturais.[6]

A contrassexualidade tem como tarefa identificar os espaços errôneos, as falhas da estrutura do texto (corpos intersexuais, hermafroditas, loucas, caminhoneiras, bichas, sapas, bibas, fanchas, *butchs*, histéricas, saídas ou frígidas, hermafro*dykes*, etc.) e reforçar o poder dos desvios e derivações com relação ao sistema heterocentrado.

Quando a contrassexualidade fala do sistema sexo/gênero como de um sistema de escritura, ou dos corpos como textos, não propõe, com isso, intervenções políticas abstratas que se reduziriam a variações de linguagem. Os que de sua torre de marfim literária reclamam aos berros a utilização da barra nos pronomes pessoais (e/ou), ou pregam a erradicação das marcas de gênero nos substantivos e nos adjetivos, reduzem a textualidade e a escritura a seus resíduos linguísticos, esquecendo as tecnologias de inscrição que as tornaram possíveis.

A questão não reside em privilegiar uma marca (feminina ou neutra) para levar a cabo uma discriminação positiva, tampouco em inventar um novo pronome que escapasse da dominação masculina e designasse uma posição de enunciação inocente, uma origem nova e pura para a razão, um ponto zero no qual surgisse uma voz política imaculada.

O que é preciso fazer é sacudir as tecnologias da escritura do sexo e do gênero, assim como suas instituições. Não se trata de substituir certos termos por outros. Não se trata nem mesmo de se desfazer das marcas de gênero ou das referências à heterossexualidade, mas sim de modificar as posições de enunciação. Derrida já o havia previsto em sua leitura dos enunciados performativos segundo Austin.[7] Mais tarde, Judith Butler utilizará essa noção de performatividade para entender os atos de fala nos quais as sapas, as bichas e os transexuais viram do avesso a linguagem hegemônica, apropriando-se de sua força performativa. Butler chamará de "performatividade queer" a força política da citação descontextualizada de um insulto homofóbico e da inversão das posições de enunciação hegemônicas que este provoca. Dessa maneira, por exemplo, *sapatona* passa de um insulto pronunciado pelos sujeitos heterossexuais para marcar as lésbicas como "abjetas", para se transformar, posteriormente, em uma autodenominação contestadora e produtiva de um grupo de "corpos abjetos" que, pela primeira vez, tomam a palavra e reclamam sua própria identidade.

A tecnologia social heteronormativa (esse conjunto de instituições tanto linguísticas como médicas ou domésticas que produzem constantemente corpos-homem e corpos-mulher) pode ser caracterizada como uma máquina de produção ontológica que funciona mediante a invocação performativa do sujeito como corpo sexuado. As elaborações da teoria queer conduzidas durante a década de 1990 por Judith Butler ou por Eve K. Sedgwick evidenciaram que as expressões aparentemente descritivas "é uma menina" ou "é um menino", pronunciadas no momento do nascimento (ou inclusive no momento da visualização ecográfica do feto), não passam de invocações performativas – mais semelhantes a expressões contratuais pronunciadas em rituais sociais tais, como o "sim, aceito" do casamento, que a enunciados descritivos tais como "este corpo tem duas pernas, dois braços e um rabo". Esses performativos do gênero são fragmentos de linguagem carregados historicamente do poder de investir um corpo como masculino ou como feminino, bem como de sancionar os corpos que ameaçam a coerência do sistema sexo/gênero até o ponto de submetê-los a processos cirúrgicos de "cosmética sexual" (diminuição do tamanho do clitóris, aumento do tamanho do pênis, fabricação de seios de silicone, refeminilização hormonal do rosto, etc.).

A identidade sexual não é a expressão instintiva da verdade pré-discursiva da carne, e sim um efeito de reinscrição das práticas de gênero no corpo.[8] O problema do chamado feminismo construtivista é ter feito do corpo-sexo uma matéria disforme à qual o gênero viria a dar forma e significado dependendo da cultura ou do momento histórico.

O gênero não é simplesmente performativo (isto é, um efeito das práticas culturais-linguístico-discursivas) como desejaria Judith Butler. O gênero é, antes de tudo, prostético, ou seja, não se dá senão na materialidade dos corpos. É puramente construído e ao mesmo tempo inteiramente orgânico. Foge das falsas dicotomias metafísicas entre o corpo e a alma, a forma e a matéria. O gênero se parece com o dildo. Ambos, afinal, vão além da imitação. Sua plasticidade carnal desestabiliza a distinção entre o imitado e o imitador, entre a verdade e a representação da verdade, entre a referência e o referente, entre a natureza e o artifício, entre os órgãos sexuais e as práticas do sexo. O gênero poderia resultar em uma tecnologia sofisticada que fabrica corpos sexuais.

É esse mecanismo de produção sexo-prostético que confere aos gêneros feminino e masculino seu caráter sexual-real-natural. Mas, como para toda máquina, a falha é constitutiva da máquina heterossexual. Dado que aquilo que se invoca como "real masculino" e "real feminino" não existe, toda aproximação imperfeita deve se renaturalizar em benefício do sistema, e todo acidente sistemático (homossexualidade, bissexualidade, transexualidade, etc.) deve operar como a exceção perversa que confirma a regra da natureza.

A identidade homossexual, por exemplo, é um acidente sistemático produzido pela maquinaria heterossexual, e estigmatizada como antinatural, anormal e abjeta em benefício da estabilidade das práticas de produção do natural. Essa maquinaria sexo-prostética é relativamente recente e, de fato, contemporânea da invenção da máquina capitalista e da produção industrial do objeto. Em 1868, pela primeira vez as instituições médico-legais identificarão esse acidente *contranatura* como estruturalmente ameaçador para a estabilidade do sistema de produção dos sexos, opondo a perversão (que nesse momento inclui todas as formas não reprodutivas da sexualidade, do fetichismo ao lesbianismo, passando pelo sexo oral) à normalidade heterossexual. Durante os últimos dois séculos, a identidade homossexual se constituiu graças aos deslocamentos, às interrupções e às perversões dos eixos mecânicos performativos de repetição que produzem a identidade heterossexual, revelando o caráter construído e prostético dos sexos. Mesmo porque a heterossexualidade é uma tecnologia social e não uma origem natural fundadora. É possível inverter e derivar (modificar o curso, mudar, submeter à deriva) suas práticas de produção da identidade sexual. A bicha, o travesti, a drag queen, a lésbica, a sapa, a caminhoneira, a *butch*, a machona, a bofinho, as transgêneras, as F2M e os M2F[9] são "brincadeiras ontológicas",[10] imposturas orgânicas, mutações prostéticas, recitações subversivas de um código sexual transcendental falso.

É nesse espaço de paródia e transformação plástica que aparecem as primeiras práticas contrassexuais como possibilidades de uma deriva radical com relação ao sistema sexo/gênero dominante: a utilização de dildos, a erotização do ânus e o estabelecimento de relações contratuais s&m (sadomasoquistas), para citar ao menos três momentos de mutação pós-humana do sexo.

Os órgãos sexuais não existem em si. Os órgãos que reconhecemos como naturalmente sexuais já são o produto de uma tecnologia sofisticada que prescreve o contexto em que os órgãos adquirem sua significação (relações sexuais) e de que se utilizam com propriedade, de acordo com sua "natureza" (relações heterossexuais). Os contextos sexuais se estabelecem por meio de delimitações espaço-temporais oblíquas. A arquitetura é política. É ela que organiza as nossas práticas e as qualifica: públicas ou privadas, institucionais ou domésticas, sociais ou íntimas.

Voltamos a encontrar essa gestão do espaço em um nível corporal. A exclusão de certas relações entre gêneros e sexos, assim como a designação de certas partes do corpo como não sexuais (mais particularmente o ânus, como Deleuze e Guattari mostraram: "o primeiro de todos os órgãos a ser privatizado, colocado fora do campo social")[11] são as operações básicas da fixação que naturaliza as práticas que reconhecemos como sexuais. A arquitetura do corpo é política.

A prática do *first-fucking* (penetração do ânus com o punho), que conheceu desenvolvimento sistemático no seio da comunidade gay e lésbica a partir dos anos 1970, deve ser considerada como um exemplo de alta tecnologia contrassexual. Os trabalhadores do ânus são os novos proletários de uma possível revolução contrassexual.

O ânus apresenta três características fundamentais que o transformam no centro transitório de um trabalho de desconstrução contrassexual. Um: o ânus é o centro erógeno universal situado além dos limites anatômicos impostos pela diferença sexual, em que os papéis e os registros aparecem como universalmente reversíveis (quem não tem um ânus?). Dois: o ânus é uma zona primordial de passividade, um centro produtor de excitação e de prazer que não figura na lista de pontos prescritos como orgásticos. Três: o ânus constitui um espaço de trabalho tecnológico; é uma fábrica de reelaboração do corpo contrassexual pós-humano. O trabalho do ânus não é destinado à reprodução nem está baseado numa relação romântica. Ele gera benefícios que não podem ser medidos numa economia heterocentrada. Pelo ânus, o sistema tradicional da representação sexo/gênero *vai à merda*.

A reconquista do ânus como centro contrassexual de prazer tem pontos comuns com a lógica do dildo: cada lugar do corpo não é somente um plano potencial no qual o dildo pode se deslocar, mas também um orifício-entrada, um ponto de fuga, um centro de descarga, um eixo virtual de ação-paixão.

As práticas s&m, assim como a criação de pactos contratuais que regulam os papéis de submissão e dominação, tornaram evidentes as estruturas eróticas de poder subjacentes ao contrato que a heterossexualidade impôs como natural. Por exemplo, se o papel da mulher no lar, casada e submissa, reinterpreta-se constantemente no contrato s&m, é porque o papel tradicional "mulher casada" supõe um grau extremo de submissão, uma escravidão em tempo integral e para a vida toda.

Parodiando os papéis de gênero naturalizados, a sociedade contrassexual se faz herdeira do saber prático das comunidades s&m e adota o contrato contrassexual temporal como forma privilegiada para estabelecer uma relação contrassexual.

TEXTO ORIGINALMENTE PUBLICADO EM *MANIFESTE CONTRA-SEXUEL*, PARIS: BALLAND, 2000. EDIÇÃO AUMENTADA E REVISTA PUBLICADA SOB O TÍTULO "QUÉ ES LA CONTRA-SEXUALIDAD?", IN *MANIFESTO CONTRASEXUAL*, MADRID: ANAGRAMA, 2002. TRADUÇÃO DE MARIA PAULA GURGEL RIBEIRO IN *MANIFESTO CONTRASSEXUAL: PRÁTICAS SUBVERSIVAS DE IDENTIDADE SEXUAL*. SÃO PAULO: N-1 EDIÇÕES, 2014, P. 21-33. ESTA TRADUÇÃO BRASILEIRA TEVE COMO FONTE A EDIÇÃO ESPANHOLA *MANIFIESTO CONTRA-SEXUAL, PRÁCTICAS SUBVERSIVAS DE IDENTIDAD SEXUAL*, MADRI: OPERA PRIMA, 2002.

NOTAS

1. Judith Butler, *Gender Trouble. Feminism and the Subversion of Identity*, Nova York: Routledge, 1990.
2. A expressão "sistema sexo/gênero" foi utilizada pela primeira vez por Gayle Rubin em seu artigo "The Traffic in Women", in Rayna Reiter (org.), *Towards an Anthropology of Women*, Nova York: Montly Review Press, 1975.
3. Jacques Derrida, *De la grammatologie*, Paris: Éditions de Minuit, 1967.
4. Donna Haraway, *Simians, Cyborgs and Women: The Reinvention of Nature*, Nova York: Routledge, 1991.
5. Ver Monique Wittig, "The Category of Sex", in *The Straight Mind*, Boston: Beacon Press, 1982. Ver também a nova versão francesa traduzida por Marie-Hélène Bourcier, *La pensée straight*, Paris: Balland, 2001.
6. Ver Judith Butler, *Bodies that Matter. The Discursive Limits of Sex*, Nova York: Routledge, 1993.
7. Jacques Derrida, "Signature événement context", in *Marges de la philosophie*, Paris: Éditions de Minuit, 1972, p. 382-390.
8. Paradoxalmente, essa plataforma de repetição e reiteração é, ao mesmo tempo, o lugar da formação compulsiva do sujeito heterossexual e o espaço no qual acontece toda subversão possível. Ver Judith Butler, *Gender Trouble*, op. cit., p. 128-134.
9. As expressões f2m e m2f correspondem, respectivamente, às mudanças *Female to Male* [Feminino para Masculino] e *Male to Female* [Masculino para Feminino], fórmulas de autodenominação surgidas na comunidade transexual anglo-saxã para nomear as pessoas em transição hormonal e/ou cirúrgica.
10. Monique Wittig, *La pensée straight*, op. cit., p. 97.
11. Gilles Deleuze e Félix Guattari, *O anti-Édipo*, Luiz Orlandi (trad.), São Paulo: Editora 34, 2010, p. 189.

Por oposição às políticas "feministas" ou "homossexuais", a política da multidão queer não repousa sobre uma identidade natural (homem/mulher) nem sobre uma definição pelas práticas (heterossexual/homossexual), mas sobre uma multiplicidade de corpos que se levantam contra os regimes que os constroem como "normais" ou "anormais".

Paul B. Preciado

Multidões queer: notas para uma política dos "anormais"

Paul B. Preciado

À memória de Monique Wittig

"Entramos num tempo em que as minorias do mundo começam a se organizar contra os poderes que lhes dominam e contra todas as ortodoxias."
Félix Guattari, *Trois milliards de pervers*, 1973

A SEXOPOLÍTICA É UMA DAS FORMAS dominantes da ação biopolítica no capitalismo contemporâneo. Com ela, o sexo (os órgãos chamados "sexuais", as práticas sexuais e também os códigos de masculinidade e de feminilidade, as identidades sexuais normais e desviantes) entra no cálculo do poder, fazendo dos discursos sobre o sexo e das tecnologias de normalização das identidades sexuais um agente de controle da vida.

Ao distinguir as "sociedades soberanas" das "sociedades disciplinares", Michel Foucault chamou nossa atenção sobre a passagem, que se fez na época moderna, de uma forma de poder que decidia e ritualizava a morte para uma nova forma de poder que calcula tecnicamente a vida, em termos de população, de saúde ou de interesse nacional. Esse é, aliás, o momento preciso em que uma nova clivagem, heterossexual/homossexual, apareceu. Ao trabalhar em uma perspectiva que já vinha sendo explorada por Audre Lorde,[1] por Ti-Grace Atkinson[2] e pelo manifesto *The Woman-Identified Woman*[3] das Radicalesbians, Monique Wittig chegou a descrever a heterossexualidade não como uma prática sexual, mas como um regime político[4] que faz parte da administração dos corpos e da gestão calculada da vida no âmbito da biopolítica.[5] Uma leitura cruzada de Wittig e de Foucault teria permitido, desde o início dos anos 1980, encontrar uma definição de heterossexualidade como tecnologia biopolítica, destinada a produzir corpos *straight*.

O IMPÉRIO SEXUAL

A noção de sexopolítica toma Foucault como ponto de partida, contestando, porém, sua concepção de política, segundo a qual o biopoder não faz mais do que produzir as disciplinas de normalização e determinar as formas de subjetivação. Ao nos inspirarmos nas análises de Maurizio Lazzarato,[6] que distingue o biopoder da potência de vida, podemos compreender os corpos e as identidades dos anormais como potências políticas, e não simplesmente como efeitos dos discursos sobre o sexo. Isso significa que à história da sexualidade iniciada por Foucault devemos acrescentar vários capítulos. A evolução da sexualidade moderna está diretamente relacionada à emergência disso, que podemos chamar de novo "Império Sexual" (para ressexualizar o império de Hardt e de Negri). O sexo (os órgãos sexuais, a capacidade de reprodução, os papéis sexuais para as disciplinas modernas) é correlato ao capital. A sexopolítica não pode ser reduzida à regulação das condições de reprodução da vida nem aos processos biológicos que se "referem à população". O corpo *straight* é o produto de uma divisão do trabalho da carne, segundo a qual cada órgão é definido por sua função. Uma sexualidade qualquer implica sempre uma territorialização precisa da boca, da vagina, do ânus. É assim que o pensamento *straight* assegura o lugar estrutural entre a produção da identidade de gênero e a produção de certos órgãos como órgãos sexuais e reprodutores. Capitalismo sexual e sexo do capitalismo. O sexo do vivente revela ser uma questão central da política e da governabilidade.

De fato, a análise foucaultiana da sexualidade é muito dependente de certa ideia de disciplina no século XIX. Seu conhecimento dos movimentos feministas americanos, da subcultura sadomasoquista (S&M) ou da Frente Homossexual de Ação Revolucionária (FHAR) na França não o levou a considerar verdadeiramente a proliferação das tecnologias do corpo sexual no século xx: medicalização e tratamento das crianças intersexos, gestão cirúrgica da transexualidade, reconstrução e "aumento" da masculinidade e da feminilidade normativas, regulação do trabalho sexual pelo Estado, boom das indústrias pornográficas... A rejeição à identidade e ao ativismo gay levaria Foucault a forjar uma retroficção à sombra da Grécia Antiga. Assistimos nos anos 1950 a uma ruptura no regime disciplinar do sexo. Anteriormente, e em continuidade com o século xix, as disciplinas biopolíticas funcionavam como uma máquina de naturalizar o sexo. Mas essa máquina não era legitimada pela "consciência" – ela será legitimada por médicos como John Money, que começa a utilizar a noção de "gênero" para dar conta da possibilidade de modificar cirúrgica e hormonalmente a morfologia sexual das crianças intersexos e das pessoas transexuais. Money é o Hegel da história do sexo. Essa noção de gênero constitui um primeiro momento da reflexividade (e, portanto, uma mutação irreversível em relação ao século xix). Com as novas tecnologias médicas e jurídicas de Money, as crianças "intersexuais", operadas no nascimento ou tratadas durante a puberdade, tornam-se as minorias construídas como "anormais" em benefício da regulação normativa do corpo da massa *straight*. Essa multiplicidade de anormais é a potência que o Império Sexual se esforça em regular, controlar, normalizar.

O "pós-moneísmo" é para o sexo o que o pós-fordismo é para o capital. O Império dos Normais, desde os anos 1950, depende da produção e da circulação em grande velocidade do fluxo de silicone, fluxo de hormônio, fluxo textual, fluxo das representações, fluxo de técnicas cirúrgicas, definitivamente, fluxo dos gêneros. Com certeza, nem tudo circula de maneira constante e, sobretudo, os corpos não retiram os mesmos benefícios dessa circulação: é nessa circulação diferencial de fluxos de sexualização que se desempenha a normalização contemporânea do corpo. Isso nos traz um lembrete oportuno de que o conceito de "gênero" é, antes de tudo, uma noção sexopolítica, mesmo antes de se tornar uma ferramenta teórica do feminismo americano. Não é por acaso que, nos anos 1980, no debate entre feministas "construtivistas" e feministas "essencialistas", a noção de "gênero" se tornaria o instrumento teórico fundamental para conceitualizar a construção social, a fabricação histórica e cultural da diferença sexual, diante da reivindicação da "feminilidade" como substrato natural, como forma de uma verdade ontológica.

POLÍTICAS DAS MULTIDÕES QUEER

De noção posta ao serviço de uma política da reprodução da vida sexual, o gênero se torna o indício de uma multidão. O gênero não é o efeito de um sistema fechado de poder nem uma ideia que recai sobre a matéria passiva, mas o nome do conjunto de dispositivos sexopolíticos (da medicina à representação pornográfica, passando pelas instituições familiares) que serão o objeto de uma reapropriação pelas minorias sexuais. Na França, a manifestação em maio de 1970, o número 12 do jornal *Tout*[7] e a edição de março de 1973 de *Recherches* (*Trois milliards de pervers*), o movimento anterior ao Mouvement de Libération des Femmes (MLF), a FHAR[8] e as terroristas das *Gouines rouges* constituem uma primeira ofensiva dos "anormais".

O corpo não é um dado passivo sobre o qual age o biopoder, mas antes a potência mesma que torna possível a incorporação prostética dos gêneros. A sexopolítica torna-se não somente um lugar de poder, mas, sobretudo, o espaço de uma criação na qual se sucedem e se justapõem os movimentos feministas, homossexuais, transexuais, intersexuais, transgêneros, chicanas, pós-coloniais... As minorias sexuais tornam-se multidões. O monstro sexual que tem por nome multidão torna-se queer.

O corpo da multidão queer aparece no centro do que chamei, para retomar uma expressão de Deleuze, de um trabalho de "desterritorialização" da heterossexualidade. Uma desterritorialização que afeta tanto o espaço urbano (é preciso, então, falar de desterritorialização do espaço majoritário e não do gueto) quanto o espaço corporal. Esse processo de "desterritorialização" do corpo obriga a resistir aos processos do tornar-se "normal". O fato de existirem tecnologias precisas de produção dos corpos "normais" ou de normalização dos gêneros não resulta em determinismo e nem na impossibilidade de ação política. Ao contrário, porque porta em si mesma, como fracasso ou resíduo, a história das tecnologias de normalização dos corpos, a multidão queer tem também a possibilidade de intervir nos dispositivos biotecnológicos de produção de subjetividade sexual.

Podemos pensá-la sob a condição de evitar duas armadilhas conceituais e políticas, duas leituras (infelizes, mas possíveis) de Foucault. É preciso evitar a segregação do espaço político que faria da multidão queer um tipo de margem ou de reservatório de transgressão. Não precisamos cair na armadilha da leitura liberal ou neoconservadora de Foucault que nos levaria a pensar as multidões queer em oposição às estratégias identitárias, tendo a multidão como uma acumulação de indivíduos soberanos e iguais perante a lei, sexualmente irredutíveis, proprietários de seus corpos e reivindicando seus direitos ao prazer inalienável. A primeira leitura busca uma apropriação da potência política dos anormais numa ótica de progresso; a segunda ignora os privilégios da maioria e da normalidade (héteros) sexual, não reconhecendo que esta última é uma identidade dominante. É preciso admitir que os corpos não são mais dóceis. "Desidentificação" (para retomar a formulação de Lauretis), identificações estratégicas, desvios das tecnologias do corpo e desontologização do sujeito da política sexual são algumas das estratégias políticas das multidões queer.

DESIDENTIFICAÇÃO

Surge das "sapatas" que não são mulheres, das bichas que não são homens, das trans que não são homens nem mulheres. Desse ponto de vista, se Wittig foi retomada pelas multidões queer, é precisamente porque sua declaração segundo a qual "as lésbicas não são mulheres" é um recurso que permite opor-se à desidentificação, à exclusão da identidade lésbica como condição de possibilidade de formação do sujeito político do feminismo moderno. Identificações estratégicas. As identificações negativas como "sapatas" ou "bichas" são transformadas em possíveis lugares de produção de identidades resistentes à normalização, atentas ao poder totalizante dos apelos à "universalização". Sob o impacto da crítica pós-colonial, as teorias queer dos anos 1990 contaram com enormes recursos políticos da identificação "gueto"; identificação que tomaria um novo valor político, já que, pela primeira vez, os sujeitos de enuciação eram as "sapatas", as "bichas", os negros e as próprias pessoas transgêneros. Aos que se agitam sob a ameaça de guetização, os movimentos e as teorias queer respondem por meio de estratégias ao mesmo tempo hiperidentitárias e pós-identitárias. Fazem uma utilização máxima dos recursos políticos da produção performativa das identidades desviantes. A força política de movimentos como Act Up, Lesbian Avengers ou Radical Fairies advém de sua capacidade de investir nas posições de sujeitos "abjetos" (esses "maus sujeitos" que são os soropositivos, as "sapatas", os "viados"), para fazer disso lugares de resistência ao ponto de vista "universal", à história branca, colonial e *straight* do "humano".

Felizmente, eles não compartilham da desconfiança que foi – devemos insistir – a de Foucault, Wittig e Deleuze em relação à identidade como lugar da ação política, a despeito de suas diferentes maneiras de analisar o poder e a opressão. No início dos anos 1970, o Foucault francês toma distanciamentos em relação à FHAR por causa daquilo que ele qualificou de "tendência à guetização"; enquanto o Foucault americano parecia apreciar muito as "novas formas de corpos e de prazeres" que as políticas da identidade gay, lésbica e S&M permitiram emergir no bairro Castro, "'o gueto' de São Francisco". Deleuze, por sua vez, criticou o que ele chamou de identidade "homossexual molar", por pensar que ela fazia a promoção do gueto gay, para idealizar a "homossexualidade molecular", que lhe permitia fazer das "boas" figuras homossexuais, de Proust à "travesti efeminada", exemplos paradigmáticos dos processos do "tornar-se mulher", que estavam no centro de sua agenda política. Isso também permitiu que ele dissertasse sobre a homossexualidade em vez de interrogar seus próprios pressupostos heterossexuais.[9] Quanto a Wittig, podemos nos perguntar se sua adesão à posição de "escritora universal" impediu sua supressão da lista dos "clássicos" da literatura francesa depois da publicação de *Corps Lesbien*, em 1973. Sem dúvida que não, sobretudo quando vemos a pressa com a qual o jornal *Le Monde* reintitulou seu obituário com um "Monique Wittig, a apologia do lesbianismo", encabeçado pelo vocábulo "desaparecimento".[10]

DESVIOS DAS TECNOLOGIAS DO CORPO

Os corpos da multidão queer são também as reapropriações e os desvios dos discursos da medicina anatômica e da pornografia, entre outros, que construíram o corpo *straight* e o corpo desviante moderno. A multidão queer não tem relação com um "terceiro sexo" ou com um "além dos gêneros". Ela se faz na apropriação das disciplinas de saber/poder sobre os sexos, na rearticulação e no desvio das tecnologias sexo-políticas específicas de produção dos corpos "normais" e "desviantes". Por oposição às políticas "feministas" ou "homossexuais", a política da multidão queer não repousa sobre uma identidade natural (homem/mulher) nem sobre uma definição pelas práticas (heterossexual/homossexual), mas sobre uma multiplicidade de corpos que se levantam contra os regimes que os constroem como "normais" ou "anormais": são os *drag kings*, as *gouines garous*, as mulheres de barba, os transbichas sem paus, os deficientes-ciborgues... O que está em jogo é como resistir ou como se desviar das formas de subjetivação sexopolíticas.

Essa reapropriação dos discursos de produção de poder/saber sobre o sexo é uma reviravolta epistemológica. Em sua introdução programática ao famoso número de *Recherches*, sem dúvida inspirado pela FHAR, Guattari descreve essa mutação nas formas de resistência e de ação política:

> O objeto desse dossiê – as homossexualidades, hoje na França – não poderia ser abordado sem se remeter à questão dos métodos ordinários da pesquisa em ciências humanas que, sob o pretexto de objetivismo, tentam estabelecer uma distância máxima entre o pesquisador e seu objeto [...]. A análise institucional, ao contrário, implica um descentramento radical da enunciação científica. Não basta, porém, se contentar em "dar a palavra" aos sujeitos interessados – isto é, às vezes, uma abordagem formal, jesuítica mesmo –, ainda é preciso criar as condições para um exercício total, ou paroxístico, dessa enunciação [...] Maio de 68 nos ensinou a ler sobre os muros e, depois, começamos a decifrar os grafites nas prisões, nos asilos e hoje nos banheiros. É um "novo espírito científico" que está por ser refeito.[11]

A história dos movimentos político-sexuais pós-moneístas é a história dessa criação das condições de um exercício total de enunciação, a história de uma inversão da força performativa dos discursos e de uma reapropriação das tecnologias sexopolíticas de produção dos corpos dos "anormais". A tomada da palavra pelas minorias queer é um advento mais pós-humano do que pós-moderno: uma transformação na produção, na circulação dos discursos nas instituições modernas (da escola à família, passando pelo cinema ou pela arte) e uma mutação dos corpos.

DESONTOLOGIZAÇÃO DO SUJEITO DA POLÍTICA SEXUAL

Nos anos 1990, uma nova geração emanada dos próprios movimentos identitários começou a redefinir a luta e os limites do sujeito político "feminista" e "homossexual". No plano teórico, essa ruptura inicialmente assumiu a forma de uma revisão crítica do feminismo, operada pelas lésbicas e pelas pós-feministas americanas, apoiando-se em Foucault, Derrida e Deleuze. Reivindicando um movimento pós-feminista ou queer, Teresa de Lauretis,[12] Donna Haraway,[13] Judith Butler,[14] Judith Halberstam[15] (nos Estados Unidos), Marie-Hélène Bourcier[16] (na França), mas também lésbicas chicanas como Gloria Andalzúa[17] ou feministas negras como Barbara Smith[18] e Audre Lorde, atacarão a naturalização da noção de feminilidade que havia sido, inicialmente, a fonte de coesão do sujeito do feminismo. A crítica radical do sujeito unitário do feminismo, colonial, branco, proveniente da classe média alta e dessexualizado foi posta em marcha. Se as multidões queer são pós-feministas não é porque desejam ou podem atuar sem o feminismo. Ao contrário, elas são o resultado de um confronto reflexivo do feminismo com as diferenças que o feminismo apagou em proveito de um sujeito político "mulher", hegemônico e heterocêntrico. Quanto aos movimentos de liberação gays e lésbicos, uma vez que seu objetivo é a obtenção da igualdade de direitos e que, para isso, utilizam concepções fixas de identidade sexual, eles contribuem para a normalização e a integração dos gays e das lésbicas na cultura heterossexual dominante, favorecendo políticas familiares, tais como a reivindicação do direito ao casamento, à adoção e à transmissão do patrimônio. É contra esse essencialismo e essa normalização da identidade homossexual que as minorias gays, lésbicas, transexuais e transgêneros têm reagido. Algumas vozes se levantam para questionar a validade da noção de identidade sexual como único fundamento da ação política e para opor uma proliferação de diferenças (de raça, de classe, de idade, de práticas sexuais não normativas, de deficientes). A noção medicalizada da homossexualidade, que data do século XIX e define a identidade pelas práticas sexuais, foi abandonada em proveito de uma identificação política e estratégica das identidades queer. A homossexualidade bem policiada e produzida pela *scientia sexualis* do século XIX explodiu; foi transbordada por uma multidão de "maus sujeitos" queer.

A política das multidões queer emerge de uma posição crítica a respeito dos efeitos normalizantes e disciplinares de toda formação identitária, de uma desontologização do sujeito da política das identidades: não há uma base natural ("mulher", "gay" etc.) que possa legitimar a ação política. Não se pretende a liberação das mulheres da "dominação masculina", como queria o feminismo clássico, já que não se apoia sobre a "diferença sexual", sinônimo da principal clivagem da opressão (transcultural, trans-histórica), que revelaria uma diferença de natureza e que deveria estruturar a ação política. A noção de multidão queer se opõe decididamente àquela de "diferença sexual", tal como foi explorada tanto pelo feminismo essencialista (de Irigaray a Cixous, passando por Kristeva) como pelas variações estruturalistas e/ou lacanianas do discurso da psicanálise (Roudinesco, Héritier, Théry). Ela se opõe às políticas paritárias derivadas de uma noção biológica da "mulher" ou da "diferença sexual". Opõe-se às políticas republicanas universalistas que concedem o "reconhecimento" e impõem a "integração" das "diferenças" no seio da República. Não existe diferença sexual, mas uma multidão de diferenças, uma transversalidade de relações de poder, uma diversidade de potências de vida. Essas diferenças não são "representáveis" porque são "monstruosas" e colocam em questão, por esse motivo, os regimes de representação política, mas também os sistemas de produção de saberes científicos dos "normais". Nesse sentido, as políticas das multidões queer se opõem não somente às instituições políticas tradicionais, que se querem soberanas e universalmente representativas, mas também às epistemologias sexopolíticas *straight*, que dominam ainda a produção da ciência.

TEXTO ORIGINALMENTE PUBLICADO SOB O TÍTULO "MULTITUDES QUEER", REVISTA *MULTITUDES*, PARIS: ASSOCIATION MULTITUDES N° 12, 2003, P. 17-25. TRADUÇÃO DE CLEITON ZÓIA MÜNCHOW E VIVIANE TEIXEIRA, *REVISTA ESTUDOS FEMINISTAS*, VOL. 19, N° 1, FLORIANÓPOLIS, 2011, P. 11-20.

NOTAS

1   Audre Lorde, *Sister Outsider*, Nova York: Crossing Press, 1984.
2   Ti-Grace Atkinson, "Radical Feminism", in Ti-Grace Atkinson, *Notes from the Second Year*, Nova York: Radical Feminism, 1970, p. 32-37; Ti-Grace Atkinson, *Amazon Odyssey*, Nova York: Links, 1974.
3   Radicalesbians, "The Woman-Identified Woman", in Anne Koedt (dir.), *Notes from the Third Year*, Nova York, 1971, p. 81-84.
4   Monique Wittig, *La pensée straight*, Marie-Hélène Bourcier (trad.), Paris: Balland, 2001.
5   Michel Foucault, *Histoire de la sexualité*, t. 1, Paris: Gallimard, 1976.
6   Maurizio Lazzarato, *Puissances de l'invention: la psychologie économique de Gabriel Tarde contre l'économie politique*, Paris: Les Empêcheurs de Penser en Rond, 2002.
7   N.E.: O número 12 do jornal de esquerda *Tout* foi publicado em abril de 1971 com a ajuda do Front Homosexuel d'Action Révolutionnaire (FHAR). Reivindicava liberdades sexuais e direitos dos homossexuais. Teve sua venda proibida sob acusação de pornografia.
8   N.E.: O Front Homosexuel d'Action Révolutionnaire (FHAR) foi fundado em Paris, em março de 1971.
9   Para uma análise detalhada dessa utilização de metáforas homossexuais, ver o capítulo intitulado "Deleuze ou l'amour qui n'ose pas dire son nom" do *Manifeste contrasexuel*, Paris: Balland, 2000.

10 *Le Monde*, Paris, 11 jan 2003.
11 Félix Guattari, "Trois millards de pervers", *Recherches*, n° 12, 1973, p. 2-3.
12 Teresa de Lauretis, *Technologies of Gender, Essays on Theory, Film, and Fiction*, Bloomington: Indiana University Press, 1987.
13 Donna Haraway, *Simians, Cyborgs, and Women. The Reinvention of Nature*, New York: Routledge, 1991.
14 Judith Butler, *Gender Trouble. Feminism and the Subversion of Identity*, Nova York: Routledge, 1990.
15 Judith Halberstam, *Female Masculinity*, Durham: Duke University Press, 1998.
16 Marie-Hélène Bourcier, *Queer zones, politiques des identités sexuelles, des représentations et des savoirs*, Paris: Balland, 2001.
17 Gloria Andalzúa, *Borderlands/La Frontera: The New Mestiza*, São Francisco: Spinster; Aunt Lutte, 1987.
18 Gloria Hull; Bell Scott; Barbara Smith, *All the Women Are White, All the Black Are Men, But Some of Us Are Brave: Black Women's Studies*, Nova York: Feminist Press, 1982.

Sobre a organizadora

Heloisa Buarque de Hollanda Formada em Letras Clássicas pela Pontifícia Universidade Católica do Rio de Janeiro (PUC-Rio), é mestre e doutora em Literatura Brasileira pela Universidade Federal do Rio de Janeiro (UFRJ), com pós-doutorado em Sociologia da Cultura na Universidade de Columbia, Estados Unidos. É professora emérita da Escola de Comunicação da UFRJ, dedicada aos estudos culturais, com ênfase nas teorias críticas da cultura, tendo ainda importante atuação como crítica literária, ensaísta, antologista e editora. É autora de livros como *Macunaíma, da literatura ao cinema* (1978), *Impressões de viagem* (1992) e organizadora de obras como *26 poetas hoje* (1976), *Y nosotras latino americanas? Estudos de raça e gênero* (1992), *Tendências e impasses: o feminismo como crítica da cultura* (1994) e *Explosão feminista* (2018).

Sobre as autoras

Audre Lorde (Nova York, EUA, 1934 – Santa Cruz, EUA, 1992). Escritora norte-americana, filha de pais caribenhos, lésbica, negra, feminista e ativista. Graduou-se no Hunter College e, em 1961, obteve o título de mestre em Biblioteconomia. Após publicar seu primeiro livro, *The First Cities* (1968), deixou Nova York por um período para uma residência no Tougaloo College, em Mississippi. Publicou também *Cables to Rage* (1970), *From a Land where Other People Live* (1973), *Coal* (1976), *Between Ourselves* (1976), *The Black Unicorn* (1978) e *The Cancer Journals* (1980), este último dedicado à sua batalha contra o câncer. Em 1980, Audre Lorde criou, junto com a escritora afro-americana Barbara Smith, a editora Kitchen Table: Women of Color Press. Em 1982 publicou *Zami: A New Spelling of My Name* e, de 1984 até o ano de sua morte, viveu e trabalhou em Berlim. Em 1984, publicou *Sister Outsider*, e, em 1989, seu livro *A Burst of Light* (1988) ganhou o National Book Award. Seu último livro de poesia, *The Marvelous Arithmetics of Distance*, foi publicado postumamente, em 1993.

Donna Haraway (Denver, Colorado, EUA, 1944). Bióloga, escritora e filósofa norte-americana, é professora do Departamento de Estudos Feministas da Universidade da Califórnia e do Departamento de História da Consciência, na Universidade da Califórnia, em Santa Cruz. É autora de inúmeros livros e ensaios que tratam da questão do feminismo e da ciência, tais como "Manifesto ciborgue: ciência, tecnologia e feminismo-socialista no final do século xx" (1985) e *Situated Knowledges: The Science Question in Feminism and the Privilege of Partial Perspective* (1988). Donna Haraway também lecionou *Women's Studies* e História da Ciência, na Universidade do Havaí e na Universidade Johns Hopkins. Em 2000, recebeu o Prêmio J.D. Bernal, concedido pela Society for Social Studies of Science, por sua contribuição ao campo de estudo.

Gayatri Spivak (Calcutá, Índia, 1942). Crítica e teórica indiana, pioneira no campo dos estudos sobre pós-colonialismo, é professora emérita na Universidade de Columbia e uma das fundadoras do Institute for Comparative Literature and Society da mesma universidade. Graduada pela Universidade de Calcutá em 1959, é mestre e PhD pela Universidade de Cornell. Também lecionou em universidades como Brown, Stanford, Goethe Universität em Frankfurt, entre outras. É autora de livros como *Of Grammatology* (tradução com introdução crítica de *De la grammatologie*, de Jacques Derrida), *Imaginary Maps and Breast Stories* (traduções acompanhadas de material crítico sobre a obra de ficção de Mahasweta Devi), *In Other Worlds*, *The Post-Colonial Critic*, e *Outside in the Teaching Machine* e *An Aesthetic Education in the Era of Globalization*. No Brasil, seu livro *Pode o subalterno falar?* foi publicado em 2010.

Gloria Anzaldúa (Harlingen, Texas, EUA, 1942 – Santa Cruz, Califórnia, EUA, 2004). Escritora e teórica cultural norte-americana, publicou poesia, ensaios teóricos, contos, narrativas autobiográficas, entrevistas, livros infantis e antologias de vários gêneros. Formada pela Pan-American University (atual Universidade do Texas Rio Grande Valley), concluiu o mestrado em Educação e Inglês na Universidade do Texas, em Austin. Como uma das primeiras autoras americanas de origem mexicana assumidamente lésbica, Anzaldúa desempenhou um papel de grande relevância na redefinição de identidades *chicanas*, lésbicas e queer. Também teve importante atuação como editora de antologias multiculturais, como *This Bridge Called My Back: Writings by Radical Women of Color* (1981), defendendo um movimento feminista inclusivo.

Joan Scott (Nova York, Estados Unidos, 1941). Historiadora norte-americana graduada pela Universidade Brandeis, é PhD pela Universidade de Wisconsin. Lecionou na Universidade de Illinois em Chicago, Universidade Northwestern, Universidade da Carolina do Norte, Universidade de Rutgers e na Universidade Johns Hopkins. Desde 1985, ocupa a cadeira Harold F. Linder no Instituto de Estudos Avançados de Princeton. Entre suas publicações destacam-se o artigo "Gênero: uma categoria útil de análise histórica", publicado pela primeira vez em 1986 no *American Historical Review* e incluído neste volume.

Judith Butler (Cleveland, Ohio, Estados Unidos, 1956). Crítica e filósofa norte-americana, PhD pela Universidade de Yale, é uma das principais teóricas do feminismo. Professora do Departamento de Literatura Comparada da Universidade da Califórnia, Berkeley, atua desde 2006 também como professsora no Departamento de Filosofia do European Graduate School (EGS), na Suíça. Entre as suas obras mais relevantes destacam-se *Problemas de gênero: Feminismo e subversão da identidade,* publicado no Brasil em 2003, e *Corpos em aliança e a política das ruas: notas sobre uma teoria performativa de assembleia,* publicado em edição brasileira em 2018.

Lélia Gonzalez (Belo Horizonte, Brasil, 1935 – Rio de Janeiro, Brasil, 1994). Foi antropóloga, professora e política brasileira. Formada em História e em Filosofia, aprofundou seus estudos nas áreas da Antropologia, Sociologia, Literatura, Psicanálise e Cultura Brasileira, com mestrado em Comunicação Social e doutorado em Antropologia Política. Também se dedicou aos estudos da ciência, cultura e história africanas. Atuou como professora de ensino médio e de universidade, como a Pontifícia Universidade Católica do Rio de Janeiro (PUC-Rio). Militante ativa dos movimentos negros e feministas dos anos 1970 e 1980, ajudou a fundar o Movimento Negro Unificado (MNU); o Instituto de Pesquisas das Culturas Negras do Rio de Janeiro (IPCN-RJ); o Nzinga, Coletivo de Mulheres Negras; e o Olodum (Salvador). Participou da primeira composição do Conselho Nacional dos Direitos da Mulher (CNDM), de 1985 a 1989, criado para atender às demandas do movimento feminista, buscando a criação de políticas públicas para as mulheres.

María Lugones (Pampa, Argentina, 1944). Nascida na Argentina, é filósofa, ativista e professora dos departamentos de Literatura Comparada e *Women's Studies* na Universidade de Binghamton, Nova York. Obteve seu doutorado em Filosofia e Ciência Política na Universidade de Wisconsin. Reconhecida por seu trabalho sobre feminismo decolonial, Lugones é autora de *Pilgrimages/Peregrinajes: Theorizing Coalition Against Multiple Oppressions* (2003), *Heterosexualism and the Colonial/Modern Gender System* (2007) e "Rumo a um feminismo decolonial" (2010).

Monique Wittig (Dannemarie, França, 1935 – Tucson, EUA, 2003). Escritora e teórica francesa, publicou seu primeiro livro, o romance *L'Opoponax*, em 1964, pelo qual recebeu o Prêmio Médicis. Ativamente envolvida com as revoltas de estudantes e trabalhadores em Maio de 68, foi uma das primeiras teóricas e ativistas do novo movimento feminista. Nesse âmbito, seu romance *Les guérrillères*, de 1969, é um de seus trabalhos mais influentes. Em 1970, copublicou o que pode ser considerado o manifesto do Movimento Feminista francês e é considerada uma figura central nos movimentos feminista e lésbico radical na França. Foi uma das fundadoras de grupos como Petites Marguérites, Gouines, e Féministes révolutionnaires. No Estados Unidos, Wittig trabalhou como professora visitante em várias universidades. Em 1990 tornou-se membro permanente da Universidade do Arizona. A coletânea de ensaios *A mente hétero*, publicada no Brasil em 1992, fez com que seu trabalho atingisse um público mais amplo e teve grande influência na teoria feminista no mundo.

Nancy Fraser (Baltimore, Maryland, EUA, 1947). Filósofa norte-americana, professora do Departamento de Ciências Políticas e Sociais da New School for Social Research, Nova York. Em 2010, recebeu o Prêmio Alfred Schutz conferido pela American Philosophical Association, bem como o título de doutora *honoris causa* pela Universidade Nacional de Córdoba, Argentina. PhD em Filosofia pela CUNY Graduate Center (The City University of New York), Nancy Fraser também lecionou nas universidades de Northwestern, Goethe-Universität, em Frankfurt, na Universidade de Paris, na Universidade de Groningen (Países Baixos), entre outras. É autora de diversos estudos e ensaios sobre temas ligados ao feminismo e à teoria crítica e coautora de livros como *Feminist Contentions: A Philosophical Exchange* (1994). Atualmente é também editora do periódico *Constellations*, dedicado à crítica literária.

Patricia Hill Collins (Filadélfia, Pensilvânia, EUA, 1948). Professora de Sociologia na Universidade de Maryland, é graduada na Universidade de Brandeis e mestre pela Universidade de Harvard. Foi chefe do Departamento de Estudos Afro-americanos na Universidade de Cincinnati, bem como presidente do Conselho da Associação Americana de Sociologia. Patricia Collins foi a 100° presidenta da American Sociological Association (ASA), e a primeira mulher afro-americana a ocupar o cargo. Trabalhando principalmente com feminismo e gênero dentro da comunidade afro-americana, a notoriedade de Patricia Hill Collins no contexto norte-americano se deu a partir do seu livro *Black Feminist Thought: Knowledge, Consciousness and the Politics of Empowerment*, publicado nos Estados Unidos em 1990.

Paul B. Preciado (Burgos, Espanha, 1970). Nascido Beatriz Preciado, Paul B. Preciado é escritor, filósofo e curador. É mestre em Filosofia Contemporânea e Teoria de Gênero na New School for Social Research, Nova York, doutor em Teoria da Arquitetura pela Universidade de Princeton e professor de história política do corpo e Teoria do gênero no Departamento de Estudos da Dança, na Universidade de Paris VIII. Seu primeiro livro, *Manifesto contrassexual* (2000) foi traduzido em vários idiomas e hoje é referência nos estudos da teoria queer. No Brasil, estão publicados os títulos *Manifesto contrassexual: práticas subversivas de identidade sexual* (2014) e *Testo junkie: sexo, drogas e biopolítica na era farmacopornográfica* (2018), em que o autor narra sua experiência em administrar testosterona, processo inicial de sua transição de gênero.

Sandra Harding (EUA, 1935). Filósofa norte-americana, é professora emérita de Estudos de gênero na Universidade da Califórnia, Los Angeles (UCLA), e professora associada do departamento de Filosofia da Universidade de Michigan. Em 2013, recebeu o Prêmio J.D. Bernal, concedido pela Society for Social Studies of Science. Também foi coeditora do periódico *Signs: Journal of Women in Culture and Society*, de 2000 a 2005. Publicou diversos livros, entre eles *The Science Question in Feminism* (1986), *Is Science Multicultural? Postcolonialisms, Feminisms, and Epistemologies*, de 1998, e, o mais recente, *Objectivity and Diversity: Another Logic of Scientific Research*, publicado nos Estados Unidos em 2015.

Silvia Federici (Parma, Itália, 1942). Historiadora, pesquisadora e ativista italiana, radicada em Nova York. É professora emérita da Universidade Hofstra (Nova York) e cofundadora do Feminist International Collective. Fundou também o Committee of Academic Freedom in Africa, na Nigéria, e escreveu diversos livros, dentre os quais *Revolution at Point Zero. Housework, Reproduction, and Feminist Struggle* (2012) e *Calibã e a bruxa: mulheres, corpo e a acumulação primitiva*, publicado no Brasil em 2017, com tradução do Coletivo Sycorax.

Sueli Carneiro (São Paulo, Brasil, 1950). doutora em Educação pela Universidade de São Paulo (USP), é filósofa, educadora, escritora e uma das principais autoras do feminismo negro no país. Foi uma das ativistas do movimento negro responsável pela inclusão de mulheres negras no Conselho Estadual da Condição Feminina de São Paulo, na época de sua fundação, em 1983, quando teve início seu engajamento com o feminismo. Em 1988 fundou Geledés – Instituto da Mulher Negra, primeira organização negra e feminista de São Paulo, da qual é diretora. Foi integrante do Conselho Nacional dos Direitos da Mulher, no fim da década de 1980. É autora de livros como *Mulher negra: política governamental e a mulher* (1985), com Thereza Santos e Albertina de Oliveira Costa; e *Racismo, sexismo e desigualdade no Brasil* (2011). Em 2003, recebeu o Prêmio Bertha Lutz, concedido pelo Senado Federal.

Teresa de Lauretis (Bologna, Itália, 1938). Nascida na Bolonha, Itália, onde concluiu seu doutorado em Línguas e Literaturas Modernas na Universidade de Bocconi. Atuou como professora de literatura, cinema, semiótica e estudos feministas nas universidades de Colorado, Califórnia e Wisconsin. Em 1985 tornou-se professora de História da Consciência na Universidade da Califórnia, Santa Cruz, onde é hoje professora emérita. Também foi professora visitante em universidades no Canadá, na Alemanha, no Chile, Argentina, Estados Unidos, Espanha, Itália e nos Países Baixos. Além de inúmeros ensaios, é autora dos livros *Alice Doesn't: Feminism, Semiotics, Cinema* (1984), *Technologies of Gender: Essays on Theory, Film, and Fiction* (1987), *The Practice of Love: Lesbian Sexuality and Perverse Desire* (1994), entre outros.

Leia também

Pensamento feminista brasileiro: formação e contexto
org. Heloisa Buarque de Hollanda

Albertina de Oliveira Costa
Angela Arruda
Beatriz Nascimento
Bila Sorj
Branca Moreira Alves
Carmen Barroso
Constância Lima Duarte
Cynthia Sarti
Heleieth Saffioti
Jacqueline Pitanguy
Leila Linhares Barsted
Lélia Gonzalez
Lourdes Bandeira
Margareth Rago
Maria Betânia Ávila
Maria Luiza Heilborn
Maria Odila Leite da Silva Dias
Mary Castro
Rita Terezinha Schmidt
Sueli Carneiro

Este livro foi editado pela Bazar do Tempo
em março de 2019, na cidade de São Sebastião
do Rio de Janeiro, e impresso em papel Pólen Soft
80 g/m² pela gráfica Rotaplan. Foram usados
os tipos Labil Grotesk, Stabil Grotesk e Skolar.

6ª reimpressão, julho de 2021